열린사회희망연대
20주년 기념 백서

01

친일 친독재가 어깨 펴고 사는 나라

열린사회희망연대 20주년 기념 백서 — 01

친일 친독재가 어깨 펴고 사는 나라

초판 1쇄 발행 2019년 12월 23일

지은이 열린사회희망연대 20주년 기념 백서 편찬위원회
역은이 김영만

편집책임 김주완
디자인 구민재page9
유통·마케팅 정원한

펴낸이 임경란
펴낸곳 도서출판 피플파워
주소 (우)51320 경상남도 창원시 마산회원구 삼호로38(양덕동)
전화 (055)250-0190

홈페이지 www.idomin.com
블로그 peoplesbooks.tistory.com
페이스북 www.facebook.com/pepobook

ISBN 979-11-86351-25-3 03060

이 도서의 국립중앙도서관 출판예정도서목록(CIP)은
서지정보유통지원시스템 홈페이지(http://seoji.nl.go.kr)와
국가자료종합목록시스템(http://www.nl.go.kr/kolisnet)에서 이용하실 수 있습니다.
(CIP제어번호: CIP2019049753)

열린사회희망연대
20주년 기념 백서

01

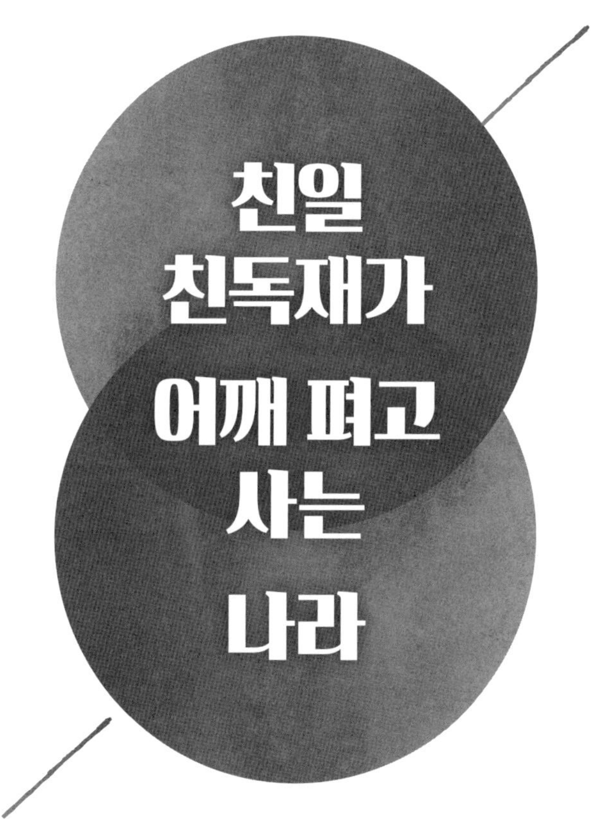

친일 친독재가 어깨 펴고 사는 나라

열린사회희망연대 20주년 기념 백서 편찬위원회 지음
김영만 엮음

도서출판
피플파워

차례

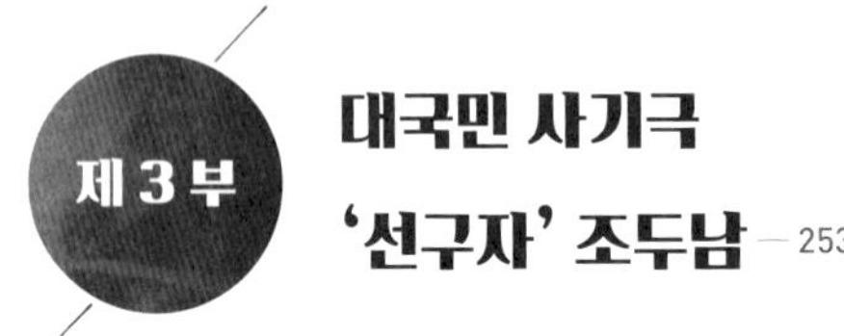

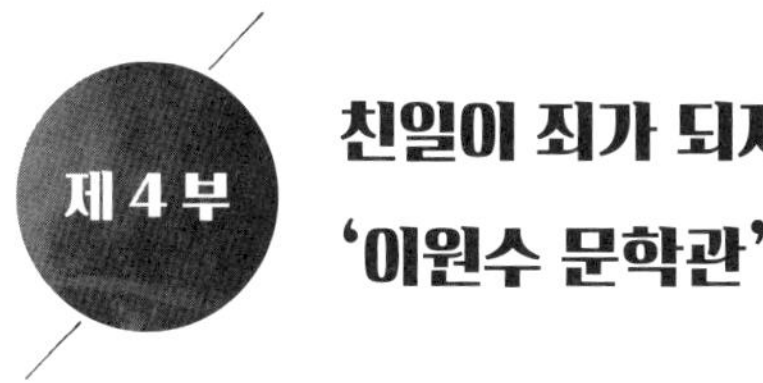

제 4 부 친일이 죄가 되지 않는 '이원수 문학관' — 325

'수'의 비적은 흉악범인가, 독립군인가? 유치환은 누구를 꾸짖었나 — 363

| 발간사 |

열린사회희망연대 20년을 돌아보며

임경란

열린사회희망연대 상임대표

돌아보면 열린사회희망연대는 정말 많은 일을 기적처럼 해내고 지금 여기까지 왔습니다. 1999년 7월 22일, 창립과 동시에 시작한 첫 사업은 냉전구호판 철거운동이었습니다. 시민들의 통행이 잦은 곳곳에 설치하여 우리사회에 이념갈등을 부추기는 냉전구호판 ('민주위장 좌익세력 살펴보고 신고하자' 등) 철거 운동은 경남을 넘어 전국 각지에 설치된 수많은 냉전구호판을 사라지게 했습니다. 이 작업을 시작으로 열린사회희망연대는 쉼 없이, 거침없이 다양한 운동을 펼쳐 나갔습니다.

백서 발간 편찬회의 도중 각자가 생각하는 열린사회희망연대 20년 역사 속에서 대표적인 10가지 사업을 골라 보자고 했을 때 참으로 난감했습니다. 20가지를 꼽아보라 해도 더 될 것 같았기 때문입니다. 어쨌든 백서 만들 때 참고 한다고 하니 생각나는 대로 순서 없이 손을 꼽아 보았습니다.

'소통과 화합을 위한 186 김주열 대장정' 2박 3일 동안 연 인원 5000여명이 참가하여 남원 김주열 열사 묘소에서 마산 3·15묘지까지 1km씩 이어달리기 행사 / 4·11민주항쟁 50주년행사, '김주열열사 범국민장' / 3·15오적(부정선거, 일제망령, 독재망령, 정치모리배, 지역주의 망령) 추방운동 / 미군탱크에 목숨을 잃은 미선이, 효순이 사건에 아무런 책임도 지지 않는 미국에 항의하며 3·15의거탑 꼭대기에서 성조기를 소각시킨 사건 /

미국의 이라크 침공반대 인간방패 2명 파견 / 이라크 파병반대를 위한 현지조사팀 2명 파견 / 아시안게임 참가 북녘선수 응원을 위한 '아리랑 응원단' 창단 / 조두남문학관 개관 반대 밀가루 투척사건 / 이은상문학관 건립과 기념사업 저지 운동 / 친일청산 기원 2박 3일 마산, 통영 3보1배 시민행동 / 김주열열사 시신인양지 도 문화재 지정 등 이렇게 챙기다 보니 금세 열 손가락이 모자랐습니다. 바로 엊그제 일 같은 이 사업들은 지역에서 활동하는 한 작은 시민단체인 열린사회희망연대가 전국에 알려진 계기가 되었고, 북에서도 기억하는 평화통일운동단체가 되었습니다.

이 모든 것은 순전히 20년을 한결같이 무조건 믿고 지지해준 회원 여러분들 덕분입니다. 여러분들이 없었으면 그 숱한 고난과 역경들을 절대로 버텨내질 못했습니다. 그 눈물겨운 고마움에 깊이 고개 숙여 감사드리고 감사드립니다.

백서 발간은 생각이나 말만으로 만들어 지는 것이 아니라 누군가가 온전히 이 일에만 매달릴 수 있어야 하는데 그런 인력도 없거니와 매일 매일 긴박한 일들이 발생하다 보니 발간 결의만 하고 2년 남짓 중단된 상태로 있다가 올해 다시 시작하게 되었습니다. 백서에 들어갈 자료의 양이 너무 많아 1부와 2부로 나누어 우선 1차로 친일, 친독재 청산운동 부분만 따로 정리하여 발간하고 2부는 내년에 하기로 했습니다.

올해 3·1운동과 임시정부 수립 100주년을 맞이하여 여기저기에서 여러 가지 행사가 벌어지고 있지만 우리지역에서 반드시 청산되어야 할 친일, 친독재 작가들의 기념관, 기념행사가 아직도 운영되고 있다는 사실에 기가 막힙니다.

특히 창원시의 지원으로 운영되고 있는 '이원수문학관'은 심각한 문제를 안고 있습니다. 친일은 "그때로서는 어쩔 수 없었던 일"이었다고 생각하게 하는 상황논리와 "이원수의 인격은 아주 훌륭했다"는 어른들의 증언으로 어린학생들의 역사관과 가치관에 혼란을 심어 주고 있기 때문입니다. 그래서 열린사회희망연대 백서 발간은 매우 시급한 사업이 된 것입니다.

열린사회희망연대가 올해 들어와 아주 의미 있는 사업을 새로 시작했습니다.

마산 동성동 출신으로 18세에 고향을 떠나 사회주의 독립운동을 하다 신의주 감옥에서 7년간의 옥살이를 마치고 중국으로 들어가 1939년부터 해방 때까지 항일전쟁의 최전선인 화북지역에서 활동하며 조선의용군에서 여성부대를 이끌었던 백마 탄 여장군 김명시 장군의 서훈 신청과 친족 찾기 운동이었습니다.

고향에서도 완전히 잊힌 항일무장독립운동가 김명시 장군 알리기에 열린사회희망연대가 팔을 걷어붙이고 나서서, 결국 4촌과 외사촌 등 많은 친족을 찾아낸 것은 큰 성과였습니다. 앞으로 항일독립운동을 하신 분들을 우리가 제대로 모시는 사업도 해볼 생각입니다.

여러 가지 어려움을 무릅쓰고, 백서가 나오게끔 처음부터 끝까지 책임지고 애써주신 김영만 상임고문님께 고개 숙여 감사드립니다. 그리고 어려운 고비마다 힘이 되어 주시는 우리의 따뜻한 언덕 이암 큰 스님과 박창균 신부님, 육관응 교무님과 안승욱 교수님, 김용환 목사님께도 감사드리며 늘 신경을 써주신 민족문제연구소에도 고마움을 전하면서 통영에서 유치환 친일 문제로 외롭게 싸우시는 최정규 선생님께 힘내시라는 말씀드립니다.

언제나 최선을 다 하는 우리 운영위원들의 노고에 감사드리며, 특별히 열린사회희망연대가 힘들 때마다 바로 달려와 주시는 백남해 신부님께 감사드립니다. 그리고 지난 8월 마산 어시장 동해장어에서 〈열린사회희망연대 20주년 백서발간 선포식〉에 참여하여 격려하고 힘을 보태주신 모든 분들과 자주, 민주, 평화, 통일, 역사청산운동에 늘 함께 해주신 시민사회단체 여러분들께도 감사드립니다.

열린사회희망연대의 친일, 친독재 청산운동 기록이 창원의 지역사를 연구하는 분들과 관심 있는 시민들에게 도움이 되었으면 하는 바람을 가져봅니다. 감사합니다.

뿌리 깊은 나무

백남해

(사)김주열열사기념사업회 이사장

어느 날이었던가. 전화 한통을 받았습니다. 모 시의 예술단 사무국장님이었습니다. 안부 인사 뒤에 "신부님, 제가 일하고 있는 시립 예술단 지휘자가 친일 이력이 있는 사람의 작품을 발표하려고합니다. 제가 친일 이력을 문제 삼으니까, '작가와 작품을 분리해야하지 않냐'고 합니다. 어떻게 설득이 잘 안되네요." 잠시 숨을 고른 후 제가 말했습니다. "작가와 작품을 분리한다는 것이 가능할까요? 저도 어설프지만 글을 쓰는 사람입니다. 과연 제가 쓰는 글이 저와 다르겠습니까? 저의 생각과 다르겠습니까? 특히나 자신의 작품을 아끼는 작가라면, 작품에 자신의 생각과 혼을 담을 것입니다. 그리고 때로는 작품을 자신의 분신이나 자식이라고 말하기도합니다. 그렇다면 어떻게 작가와 작품을 분리 할 수 있을까요? 친일 행적이 뚜렷한 작가의 작품은 그 자체로 친일인 것입니다."

캐나다로 이민 간 친구가 있습니다. 어쩌다가 방송이니 다른 곳에서 태극기를 보면, 한국에 있을 때는 느끼지 못했던 애국심이 끓어오른다고 합니다. 어디에 살든, 어느 나라 국적을 가졌든, 한국인의 유전자는 변하지 않습니다. 비록 일제 식민지로 비루한 삶을 살 때라도 마찬가지입니다.

'열린사회희망연대'는 우리 안에 뿌리 깊이 박힌 친일과 친독재의 습성을 뽑아내기 위해 20년을 싸워 왔습니다. 그동안 우여곡절도 많았습니다. 심적, 물적 고통과 피해도 많았습니다. 그러나 포기하지 않았고, 멈추지 않을 것입니다. 이유는 간단합니다. 당연히 해야 할 일이기 때문입니다. 우리의 일이 무슨 특별한 것이 아니라 대한민국 국민이라면, 21세기 시민이라면 당연히 해야 할 일입니다. 친일과 친독재를 뿌리 뽑는 것이야말로 시대의 사명입니다. 친일과 친독재 뿌리는 기회주의에 있습니다. 힘을 가진 자, 권력이 있는 곳에 빌붙는 기회주의자들에게서 친일과 친독재를 봅니다. 지금도 마찬가지입니다. 적폐 청산, 검찰 개혁, 사법 개혁이란, 바로 힘과 권력을 놓지 않으려는 기회주의자들과의 싸움입니다. 우리는 반드시 승리합니다. 우리에게 역사의 정당성이 있기 때문이며, 깨어 있는 시민들이 함께 하기 때문입니다.

오늘까지 애쓰신 수많은 분이 계십니다. 그분들의 고마움을 일일이 다 말씀드릴 수는 없습니다. 하지만 김영만 고문님께는 특별한 감사 인사를 드립니다. 이 책이 나오기까지 수고하신 많은 분들과 앞으로도 멈추지 않고 친일 친독재와 맞서 싸울 분들에게 감사와 격려의 인사를 전합니다. 우리는 결코 멈추지 않을 것입니다.

이은상 편

가짜우물 '은상이샘' 북마산 3.15의거기념비 옆에 설치된 이 우물은 동네 공동우물로 오래전부터 주민들은 '은새미'라고 불렀다.

"3.15 의거 기념물과 이은상의 기념물로 만든 가짜 우물 '은상이샘'을 함께 존치 할 수 없다"는 의미로 두 기념물을 분리시키는 담을 쌓는 퍼포먼스. (2001.4.19.)

3.15의거기념비 앞에서 '이은상 문학관 건립 반대 24시간 1인 시위'를 시작하는 기자회견. (2001.7.24.)

이은상문학관 건립 반대 24시간 1인 시위. (2001.7.24.)

'은상이샘'과 동거하는 3.15의거기념비의 통곡. (2001.7.24.)

이은상문학관을 지지하는 마산시장 후보들에 대한 규탄 기자회견. (2002.6.6.)

마산시장 후보자들의 선거 유세현장에서 1인 시위 중인 김영만 상임대표. (2002.8.7.)

3.15의거 44주년을 맞아 3.15관련 단체의 각성을 촉구하며
은상이샘을 즉각 철거할 것을 요구하는 기자회견. (2004.3.15.)

마산시의회 앞에서 '마산문학관' 운영 조례안 통과를
촉구하는 기자회견. (2005.3.14.)

'마산시문학관 운영조례안'을 부결시킨
마산시의회. 본회의 개회 직전
하문식 의장을 찾아가 성명서를 전달.
(2005.3.14.)

김주열 열사 시신인양지 앞에서 3.15 오적(五敵) 처단 기자회견. (2005.3.14.)

국립3.15민주묘지를 향해 '3.15오적' 오뚝이와 함께 행진. (2005.3.14.)

이은상이 3.15의거를 모독한 자료를 모아 마산문학관에 기증하고, 함께 전시할 것을 촉구하는 기자회견. (2005.4.19.)

3.15의거를 모독하는 '은상이샘 철거' 촉구 기자회견. (2006.3.15.)

'은상이샘 철거' 촉구 기자회견 후 3·15의거와 관련한 사진전 개최, 시민들이 많은 관심을 보이고 있다.(2006.3.15.)

3.15의거기념비 옆에 있는 '은상이샘' 철거 이유를 설명한 안내판 세움. (2008.3.15.)

3.15 관련 단체에게 '은상이샘 철거운동'을 공동으로 벌일 것을 제안하는 기자회견. (2008.3.24.)

마산문학관을 이은상문학관으로 바꾸려고 하는
마산시의원들 규탄 기자회견. (2008.12.10.)

마산문학관을 '노산(이은상)문학관'으로 바꾸자는 3·15의거기념사업회
회장 발언에 대한 사과 촉구 기자회견. 2009.3.13.)

창원시에 '이은상과 마산문학 활용 마을 가꾸기 사업'의 아이디어 공모
계획을 즉각 취소할 것을 요구하는 기자회견. (2011.1.17.)
사진 제공. 경남도민일보

3.15의거기념사업회에 '이은상을 둘러싼 논란에 대한 입장을 밝힐 것'을
요구하는 기자회견. (2012.3.13.) 사진 제공. 오마이뉴스

이은상을 추앙하는 문인들과 남마산로타리클럽이 마산역 광장에서 '이은상 가고파 노래비' 제막식을 거행, 이에 반대하는 1인 시위. (2013.2.6.)
사진 제공. 오마이뉴스

마산역 '이은상 가고파 시비' 철거를 촉구하는 '근조 퍼포먼스'. (2013.2.20.)

공공장소인 마산역 광장에 세운 '이은상 가고파 시비' 철거 촉구 기자회견. (2013.2.20.)

이은상의 '가고파'를 패러디해 '떠나가고파'라는 시조가 적힌 검은 천을 덧씌웠다. (2013.3.7.)

'이은상 가고파 시비' 철거를 촉구하는 기자회견 및 집회. (2013.3.7.)

3.15의거 53주년 기념일 하루 전, '이은상 가고파 시비' 철거 촉구와 시비 응징 행사를 가짐. (2013.3.14.)

'이은상 가고파 시비' 응징 행사, 밀가루와 계란 등을 투척. (2013.3.14.)

정창영 한국철도공사 사장에게 마산역 광장의 '이은상 가고파 시비' 철거를 요구하는 공개서한을 보냄. (2013.4.2.)

'이은상 가고파 시비' 철거에 대한 입장을 듣기 위해 허인수 한국철도공사 마산역장을 만나다. (2013.4.2.)

“민주항쟁의 도시에 독재부역자 시비 어림없다” 이은상 가고파 시비 철거 실천대회. (2013.4.19.)

이은상 시조선집 출판기념회에서 “마산문학관을 노산(이은상) 문학관으로 바꿔야 마산이 산다”는 망언을 한 조영파 창원부시장의 규탄 기자회견. (2013.4.30.)

이은상 시조선집 출판기념회 망언 건으로 박완수 창원시장실로 항의 방문하는 모습. (2013.4.30.) 사진 제공. 오마이뉴스.

이은상 시조선집 출판기념회에서 “마산 시민정신이 우둔하다”고 발언한 윤재근 한양대 명예교수를 '모욕죄'로 창원지검 마산지청에 고소장 제출. (2013.6.4.)

마산역광장 이은상 시비 문제 해결을 위한 중재단을 구성하고 협의를 제안하는 중재단 기자회견. (2013.5.7.) 사진 제공. 오마이뉴스

'빨갱이 타령'으로 얼룩진 노산 가고파 시비 보존 및 마산사랑 범시민 결의대회. (2013. 7. 11.) 사진 제공. 경남도민일보

이은상의 친독재, 반민주 행적을 고발하는 '민주성지 마산 수호비'를
마산역 '이은상 가고파 시비' 옆에 설치. (2013.11.14.)

"이은상 작품을 주제로 한 '가고파 테마' 골목길 조성사업을 하겠다"는 안상수 시장에게 중단을 촉구하는 기자회견. (2015.1.13.) 사진 제공. 오마이뉴스

마산 중앙부두 김주열열사 시신인양지 부근에 이은상, 김동진 동상을 건립한다는 재경마산향우의 계획을 반대하는 기자회견. (2015.11.19.)

안상수 시장이 "친일인명사전을 인정할 수 없다"는 망언 규탄 기자회견. (2015.12.15.) 사진 제공. 오마이뉴스

안상수 시장 망언 규탄 기자회견 뒤, 시장실에 항의방문을 하러 가던 도중 청원경비 등이 막아 실랑이가 벌어졌다. (2015.12.15.) 사진 제공. 오마이뉴스

'3.15의거기념비 가로막은 화단과 은상이샘을 당장 철거하고, 이은상 가고파 거리 조성사업을 즉각 중단하라'는 기자회견. (2016.4.26.)

3.15의거기념비가 무성하게 자란 나무들에 가려져 오가는 시민들이 전혀 볼 수 없다. (2016.4.26.) 사진 제공. 오마이뉴스

'3.15의거기념비를 가리는 수목과 화단을 완전히 철거하라'는 기자회견. (2016.5.18.) 사진 제공. 오마이뉴스

"친독재 전력이 뚜렷한 이은상의 이름을 딴 은상이샘을 철거하라"는 기자회견. (2016.5.24.) 사진 제공. 오마이뉴스

김영만 상임고문이 1910년 조선총독부에서 발행한 <조선지지자료>에 실린 '운상천=운상이내'의 유래를 설명하고 있다. (2016.5.24.) 사진 제공. 오마이뉴스

'안상수 창원시장의 은상이샘 철거 불가 방침을 철회하고, 3.15의거 모독하는 은상이샘을 당장 철거하라'는 기자회견. (2016.6.2.) 사진 제공. 오마이뉴스

창원시와 창원시의회에 은상이샘과 관련한 모든 쟁점을 놓고 공개토론 할 것을 제안하는 기자회견. (2016.7.14)

'은상이샘 진위논쟁 공개 토론회', 창원시는 불참했지만 시의원들과 많은 언론의 관심 속에 진행 됨. (2016.10.10.)

새로 단장해 세워진 3·15의거기념비 제막행사. 은상이샘에게 등을 돌려 3.15기념비 전면 방향을 바꾸었다. (2016.7.19.)

'은상이샘 진위논쟁 공개 토론회', 창원시는 불참했지만 시의원들과 많은 언론의 관심 속에 진행 됨. (2016.10.10.)

'은상이샘의 진위논쟁 공개 토론회'에서 김영만 상임고문이 발제하고 있다. (2016.10.10.) 사진 제공. 오마이뉴스

'생가우물이라 철거할 수 없다'고 공언한 '창원시는 사죄하고 은상이샘 철거하라'는 기자회견. (2016.10.18.) 사진 제공. 오마이뉴스

허성무 창원시장의 이은상 관련 발언에 우려를 표하는 기자회견. (2018.9.6.)

조두남 편

'조두남기념관' 앞에서 조두남 친일 행적에 대한 진상조사를 촉구하는 기자회견. (2002.12.4.)

'조두남기념관' 개관을 반대하는 천막농성 돌입. (2003.5.26.)

'조두남기념관' 개관식 날 기념관 옥상에서 개관 반대를 외치는 고호진 회원. (2003.5.29.)

조두남기념관 개관식을 반대하며 밀가루 투척. (2003.5.29.)

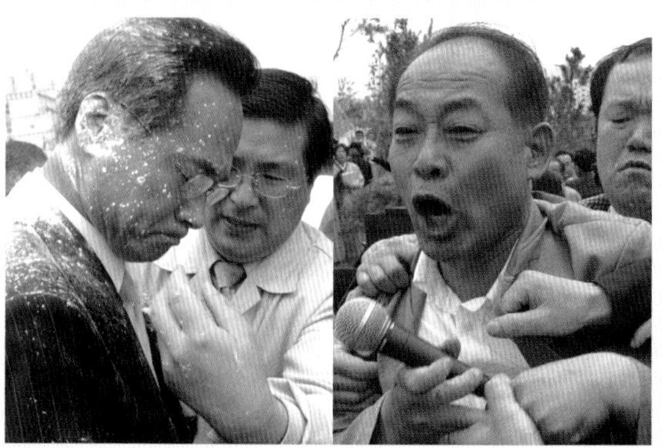

조두남기념관 개관을 추진하던 마산시장이 밀가루 세례를 맞았다. (2003.5.29.)

'조두남기념관' 개관을 저지하다 경찰에 연행되고 있는 김영만 상임대표. (2003.5.29.)

2003년 5월 30일
개관했다 곧바로 폐쇄된
'조두남기념관'.

조두남 친일의혹 규명을 위한 공동성명 기자회견. (2003.6.2.)

중국 연변 지역에서 조두남의 친일 행적을 증언한
김종화(당시 82세/중국 길림성 룡정리) 선생님.

중국 연변 비암산 일송정에 세워졌던 '선구자비'에서 중국 용정시는 2003년 비석의 선구자 비문을 삭제.

'조두남 친일행적 공동조사단'이 마산시청 브리핑 룸에서
중간보고회를 가짐. (2003.7.24.)

'마산시 시민위원회'의 "조두남기념관과 노산문학관을 마산음악관과
마산문학관으로 바꾸기로 결정한다"는 기자회견. (2003.12.8.)

시민위원회 결정에 반대하는 정상철 시의원에게 '밀가루도 아깝다. 횟가루 받아라!' (2004.4.28.)

'마산음악관 개정안'을 부결시킨 마산시의회 규탄 기자회견. (2004.4.28.)

'조두남기념관' 개관식 반대 투쟁으로 회원들에게 부과된 벌금 1,000만원을 모금하기 위한 1일 주점 "벌금 귀신 잡는날" 행사. (2004.6.2.)

'마산음악관' 재개관을 앞두고 "친일 잔재 청산 없는 재개관을 강력히 반대한다"는 기자회견. (2005.6.7.)

창원시립마산음악관에 다시 돌아온 조두남의 각종 유품과 악보 등을 철거하고 관련자를 처벌하라는 기자회견. (2019.8.6.)
사진 제공. 오마이뉴스

창원시립마산음악관 내부 전시물 중 문제가 되는 인물들도 게시되어 있다.(2019.8.6.)

창원시가 창원시립마산음악관에 전시되어 있던 선구자 악보, 조두남 흉상, 밀랍인형 등을 철거하고 있다. (2019.8.7.)

철거된 조두남 흉상, 밀랍인형 등은 신문지에 싸 창고에 보관하다. (2019.8.7.)

창원시에 '창원시립마산음악관 운영위원 전원 해촉과 향후 음악관 운영에 관한 기준과 원칙을 세우라'고 요구하는 기자회견. (2019.8.12.)

이원수 편

〈친일인명사전〉에 포함된 이원수를 기리는 '이원수 선생 탄생 100주년 기념사업 선포식'에 박완수 창원시장 등 지역 관련 인사들이 참석. (2011.1.24.)

친일작가 이원수 기념사업에 시민의 혈세로 사업을 추진하는 창원시 규탄 기자회견. (2011.1.26.)

창원시의 이원수 기념사업 지원 중단을 촉구하는 기자회견. (2011.2.28.)

이원수기념사업회측의 입장 발표에 대한 반박 기자회견. (2011.3.7.)

이원수 기념사업을 여론으로 결정하겠다는 박완수 창원시장의 발언을 반박하는 기자회견. (2011.3.30.)

광복회 울산·경남연합지부가 창원시청 브리핑룸에서 이원수 기념사업 중단을 촉구하는 기자회견. (2011.3.31.)

이원수 탄생 100주년 기념 학술세미나가 열리는 '고향의 봄 도서관' 앞에서 침묵시위를 벌임. (2011.4.1.)

박완수 창원시장의 이원수 기념사업 지원 관련 발언에 대한 반박 기자회견. (2011.4.6.)

창원시와 창원시의회에 친일인사 지원 금지 조례 제정을 촉구하는 기자회견. (2012.12.2.) 사진 제공. 오마이뉴스

'친일문인 이원수 문학탐방로를 만들겠다'는 창원시 규탄 기자회견. (2015.2.9.) 사진 제공. 오마이뉴스

유치환 편

유치환의 친일작품과 활동에 대한 원광대 김재용 교수 초정 강연회. (2004.9.2.)

3.15의거탑 앞에서 통영까지 친일청산을 위한 3보 1배 출발 기자회견. (2004.9.13.)

2004년 9월13일부터 6박 7일간 친일청산 3보 1배 진행.

통영시에 유치환의 친일진상규명 토론회를 요청하는 기자회견.
(2004.10.7.)

유치환 친일진상규명 토론회 개최를 촉구하는 성명서를 통영시에 전달.
(2004.10.7.)

'청마문학관' 앞에서 유치환 기념사업 반대 기자회견. (2007.11.3.)

'청마 추념 편지쓰기 대회'의 국고 지원금 환수 촉구 및 공문서 분실에 대한 기자회견과 화장지 전달 퍼포먼스. (2004.11.5.)

통영시와 통영문인협회에 '청마우체국 개명 편지쓰기 대회' 중단을 요구하는 기자회견. (2006.11.4.)

통영예총과 통영문협의 유치환 기념사업에 통영시의 재정 지원 중단을 촉구하는 기자회견. (2007.11.22.)

'청마유치환 친일논란에 대한 학술토론회'에 다수의 회원들이 방청객으로 참가.(2007.12.29.)

'청마유치환 친일 논란에 대한 학술토론회'에 토론자로 나온 박한용 민족문제연소장, 김재용 원광대 교수. (2007.12.29.)

지역의 단체 대표들의 '친일청산시민행동' 준비위 구성을 위한 회의. (2004.8.24.)

3.15의거탑에서 친일청산 시민행동연대(준) 발족 기자회견. (2004.9.2.)

경남의 50여 시민단체가 장지연, 남인수, 박시춘 등 친일인사 기념사업 폐지를 촉구하는 기자회견. (2005.9.1.)

장지연의 건국훈장 국민장 치탈과 묘소의 문화재 지정과 도로명을 즉각 폐지할 것을 촉구하는 기자회견. (2005.9.12.)

남인수, 유치환, 이은상 등이 '경남 관광진흥 마스트플랜' 명인에 선정된 것에 반대하는 기자회견. (2011.2.25.)

창원시의 반야월 노래비 건립과 공원 조성 사업 반대 기자회견. (2012.9.27.) 사진 제공. 오마이뉴스

'친일음악가 반야월기념사업 반대를 위한 창원시민대책위원회의'의 1인 시위. (2012.10.12.)

창원시가 반야월 공원조성 사업에 9억원을 편성한 것에 대한 철회 촉구 기자회견. (2012.10.15.)

창원시의 반야월 공원조성 사업 철회 기자회견 후 창원시에 항의서한 전달. (2012.10.15.) 사진 제공. 오마이뉴스

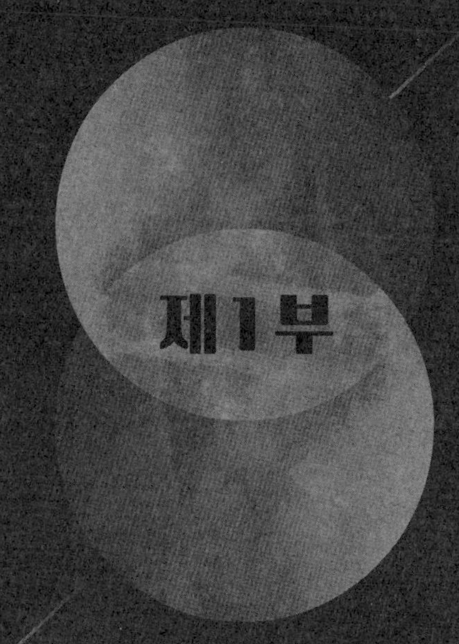

제1부

친일 친독재 청산 20년, 수없이 듣고 수없이 답한 11문 11답

김영만

열린사회희망연대 20주년 기념 백서 편찬위원회 위원장

01

열린사회희망연대에서 반대하는 문학·예술인들 모두는 자신들의 영역에서 큰 업적을 이룬 사람들이다. 우리 고장의 문화적 자산이며 자랑으로 널리 알려야 한다. 정치적 이유나 이념적 잣대로 그들의 작품까지 폄훼하는 것이 과연 옳은 일인가?

먼저 특정 개인의 이름이 붙는 ○○○기념관, 그것도 수십억 원에 달하는 시민의 혈세로 짓는 기념관이라면 아무리 공적이 많고 유명한 인물이라 해도 그들의 경력과 작품에 대해 검증하고 평가하는 것은 절차상으로나 상식적으로도 당연한 일이다.

기념관을 시민들로부터 헌정 받을 주인공은 현재뿐만 아니라 먼 후대에까지 시민, 학생들의 표상이 되어 존중과 존경을 받게 된다. 그리고 한번 만들어진 기념관은 해마다 많은 유지, 관리비가 들어간다. 그것도 우리가 낸 세금으로 말이다. 그렇다면 특정인을 위한 기념관을 일부사람들의 요구나 몇몇 인사들의 생각만으로 함부로 짓게 할 순 없는 일이다. 이런 이유로 기념관 건립 타당성 여부가 공론화되고 시민들이 찬반의사를 밝히는 것은 매우 자연스럽고 바람직한 일이다. 이런 과정에서 그 누구도 부정할 수 없는 중대한 결격사유가 입증되면 기념관 건립은 취소, 중단 또는 폐쇄되어야 한다.

이해를 돕기 위해 한 가지 예를 들어보자면 정부에서 장관 이상의 임명직 고위공직자를 뽑을 때 국회에서 청문회를 연다. 국회의원들이 후보자에 대한 자격과 능력을 검증한다면서 후보자 자녀의 재학시절 성적표도 공개하고 심지어는 봉사활동으로 받은 표창장까지 진위여부를 따지며 파고든다. 후보자 주변사람들을 모조리 청문회 증인으로 불러오라고 난리다. 검찰도 나서서 자녀의 표창장 진위를 가린다고 학교도 집도 압수수색을 하여 금융거래까지 탈탈 턴다. 부인, 자녀, 동생까지 검찰에 불려가 조사를 받고 구속 당하는 일까지 벌어진다. 물론 후보자에 따라 정도의 차이는 있지만 청문회가 무서워서 장관직 제의를 받아도 손사래를 치는 인사들이 많다고 한다.

장관직의 경우 그렇게 힘든 국회청문회 절차를 끝내고 임명이 된다 해도 그들의 임기는 길어야 2년이요 짧으면 한두 달이 될 수도 있다. 그런데 기념관은 한번 건립되면 영구히 시민들로부터 아낌없는 존중과 사랑을 받는 공간으로 존재한다. 이런 측면에서 보면 기념관의 주인공은 더 철저하고 혹독한 검증을 받아야 한다.

그러나 우리는 조두남, 이은상, 이원수 등에게 많은 것을 묻지 않았다. 우리의 질문은 "친일, 친독재 경력이 있느냐, 없느냐?" 딱 이 두 가지뿐이다. 만일 그 중 하나라도 해당되면 경중을 떠나 우리는 그들의 기념관 건립을 반대한다.

우리가 친일, 친독재 인사들의 기념관을 반대하는 이유는 이 두 가지 행위가 대한민국의 법통과 정통성, 그리고 민족의 정체성을 부정하고 훼손하는 일이기 때문이다.

우리나라 헌법전문은 "유구한 역사와 전통에 빛나는 우리 대한국민은 3·1운동으로 건립된 대한민국임시정부의 법통과 불의에 항거한 4·19민주이념을 계승하고…" 이렇게 시작된다. 이를 두고 어찌 특정한 정치성향이나 이념의 잣대로 재단하는 것이라 말하는가?

그들이 친일을 했다면 우리민족을 배신한 민족반역자들이며, 친독재는 헌법을 짓밟고 국가권력을 사유화하여 국민의 자유와 인권을 유린한 독재에 부역한 자들이다. 대한민국에서 친일, 친독재는 중대범죄로 다루어야 한다. 이처럼 기념관을 반대하는 우리의 명분과 기준은 간단명료하다.

기념관 논쟁으로 많은 사람이 자신이 잘 몰랐던 그들의 친일, 친독재 행위를 알고 난 뒤, 작가와 그의 작품에 대한 애정을 거둔다거나 아니면 변함없이 흠모하고 애창, 애독하든지 그것은 개인이 판단할 일이지 굳이 우리가 언급할 문제가 아니다.

다시 한 번 말해둔다. 친일, 친독재 경력이 있는 문화예술인들에게 우리가 낸 세금으로 기념관을 짓거나 기념사업을 하는 것에 반대하는 것일 뿐, 우리가 누구의 작품(선구자는 제외)을 평가한 일도 없고 그럴 생각도 없다. 그건 우리 영역도 아니다.

그럼에도 "기념관을 짓지 말라"는 말이 작가의 작품을 폄훼하는 말로 들린다면 한마디 조언은 해줄 수 있다. "그렇게 작품의 가치와 작가를 지키고 싶다면 기념관에 대한 집념을 버려라."

02

문학은 문학으로 보고 음악은 음악으로 보아야 한다. 작품과 사람은 구별해서 평가하자. 혹 그들에게 인간적인 실수나 문제가 있었다고 해도 '가고파' '선구자' '고향의 봄'과 같은 전 국민이 애창하고 애독하는 작품들이 있지 않나?

사람들이 많이 오해하는 부분이다. 우리가 친일, 친독재 전력을 가진 이은상, 조두남, 이원수 등의 기념관과 기념사업을 반대한다고 해서 그들의 모든 작품을 문제 삼거나 폄하한다고 생각하는 것은 잘못이다.

대국민 사기극이라는 소리를 듣는 '선구자'처럼 가사와 곡 자체가 문제가 있는 것이 아니라면 우리가 그들의 모든 작품을 무조건 깎아내리거나 부정해야 할 필요도 이유도 없다.

그런데 이 질문의 진의가 기념관의 명칭을 사람이 아닌 작품명으로 하자는 뜻이라면 역시 반대다. 이건 말장난이며 꼼수이기에 그렇다.

호가 노산인 이은상은 가곡 '가고파'로 유명한 시조시인이다. 그의 고향 마산에서는 '노산'과 '가고파' 모두 이은상을 지칭하는 인칭대명사로 사용되고 있다. 실제 '이은상 문학관'이 시민단체의 반대에 부딪치자 '노산 문학관'으로 개칭했다가 그 또한 반대의 벽을 넘지 못하자 '가고파 문학관'으로 개명을 시도했다. 문학관 논쟁이 벌어지기 직전(열린사회희망연대 창립 2년 전인 1997년) 그의 출생지인 마산 상남동과 옆 동네인 교원동까지 합쳐 동명을 노산동으로 바꾸고, 2015년 안상수 시장 시절에는 노비산 정상 마산문학관으로 올라가는 골목을 확장하여 가고파 테마골목을 만들고 노비산을 빙 두른 대로를 '가고파 거리'라 명명했다. 심지어는 북마산 3·15의거비 바로 코앞에 '가고파 거리'라는 팻말까지 붙여 놓았다.

이런 자상하고 친절한 서비스는 시장과 이은상을 추앙하는 문인들, 그리고 공무원들이 함께 만든 작품들이다.

이원수의 경우도 마찬가지다. '이원수 문학관'은 '시립고향의봄도서관' 건물 안에 자리 잡고 있다. 그리고 시로부터 한해 1억 2000만 원 이상의 지원을 받고 있는데 사업명에 이원수라는 이름은 절대 쓰지 않는다. 시로부터 지원금을 타내기 위해 제출한 사업명을 보면 '고향의 봄 예술제' '고향의 봄 창작동요제' '고향의 봄 창작기념공연'으로 되어 있다. 심지어 이원수문학관을 시로부터 위탁받아 운영하는 단체 이름도 '고향의봄기념사업회'이며 창원시에 지원사업을 신청하는 단체도 같은 사업회다.

이원수 기념사업을 하면서 이원수라는 이름은 어디에도 없다.

기념관과 관련된 작가들의 친일, 친독재가 끊임없는 말썽이 되다 보니 그들의 대표적인 작품명으로 지원금을 받아내는 꼼수를 부리고 있는 것이다.

그들이 이렇게라도 해서 악착같이 받아내고 있는 지원금은 시민들의 혈세다.

이런 과정을 지켜본 시민들이 그들의 모든 작품마저 외면해 버리는 일이 생긴다면 그건 우리 잘못이 아니라 집요하게 기념관을 추진해온 사람들의 잘못이다.

우리가 처음부터 계속 강조해온 말을 다시 하겠다.

제자들이나 문학동호인과 같은 사적 모임과 공공장소가 아닌 곳에서 100% 자신들의 회비로 하는 사업이라면 우리가 반대할 이유가 없다.

예외가 하나 더 있다. 전국 각지에 '고향의 봄' 노래비가 20여 개나 있다고 한다. 이런 경우에는 우리도 전혀 신경을 쓰지 않는다. 고향을 어머니 품속처럼 느끼고 그리워하는 것은 인류의 보편적인 정서이며 그 정서를 바탕으로 노래비를 세운 그분들의 순수성 때문이다. 노래가 그냥 노래로서 좋아하는 그 이상의 어떤 목적을 가진 것이 아니라면 우리가 굳이 거기까지 쫓아가 이원수의 친일을 들먹일 필요가 없다.

그러나 창원에서는 아니다. 창원에서 문제가 된 것은 노래비가 아니고 문학관이다.

이원수문학관은 그냥 문학관이 아니라 친일논쟁의 상징적 공간이 되어버린 곳이다.

그곳은 문학관을 지키려고 하는 사람들의 위험한 방어 논리가 확대재생산되는 곳이다. 그리고 시로부터 위탁관리를 받아 이제는 사적인 이해관계까지 생겨버린 문학관으로 이 문학관이 존재하는 한 이원수의 친일은 끊임없이 거론될 것이다,

차라리 이원수문학관이 없었더라면, 문학관 반대도 없었을 것이고 따라서 이원수의 친일이 크게 부각되지도 않았을 것이다.

그랬다면, 정말 그랬다면 문학관을 반대하는 우리의 가슴 속에도 '고향의 봄' 노래비 하나쯤 세워져 있었을지도 모른다.

이원수에게도, 시민들에게도 참 안타까운 일이다.

03

사람에겐 누구나 장, 단점이 있고, 공과 과가 있기 마련이다. 기념관을 만들고 그 안에 공과를 똑같이 전시하면 되지 않겠나?

친일, 친독재 역사청산운동을 해온 20년 동안 가장 많이 들은 질문이다.

친일, 친독재 행위를 부정하거나 억지 주장으로는 기념관 건립이나 존립이 어렵겠다는 판단에서 나온 일종의 타협안이다. '과'도 인정하고 '공'도 인정하는 이 두 가지를 다 수용하는 기념관을 짓자는 것이다.

언뜻 들으면 매우 합리적인 방안으로 들리지만 사실은 기념관을 짓는 그 자체가 친일 친독재 행위에 면죄부를 주는 일이라고 판단한 우리는 이 논리에 반대했다.

결국 우리의 주장이 옳았음을 증명하는 현상이 지금 이원수 문학관과 마산음악관(사실상 조두남 음악관)에서 일어나고 있다. 이 기념관들의 기능이 이제는 친일이 죄가 되지 않는 나라를 만드는 일에 크게 일조하고 있다.

그중에서도 이원수문학관이 매우 심각하다.

2011년 '이원수 탄생 100주년 기념사업 선포식'에서 사회를 보던 모 대학 교수가 이런 발언을 했다. "이원수의 친일은 도도히 흐르는 대하에 한 방울의 물에 지나지 않는다." 이 말을 언론을 통해 전해 듣는 순간 분노보다 먼저 섬뜩한 생각이 들었다. "기념관이라는 공간에 공과 과가 함께 들어오게 되면 '공'은 태산 같이 커지고 '과'는 티끌처럼 가벼워 질것"이라며 반대했던 우리의 우려가 사실이라는 것을 그의 입을 통해 확인하게 된 것이다. 실제 자신들이 창원시로부터 위탁받아 운영하고 있는 '이원수문학관'에서 그런 일이 일어나고 있다.

그 곳에는 이원수의 공과 과를 동시에 전시한다면서 '지원병을 보내며'라는 동시 한 편을 게시해 놓았다.

지원병 형님들이 떠나는 날은
거리마다 국기가 펄럭거리고
소리 높이 군가가 울렸습니다.
……
나라를 위하야 목숨 내놓고
전장으로 가시려는 형님들이여
부대부대 공을 세워주시오.
우리도 자라서, 어서 자라서
소원의 군인이 되겠습니다.
굿센 일본 병정이 되겠습니다.

이렇게 이원수는 식민지 조선의 어린 소년들에게 일제의 침략전쟁을 위해 목숨을 바치는 것을 당연한 일로 받아들이도록 세뇌하고 있다.

문제는 그곳을 방문하는 시민과 학생들이 그 동시를 읽고 스스로 생각하고 판단할 시간도 주지 않고 바로 이어서 이원수의 변명과 아동문학가 이오덕 선생을 비롯한 3명의 문인들이 이원수의 친일은 인정하면서도 은근히 두둔하거나 변호하는 글을 댓글처럼 달아 놓았다. 세 문인들의 글을 문학관측이 자신들의 의도대로 교묘하게 편집해 놓은 것이다.

즉, 친일은 민족에게 죄를 지은 일이라 생각하고 배운 시민과 학생들에게 이원수의 친일은 당시 상황에서는 누구라도 어쩔 수 없었던 일이였기에 인간적으로 이해하고 용서해 주고 싶은 측은지심이 일어나도록 유도하는 문학관 측의 치밀하게 계산된 연출이다.

이원수문학관 측의 이런 시도는 아직은 사리분별력이 약한 어린 학생들에게 친일을 마치 길에 껌을 뱉는 정도의 가벼운 경범죄로 인식시키는 것이다.

여기서 한발만 더 나가면 일본군 '위안부'를 매춘부라 부르고 강제동원 노동자의 존재를 부정하는 뉴라이트와 반일종족주의를 만나게 된다.

이원수문학관이 큰 문제가 되는 이유가 바로 이 때문이다.

친일, 친독재 인사들의 기념관을 만들면 안 되는 이유가 분명해졌다.

현재 이원수문학관은 해마다 시로부터 1억 2000만 원이 넘는 보조금과 위탁관리비를 받고 있고 그 금액은 해마다 늘고 있다.

이 돈은 모두 시민의 혈세다. 이런 기념관을 그대로 두는 것은 친일, 친독재가 죄가 되는 것도, 부끄러운 일도 아니라는 명분을 만들어 주는 일이다. 선과 악, 정의와 불의를 구분 할 수 없는 우리 사회의 혼란과 혼돈은 이런 곳에서 시작되는 것이다.

이원수문학관은 즉각 폐쇄되어야 한다.

04

일제의 혹독한 식민통치 아래에서 친일을 하지 않고 어떻게 살 수 있었겠나. 친일작가들은 살아야 한다는 절박한 상황에서 어쩔 수 없이 작품을 써야 했던 생계형 친일이라고 볼 수 있지 않나?

생계형 친일이라는 단어가 좀 생경스럽게 들리는 말이기는 하지만 가족들의 생계 때문이든 자신의 목숨 때문이든 감히 일제에 저항하는 일은 꿈도 꾸지 못하고 노예처럼 살 수밖에 없었던 식민지 조선백성들을 그 누구도 친일했다고 비난하지 않는다.

그러나 지난 20년 동안 경남에서 기념관이나 기념행사로 말썽이 된 사람들 중 이은상(마산)은 친독재로 따로 논하기로 하고, 아동문학가 이원수(창원), 문학평론가 조연현(함안), 작곡가 조두남(마산), 박시춘(밀양), 가수 남인수(진주), 반야월(마산), 극작가 유치진(통영), 시인 유치환(통영, 거제), 화가 김은호(진주), 언론인 장지연(마산) 등이다. 그들은 모두 문화예술 활동으로 내선일체와 황국신민화, 대동아성전 등 일제의 식민지배와 침략전쟁을 미화하고 찬양하며 조선의 청년들을 일제의 총알받이 지원병으로 나설 것을 독려하고 선동함으로써 일제에 협력한 자들이다.

만일 그들을 보고 생계형 친일이라고 한다면 그 천박한 역사인식에 분노하지 않을 수 없다. 그들이 가족의 생계를 위해 어쩔 수 없다고 스스로를 위안하며 반민족 친일행위를 하고 있을 때 또 다른 한편에서는 가족의 생계도 돌보지 못하고 굶주린 배를 움켜진 채 풍찬노숙을 하며 조국의 독립을 위해 목숨까지 바친 수많은 분들이 있었다는 사실을 조금이라도 안다면 어디 감히 그들을 생계형 친일 운운할 수 있단 말인가?

05

자신의 친일, 친독재 행위를 반성하고 국민들에게 사죄하고 용서를 빈다면 기념관 건립이나 기념사업을 찬성해 줄 수 있지 않은가?

2011년 말, 아동문학가 이원수의 딸이 국민들에게 아버지가 저지른 친일의 죄를 자신이 대신해 사과하고 용서를 빌었다는 언론 보도를 보고 일제강점기 민족수난의 역사가 끝나고 해방 66년이 지난 지금까지도 후대들의 가슴에 깊은 상처를 입히고 있다는 사실에 몹시 마음이 편치 않았다.

지난 2004년 시인 유치환의 딸들은 자기 아버지에 대해 친일의혹을 제기하며 각종 기념사업을 반대해 온 시민단체 인사 3명을 명예훼손으로 고발했지만 대법원에서 무혐의 처분으로 판결난 일이 있었다. 거제시가 소송비용 3000만원을 유치환 유족에게 지원한 것이 말썽이 되기도 했다.

친독재 행적으로 기회주의자의 표상이라는 비판을 받고 있는 시조시인 이은상의 경우 애초에 계획했던 문학관 사업이 좌초의 위기를 맞게 되자 그의 외동아들이 미국에 산다는 소식을 들은 오지랖 넓은 누군가가 아들에게 전화를 걸어 "당신이 아버지 대신 시민들에게 용서를 빌 생각이 없느냐?"고 했더니 "아버지 인생은 아버지의 것이고 내 인생은 나의 것이다"라며 한마디로 거절하더라는 소문이 나돌기도 했다.

2010년, 친일예술인 중 유일하게 본인이 직접 유감의 뜻을 밝힌 사람이 있다. 마산이 고향인 원로 가수이며 작사자로 유명한 반야월[01]이다. 마산에서 그의 기념사업을 추진하는데 적극적으로 앞장섰던 당시 한나라당 이주영 국회의원의 권고로 국회에서 열린 간담회 자리에서 "그때는 어떻게 할 수 없었고, 피치 못할 사정이 있었다. 정말 유감스럽게 생각하고 후회하고 있다"며 "국민여러분께 사과드린다"고 했다는 이야기를 이주영 의원측에서 언론에 알렸다. 그런데 그의 사죄가 마산시민들에게 별 감동을 주지 못했다.

많은 사람들에게 감동을 주는 참회와 사과는 어떤 것일까? 무엇보다 사람들이 진심을 느낄 수 있어야 하는 것이 아닐까 하고 이런 상상을 해본다.

"여러분, 저를 위한 기념관은 절대로 짓지 마세요. 그것은 제가 우리민족에게 또 다시 큰 죄를 짓는 일입니다. 대한민국에서 다시는 저 같은 사람들이 있어서는 안 된다는 교훈을 후대들에게 남기기 위해서라도 저를 절대로 용서하지 마십시오." 이렇게 하는 것이 진짜 참회하고 반성하는 게 아닐까? 행여 이렇게 참회하는 사람이 있었다면 우리는 그를 용서하고 안아 주고 싶은 생각이 들었을 지도 모른다.

친일, 친독재가 연좌죄도 아닌데 아버지 대신 사과하고 용서를 구하는 이원수 따님이 안타까울 따름이다. 차라리 "우리 아버지 기념사업을 중단하시라"고 했다면 그게 아버지 이원수에게 남은 최소한의 명예라도 지켜드리는 방법이 아니었을까 하는 생각이 든다.

---

01 마산출신으로 본명은 박창오, 예명으로 반야월(작사), 진방남(가수)

06

1000편이 넘는 작품을 남긴 이원수의 친일 작품은 고작 5편이다. 이 정도를 친일로 몰아가는 것은 지나친 것 아닌가?

그런 식으로 말한다면 이렇게 되물어 보고 싶다. "만일 1000톤의 물이 담긴 식수탱크 속에 누군가가 5톤의 독극물을 넣었다는 사실을 뒤늦게 알게 된 시민들이 가만있을 거라고 생각하는가? 그래도 당신은 그 정도면 괜찮다고 그냥 마실 수 있겠는가?"

질문 내용이 아마 부적절한 비유라고 반론할지 모르겠지만 앞서 던진 그 질문의 의도가 이원수문학관 찬성 논리라면 우리 역시 이렇게 반문할 수밖에 없다.

우리가 이원수의 친일을 지적하는 것은 그의 모든 작품과 생애 전반을 부정하고자 하는 것이 아니라 정부나 지자체 차원에서 친일 경력을 가진 한 개인의 문학적 업적을 기리는 문학관 운영과 기념사업을 반대하는 이유 때문이다.

현재 밝혀진 이원수의 친일 작품은 '지원병을 보내며' '낙하산-방공비행대회에서' '보리밭에서-젊은 농부의 노래' '농촌아동과 아동문화' '고도감회-부여신궁 어조영 봉사작업에 다녀와서' 이렇게 모두 5편이다. 동시가 둘, 자유시가 하나, 수필이 둘이다.

그 중에서 '지원병을 보내며'와 같은 동시는 스스로 이성적인 판단을 할 수 없는 어린 소년들에게 식민지 종주국의 천왕을 위해 기꺼이 목숨을 바치는 것은 영광스러운 일이라는 생각을 머릿속에 주입시키는 것으로 지원병 입대 연령인 성인을 대상으로 하는 것보다 더 심각하다 할 수 있다. 일반범죄에서도 그 대상이 청소년인 경우 가중처벌이

되는 이유와 같은 이치다.

이원수가 우리를 더욱 놀라게 하는 작품은 '고도감회-부여신궁[02] 어조영[03] 봉사작업에 다녀와서'라는 수필이다. 일왕의 조상신을 모시는 부여신궁 공사장 봉사작업에 참여하면서 이원수가 느낀 감회를 당시 10만 부나 발행되던 〈반도의빛(半島の光)〉이라는 월간지[04]에 발표한 시점이 태평양 전쟁이 한창 진행 중이었던 1943년으로 당시 일제의 정책인 '내선일체' '황국신민화' '대동아전쟁'을 완벽한 내적 논리로 글을 쓰고 있다. 일본인 보다 더 철저한 일본사람이 되어 신국(神國)[05]의 복된 백성이 된 기쁨에 도취되어 있는 이원수의 모습은 정말 충격적이다.

"……그리하야 日本精神(일본정신)을 心臟(심장)에 새겨 由緖(유서) 깊은 이 땅, 이 거룩한 神宮(신궁)[06] 造營工事(조영공사)에 聖汗(성한)을 흘리는 隊員(대원)으로 하여금 內鮮一體(내선일체)의 한 본이 되고 先頭者(선두자)가 되도록 하는 것이 目的(목적)이라 한다. 우리나라는 神(신)의 나라니 『아마데라쓰오호미가미[07]』를 받들어……"

"……위로 天皇(천황)의 御稜威(어능위)[08]를 받잡고 七生報國(칠생보국)[09]의 赤誠(적성)[10]에 타는 勇敢無雙(용감무상)한 우리國民(국민)에겐 아모 무서울 것이 없는 것이다.

뛰는 波濤(파도)를 헤치고 太平洋(태평양)이라도 한숨에 건너가서 못된 무리들을 쳐부수고 참된 世界(세계)를 建設(건설)하는 것이 우리들의 使命(사명)이요 지금 當場(당장) 이 大東亞

---

02 백제의 고도 부여에 일왕(天皇)의 조상신을 모시는 신사
03 일왕(天皇)의 어명으로 신궁을 짓는 공사
04 금융조합 기관지
05 천황이 다스리는 나라
06 일왕(天皇)의 조상신을 모시는 신사
07 일본왕(天皇)의 조상신이자 일본인의 시조신
08 일왕(天皇)의 존엄한 위세
09 일곱 번 다시 태어나도 나라(天皇)에 몸을 받쳐 보답함
10 마음에서 우러나는 참된 정성

戰爭下(대동아전쟁하)에 우리들의 가야할 길인 것이다."

"……잠드는 우리들로 하여금 神國(신국)의 福(복)된 百姓(백성)이요, 神國(신국)의 앞날을 짊어질 아들과 딸임을 꿈속에서까지 몸으로 切實(절실)히 느끼게 하는 것이었다."

이처럼 이원수는 부여신궁 봉사작업장에서 신국의 백성이 된 영광에 주체할 수 없는 감동에 빠져 있었다.

같은 시기 이국 땅 거친 산하를 누비며 조국의 독립과 민족해방을 위해 총을 들고 일제와 맞서 싸우던 독립군들이 이원수의 이글을 보았다면 과연 어떤 생각을 했을까?

이원수의 친일에 대한 평가는 이원수와 가장 가까이 지낸 아동문학가 이오덕 선생의 입장이나 지금 친일청산 운동을 하는 우리의 관점보다 1943년 바로 그 시점에서 독립운동을 하던 분들의 관점과 기준으로 판단하는 것이 정답이 아닐까 하는 생각에서 던져보는 질문이다.

이원수를 옹호하는 사람들은 고작 다섯 작품 밖에 안 된다고 하지만 유명한 동시 작가인 이원수의 일제 말기 문필활동은 독립을 열망하던 조선민중들에게 절망과 좌절을 안겨준 명백한 친일반민족행위로서 생계형 친일이라고 말 할 수 있는 선을 한참 넘었다고 봐야 한다.

다시 한 번 말하지만 시민이 낸 세금으로 이원수문학관을 유지하고 운영하느냐 마느냐는 친일작품 양의 문제가 아니라 친일을 했느냐, 아니냐가 판단기준이 될 뿐이다.

노벨 문학상 수상후보자로 여러 차례 물망에 올랐던 고은 시인은 미투운동의 대상이 되어 자신이 그동안 문학애호가들로부터 받은 존경과 명예, 그리고 지자체로부터 받은 각종지원과 혜택을 하루아침에 다 잃었다. 미투운동에서 횟수 즉 양을 따지는 것은 의미 없는 일이다. 친일이 미투보다 결코 작은 죄가 아니라 생각한다.

해방 후 친일청산이 성공하여 상식과 원칙이 바로선 나라가 되었더라면 이원수문학관은 만들어 지지도 않았을 것이다. 창원시는 지금이라도 지원을 중단하고 문학관을 폐관해야 한다. 친일과 친독재 자들에게 죄를 묻지 않는다면 불행한 역사는 되풀이 될 것이다.

07

조두남의 가곡 '선구자'를 왜 대국민사기극이라고 하는가. 그리고 밀가루 투척사건은 왜 일어났나?

'일송정 푸른 솔은 늙어늙어 갔어도 한줄기 해란강은 천년두고 흐른다.' 이렇게 시작되는 가곡 선구자.

이 노래는 1963년부터 7년 동안 기독교 중앙방송의 시그널 뮤직으로 알려지기 시작하여 1970년대부터 1990년대까지 전 국민의 사랑을 받는 애창곡이었다. 각종 방송에서도 자주 들을 수 있었고 민간행사나 공공행사에서도 애국가만큼이나 대접받는 노래였다.

특히 정치적으로 어려운 시절 많은 이들은 이 노래에 민주의 열망을 담아 노래를 부르며 가끔은 눈시울을 적시기도 했다. 비장한 가사와 기개 있는 곡도 곡이지만 이 노래의 탄생배경이 예사롭지 않아 사람들의 가슴을 흔들어 놓았던 것이다.

조두남의 회고록을 보면 1932년 만주 목단강변의 여인숙에 묵고 있던 조두남을 찾아 온 낯선 객을 만나면서 부터 '선구자' 의 전설적인 이야기는 시작된다.

> 그 사람은 조그마한 키의 깡마른 체구에 낡은 외투를 걸친 초췌한 차림의 젊은이였다. 그는 귀에 익은 함경도 사투리로 자기는 윤해영이라는 사람으로 이리저리 떠돌아 다니며 장사하는 사람이라고 자신을 소개했다. 그러나 나는 이 사람이 독립운동을 하는 사람임을 직감적으로 느꼈다.

나보다 서너 살 위로 보이는 윤씨의 눈빛은 침착하고 강렬했으며 깊은 신념과 의지가 감겨 있어서 아무리 보아도 장사하는 사람의 눈빛은 아니었다.

"조 선생이 작곡을 하신다는 말씀은 벌써부터 들어 왔습니다만 이곳저곳 떠돌아 다니다 보니 이제야 찾게 되었습니다. 조 선생께 부탁드릴 것은 이곳에 흘러 들어와 살고 있는 우리 동포들이 시원하게 부를 수 있는 노래를 하나 만들어 달라는 것입니다."

연신 손수건으로 입을 틀어막고 기침을 해대는 그는 고생으로 시달린 풍상의 흔적과 병색이 완연했지만 예리하게 번득이는 그의 눈엔 뭔가 새로운 저항과 저력이 있는 듯 했다.

윤해영은 주머니를 뒤적이더니 구깃구깃한 종이 한 장을 내 앞에다 내 놓았다. 거기에는 《용정의 노래》라는 제목으로 『일송정 푸른 솔은 늙어 늙어 갔어도 한줄기 해란강은 천년 두고 흐른다. 지난날 강가에서 말 달리던 선구자 지금은 어느 곳에 거친 꿈이 깊었나』로 시작되는 세절의 시가 적혀 있었다.

윤해영은 그가 내민 가사에 곡을 붙여주면 달포쯤 지난 다음에 다시 찾아와 노래를 배워 가겠다는 말만 남긴 채 바람처럼 떠나갔다.

바쁜 걸음으로 떠나가는 그를 바라보면서 나는 무척이나 약한 듯한 그의 몸이 만주 벌판의 거센 바람을 이겨낼 것 같지 않은 불길한 예감에 사로 잡혔다.

우리 민족이 다 함께 조국의 광복을 기다리며 희망을 잃지 않고 부를 수 있는 노래를 지어 달라며 떠나간 윤해영은 한 달이 지나고 두 달이 지나도 다시 내 앞에 나타나지 않았다.

나는 그 후 해방이 될 때까지도 만주 벌판을 돌아다니며 가는 곳마다 윤해영의 소식을 물었으나 그는 끝내 찾을 길이 없었다.

- 조두남 제2 수상집 『그리움』 세광출판사 1982. 6. 15

이 사연을 알고 선구자를 부르면 울컥해지는 그런 노래였다.

그런데 90년대 중반부터 믿기지 않는 이야기가 알려지기 시작했다. 윤해영이 만주에서 대표적인 친일단체인 녕안협화회에서 사무원으로 일을 했고 다수의 친일시를 썼다는 사실이 90년대 초 연변대 권철 교수와 인천대 오양호 교수의 연구로 밝혀졌다. 이 사실을 알게 된 사람들은 윤해영을 독립군으로 묘사한 조두남을 의심하기 시작했지만

1984년에 세상을 떠난 뒤여서 본인에게 확인할 길도 없었고 작곡자인 조두남의 친일은 거론되지 않았기에 이런 사실을 미처 알지 못하는 많은 국민들은 여전히 선구자를 애창하고 있었다.

2001년 마산시가 조두남음악관을 짓는다는 계획을 발표했을 당시 열린사회희망연대는 이은상문학관 반대운동에 집중하느라 조두남음악관에 눈 돌릴 여유가 없기도 했지만 조두남의 직접적인 친일의혹이 없는 상태에서 선구자의 작사자 윤해영의 친일만으로 음악관을 문제 삼기에는 좀 애매한 상황이었다.

그러던 2002년 11월, 시사월간지 〈말〉지에 연변에서 활동하고 있는 작가 류연산씨가 쓴 '일송정 푸른 솔에 선구자는 없었다'는 제목의 글을 보고 깜짝 놀랐다.

"1995년 5월 류연산씨는 일제 강점기 만주에서 조두남과 친분이 있던 연변 음악계의 원로 김종화(金種華 1921년 12월 3일 화룡현 룡문향 태생)씨를 만나 "조두남 선생도 〈징병제 만세〉〈황국의 어머니〉〈간첩은 날뛴다〉등의 친일노래를 작곡했다"는 증언을 들었다고 했다. 김종화씨는 조두남을 1942년에 만나 기타연주자로 함께 공연을 다녔다고 한다. "1944년 봄이랍니다……녕안(寧安)의 어느 여관에서 조두남 선생의 소개로 '용정의 노래(선구자)' 작사자인 윤해영 선생을 만나 뵙게 되었습니다……. 그때 신곡발표 공연장에서 처음으로 '용정의 노래'를 불렀답니다" 라고 하며 "조두남과 윤해영은 수시로 만나 여러 수의 노래를 창작했고 아울러 동료들과 윤해영의 집에서 파티까지 가졌다"는 증언도 했다는 것이다.

이 기사를 보고 열린사회희망연대는 즉시 마산시장과 시의회의장을 면담하고 조두남음악관 개관 일정을 늦추고 조사단을 꾸려 연변 현지에서 김종화씨를 비롯해 연변대학의 권위 있는 학자들의 증언과 의견을 청취한 뒤 개관여부를 결정하기로 합의했다.

그러나 마산시는 약속을 어기고 조두남음악관 개관을 강행했다. 그날 개관 기념식장은 전경 1개 중대가 둘러싸고 사복경찰 수십 명이 감시하는 가운데 개관식이 진행되었고 황철곤 마산시장이 기념사를 하는 도중 열린사회희망연대 회원들이 종이에 싼 밀가루 뭉치를 투척하여 약속을 어긴 시장에게 항의했고, 즉시 회원 3명이 현장에서 체포, 수감되어 재판에 회부되었다. 이 사건은 그날 KBS, MBC 저녁 9시 메인뉴스에서 톱으로 방영되어 온 국민을 놀라게 했다. 덕분에 선구자의 진실을 널리 알리게 된 계기가 되었고 이후 많은 국민들의 지지와 격려를 받았다.

몇 개월 뒤 교도소에 수감된 회원들이 출소하면서 연변 현지조사 여론이 힘을 얻게 되었다. 마산시는 열린사회희망연대의 제안을 받아들여 '조두남기념관 관련 공동조사단(친일의혹)'을 꾸리기로 합의하고 시민단체, 조두남 유족, 학계 전문가, 시의회에서 각각 2명씩 추천한 8명의 조사단을 구성하여 2003년 7월18일~23일(6일간)까지 연변 현지의 여러 관련자들을 만나 증언 청취와 증언자와 증언내용의 신뢰성 확인 등의 조사활동을 마치고 귀국했다. 이어서 조사단은 몇 차례 만나 조사보고서를 작성한 후 2003년 8월 28일 기자회견을 통해 최종결과를 발표했다.

결론만 말하면 조두남은 일제하 만주지역에서 친일 음악 활동으로 친일을 한 혐의가 짙은 음악가로 판정했다. 이로써 그의 자서전에 기록된 선구자의 창작배경이 모두 거짓으로 밝혀졌다.

'선구자'의 본래 제목은 '용정의 노래' 였고 가사 중 "활을 쏘던 선구자"는 "눈물 젖은 보따리" "맹세하던 선구자"는 "흘러흘러 온 신세"였다. 이상하게 이 부분은 조두남 자신이 회고록에서 스스로 밝히고 있다. 아마 자신도 윤해영 못지않게 항일정신이 투철한 사람이었다는 것을 보여주고 싶었던 것 같다.

이런 과정에서 선구자의 표절시비도 크게 부각되었다. 일찍 미국으로 이주한 원로 음악가 박태준의 '님과 함께(1992년 작)'라는 곡을 표절했다는 것이다.

1982년 6월 19일 서울에서 열린 박태준의 귀국연주회에서 그가 60년 전에 작곡한 '동무생각' '소낙비' '님과 함께' 등 자신의 노래를 직접 지휘했는데 후배음악인들과 청중들이 '님과 함께'라는 노래가 가사만 틀리지 곡은 선구자와 같다고 하자 박태준은 "그 같은 사실을 모르는 바는 아니었고 세상 사람들이 선구자를 국민가곡으로 애창하고 있는데··· 이제 와서 후배가 선배의 곡에서 많은 영향을 받은 것으로 해석하고 싶다"고 말했다. 표절이라는 말을 에둘러 점잖게 표현한 것으로 당시 음악계에서는 꽤나 논란이 되었다고 한다. 이 시기 조두남은 병석에 누워 있었다.

전문가들마다 평가가 다르긴 하지만 표절의 정도는 '선구자' 노래 16마디 가운데

5마디는 똑 같고, 8마디는 유사하며, 틀린 것은 3마디 정도라 하는 것이 대체적인 의견인 것 같다. 그러나 조두남을 두둔하는 쪽에서는 표절이 아니라고 평가한 음악전문가도 있다고 하는데 사실 전문가들의 평가는 비전문가인 일반인들에게 감이 잘 오지 않는다.

그래서 열린사회희망연대는 여러 사람을 모아 놓고 '님과 함께' 악보를 피아노 연주로 곡을 들려주었더니 한 사람도 망설이지 않고 '선구자'라고 답했다.

선구자라는 단어도 문제다. 지금 우리나라에서 매우 긍정적인 뜻으로 사용되고 있고 심지어는 일제강점기 때 독립군을 지칭하는 단어로 알고 있는 사람들이 많다.

잘못 알고 있고 잘못 해석된 단어다. 일단 항일독립투사들이 불렀던 독립군가 어디에도 선구자라는 단어는 나오지 않는다. 뿐만 아니라 일제 강점기 우리 겨레가 부르고 읊었던 학도가, 청년가, 계몽운동가, 독립가, 교가, 항일시, 일반가요 수백편을 뒤져봐도 선구자라는 단어는 없다. 그렇다면 지금은 우리가 아주 자연스럽게 사용하고 있는 선구자라는 단어는 본래 우리말이 아닌 것이 분명하다.

1930~40년대 만주에서 선구자라는 단어의 쓰임새는 일제의 침략전쟁과 식민지정책을 모범적으로 수행하여 공을 세운 자들에게 붙여 준 호칭으로 선구자와 독립군은 매우 적대적인 단어였다,

일제의 주구가 되어 동족인 독립군을 토벌하는데 앞장선 '간도특설대' 군가의 가사를 보면 어떤 자들을 선구자라고 했는지 분명하게 알 수 있다.

시대의 자랑, 만주의 번영을 위한 징병제의 선구자,
조선의 건아들아!
선구자의 사명을 안고 우리는 나섰다. 나도 나섰다.
건군은 짧아도 전투에서 용맹을 떨쳐
대화혼(大和魂)은 우리를 고무한다.
천황의 뜻을 받든 특설부대
천황은 특설부대를 사랑한다.

간도특설대는 조국독립을 위해 싸우는 독립운동조직을 토벌하는 특수부대로 '조선 독립군은 조선인이 다스려야 한다'는 목표아래 대대장을 제외하고는 대부분 조선인으로 조직되어 1939년에서 1945년까지는 만주국 내에서 활동한 동북항일연군과 항일운동세력에게 심각한 타격을 입혔다.

일제의 식민지배에서 벗어나 해방된 나라에서 선구자라는 말이 긍정적으로 수용된 것은 친일파들이 우리나라의 언어문화까지 장악하고 주도했기 때문이다.

2004년 7월 16일, 마산시의회 본회의에서 '조두남기념관 설치 및 운영에 관한 조례 개정안'이 통과되어 '조두남음악관'이 '마산음악관'으로 바뀌었다.

이때 마산시는 음악관 입구의 선구자 석비에 새겨진 가사를 완전히 깎아내고 음악관내 조두남 흉상을 철거했다.

그리고 15년 후, 2019년 5월 마산음악관 내부 리모델링을 하면서 조두남의 대표작이라며 선구자 악보와 가사 등을 당당하게 전시해 놓았다. 그리고 창고 속에 있던 조두남 흉상을 꺼내 옛날 자리에 되돌려 놓았다. 조두남이 음악관의 주인으로 당당하게 돌아온 것이다.

2019년은 '3·1운동 100주년'이 되는 해로 어느 때 보다 친일잔재 청산의 목소리가 높았고 곳곳에서 기념행사가 활발하게 벌어지고 있었던 해다. 그런데 어떻게 이런 일이 가능했을까?

뒤늦게 마산음악관 운영위원회 위원 명단을 보고 짐작할 수 있었다. 15년 전 우리와 반대쪽 입장에 있었던 사람들이 있었기 때문이다. 그리고 공무원들의 무지와 무능이 한몫을 했다.

먼 옛날도 아니고 바로 15년 전에 일어난 일이라 인터넷으로 검색하면 음악관 명칭이 왜 바뀌었는지, 조두남 흉상이 왜 창고로 갔는지를 당장 알 수 있었는데 검색도 한번 해보지 않았다는 것은 도저히 이해가 안 간다.

그러나 누구를 원망하기 전에 가장 큰 책임은 바로 우리에게 있었다. 관심의 끈을 놓아버린 탓이다.

이 일로 뼈저리게 느낀 교훈을 하나 더 얻었다.

"친일은 죽지 않는다. 다만 잠복해 있을 따름이다. 우리가 잠깐 눈을 돌리면 번개처럼 나타나 불의의 역사를 되돌려 놓는다."

그들에게 눈을 떼는 것도 우리에겐 죄가 되는 것이다.

08

친일인명사전에 오른 시인 서정주도, 소설가 채만식도 자기 고향에서 문학관을 만들어 자랑하고 있는데 왜 마산에는 반대가 그렇게 심한가?

도시마다 역사와 전통이 다르고 시민들의 집단 경험도 다르다. 그런 이유로 시민들의 정치적, 문화적 성향도 차이가 난다. 그럼에도 타 도시의 좋은 전통과 문화는 서로 교류하고 배워서 우리지역 시민들의 삶의 질을 높이는데 활용되어야 한다. 하지만 적어도 친일, 친독재를 대접하는 문화나 정서는 대한민국 어디서도 서로가 받아들일 수 없는 문제다.

서정주와 채만식의 문학관이 만들어질 때 당연히 그 동네에서도 문학관 반대운동이 격렬하게 일어났던 것으로 알고 있다. 지금도 별반 다르지 않을 것이다. 다만 문학관이 일단 개관되고 나면 반대운동이 몇 배나 어려워진다. 우리 동네 이원수문학관이 그 사례다.

서정주의 미당문학관에 친일시 몇 편을 따로 전시해 소개되어 있다고 한다. 공과 과를 동시에 전시하자는 그럴 듯한 논리가 여기서도 통한 것이다. 하지만 그것은 서정주의 친일을 비판하고 그것을 교훈으로 삼는 효과보다는 "시대를 잘못 만난 한 천재시인의 아픈 상처"라는 측은지심을 유발하는 역효과로 나타날 가능성이 있을 뿐만 아니라 사람들은 자신이 심리적 부담감을 갖는 것을 회피하는 성향이 있어 마음이 불편해지는 친일시를 유심히 읽지 않을 확률도 높아전시된 친일시가 서정주에게 부정적으로 미치는 영향은 크지 않을 것이다.

더더욱 서정주의 시가 좋아 문학관을 찾는 사람들이라면 또 다른 심리가 작동된다. 똑같이 나쁜 짓을 해도 내가 좋아하는 사람과 내가 싫어하는 사람에 대한 평가가 하늘과 땅만큼이나 달라지기 때문이다. 나와 친한 사람이 한 행위는 "어쩔 수 없이 그럴 수밖에 없었을 것"이라는 상황논리로 감싸주고 내가 좋아하지 않는 사람이 한 행위에 대해서는 "본래 그 사람은 그래"라며 인간성을 깎아 내리는 인간들의 편향성 때문이다.

그래서 우리는 '기념관에 공과 과를 동시에 전시하자'는 주장에 단호하게 반대하는 것이다.

한 사람의 업적을 기리기 위한 기념관을 세우면서 그의 부정적인 측면도 함께 전시하겠다는 것은 처음부터 긍정과 부정을 불공평하게 대비시키는 일이다. 기념관을 개관하는 순간부터 공은 태산이요 과는 한줌의 티끌이 되고 말 뿐이다. 창원의 이원수문학관의 사례가 이를 증명하고 있다.

따라서 우리가 고창, 군산의 친일작가 문학관을 본받아야 할 이유는 하나도 없다.

전국에서 비슷한 고민을 안고 있는 지자체나 시민운동단체가 있다면 마산, 창원의 사례를 참고해 주기를 바라는 마음이다.

09

"이은상(노산)문학관이 마산문학관으로 바뀐 이유가 좌파 시민단체가 근거도 없는 이은상의 친일 문제를 쟁점으로 삼아 선전, 선동을 했기 때문이라는 주장과 함께 열린사회희망연대는 사과하고 창원시는 마산문학관을 다시 이은상(노산)문학관으로 바꾸어야 한다"는 주장에 대한 입장은?

1999년 마산시에서 추진하는 이은상의 문학관 건립 계획이 알려지자 이에 부정적인 입장을 밝히고 나온 시민단체인 '열린사회희망연대'의 최초 논평과 성명서를 보면 이은상의 '친일협의'와 '독재협력행위' 두 가지 문제를 제기하고 있다.

> '이은상씨는…… 친일혐의가 짙으며 박정희 독재정권 시절에는 통치이데올로기를 제공하여 독재정권 협력자로써 그의 행위가 세인의 입에 끊임없이 오르내리고 있었다.' — 1999년 8월 26일

> '이은상은 마산을 대표할 수 있는 존경의 인물이 결코 아니다. 그것은 이은상이 친일 혐의가 있고 나아가 독재정권에 부역한 인물이기 때문이다.' — 1999년 12월 15일

우리가 이은상의 친일을 거론하게 된 것은 이은상이라는 한 개인을 문제 삼은 것이 아니라 국민의 세금으로 짓는 문학관의 주인이 될 공적인물에 대한 검증이 필요했기 때문이다. 이는 시민단체의 의무이며 존재이유이기도 하다. 따라서 마땅히 해야 할 일을 했던 우리가 누구에게도 사과할 이유는 없다.

이은상문학관 건립 찬반논쟁을 시작할 무렵까지만 해도 이은상이 만주에서 발행하던 친일신문인 만선일보에 재직했다는 이야기가 많은 사람들의 입에서 회자되고 있었다.

이은상의 만선일보 재직설은 친일파 연구의 시조인 임종국 선생이 쓴 〈실록친일파〉에 믿을 만한 한 인사의 증언을 기록한 데서 나왔다.

또 하나는 만주 건국 10주년(1943년) 기념으로 친일 우리말 신문인 만선학해사에서 발행한 〈반도사화와 낙토만주〉라는 책자에 글을 싣고 자신을 친일잡지인 〈조광〉의 주간이라고 밝혀 놓았다.

그러나 이에 대한 반론도 만만치 않아 어느 한쪽이 결정적인 자료를 제시하지 않는다면 소모적인 논쟁으로 시간만 낭비할 가능성이 높다고 판단한 열린사회희망연대는 논쟁의 초기단계에서 친일혐의는 더 이상 거론하지 않았다. 솔직히 말해 이은상의 친독재 경력은 차고 넘쳤기 때문에 친일은 우리의 관심 밖으로 밀려났던 것이다. 그러나 이은상문학관 건립을 추진하는 문인들은 우리와는 생각이 달랐다. 친독재를 오히려 애국적 행위로 생각하는 보수적 입장을 견지한 그들은 친일혐의를 벗겨내는 일에만 총력을 기울이고 있었다. 그러다 보니 우리는 이은상의 친독재 행위를 이야기하고 있는데 그들은 자꾸만 친일문제를 들고 나오는 이상한 논쟁이 이어졌다.

그렇다고 해서 그들이 이은상의 친일혐의를 깔끔하게 벗겨 줄 결정적 증거자료를 제시하지는 못했다. 다만 만선일보 건은 중국 조선인 언론사의 권위자인 최상철 교수가 만선일보 기자 명단에서 이은상의 이름을 찾지 못했다고 하나 기자 신분이 아닌 다른 직책이었는지도 모르는 일이므로 그것으로 만선일보 재직설을 완전히 허구라고 단정할 수 있는 완벽한 입증자료는 아니다.

이은상을 추앙하는 문인들(이하 이추문)은 이은상이 1943년 9월, 출감 후 "1년 동안 모진 고문과 악형으로 걸레같이 흐트러졌을 심신[11]"으로 만주로 갈 수도 없었을 것이라

11 '이은상 탐구' 마산시의회 세미나 자료집. (2000년 5월 23일)

는 추론으로 만선일보 재직사실을 강력하게 부인하고 있다. 그러나 추론은 또 다른 반대 추론을 가능하게 한다. 〈조광〉 주간 건도 마찬가지다.

그러다 보니 이추문들은 이은상이 1937년 상부에서 일본군(日本軍)을 꼭 황군(皇軍) 또는 아군(我軍)으로 쓰도록 강요하는데 반발하여 조선일보를 그만두게 되었다는 이은상의 말을 강조하며 일제의 감시와 탄압을 피해 1938년 광양으로 들어가 칩거했다는 주장과 1942년 12월~1943년 9월 조선어학회 사건으로 체포, 구금된 사건, 1945년 예비검속으로 광양경찰서 유치장에 구금된 사건을 반복해 부각시켜 친일이 아니라 반일을 했다고 강변하고 있다. 그러나 조선어학회 사건을 빼고는 이은상 본인의 증언뿐이다. 일반적으로 본인의 입을 통한 증언은 과장되고 왜곡되는 경우가 많다. 이은상의 증언도 한번쯤 짚어 볼 필요가 있다. 특히 광양으로 들어가 칩거했다는 이야기는 앞뒤가 맞지 않는 부분이 많다. 이 부분은 다른 질문에서 설명하겠다.

1942년 일제가 조선어 말살정책의 일환으로 일으킨 조선어학회 사건에 연루된 이은상은 4년 이상 광양에서 칩거하고 있었던 시기로 사건 당시 조선어학회에 직접 참여하여 활동한 것으로 보기는 어렵다. 일제가 사건 발생일로부터 3개월 정도 뒤에 이은상을 조선어학회 사건과 엮은 것은 이은상이 광양에 오기 전 서울에 거주할 때 이인, 이윤재 등과 조선도서출판기념관을 설립한 교육기관인 양사원(養士院)에서 민족의식을 고취하는 사업에 동참했던 일 때문이었다. 이은상은 이 사건으로 체포, 구금되었다가 기소유예 처분을 받고 8개월 25일(1942년 12월 23일~1943년 9월 18일)만에 석방되었다.

이은상 본인과 이추문들은 이은상의 구속 기간을 항상 1년이라고 말하고 있다. 그냥 말하기 쉬워 그랬는지는 몰라도 실제보다 부풀리고 있다. 겨우 3개월 차이로 그게 그건데 뭘 따지느냐고 말 할 수도 있겠지만 작은 과장도 계속하면 신뢰성이 떨어지게 된다.

고문 이야기가 그렇다. 왜경의 고문이 얼마나 가혹했던지 이윤재, 한징은 고문으로 옥사했고 이극로(6년), 최현배(4년), 이희승(2년 6개월) 정인성(2년) 등 조선어학회 핵심인사들이 온갖 고문(물고문, 비행기태우기, 불타는 장작개비로 몸 지지기, 목도로 정강이를 난도질하기 등)으로 하루에도 몇 번이나 기절했다는 증언이 기록으로 남아 있다.

문제는 이추문들이 이은상도 당연히 이와 꼭 같은 고문을 당한 것으로 단정하고 그

후유증으로 출소 후에 만주든 어디든 갈 수 없었을 것이라며 이은상의 친일혐의와 관련된 행적을 부인하고 있다는 점이다. 그러나 상식적으로 아무리 왜경들이라도 기소유예를 받을 정도의 범죄혐의자에게 과연 1급 주모자들과 똑같은 고문을 가했을까 하는 생각은 한번쯤 해 볼 일이다.

양사원 설립의 주역들인 이극로, 이윤재, 이인과 후원자 이우식 등은 이은상 체포 이전에 이미 구속되어 그야 말로 악명 높은 갖가지 고문을 당한 이후라 이은상은 왜경들의 취조에 상대적으로 유리한 입장이었다. 일반적으로 고문을 당하는 가장 큰 이유 중 하나가 공범자(동지), 특히 주모자의 이름을 불어야 하는 경우인데 주모자들은 이미 다 잡혀들어와 조사도 끝날 무렵이었고 더욱이 이은상은 조선어학회가 있는 서울을 떠난 지도 5년이 넘었다. 이런 상황은 이은상에게 매우 유리하게 작용하여 집행유예로 풀려날 수 있었다고 생각하는 것이 합리적인 추론이 아닐까? 그렇다 해도 이은상 역시 체포되어 취조 받는 과정에서 악랄한 왜경들로부터 상당한 고문을 당했을 가능성도 배제할 수는 없다. 다만 고문의 강도와 정도의 차이는 있을 법한 일이기에 해보는 말이다. 이추문들이 하도 고문 고문하니까….

아무튼 이렇게 생각하나 저렇게 생각하나 서로가 추측일 뿐, 진실은 오직 이은상 본인만 아는 일이다.

문학관 논쟁에서 찬반양측은 각자 할 수 있는 모든 방법을 동원해 자신들의 주장을 관철시키려 최선을 다했다. 이추문들은 애초 문학관 건립계획 단계에서부터 문인협회라는 이름으로 시와 시의회 관계자들과 직접 협의를 통해 문학관 사업의 성사를 도모했지만 그런 통로가 전혀 없었던 열린사회희망연대는 기자회견과 각종 언론 인터뷰, 1인시위, 시와 시의회 항의 방문, 은상이샘 철거를 위한 각종 퍼포먼스, TV토론회, 신문기고 등 모든 방법을 동원해 문학관 반대 운동을 펼쳤다.

이런 과정에서 2002년 1월 마산시는 '이은상문학관'을 '마산문학관'으로 명칭을 바꾸기로 했다고 발표했다가 몇 달 뒤 '노비산 일원의 문학관 건립에 따른 위원회'를 구성해 그 기구에서 문학관 명칭을 정하겠다고 말을 바꾸는 바람에 열린사회희망연대는 또다시 강력한 항의를 하고 나섰다.

이후에도 마산시가 양측의 주장에 우왕좌왕하는 모습을 보이고 있을 때 생각지도 못한 우군이 나타났다. 2003년 6월 30일, 경남시사랑문인협의회(회장 이성모, 이하 시사랑문인협)라는 문학단체에서 '노산문학관 불가, 마산문학관' 제안이라는 제목의 성명서를 기자회견을 통해 발표했다. 지난 4년 동안 치열하게 벌어지고 있는 이은상문학관 논쟁에 그 어떤 문학단체도 찬반의견을 공개적으로 밝히고 나선 일이 없었다.

그러나 이추문은 변함이 없었고 우리 역시 한 치도 물러서지 않았다.

이렇게 꼬박 6년 동안 마산에서 이은상문학관은 치열한 찬반 공방으로 부딪쳤고 그 때마다 이 문제는 지역사회에서 큰 이슈로 떠올랐다.

그러다 드디어 2005년 5월 20일, 제 111회 마산시의회 본회의에서 마산시장이 제출한 '마산문학관 운영조례안'이 상정되어 찬반토론을 거쳐 표결에 붙여졌다. 결과는 재석의원 27명 가운데 찬성 14표 반대 13표로 통과되어 이은상(노산)문학관이 마산문학관으로 명칭이 바뀌게 되었다. 이로써 지난 1999년 8월 열린사회희망연대가 이은상의 친일혐의와 독재협력 사실을 거론한 '이은상기념관 건립 재고를 촉구하며'라는 짤막한 성명서 한 장을 시작으로 6년 동안 이어져 온 치열한 찬반논쟁이 시민의 대의기관인 시의회에서 공식적으로 종결된 것이다,

열린사회희망연대의 입장에서는 기적과 같은 승리였다.

당시 마산시 4대 시의회 의원 30명 대부분은 한나라당 성향(사실상 한나라당 내천)의 의원들로 우리를 지지하고 나서는 의원은 아무도 없었다.

특히 처음부터 이은상문학관을 앞장서서 추진한 정상철 의원은 한나라당 성향의 의원(5대부터 한나라당 소속)으로 우리가 시의회에서 표결로 이길 수 있는 확률은 거의 없었다. 우리를 좌파라고 부르는 것도 사사건건 한나라당 정책과 반대의 입장에 서 있었기 때문에 그들은 우리를 그렇게 불렀다. 사실은 빨갱이들이라는 말이다. 문학관 논쟁을 이념논쟁으로 끌고 가려 했던 그들의 노력도 허망하게 끝나버린 것이다. 우리에겐 기적과 같은 일이 일어난 것이지만 이추문의 입장에서는 14대 13, 한 표차로 지게 될 것이라고는 전혀 예상치 못한 사건이었을 것이다.

따지고 보면 열린사회희망연대의 승리는 기적이 아니라 6년 동안 치열한 찬반 논쟁

을 거치면서 상식을 바탕으로 한 우리의 논리가 시민들에게 설득력이 있었다는 사실이 입증된 결과였다.

이후 그들은 우리가 있지도 않은 이은상의 친일을 계속해서 선전, 선동한 탓에 그런 결과가 나왔다고 주장하며 지금도 우리를 그렇게 비난하고 있다.

그러나 마산문학관 운영조례안이 통과된 그날, 이 조례안에 반대토론자로 나선 정상철 의원과 찬성토론자로 나선 박중철(5대부터 한나라당 소속)의원 두 사람 모두 이은상의 친일의혹 문제는 아예 무시하고 있다.

토론의 초점은 노산의 개인문학관이 "마산 발전을 위한 것"이라는 주장과 마산출신 33명 시인을 수용한 마산문학관이 "마산의 자존심을 높혀 나갈 것"이라는 주장에 맞추어져 있다. 어느 쪽을 선택 할 것인가 하는 의견은 달랐지만 양쪽 다 마산의 도시브랜드 가치와 이미지, 그리고 3·15정신과 병립해야 한다는 논지는 대동소이 했다.

의회 속기록에 남아있는 두 의원의 발언 내용을 보면 노산문학관이라는 명칭이 거부된 것은 시민단체가 제기한 이은상의 친일의혹 문제와는 연관성이 없다는 사실을 알 수 있다.

그럼에도 이추문은 시의회의 결정에 승복할 수 없다는 태도를 취하며 마산문학관을 이은상문학관으로 바꾸기 위한 노력을 포기하지 않았다. 그동안 그들 나름대로 다양한 시도를 해왔고 그 과정에서 우리와 여러 차례 충돌을 빚는 과정에서 그들의 능력과 파워가 우리를 번번이 압도하는 경우가 많았다.

특히 시장과 시의회 그리고 담당공무원들을 대상으로 벌이는 소위 로비력에 우리가 혀를 내두르는 일이 한두 번이 아니었다.

1997년 이은상의 생가가 있었던 상남동과 교방동을 합쳐 이은상의 호를 따 노산동으로 바꾼 것, 1999년에는 도로 확장을 계기로 철거되는 동네우물 '은새미'를 '은상이샘'으로 조작하여 마산시로 하여금 가짜모형을 만들어 3·15의거비 옆에 설치하게 한 것, 그리고 2013년 2월, 박근혜가 대통령에 당선 되자마자 마산역 광장에 대형 가고파비를 세우고 마산문학관을 노산문학관으로 벌인 사건, 2015년 노비산 산자락 아래에서 마산문학관까지 11억 7000만원을 들여 이은상 문학 테마 골목을 조성한 것, 2016년 5월,

15년 이상 가짜로 말썽을 빚어온 북마산의 은상이샘 현장에 안상수 시장이 직접 나와 기자들을 불러 놓고 철거불가를 공언하도록 만든 것, 같은 시기 옛 북마산 파출소 뒤 3·15의거 기념비가 있는 거리를 '가고파 거리' 라고 명명한 것 등 이추문의 역량은 유감 없이 발휘되었다.

이은상문학관을 절대로 포기 하지 않는 그들에게 이 말을 들려주고 싶다.

"차라리 현재 상태로 두는 것이 그 분(이은상)의 명예를 살리는 일이고 마산의 자존심을 살리는 일이 아닌가 하는 그런 생각도 가져봅니다."

이 말은 14년 전, 마산문학관 운영조례안이 표결에 붙여진 그날 찬반토론에 나선 박중철 의원이 했던 말이다. 박중철 의원의 충고가 진정 이은상을 위한 말이었다. 그때 멈추었더라면 이은상의 이미지는 이렇게까지 추락하지 않았을 것이기 때문이다.

정작 이은상을 욕보이며 두 번 죽이는 사람들은 이은상을 문학관으로 추존하고자 하는 문인들이다.

우리는 후대들이 정의로운 역사와 올바른 가치관을 가진 시민으로 성장하기를 바라기에 이은상문학관은 절대로 용납하지 않을 것이다.

10

1960년 4월 15일 조선일보 인터뷰에서 "불합리 불합법이 빚은 불상사"라는 말은 이승만이 저지른 3·15부정선거를 비판한 것이라고 하는데?

1960년 3월 15일, 이승만 정권의 부정선거에 항거하여 일어난 마산 3·15의거에 이어 4·11항쟁[12]이 마산에서 연달아 일어나 경찰의 총탄에 많은 사상자가 발생했고, 분노한 시민들에 의해 경찰서와 시청 등 관공서가 파괴되는 대규모 시민항쟁이 일어났다.

마산에서 일어난 이 심각한 상황에 대해 조선일보는 4월 15일 문화각계인사 27명에게 '마산사태를 이렇게 본다'는 제목의 특별기사를 실었다.

설문은 모두 6가지 문항이었는데 첫 번째가 "마산사건이 촉발된 근본 원인을 무엇이라 보십니까?"라는 질문이었다. 이에 이은상은 "도대체 불합리, 불합법이 빚은 불상사다"라고 답했다.

주어가 생략된 말이다. 이 발언으로 인해 나중에 곤란한 상황에 처하게 되면 빠져나갈 구멍을 만들어 두는 이은상다운 어법이었다. 정부통령 선거 국면에서 당시 이은상이 무엇을 하고 다녔는지 모르면 이 말뜻을 어떻게 해석해야 할지 잠시 난감 해 질 수도 있다.

12 김주열 시신이 중앙부두에서 발견된 날

그러나 문장을 유심히 살펴보면 마지막 '불상사'라고 한 말은 3·15의거와 4·11항쟁으로 빚어진 '좋지 못한 일'이 벌어졌다는 뜻으로 이은상이 보기에는 마산시민들이 이치나 논리에 맞지 않는 '불합리'한 짓들을 하고 법과 질서도 지키지 않은 '불합법'적인 난동을 일으킨 사람들로 "도대체" 자기 맘에 들지 않는다는 소리다.

이은상의 이런 시각은 이승만과 자유당의 입장과 일치한다.

3월 19일 부정선거로 부통령에 당선된 이기붕은 담화에서 3·15의거를 '불상사'라고 했으며, 4월 12일 내무부장관 홍진기도 담화문을 통해 4·11마산항쟁을 적색마수가 배후조종을 한 '불상사'로 표현했고, 4월 15일 대통령 이승만의 대국민 담화에서도 마산 3·15, 4,11을 몰지각한 사람들이 난동을 일으킨 '불상사'로 몰아갔다.

이은상은 이승만, 이기붕과 부정선거라는 한배를 탔으니 입장이 같은 것은 당연한 일이었다.

이은상은 다른 문항에서도 "지성을 잃은 데모" "비정상적인 사태" "무모한 흥분" 등의 표현으로 3·15의거와 4·11민주항쟁을 폄훼했다.

이은상의 이런 답변 역시 그의 정치적 입장에서는 당연한 발언이다. 더욱이 이은상은 1960년 3월 15일, 제4대 정부통령선거(부통령은 5대)를 앞두고 자유당 선거대책위원회 지도위원 자격으로 자유당 대통령 후보 이승만과 부통령 후보 이기붕의 당선을 위해 전국유세를 다녔다.

당시 언론자료를 보면 대구(1960년 2월 27일), 인천(2월 28일), 대전(3월 5일), 부산(3월 6일), 마산(3월 9일), 진주(3월 10일), 경주(3월 12일) 등을 다니면서 이승만을 성웅 이순신과 같은 위대한 구국의 인물로 찬양하며 "이 나라를 구할 분은 오직 이승만대통령 뿐이다"라고 목소리를 높이고 이기붕은 "성실하고 자애로운 분"이라고 칭송하며 지지를 호소했다. 이은상은 투표일인 3월 15일 직전까지 유세를 했다.

그런데 "도대체 불합리, 불합법이 빚은 불상사다"라고 답한 것이 이승만 정권의 부정선거를 비판한 말이라고? 지나가는 소가 웃을 일이다.

이승만은 1960년 5월 29일 하와이로 망명을 떠난 후 1965년 7월 19일 망명지에서 쓸쓸한 죽음을 맞이했다. 살아서는 귀국이 허용되지 않았던 그는 죽어서 귀국을 허락받고 7월 27일, 국립묘지에 묻히게 되었다. 안장 직전 간단하게 거행된 영결식에서 대통령 박정희의 조사를 국무총리 정일권이 대독했다.

조사에서 이승만을 독립운동의 원훈(元勳)이요, '건국 대통령'으로 지칭하면서 "길이 이 나라의 호국신(護國神)이 되셔서 민족의 다난한 앞길을 열어주시는 힘이 되실 것을 믿고 삼가 두 손을 모아 명복을 비는 동시에 유가족 위에도 신의 가호가 같이 하시기를 바랍니다"라고 하였다.

이승만의 양자 이인수의 말에 의하면 이 조사는 이은상이 쓴 것이라고 한다. 이승만에 대한 이은상의 충정이 얼마나 극진했는지를 짐작할 수 있는 증언이다.

이은상은 이승만에 이어 박정희에게도 전두환에게도 충정을 다 바친 사람이었다.

가고파 노래를 들을 때 마다 이은상이 진정 가고파 했던 곳이 독재권력의 품속이 아니었을까 하는 생각을 떨쳐버릴 수가 없다.

11

마산에서 이은상이 진짜 욕을 듣는 불미한 사건, 그게 사실인가?

나이가 지긋한 마산 토박이들 사이에서 이은상 이름만 나오면 아름답지 못한 소리가 따라 나온다. 그가 욕을 먹는 사연은 친일도 친독재도 아니다.

어떤 이들은 나에게 확신을 가지고 말하기도 하고 또 어떤 이들은 오래된 이 소문의 진위를 내게 묻기도 한다. 공공연하게 나도는 이야기지만 자칫하면 사자명예훼손에 걸리기 딱 좋은 내용이라 그런 질문을 받을 때 마다 "그 이야기 나도 많이 들었지만 증거자료가 있는 것도 아니고 누가 그 사건에 대해 글이라도 한 줄 남겨 놓은 것도 아니라서…" 라며 얼버무려 버릴 수밖에 없었다.

그러나 이은상문학관 건립을 추진하는 측에서는 이은상의 모든 행적을 애국애족으로 미화하는 수준을 넘어 우상화 작업까지 벌이고 있다 보니 상대적으로 이은상의 이 불미한 소문의 생명력도 대중 속에서 끈질기게 따라다닌다.

이왕에 말을 꺼냈으니 이은상을 그림자처럼 따라다니는 불미한 사건의 내용은 이렇다. "독립운동을 하다 감옥소에 간 친구의 부인을 범하여 한 가정을 파탄시켰다"는 이야기이다. 이에 격분한 죽마고우 아무개를 비롯해 5명의 친구들이 이은상을 응징하러 몽둥이를 들고 서울까지 올라갔다는 사실인지, 소설인지 모를 이야기 외는 더 이상 전해지는 사연은 없다.

어떤 이들은 겁탈이라 하고 어떤 이들은 사통이라고 하는 이 추문이 사실이라면 지금 시점에서 적어도 80년 이전에 발생한 것으로 짐작된다. 너무 오래전 일이라 그런지 사건의 성격치고는 구전되는 정보의 내용이 너무도 빈약하다. 특히 그 사건의 결과를 아는 사람이 아무도 없다. 요즘 말로 "그건 가짜뉴스다"라고 하면 반박할 자료가 하나도 없다. 그렇다고 해서 누가 딱 잘라 "아니"라고 말한다 해도 쉽게 수긍할 수 없는 이유는 이은상의 이력에서 미심쩍은 부분이 적지 않기 때문이다.

이은상의 행적을 추적하다 보면 고개가 갸우뚱 해지는 부분이 곳곳에 있다. 그 중에 1938년 조선일보를 그만두고 광양으로 들어간 동기와 목적, 생계수단, 가족구성 등 앞뒤가 맞지 않는 여러 가지 정황이 눈에 띄어 이해하기 어려운 부분이 적지 않기 때문이다. 이은상은 자신의 회고록에서 "내가 일찍 백운산 및 희양고현에 칩거하였을 때다" "일제의 악독한 눈초리는 살피지 않는 곳이 없었다. 그러기에 나는 이름을 바꾸고 광산하는 친구와 함께 날을 보냈다"고 회고하고 있다. 경남시조시인 협회에서 작성한 이은상 연보에는 '1938.6~1942.9 일제탄압으로 전남 백운산하 은거했다'고 기록을 하고 있지만 일경의 눈을 피해 깊은 산속으로 몸을 숨겨야했던 반일행위가 무엇이었는지 구체적인 설명이 없다. 해방 후 그런 일은 이은상의 반일활동 경력으로 자랑하지 않을 이유가 없는데 말이다.

그동안 이은상의 회고담을 유심히 살펴보면 뭔가 당당하게 밝힐 수 없는 부분이 있을 때는 이 경우처럼 항상 애매모호한 표현을 쓰기나 주어를 생략해 이중 해석을 할 수 있는 여지를 만들어 놓는 특징이 있다.

이글도 그렇다. 당시 금광광산으로 유명했던 광양을 그냥 광양이라고 바로 말하지 않고 엉뚱하게 신라시대의 지명 '희양'으로 칭하는 것부터 사람들을 헷갈리게 한다. 그리고 일제의 감시를 피해 칩거를 한다면서 몸을 숨기러 온 사람답지 않게 광산하는 친구와 날을 보냈다는데 도대체 무엇을 하며 날을 보냈는지, 가족들의 생계는 어떻게 해결했는지 등등 여러 가지 궁금증을 유발한다. 이런 의문을 풀기 위해선 먼저 광양이 어떤 곳이었는지를 알아야 한다.

전남 광양은 당시 일제의 눈길을 피해 조용하게 살만큼 한적한 깡촌이 아니었다.

광양은 1920년대에 이미 일제와 자본의 착취와 억압에 저항하여 대규모 소작쟁의가 일어난 곳이었고, 30년대 광양광산에서는 890명에 달하는 광부들의 동맹파업이 일어난 곳이다. 뿐만 아니라 독서회 사건으로 광양 청년 100명이 일경에 검거되어 온 동네가 지옥 같은 고초를 겪은 아픔이 있는 곳이다.

따라서 백운산 자락 일대는 "일제의 악독한 눈초리"를 피해서 갈만한 곳은 아니라는 말이다. 그래서 은거니 칩거니 하는 말은 실상에 맞지 않는 말이다. 그럼에도 불구하고 굳이 금광광산으로 가야 했던 이유를 찾으려면 그의 글 중에 "이름을 바꾸고 광산하는 친구와 함께 날을 보냈다"는 이 모호한 말 속에서 답을 찾을 수밖에 없다. 금광광산에서 광산하는 친구와 함께 하는 일이란 당연히 금맥을 찾아 금을 채굴하는 일이거나 그와 관련된 일이다. 그 외 다른 일은 상상하기 어렵다.

이은상이 광양광산으로 들어간 1930년대 말, 중일전쟁을 일으킨 일제는 상해와 남경을 함락하고 무한, 삼진까지 무너뜨리며 무서운 기세로 중국내륙의 거점 도시들을 점령해 들어갔다. 임시정부는 새로운 근거지를 찾아 고난의 행군을 이어갔고 같은 시기 만주에서 맹활약을 하던 항일유격대도 더 이상 버티기 힘든 상황이었다.

이 시기 수많은 변절자들이 생겼지만 끝까지 조국광복의 희망을 버리지 않은 독립투사들과 항일단체들은 새로운 대일항전의 길을 모색하고 있었다. 우리가 아는 역사는 그랬다.

그러나 우리 대부분이 잘 모르는 또 다른 역사가 조선반도에서 전개되고 있었다.

1930년대 말 이은상은 우리가 잘 몰랐던 또 하나의 조선역사 위를 걷고 있었다. 그걸 알아야 이은상의 행적을 쫓아갈 수 있다.

1930년대 조선을 '황금광시대'라고 했다. 그 시대 조선 사람들이 스스로 그렇게 불렀다. 금광을 찾아 헤매는 황금열병에 걸린 사람들로 조선반도가 몸살을 앓고 있었기 때문이다. 자본가들은 말할 것 없고, 농민, 노동자, 의사, 간호사, 문필가, 변호사, 심지어 주부들까지 남녀노소를 가릴 것 없이 온갖 군상들이 노다지를 꿈꾸며 금광광맥을 찾아 헤매는 광풍이 몰아치던 시대였다. 이은상이 찾아간 백운산의 광양광산 일대도 일확천금을 노린 황금광들과 광부들이 득실거린 곳이다.

어떤 형태로던 이은상이 금광광산으로 들어갔다는 것은 그도 황금에 미친 군상들의 대열에 합류했다는 의미 이상도 이하도 아니다. 일단 금을 캐는 광산에 손을 댄 이상 철저하게 꾼이 되어야 한다. 이름을 이보달로 바꾼 것도 금광꾼들 속에서 꾼답게 처신해야 하고 광산촌에서는 철저하게 광산촌 사람답게 사는 것이 자신을 지키는 방편이기도 하다.

금광이라면 이은상 보다 훨씬 먼저 광굴 속에 뛰어든 글쟁이들이 있었다. 소설가 김기진, 채만식 등이다. 그들은 광산에서 알거지가 된 자신들의 실패담을 솔직하게 글로 써서 밝히기도 했다. 신문사에 있었던 이은상이 몰랐을 리가 없다.

금광으로 성공하면 미담으로 남고 실패하면 뒷담화로 남을 뿐이다. 이은상이 근무했던 조선일보 사장 방우영은 노다지를 캐내 만인의 부러움을 샀지만 실패한 자들에겐 동정의 눈길도 보내지 않는 것이 세상 인심이다. 성공확률이 백에 일도 안 되는 세상에 이은상이 뛰어든 것이다. 얼마든지 그럴 수 있는 일이다. 문제는 광산촌으로 가게 된 사연을 너무 애매모호하게 말하다 보니 모순이 생기고 이 때문에 뭔가를 숨기고 있는 게 아닌가 하는 의문이 들도록 하는 것이다.

조선일보를 사퇴하고 부산으로 왔다가 가까운 거리에 있는 고향 마산에 들렀다는 이야기는 어디에도 없다. 고향이 그리워 '가고파'라는 시조까지 지은 사람이다. 더더욱 오랫동안 찾지 않았던 고향 마산은 아버지 이승규의 묘가 있는 곳이다. 그 당시 사람들의 관습이나 정서로는 낙향하면 제일 먼저 찾는 곳이 부모님의 묘소인데 그냥 전남 광양으로 가버리다니….

아무튼 이해하기 어려운 이은상의 행적을 추적하다 어느 날 혹시나 하는 생각에 3·15 부정선거 당시 자유당 선거 문인유세단으로 함께 활동했던 소설가 김말봉에 대한 이런 저런 자료를 찾다가 이은상이 조선일보를 그만두고 부산으로 내려와 김말봉의 3번째 남편이었던 부산의 재력가 이종하의 사무실에서 잠깐 동안 일을 한 정황이 눈에 들어왔다.

자연스럽게 김말봉의 가족들에게도 관심을 가지게 되다 보니 미국에서 외과전문의로 개업한 김말봉의 사위가 있다는 사실과 그가 젊은 시절 한국에 있을 때 장모 김말봉을 통해 만났던 당대 유명문인들과 자신이 사회활동을 하면서 교류했던 이름난 문화예술가들의 에피소드와 추억을 수필 형식으로 기록하여 한국에서 발간한 책 한권이 눈에 들어왔다.

며칠 뒤 소포로 배달된 책 포장지를 급히 뜯고 책을 펼쳐 제일 먼저 이은상이라는 이름을 찾아 글을 읽어 내려가다 전혀 예상치 못했던 한 문장을 보는 순간 온 몸에 소름이 돋았다.

> 딸을 셋을 둔 이은상은 그 후 얼마 안 되어 슬하에 다 큰 아들을 둔 유부녀와 사랑에 빠졌다. 그 남편이 이은상을 협박하자 그는 아내를 데리고 김말봉의 집으로 피신했다. 저녁노을이 지자 그는 마루에 있는 피아노를 치면서 어찌 할 수 없는 운명에 눈물을 흘리기도 했다.
>
> 그는 사랑을 고백하는 편지를 그녀에게 계속 보냈고 그 편지를 배달한건 놀랍게도 그의 아내였다. 그 사실을 안 김말봉이 아내를 몹시 나무랐다. 그의 아내는"안 가져다주면 죽겠다고 하는데 어떡해요."라고 했다.
>
> 서울에서 1949년에 김말봉의 소개로 몇 번 만난 이은상은 조그마한 몸집에 비대하고 유난히 큰 귀를 가진 분이었다. 그런 분이 어디서 열정이 솟아올라 그 유부녀에게 혼이 팔렸는지 이해되지 않았다. 이은상은 결국 그 여인과 결합했고 둘 사이에서 아들 하나가 태어났다. — 마태 김의 메모아, 지와 사랑 출판사

수십 년 동안 많은 사람들의 입에서 입을 통해 나돌던 소문의 반쪽 퍼즐을 찾은 것이다. 이 증언으로 보아 성폭행(겁탈) 사건은 아니었던 것 같지만 자식까지 있는 유부녀에게 연애편지를 보내 결국 뜻을 이루었다는 것은 이전부터 서로가 잘 아는 사이였다는 추론을 가능케 한다. 어찌되었건 자신도 처자식이 있었음에도 친구의 아내를 탐해 자기 욕심을 채웠다는 반인륜적 패륜행위는 마찬가지다. 추문의 퍼즐을 맞추고 보니 전남 광양으로 들어가게 된 동기가 일제의 눈길을 피해서가 아니라 불륜 도피 행각이었다는 의심을 사기에 충분한 사건이다.

남의 아내이자 한 아이의 어미를 빼앗은 이은상이 그녀의 남편과 친구들의 추적을

피해 도망 온 곳이 광양이었던 것이다.

이은상이 회고록에서 애틋한 사랑을 담아 언급한 광산촌 시절의 아들과 아내 이야기는 평범한 가정의 단란한 가족모습이다. 그러나 아내와 엄마를 빼앗긴 한 사나이와 어린아이의 눈에서 흐르는 피눈물은 누가 닦아 주었을까?

남편 이은상의 불륜에 조력자 역할을 했던 본부인(김복신)은 이은상과 1927년 서울 정동 예배당에서 많은 문인들과 지인들의 축복 속에 결혼식을 올렸다. 신부는 우리나라 최초의 산부인과 병원인 동대문부인병원의 수간호원 출신으로 같은 병원의 간호원학교 교사였다. 당대에선 보기 드문 전문직 직업여성이었다. 이은상이 광양광산촌에서 새 식구와 단란하게 사는 동안 본부인 김씨는 세 딸들과 부산에서 살았던 것으로 추정된다.

참고로 이은상이 부산으로 오기 전 서울에서 활동할 때 생활수준이 어떠했는지를 짐작할 수 있는 잡지기사가 하나 있다.

> 詩人 李殷相, 阿峴고개 우에다 20餘間의 大家를 신축하고 이사하다. 이리하야 늘 理想이든 서재를 가지게 된 씨는 금후 걸작이 더욱 連出할 일이라고 友人이 학수고대.
>
> — 삼천리 제6권 제11호 1934년 11월 01일

아마 마산에 살던 이은상의 어머니(김영유)와 동생 셋이 서울로 올라와 함께 살았을 것으로 추정된다. 그것을 감안한다 해도 당시 일반인들에 비해 매우 큰집에서 살았다고 볼 수 있다.

10년 전인 2009년 2월, 경남도민일보에 난 기사 하나가 눈에 꽂혔다. 지금 미국에서 거주하고 있는 이은상의 아들과 관련 기사였기 때문이다.

마산 삼학사 뒤편 이은상의 부모(이승규 부부) 묘소가 있는 꽤 넓은 선산이 이은상의 아들인 이모 씨(68)의 소유로 돼 있다가 경제적인 이유로 경매에 붙여져 다른 사람 손으로 넘어갔다는 기사였다. 이모 씨는 바로 광산촌에서 태어난 아들이다.

이렇게 백운산 밑에 부엉이가 울면…… 두 살 난 어린 것은 무섭다고 엄마 품속으로 파

고들더니 세월은 무상하다! 그게 어느덧 자라나 스물세 살! 겁도 없이 어버이를 떠나 외국에 가서 외로움을 이겨가며 유학을 하다니!

- 이은상, 오늘도 탑을 쌓고, 휘문출판사 1984

정말 무상하다! 인생무상이라더니 죽어서도 이름을 남긴 자나 살아서도 이름 없던 자나 무엇이 다를까? 죽고 나면 다 끝이다. 아무것도 모른다. 내 무덤 지켜줄 이 하나 없어도, 내 놀던 옛 동산이 뭉개지고 없어져도 죽고 나면 모른다.

그러나 이은상은 특별하고 특이한 인물로 너무나 많은 것을 남기고 갔다. 수많은 시조를 남겨 지금도 여전히 많은 사람들의 말이나 글 속에서 사랑받고 있고, 이은상의 시조로 만든 노래가 지금도 여기저기서 들리고 있다. 1982년 사망 당시 전두환 정권의 국정자문위원이었던 이은상은 장례를 사회장을 치르고 묘소는 국립묘지 현충원에 있다. 파묘가 되거나 이장해야할 걱정도 없다. 후손들이 돌보지 않아도 나라가 돌봐준다.

그뿐 아니다. 마산시내 곳곳에 가고파 비가 7개나 서있고 그가 어릴 적 살던 동네도 그의 호를 따 노산동으로 부르고, 노비산 자락 일대를 가고파 거리라 한다.

죽어서 이만큼 대접받고 고향사람들이 하루도 몇 번씩 불러줄 이름을 남기고 간 사람은 이 세상에서도 그리 흔치 않을 것이다. 얼마나 축복받은 사람인가! 그의 문학적 업적이 얼마나 위대한지는 몰라도 그의 아름답지 못한 다수의 행적에 비해 이만하면 넘치도록 충분하지 않은가?

이은상을 추앙하는 문인들은 도대체 무엇이 모자라서 그 말썽 많은 문학관을 짓겠다고 그리도 악착같이 애를 쓸까? 뒤돌아보면 문학관에 대한 애착과 욕망은 결국 이은상의 명예와 명성과 문화적 자산가치만 떨어지게 했을 뿐이다.

지금까지 그랬듯이 앞으로도 우리는 시민의 혈세로 그의 문학관을 짓고 기념사업을 하는 것을 반대할 것이다. 우리뿐만 아니라 우리 후대들이 이은상을 삶의 표상으로 삼고 존경하게 할 수는 없다. 글재주 하나 빼고는 인간적으로 배울게 하나도 없는 사람이기 때문이다.

이제는 이은상에 대해 더 알고 싶지도 않다. 아는 만큼 힘들고 괴롭고 사람이 무섭다. 문학관에 목을 매는 사람들! 이은상을 진정 좋아하고 존경한다면 문학관 타령이 결국은 이은상을 욕보이고 이은상을 두 번 죽이는 일이라는 것을 깨달아야 한다.

그들에게 묻고 싶다. "도대체 누구를 위한 문학관인가?"

아무리 생각해도 죽은 자를 위한 것인지, 산자들을 위한 것인지 정말 모르겠다.

이은상의 친독재가

이승만 자유당 영구집권 음모동조
독재자와 그 후계자 정부통령 당선위해
전국을 유세하며 부정선거 힘보탰네

3·15와 4·11 마산사건은 도대체
불합리 불합법이 빚어낸 불상사라
지성 잃은 데모요 비정상적 사태로다

고향걱정 한다면서 은근슬쩍 겁주기를
무모한 흥분으로 과오를 범치마라
과오와 과오 연쇄는 필경은 이적행위

4월학생혁명탑문 5.16위해 써줬을 뿐
쿠테타 협력 유신지지 학살자에 아첨 떨며
독재권력 품속으로 가고파라 가고파

— 민주수호비에 새긴 글

마산역광장의 이은상 가고파 대응비 (민주수호비)

제2부

독재자의 품속으로 가고파라 가고파, 이은상

1장

/

이은상 관련
성명서, 기자회견문, 논평

이은상 기념관
건립 재고를 촉구하며

마산시가 이은상기념관 건립 계획과 관련하여 그 대상자인 '이은상씨의 친일행적에 대한 세론을 의식하여 민족문제연구소(소장, 김봉우)에 조사와 자료를 의뢰했다'는 보도를 접하면서 먼저 마산시의 신중한 자세를 환영하는 바이다.

일반에 잘 알려져 있지 않지만 이은상씨는 문학적 업적과 별개로 일본제국주의 괴뢰정권 이었던 만주국의 만선일보 주필을 역임하는 등의 친일혐의가 짙으며 박정희 독재정권 시절에는 통치이데올로기를 제공하여 독재정권 협력자로서 그의 행위가 세인의 입에 끊임없이 오르내리고 있었다.

우리 단체는 얼마 전 마산시(문화관광계)가 '마산을 대표한다는 예술인으로 이은상씨를 선정하여 노비산에 생가 복원과 테마공원 조성을 포함하여 이은상기념관 건립을 계획하면서 중앙정부에 예산을 요청했다'는 소식을 듣고 건립반대 운동을 내부적으로 결의한 바 있다. 그러지 않아도 그동안 우리는 독재협력 행위가 뚜렷한 인사를 마치 마산정신을 대표하는 인물인양 '가고파 축제' 등으로 표현되어 온 것만으로도 불의에 저항하고 민주수호에 앞장선 마산시민 정신을 모독하는 것으로 느끼고 있었다.

이런 의미에서 이번 마산시의 신중한 태도는 환영 받을 만한 일이며 두 번 다시 개항 100주년 기념행사와 같은 몰역사적이며 반민족적인 행사를 되풀이 하지 않는 좋은 계기가 되기를 바란다. 또한 마산시는 이번처럼 좀 더 엄정하고 신중한 태도로 시민의 불만이 고조되어 있는 여러 현안에 대해 투명한 행정과 전향적 자세를 당부한다. 우리는 마산시가 21세기를 앞둔 시점에서 민족정기를 바로 잡는 일제잔재 청산과 사회 곳곳에 널려 있는 독재정권의 잔재를 청산하는 일에 뜻있는 시민들과 같이 해 줄 것을 기대한다.

1999년 08월 26일

열린사회희망연대

시대의 곡학아세曲學阿世, 이은상 기념사업을 반대한다.

새로운 천년을 며칠 앞 둔 지금, 우리 사회는 지난 시기 청산하지 못한 역사적 잔재로 인해 많은 부분 왜곡되고 굴절되어 있다. 이것은 일제 강점의 역사와 어두운 역사를 가지고 있는 우리에게 새로운 천년과 새로운 시대를 맞이하는 걸림돌이기도 하며 반드시 청산해야 될 과제이기도 한다.

최근 마산시는 이은상에 대한 기념사업을 추진하기 위해 경상남도에 밀레니엄 기획사업으로 예산을 신청하였다. 이는 마산시를 대표하는 인물로 이은상을 선정하고 이를 기념사업화 하여 후세에 교육의 장으로 삼겠다는 것이다. 그러나, 이은상은 마산을 대표할 수 있는 존경의 인물이 결코 아니다. 그것은 이은상이 친일 혐의가 있고 나아가 독재정권에 부역한 인물이기 때문이다.

이은상의 문학적 업적과는 별개로 일제 강점기에 괴뢰 만주국의 대변지인 만선일보에 재직하는 등 친일혐의가 있고, 해방 후는 이승만 독재 정권의 나팔수였으며 이후 군사 독재정부에 협력함으로써 한 시대를 기회주의로 일관했던 인물이다. 이러한 인물을 민주마산을 대표하는 인물로 선정한다는 것은 시민의 정서와 3·15와 10·18의 마산정신에도 결코 부합되지 않는 일이다. 특히 청소년을 위한 교육의 장으로 삼겠다는 것은 더더욱 위험한 발상이다.

마산시의 이은상 기념사업을 결사반대 한다.

오늘 우리는 마산·창원 지역의 25개 시민 사회단체와 양심 있는 모든 이들과 함께 이은상 기념사업을 반대하는 대책위를 결성하고, 이를 위해 최선의 노력을 다할 것이다. 왜곡된 역사를 올바로 세우고 청산하는 것은 이 시대를 살아가는 우리의 과제이기도 하다.

우리 지역에도 수많은 민주애국열사가 있고 또, 이들의 발자취가 교훈으로 남아 있지 않고 역사의 뒤안길에 묻혀 있는 것도 있다. 마산시는 새천년이라는 거창한 허울로 곡학아세의 대명사인 이은상 기념사업을 하는 것보다 지역의 민주정신을 발굴하고 그 정신을 계승할 수 있는 사업을 펼쳐서 시민정서와 마산정신에 걸 맞는 새 시대를 준비해야 할 것이다.

1999. 12. 15.

열린사회희망연대

"3·15의거와 이은상은 공존할 수 없다"

4·19 혁명 41주년을 맞아 열린사회 희망연대 (공동대표 : 임경란·백남해·남두현)는 19일 오후 2시 마산시 상남동 3·15 의거 기념비석 일대에서 친일, 친독재 기념물 청산과 관련해 성명서를 발표하는 등 기념행사를 열었다.

이들은 또 4·19 혁명을 촉발시켰던 3·15 의거 기념물과 노산 이은상을 기념하는 '은상이샘'이 몇 평되지 않는 공간에 나란히 붙어 있어서는 안 된다는 의미를 담아 이 두 기념물 사이에 50여개의 블록을 쌓았다.

백남해 공동대표는 "이 행사는 단순히 은상이샘과 3·15의거 기념물 사이의 단절이 아니라 잘못된 역사에 대한 단절을 의미하는 것"이라며 "친일행각으로 자랑스런 3·15를 모독하는 노산의 은상이샘은 즉각 철거되어야 한다"고 주장했다.

기사 | 경남도민일보 2001년 4월 20일

마산시는 이은상 문학관 국고지원 신청을 즉각 취소하라!

최근 마산시가 이은상 문학관 건립을 위해 국고지원을 요청한 사실에 대해 우리는 분노를 금할 수 없다. 이 문제는 지난 수년간 우리지역에서 끊임없이 말썽이 된 사안이었다.

마산시는 그 동안 기회가 있을 때마다 일부 문인들과 시의원의 요구를 빌미로 국비와 지방자치단체의 재원으로 이은상 기념사업을 추진하려는 움직임이 있었고 이에 많은 시민과 시민사회단체들의 반대 목소리가 높았다.

지난 4월에는 북마산 파출소 옛터 한쪽에 3·15기념비와 은상이샘을 좁은 울타리 안에 함께 모은 것에 대해 '열린사회희망연대'에서는 역사적으로 도저히 함께 할 수 없는 두 기념물의 분리를 공개적으로 시에 요청한바 있었다. 이에 대해 우리는 며칠 전 마산시로부터 이 공문에 대한 어처구니없는 회신을 접수한 바 있다.

회신의 내용은 은상이샘과 관련된 두 단체 즉 '문인협회'와 '3·15기념사업회'에 이와 관련해 문의한 결과 별다른 의의가 없다고 해서 그대로 존치하겠다는 뜻을 밝혔다.

이처럼 중차대하고 예민한 사안을 이런 식으로 처리하는 마산시의 행정수준에 불신과 회의를 느끼지 않을 수 없다.

3·15는 특정단체의 전유물이 아니라 3·15를 자랑과 긍지로 생각하는 모든 마산시민의 것이다. 따라서 공청회 등을 통해 마산시민이 이 결정에 참여하도록 했어야 했다. 그리고 문인협회라는 곳도 그렇다. 우리지역의 문화예술 단체는 그곳만 있는 것도 아니며 문학하는 사람들이 그들만 있는 것도 아닐 것이다. 그럼에도 불구하고 시에서 말하는 '문인협회'는 바로 이은상 기념사업을 주도적으로 추진하는 곳으로 바로 그 단체에게 분리 여부를 보고 이런 결론을 내렸다는 것은 마산시민을 우롱하는 일이다.

우리는 이런 치졸하고 편의주의 적인 마산시의 태도에 분노를 넘어 고소를 금 할 수 없다.

마산시와 관련단체가 어떤 술수와 농간을 부린다 해도 우리는 이은상 문학관 건립을 위해 국민이 낸 혈세로는 단 한 푼도 쓸 수 없다는 것을 다시 한 번 강력하게 주장한다.

우리가 이런 주장을 하는 근거는 이은상의 매우 의심스러운 다른 경력은 다 제쳐두고라도 그는 1960년 3월15일 직전까지 이승만을 성웅 이순신에 비유하고 국부로 추앙해야 한다고 떠벌리며 문인유세단을 이끌고 전국을 돌며 선거지원 유세를 했던 인물이다. 어디 그 뿐인가 3·15, 4·19를 유린한 박정희와 그 뒤를 이은 전두환에게도 빌붙어 곡학아세의 언술과 문장으로 독재 권력에 아부하여 일신의 영달만을 꾀했던 인물이다.

이런 인물이 어찌 3·15와 함께 할 수 있으며 마산시민이 본받을 표상이 될 수 있단 말인가?

만일 글재주를 흠모하고 존경하는 자들이 있다면 그들의 호주머니를 털어서 기념관을 짓든 문화관을 짓든 알아서 할 일이다. 그러나 국민과 시민들이 낸 혈세로는 어림없는 일이다.

우리는 마산시가 요청한 국비지원을 즉각 취소해 주기를 바란다.

우리는 이은상 문학관 건립 계획이 무산 될 때까지 반대 운동을 적극적으로 펼쳐나갈 것이다.

2001년 7월 23일

열린사회희망연대

공동대표 : 김영만, 백남해, 육관응, 법광

은상기념관 건립반대
24시간 1인 시위를 시작하며

얼마 전 마산시는 이은상 문학관 건립을 위해 국고지원을 요청하였다고 언론을 통해 보도된 바 있다. 몇 년 전 이은상 기념관에서 이번엔 이은상 문학관으로 바꿔가며 건립을 추진하려는 마산시는 역사에 돌이킬 수 없는 오류를 범하는 것이다.

이은상은 국민의 혈세를 들여가며 기념할만한 인물이 결코 아니며, 그의 삶과 문학을 분리시켜 문학관을 짓겠다는 것은 참으로 잘못된 발상이다.

이은상은 일제강점기 조선일보의 자매지인 친일잡지 '조광'의 편집주간을 지내는 등 친일혐의가 짙고, 1960년 3·15일 정부통령 선거기간동안 문인유세단을 이끌고 전국을 돌며 이승만을 성웅 이순신에 비유하고 국부로 추켜세웠다. 이은상은 이에 그치지 않고 3·15의거에 이은 4·19혁명 이후 박정희, 전두환 군사독재정권 등 정권이 바뀔 때마다 곡학아세를 일삼고 독재정권에 매문으로 부역한 절세의 기회주의자이며 보신주의자였을 뿐이다.

마산은 일제강점기 항일의 기운이 더 높은 곳이었고, 3·15와 10.18로 이어지는 독재에 항거한 자랑스러운 역사를 가진 도시로서 이를 기념하고 추모해야 할 분들이 참으로 많다. 그럼에도 불구하고 굳이 논란이 되고 있는 이은상을 기념하는 문학관을 짓겠다는 마산시의 계획은 반드시 철회되어 한다.

이에 희망연대는 우선, 이런 사실을 시민들에게 널리 알리고, 이은상 문학관 건립반대에 마산의 뜻 있는 시민, 사회단체 및 시민들과 함께 하고자 24시간 단독 1인 시위를 전개한다.

2001년 7월 24일

열린사회희망연대

공동대표 : 김영만 백남해 법광 육관응

1인 시위 일정 및 장소

일 시 : 2001년 7월 23일(월)오전 10시

장 소 : 3·15 기념비 앞 (위치 : 구, 북마산 파출소)

방 법 : 사각 밀차 선전판으로 보행 이동

시위자 : 김영만 (열린사회희망연대 공동대표)

이동장소

3·15 기념비(구명비)→ 중앙극장 밑 농협, 평안안과 → 연흥극장 → 3·15의거탑 → 마산시청 앞 →

경남대 앞 → 신마산 번화가 → 어시장 → 창동 → 육호광장 → 수출자유지역 → 고속버스터미널 → 합성동 시외주차장 → 마산역 → 창동 → 마산시청

2001년 7월 24일 오전 10시, 마산시청 앞에서 정리

마산문학관 건립에 대한 희망연대의 입장

마산시가 그 동안 숱한 말썽을 빚어왔던 이은상 문학관을 건립하는 대신 마산문학관을 짓기로 결정했다는 보도를 접하고 우리는 일단 이를 긍정적으로 받아들인다.

열린사회희망연대는 창립초기부터 일제, 독재 잔재 청산운동의 일환으로 친일의혹과 독재정권에 부역한 행위가 뚜렷한 이은상의 문학관 건립에 대한 반대운동을 수년 동안 전개해 왔다. 희망연대가 이 운동을 통해 겪은 어려움은 한두 가지가 아니었지만 그중 이은상은 가고파의 시인이요 우리 문학계의 거목이라는 한 측면만 머리속에 각인 된 마산시민들의 인식이 가장 큰 벽이었다.

그러나 1999년 문학관 건립 추진반대 기자회견을 시작으로 몇 차례의 TV토론회와 언론지상을 통한 논쟁, 24시간 1인 시위, 은상이샘과 3·15기념비 담쌓기 등등의 끈질긴 노력으로 결국은 마산시민들의 관심과 호응을 끌어내어 마침내 마산시가 이와 같은 결정을 내리지 않을 수 없게 했다.

이에 희망연대는 그 동안 문학관 건립반대 운동을 지지해 주신 많은 시민들과 시민단체, 그리고 이 문제에 깊은 관심을 가진 보도와 함께 토론의 장까지 마련해준 지역 언론들에게 감사를 드린다. 그러나 우리의 운동은 이것으로 끝을 내는 것은 아니다.

마산시는 마산 문학관의 세부시설과 문인선정 작업등은 향후 문인협회 마산지부 등 관련단체와 시민들의 의견을 들어 확정할 계획이라고 하지만 우리는 이 과정에서 이은상 문학관 건립추진 주체였던 문인협회 뿐만 아니라 이에 반대해 왔던 희망연대를 비롯한 시민단체들도 당연히 함께 해야 한다고 생각한다.

마산문학관은 마산 문인들만의 것이 아니라 마산시민들의 것이기 때문이다.

뿐만 아니라 마산문학관은 마산시가 처음부터 정상적으로 세운 계획이 아니라 이은상 문학관 건립추진이 반대에 부딪치는 바람에 나온 고육지책이라는 한계를 가지고 있기 때문에 자칫, 마산문학관에 동거할 다른 문인들이 이은상의 들러리가 될지도 모른다는 우려를 떨쳐 버릴 수 없다.

이런 문제와 함께 문인들의 작품과 그들의 주요 경력을 객관적 자료로 전시하여 그곳을 찾는 이들의 판단을 맡기는 것이 아니라, 만일 일방적인 위인 만들기 식의 문학관이 된다면 이는 청소년 교육은 물론이요 문학과 우리 역사의 발전에 도움은커녕 오히려 해악을 끼치는 일이 될 수도 있기 때문에 이에 대한 문제의식도 있어야 한다. 또 하나 마산시와 마산시민이 잊지 말아야 할 것이 있다.

지방자치제가 실시된 이래, 각 지자체 마다 자기 지역을 가장 효과적으로 알릴 수 있는 문화관광자원으로, 그 지역의 유명 문화예술인들을 기리는 상징물들을 만드는 것이 유행처럼 되었다. 그건 아마 그들이 남긴 작품이 유형물로 남아있고 그것이 후대를 사는 시민들과의 정신적 교류와 친밀감이 쉽게 이루어지는 장점 때문일 것이다.

그러나 우리의 고난에 찬 오랜 역사를 통해 이 땅을 지키고 민족정신을 형성하고 지킨 분들이 어찌 시인, 소설가, 음악인 등 문화예술인들뿐이겠는가? 마산이 개항된 이후만 해도 일제와 해방을 거쳐 80년대까지 이어져온 독재정권시대에서 나라와 민족을 위해 고난의 삶을 살다 가신 우리 지역의 인물들이 많다. 우리가 역사를 바로 세우고 정의가 실현되는 사회를 만들려고 한다면 우리는 이분들을 반드시 기억해야 한다.

그러나 우리가 사표로 삼아야할 이 분들의 시 한줄 남기지 못해 기회주의자로 살아온 한 사람의 시인보다 자기 고장에서 대접받지 못하고 있다면 이건 바로 지금처럼 기회주의자들이 득세하는 세상을 만드는 사람들이 다름 아닌 우리 자신이라는 사실을 증명하는 일이다.

마산시는 문화예술인뿐만 아니라 우리 고장출신의 독립운동가를 비롯한 애국애족 인사들을 기리는 사업에도 적극적으로 나서주기를 바란다. 희망연대는 앞으로도 일제, 독재 잔재 청산운동을 멈추지 않을 것이며 마산문학관 건립에도 적극 참여하여 마산문학관이 마산시민의 자랑스러운 공간이 될 수 있도록 노력할 것이다.

2002년 01월 28일

열린사회희망연대

이은상 논란에 대한 우리의 입장

오늘 3·1절을 맞이하여 '이은상' 문제를 다시 논하게 됨을 우리는 한탄하지 않을 수 없다.

선조들의 독립정신과 얼을 이어받아 우리 후손들은 민족자주와 통일을 이루고 사람이 사람답게 사는 세상을 만드는 일에 온 몸 바쳐 노력해도 선조들에게 부끄러움을 면치 못할 일인데 아직도 한낱 '이은상 문학관' 논쟁조차 마무리 짓지 못한 못난 우리 자신을 반성하면서 이은상과 관련된 우리의 뜻을 밝히고자 한다.

우리는 마산시가 그 동안 말썽이 많았던 '이은상 문학관'을 '마산문학관'으로 명칭을 확정했다는 언론보도를 보고 이를 긍정적으로 받아들이며 또한 문학관 건립 추진위원회가 구성된다면 적극적으로 참여 할 의사가 있음을 성명서를 통해 밝혔다.

그러나 본회가 마산시에 시가 구성하고자 하는 추진위의 성격과 구성에 대한 구체적인 질의를 한 바, 이에 대한 답변을 통해 '노비산일원의 문학관 건립에 따른 위원회'를 구성하여 그 기구에서 문학관 명칭을 다시 논의할 것이라는 답변을 듣고 놀라움과 당혹스러움을 감출 수가 없다.

마산시는 이와 관련된 언론보도와 본회의 성명서가 나간 지 상당기간이 지났음에도 지금까지 어떤 공식적인 입장을 밝힌 사실이 없었기에 우리는 문학관의 명칭에 대해서는 이제 논쟁이 끝난 것으로 알고 있었기 때문이다.

이는 결국 마산시가 문학관 건립을 추진하기 위한 위원회라는 그럴듯한 기구를 만들어 형식적인 명분을 찾은 뒤에 마산시 본래의 의도대로 '마산 문학관'이 아니라 '이은상 문학관'을 건립 추진하겠다는 진의를 감춘 채 일시적인 술수를 부려 시민들을 우롱한 처사라고 하지 않을 수 없다.

지난 수년 동안 희망연대는 '이은상 문학관' 건립추진 대해 반대운동을 전개해 왔다.

그 이유는 한마디로 이은상의 삶의 궤적으로 보아 3·15로 대변되는 민주성지 마산과 그의 기념관이 공존하는 것이 불가하다는 것이었다.

더욱이 국민의 혈세인 국비와 시비로 세워지는 문학관이라면 이은상 문제는 찬반토론과 다수로 결정될 사안의 성격이 전혀 아니라는 것을 우리는 다시 한 번 강조한다.

역사의 진실을 아는 자가 소수라고 해서 거짓이 진실이 되는 것도 아니요, 원칙을 지키는 사람이 소수라고 해서 변칙이 원칙보다 옳다고 말 할 수 없고, 정의의 편에 서는 사람이 적다고 해서 정의가 불의로 되는 것이 아니기 때문이다.

따라서 우리는 마산시가 본회의 질의를 통해 그 구성과 성격을 뒤늦게 밝힌 '추진위' 자체를 반대한다.

희망연대는 3·1독립운동으로 희생된 선열들과 3·15 정신을 기리고 계승하는 차원에서 앞으로 다양한 방법으로 문학관 건립문제에 적극적으로 개입할 것이며 특히 문학관 명칭을 '이은상 문학관'으로 하고자 하는 모든 불순한 의도와 행위에 대해서는 보다 단호하게 대처해 나갈 것이다.

2002년 3월 1일

열린사회희망연대

공동대표 : 김영만 백남해 법 광 육관응

3·15정신과 노산문학관은 절대 공존할 수 없다

오늘 오전 11시 마산 문화방송에서 있었던 마산시장 후보 합동토론회에서 마산의 문학관에 대한 시장후보자들의 견해를 듣고 우리는 놀라움을 감추지 못했다.

김상헌 후보는 '노산문학관으로 이름 짓고 이은상의 공과 과를 남겨서 후세에 교훈으로 묻겠다'하였다. 또한, 김종대 후보는 명칭을 얘기하지는 않았으나 '서두르지 말고 시민여론을 모아 결정하자'라고 하였다.

노산 이은상은 우리 역사의 격동기를 기회주의로 일관했던 사람이며 최근 3·15기념사업회가 펴낸 3·15의거 사진집에도 이승만의 자유당 정권의 나팔수로 나와 있듯이 3·15의거 정신과는 반대되는 민주마산에 대해 씻을 수 없는 죄를 진 사람이다. 이런 인물을 '3·15민주정신을 계승 하겠다'는 마산시장 후보들이 선거를 의식해 명확히 견해를 밝히지 못하는 것은 마산정신과 시민을 우롱하는 일이다.

마산시장이 되고자 하는 사람은 적어도 3·15정신에 기반 한 역사의식이 있어야 한다. 오늘 세 후보의 견해는 명칭을 노산문학관으로 하되 그의 공과 과를 남겨서 운운 하는 것도 시민을 우롱하는 말장난이며 시민여론을 수렴 한다 운운하는 것도 말장난에 불과하다. 시장후보들은 표를 의식한 눈치와 회피가 아닌 분명한 역사의식을 밝혀주길 바란다. 또한 마산에 지어지는 문학관의 명칭은 절대 '노산문학관'으로 되어서는 안 된다. 이것이 민주마산의 시민여론이다.

2002년 5월 4일

열린사회희망연대

마산시장 후보들의 마산문학관에 대한 견해에 분노한다

우리는 지난 4일 마산 MBC가 주최한 '선택 2002 마산시장 후보 토론회'에서 마산시장 선거에 출마한 세 후보들의 가칭 '마산문학관'과 관련된 생각과 발언을 듣고 분노를 금할 수 없다.

물론 후보자의 정책은 후보자 개인의 정치적 입장이나 철학, 개인적 스타일에 따라 각 후보마다 차이가 날 수 밖에 없고 유권자들은 선거를 통해 자신의 판단에 따라 후보들의 이런 차이를 선택하게 되며 결국은 다수가 선택한 인물이 당선되는 것은 민주사회에서 당연한 일이다. 그러나 어떤 후보라도 애향애민 정신과 봉사정신, 도덕성과 민주적 의식과 올바른 역사인식 정도는 기본적이고 공통적으로 갖추어야 할 자질과 자격에 속하는 문제이다.

우리는 가칭 '마산문학관'과 관련된 문제는 후보자 개인의 선택적 문제가 아니라 바로 자질과 자격을 반영하는 문제에 속한다고 생각한다. 즉, 이 문제는 시장이 시민들에게 물어서 결정 할 사안이 아니라 마산시장이라면 이 문제만큼은 자신이 확고한 신념을 가지고 있어야 할 문제라는 말이다.

마산에서는 지난 수년 동안 노비산에 세워질 문학관과 이은상의 행적을 두고 논쟁이 끊이지 않았다. 이 과정을 통해 이은상의 부정적인 행적에 대해서 많은 사실이 확인되기도 했고 또 일부분은 아직 논쟁 중이다. 그러나 분명히 입증된 사실은 독재협력 행위이다. 특히 이은상은 3·15 부정선거의 원흉인 독재자 이승만을 '성웅 이순신'과 같은 인물로 치켜세우며 이승만과 함께 전국을 유세하고 다닌 인물이었다.

이후, 4·19혁명이 일어나자 그 잘난 글재주로 4·19세력을 찬양했고, 5.16이 일어난 뒤에는 박정희를 다시 성웅 이순신으로 비유하며 군사정권에 빌붙었고, 군사쿠데타로 정권을 탈취한 전두환을 재빠르게 지지하고 나선 절세의 기회주의자였다.

그런데 마산시장에 입후보한 사람들이 이런 인물을 기리기 위해 국민의 혈세인 국비와 시비를 들여 짓는 문학관을 이은상의 호를 따 노산문학관으로 해야 한다는 주장과 이를 찬성하는 후보와 그것을 시민들의 의견을 수렴해서 결정하자는 후보들의 발언을 듣고 경악하지 않을 수 없었다.

우리는 세 후보 모두가 '3·15 민주정신 계승'을 여러 차례 공언한 것으로 알고 있다. 아마 후보들의 이런 발언은 3·15의거가 마산의 자랑이며 마산시민의 긍지라는 것을 잘 알고 있기 때문 일 것이다. 그리고 우리 역사에서 3·15와 4·19는 각각 의거와 혁명으로 규정되어 있음도 잘 알고 있을 것이다. 우리의 공인된 역사가 이를진대, 정상적인 사고 구조를 가진 사람들이라면 이은상과 마산 3·15의거는 양립할 수 없다는 것을 잘 알 것이다. 한마디로 이은상은 역사의 죄인이며 마산의 배신자이다.

만일 TV에 출연한 후보들의 발언이 평소의 소신이라면 세 후보 모두 마산시장 후보의 자격조차 없는 인물들임에 틀림없다.

그러나 우리는 선거에 출마한 사람들의 입장과 처지를 이해 못하는 바도 아니다. TV 카메라 앞에서 유권자와 표를 의식하며 극도로 긴장된 순간에 미리 예상치 못한 질문을 받아 깊은 생각을 할 여유도 갖지 못한 불안정한 상태에서 나온 실언 이었다고 믿고 싶다. 따라서 우리는 세 후보들이 이와 관련한 발언을 즉각 수정해 주기를 바란다. 만일 선거 기간 중 이 발언을 수정하지 않는 후보가 있다면 우리는 그를 '마산을 수치스럽게 하는 인물'로 지목하고 가능한 모든 방법을 동원하여 낙선운동을 펼칠 것이다.

2002년 06월 06일

열린사회희망연대

공동대표 : 김영만, 백남해, 육관응, 법광

3·15를 유린하는 은상이샘을 즉각 철거하라!

은상이샘 철거와 탄핵 무효화 투쟁, 이것이 바로 오늘의 3·15정신 계승이다

오늘 우리는 이 자리에서 '3·15 기념비'와 '은상이샘'이 좁디좁은 공간에서 공존하고 있는 모습을 보면서 3·15 마산시민정신이 얼마나 오염되고 혼탁해져 있는지를 다시 한 번 확인하면서 탄식과 분노를 금치 못한다.

정의가 불의를, 진실이 거짓을, 빛이 어둠을 껴안고 함께 살 수 없듯이 3·15를 기념하는 비와 이은상을 기리는 우물은 천지가 뒤바뀐다 해도 도저히 함께 할 수 없는 관계이다.

3·15의거를 촉발시킨 자유당 독재정권의 원흉은 이승만이다. 온 국민이 자유당 독재 권력의 질곡에서 신음하고 있을 때, 이은상은 이승만을 성웅 이순신과 같은 인물이라고 치켜세우며 전국 유세를 다닌 인물이다. 그리고 이은상은 3·15의거에서 4·19에 이르는 민주항쟁을 "불합리와 불법이 빚어낸 불상사" "지성을 잃어버린 데모" "이적행위" 등으로 매도했다.

이은상은 이렇게 3·15를 모독하고 마산시민의 등에 칼을 꽂는 언행을 했을 뿐만 아니라 이후, 자신의 생을 마감하는 순간까지 박정희, 전두환, 독재 권력에 철저하게 부역한 인물이다.

거기에다 '은상이샘'이라는 이 우물이 어떤 역사적 가치나 의미가 있는 유물도 아닐 뿐만 아니라 본래의 위치도 이곳이 아니며 우물 또한 단순 모형일 따름이다. 따라서 이 두 가지 상징물을 억지로 동거 존치시킨 것은 3·15를 반3·15와 강제로 동침시켜 유린하는 행위와 다를 바 없다. 3·15와 마산시민을 이보다 더 욕보일 수는 없다.

지난 수년 동안 희망연대가 이와 같이 반역사적이며 비상식적이고 부적절한 두 상징물의 존치에 대해 여러 차례 문제제기를 했고, 마산시와 3·15관련단체에 은상이샘 철거를 강력히 요청했다. 그런데 어찌하여 아직도 은상이샘이 철거되지 않는지 우리는 도저히 이해할 수 없다. 입만 열면 3·15요, 기회만 있으면 마산시민 정신을 말하는 사람이 한 둘이 아니다. 그러나 3·15기념비와 은상이샘의 이 부적절하고 엽기적인 동거를 당연시하거나 외면하면서 3·15와 3·15정신을 말한다면 이는 자기모순의 극치라고 하지 않을 수 없다.

오늘 누가 이대로 3·15의거를 기념하며, 누가 3·15정신을 말하는지 우리는 묻지 않을 수 없다. 오늘의 이 국가 비상시국은 어디로부터 온 것인가를 생각해 보라!

친일 세력들이 자유당에 이은 군사 독재정권을 창출했고, 독재 잔당들과 친독재 세력들이 만든 것이 오늘의 부패비리 범죄 정치집단들이다. 그리고 이들이 바로 탄핵으로 의회 쿠데타를 일으킨 자들이다.

분노해야 할 일에 당연히 분노해야 한다. 동시에 이와 같은 작지만 불미하고 혼란스러운 사건들이 오늘과 같은 국란을 불러온 파렴치 정치집단의 씨앗들이었음을 우리는 깨달아야 한다. 은상이샘은 즉각 철거되어야 한다.

3·15의거 44주년을 맞이한 오늘, 우리는 마산시와 3·15관련단체의 각성을 촉구하며 은상이샘을 즉각 철거해 줄 것을 강력히 요구하며 만일 관계기관과 단체에서 철거할 의지를 보이지 않는 다면 우리는 마산시민들과 함께 '은상이샘' 철거 운동을 전개할 것임을 이 자리에서 밝힌다.

우리는 이승만 독재정권과 박정희 유신 독재정권을 무너뜨린 역사에 긍지와 자부심을 가진 시민들이다. 그러나 기념식과 구호만으로 그 자랑스러운 역사와 정신을 계승할 수는 없다. 은상이샘 철거와 탄핵 무효화 투쟁, 이것이 바로 오늘의 3·15정신 계승이다.

우리는 오늘 국민의 뜻과 나라의 안위는 아랑곳하지 않고 오직 당리당략에 따라 탄핵으로 정치반란을 도모한 국민반역 정치집단에게 엄중한 심판을 내리고 탄핵이 무효화 될 때가지 투쟁할 것을 선언한다.

2004년 3월 15일

열린사회희망연대

공동대표 : 김영만, 백남해, 육관응, 법광

마산시의회와 정상철 의원은 마산시민을 더 이상 욕되게 하지 말라! ❶

지금 마산시의회 기획행정위에서 '마산문학관' 명칭을 두고 벌인 해괴한 작태는 참으로 어처구니없는 일이라 하지 않을 수 없다.

의회는 집행부가 잘못한 일을 바로 잡고, 마산시민들의 여론을 제대로 반영해야 하는 것이 자신들의 역할일진대, 어찌하여 시민들의 여론을 무시하고 집행부가 잘못한 일을 스스로 인정하고 시정하고자 하는 일을 방해만 하는지 도저히 이해 할 수가 없다.

하늘과 땅이 뒤바뀌고, 마산시민들이 3·15와 10.18을 치욕의 역사로 생각하지 않는 다음에야 마산에서 이은상은 절대로 자랑스러운 인물도 존경받을 자격도 없는 사람이다. 하물며 국민의 혈세로 이은상을 기리는 기념관이나 기념비를 세운다는 것은 있을 수도 없고 있어서도 안 되는 일이다. 이은상은 3·15와 마산시민을 모독한 인물이며 평생 독재 권력에 부역하고 곡학아세를 일삼던 사람이었기 때문이다.

그는 3·15마산시민항쟁이 일어나게 된 직접원인이 된 3·15부정선거의 주역인 독재자 이승만을 성웅 이순신과 같은 구국의 인물로 칭송하며 전국 유세를 다닌 인물이었다.

또한 3·15 항쟁 직후 모 신문사와의 인터뷰에서 이은상은 3·15마산시민의 봉기에 대해 "무모한 흥분"으로 "지성을 잃어버린 데모"로 마산시민을 비난하고 "불합리 ·불합법이 빚어낸 불상사"라고 모독하면서 시위가 확대되는 것을 "마산사람"으로서 염려하며 마산시민들에게 "자중하기를 바란다"는 당부까지 한 발언이 기록으로 남아 있다.

그뿐 아니라 그는 박정희와 전두환 독재정권에 아부하고 빌붙은 대가로 그럴싸한 훈, 포장을 받아 챙기고 양지만을 찾아다닌 인물이다

마산시의회 정상철의원 역시 참으로 문제가 많은 사람이라 하지 않을 수 없다.

위에 거론된 이은상의 행적은 이미 지난 6년 동안의 논쟁을 통해 그 자료까지 낱낱이 다 공개되고 밝혀진 일이다. 그러기에 노산(이은상) 문학관이라는 명칭을 도저히 쓸 수 없다는 것을 누구보다 더 잘 아는 사람은 바로 논쟁의 한 주역이었던 정상철 의원이

기 때문이다.

집행부인 마산시가 오죽하면 자신들이 기획, 실행하고 작명한 '이은상문학관'이라는 명칭을 바꾸려고 했겠는가? 이은상문학관이 마산문학관으로 된 것은 지난 6년 동안의 지루한 논쟁을 통해 마산시민들의 여론을 수렴한 결과이며 사실상 시민합의안이다.

마산에서 이은상의 문제는 과거사 청산문제와는 별개의 일로 마산시민들의 명예와 자존심에 관계된 일이다. '이은상 문학관'은 경쟁력이 아니라 마산시민을 욕되게 하는 시비 감이 될 뿐이다.

더 이상 어떤 논란도 불필요한 문학관 명칭을 두고 또 다시 온갖 궤변을 늘어놓으며 마산문학관이라는 명칭에 반대하고 부결에 앞장선 정상철 의원의 행위는 이은상의 문학적 명예만이라도 찾아주자는 충심이 아니라 순전히 자신의 정치적 계산 때문이 아닌가 하는 의심을 사기에 충분한 일이다.

정상철의원에 동조하여 '마산시문학관 운영 조례안'을 부결시킨 일부 의원들도 지난 논쟁에 대해 공부하는 자세로 다시 찬찬히 되살펴 보게 된다면 자신이 얼마나 잘못된 판단을 했는지를 깨닫게 될 것이다.

사실 따지고 보면 시의원들이 먼저 조사, 연구하여 마산의 정신과 마산시민의 자존심을 짓밟는 '이은상 문학관' 따위를 짓고자 하는 마산시를 질타해야 할 일이다. 그럼에도 불구하고 부득불 시민단체가 나서 주었다면 이에 대해 미안해하고 감사해야 할 일이었다.

우리는 다시 한 번 정상철 의원에게 아집과 미련을 버리고 마산시민의 입장에서 마산문학관에 찬성하는 모습을 보여주기를 강력히 요청한다.

2005년 02월 14일

열린사회희망연대

공동대표 : 김영만, 백남해, 육관응, 법광

마산시의회와 정상철 의원은 마산시민을 더 이상 욕되게 하지 말라! ❷

얼마 전 마산시의회 기획행정위에서 '마산문학관' 명칭을 두고 벌인 해괴한 작태는 마산시민들로부터 도저히 용서받을 수 없는 일이었다.

의회는 집행부가 잘못한 일을 바로 잡고, 마산시민들의 여론을 제대로 반영해야 하는 것이 자신들의 역할임에도 불구하고 시민들의 여론을 무시하고 '마산시문학관 운영 조례안'을 부결시킨 것은 가히 의회폭력이라 할 일이었다.

오죽하면 이은상문학관 사업을 기획하고 집행한 마산시가 스스로 '마산문학관'으로 명칭을 바꾸려고 했겠는가? 이는 지난 6년 동안의 격렬하고 지루하게 진행된 논쟁을 통해 마산시민들의 여론을 수렴한 결과이며 사실상 시민합의안이었기 때문이다.

마산에서 이은상은 절대로 자랑스럽거나 존경받을 인물이 아니다.

그는 3·15마산시민항쟁이 일어나게 된 직접 원인이 된 3·15부정선거의 주역인 독재자 이승만을 성웅 이순신과 같은 구국의 인물로 칭송하며 전국 유세를 다닌 인물이었다. 또한 3·15 항쟁 직후 모 신문사와의 인터뷰에서 이은상은 3·15마산시민의 봉기에 대해 "무모한 흥분"으로 "지성을 잃어버린 데모"로 마산시민을 비난하고 "불합리·불합법이 빚어낸 불상사"라고 모독하면서 시위가 확대되는 것을 "마산사람으로서 염려하며 마산시민들에게 자중하기를 바란다"는 당부까지 한 발언이 기록으로 남아 있다.

그의 매문행위 또한 엽기적이다. 뼛속까지 철저한 친일분자였던 매판자본가 문명기의 비문에 "덕망 높은 사회사업가"라는 칭송을 아낌없이 바쳤다. 또한 이승만을 칭송하고 3·15를 모독한 그 입으로 서울 수유리의 국립 4·19묘지 4월 학생 혁명 기념탑에 "……민주 제단에 피를 뿌린 젊은 혼들은 거룩한 수호신이 되었다. ……해마다 四月이 오면 봄은 선구하는 진달래처럼 민족의 꽃들은 사람들의 가슴마다에 되살아 피어나리라"고 찬사를 올렸다.

이처럼 부끄러움을 모르는 그는 박정희와 전두환 독재 정권에 빌붙어 아부한 대가로 그럴싸한 훈, 포장을 받아 챙기고 양지만을 찾아다닌 기회주의자의 표상일 따름이다.

정상철의원 역시 참으로 문제가 많은 사람이라 하지 않을 수 없다.

지난 6년 동안의 논쟁을 통해 이와 같은 이은상의 문제를 누구보다 더 잘 아는 사람은 다름 아닌 바로 그이기 때문이다. 부결에 동참한 일부 의원들도 지난 논쟁에 대해 조금이라도 알게 되면 자신이 얼마나 잘못된 판단을 했는지를 깨닫고 부끄럽게 생각할 것이다.

우리는 정상철 의원을 비롯한 마산시 의원에게 각성을 촉구하며 마산시민의 입장에서 마산문학관에 찬성하는 모습을 보여주기를 엄중하게 요청한다.

2005년 03월 14일

3·15정신 계승, 3·15오적 추방 시민행동

(참가단체 : 김주열열사 추모사업회, 경남민주언론운동시민연합, 노동자의 집, 마산대학 용담동우회, 마산청년회, 참교육학부모회 마창진지부, 천주교정의구현마산교구사제단, 푸른내서주민회, 열린사회희망연대)

마산문학관에 전시해야 하는 이은상 관련자료 1차 기증에 부쳐

오늘 뜻 깊은 4·19혁명 45주년을 맞아 민주의 제단에 몸 바치신 영령들의 고귀한 희생을 다시 한 번 되새기며 4월 혁명의 모태가 되었던 3·15의 자랑스러운 역사를 가진 우리 지역 시민들은 이 날을 맞이하며 남다른 긍지와 자부심을 가지지 않을 수 없다. 이에 우리 희망연대는 '마산문학관' 개관을 눈앞에 두고 이 공간 일부에 존치될 이은상 전시실에 3·15, 4·19와 관련된 몇 가지 의미 있는 자료를 문학관에 기증하고자 한다.

이은상은 그가 우리 문학계에 남긴 업적이 결코 적지 않음에도 불구하고, 평생 그를 따라다닌 친일의혹과 함께 이승만과 박정희, 전두환 독재정권을 이어가며 일신의 영달을 위해 독재부역과 곡학아세를 일삼았고, 또한 그의 매문행위는 후안무치의 표본이요, 양심을 판 지성인의 대표 격이었다. 우리는 애초부터 국민의 혈세로 만들어지고 운영되는 문학관의 전시실 일부라도 이은상이 한 공간을 차지하는 그 자체를 반대했고 지금도 그 입장에는 변함이 없지만 그를 추존하는 자들이 기어코 이를 고집한다면 우리는 후대들이 이은상을 반면교사로 삼는 교육적 차원에서 이 문학관이 활용되기를 바란다.

오늘 우리가 이은상 전시실에 기증할 자료는 1960년 3월 15일, 정부통령 선거를 앞두고 박종화, 김말봉 등과 문인유세단을 조직하여 전국을 순회 강연한 신문기사의 일부이다. 이은상은 당시 시국을 임진란에 비교하면서 "이순신 장군 같은 분이라야 민족을 구하리라, 그리고 그 같은 분은 오직 이대통령이시다"라고 발언했다. 또한 3·15마산시민항쟁 직후 모 신문사와의 인터뷰에서 이은상은 3·15 마산시민 봉기에 대해 '무모한 흥분'으로, '지성을 잃어버린 데모'로 마산시민을 비난하고 '불합리, 불 합법이 빚어낸 불상사'라고 모독하면서 시위가 확대되는 것을 "마산사람으로서 염려하며 마산시민들에게 자중하기를 바란다"고 서슴지 않고 발언했다. 오늘 1차 기증 자료는 바로 그 발언과 관련된 것이다.

그 외에 일제로부터 '애국옹' 칭호를 받은 친일 광신도 문명기를 '덕망 높은 사회사업가'로 칭송을 아끼지 않은 이은상이 지은 비문 사진도 함께 전시물로 기증한다. 문명기는 일제의 침략전쟁을 아시아와 세계평화를 위한 '성전'으로 옹호하면서 야만의 군대인 일군에 비행기 헌납 제 1호 '문명기호'를 기증하고 100대 기부를 결의, 전조선 1군 1대 비행기 헌납운동에 말 그대로 분골쇄신하여 일제로부터 온갖 칭송을 아낌없이 받은 자이다. 그리고 자신이 조선인의 몸으로 태어난 것을 천추의 한으로 생각하여 뼛속까지 철저한 일본인이 되려고 광분했던 친일분자였다.

이은상의 친일혐의를 입증할만한 확증적인 자료가 아직 나오지 않는 것을 빌미로 그를 마치 항일 독립운동가인 양 추앙하는 일부 인사들의 강변에도 불구하고 그가 친일혐의에서 쉽게 빠져 나 올수 없는 이유도 바로 이런 행위들과 무관하지 않다. 기타 이은상이 남긴 글 중, 3·15를 비난한 입으로 서울 수유리의 4·19묘지 4월학생혁명기념탑에 학생들이 피 흘린 고귀한 희생을 극찬하는 비문은 그 자신이 절세의 기회주의자임을 스스로 증명한 작품이다. 처음 이은상 문학관으로 출발하여 6년여라는 지난한 찬,반 논쟁 과정이 있었음에도 불구하고 여전히 문학관의 명칭을 '이은상문학관'에서 그의 호를 딴 '노산문학관'으로 최근에는 이은상의 또 다른 상징어인 '가고파'까지 들고 나와 마산문학관 조례개정안을 부결시킨 마산시의회의 작태에 개탄을 금할 수 없다.

이처럼 몰역사적인 행위를 스스럼없이 자행하던 마산시의회가 최근 독도 문제로 국민들의 분노가 폭발하자 대마도의 날을 재빠르게 제정했다는 것은 자기모순의 극치라고 하지 않을 수 없다. 마산시의회는 즉각 마산문학관 조례개정안에 찬성하여 문화예술 공간의 불모지인 우리지역에 시민들의 사랑을 받는 문학관이 하루빨리 개관될 수 있도록 적극 협조하기를 강력히 촉구한다. 이은상 관련 2차 자료는 마산문학관 개관식 때 기증할 예정이다. 오늘 우리의 충언과 기증 자료를 기꺼이 받아들여 지금과 같은 마산시의회의 행태가 마산의 부끄러운 역사로 기록되지 않기를 바란다.

2005년 04월 19일

열린사회희망연대

공동대표 : 김영만, 육관응 백남해, 법광

마산시의회 상임위의 마산문학관 명칭 통과를 환영하며

오늘(5월 18일) 오전, 마산시의회 기획행정위원회에서 마산의 제비산(노비산) 정상에 세워진 문학관의 이름을 마산문학관으로 통과시킨 것은 당연한 일이지만 그 동안의 과정으로 보아 매우 의미 있고, 환영할 만한 일이라 하지 않을 수 없다.

지난 1999년, 이은상 문학관 건립 명목으로 마산시가 정부에 국고지원을 요청한 것을 계기로 열린사회희망연대가 시조시인 이은상의 독재부역 경력과 친일의혹을 제기하며 반대운동을 시작하여 지금까지 길고 지루한 논쟁이 이어져 왔다.

이로 인해 희망연대는 지난 6년 동안 힘들고 어려운 과정을 거치면서 지역 문화 권력이라는 거대한 힘에 좌절과 절망을 느낀 적이 한 두 번이 아니었지만, 오늘 마산문학관으로 그 명칭이 상임위를 통과함으로서 3·15의거와 10.18의 자랑스러운 역사를 가진 민주성지인 마산에 우리가 살고 있다는 사실에 대해 다시 한 번 가슴 뿌듯함을 느낀다.

이 결과는 열린사회희망연대만이 아니라 3·15 마산시민정신을 지키려는 모든 시민단체와 학자, 시민들의 동참과 지지, 협력이 있었기에 가능한 일이었다.

그 동안 시민들의 뜻을 수렴하여 마산 문학관을 제대로 세우기 위해 애쓰신 마산시 관계자와 마산시의회 의원들의 노고에도 치하 드린다.

이제 남은 일은 지역명칭을 사용하는 전국 유일의 마산문학관이 그 이름에 걸맞게 마산시민들의 사랑을 받는 공간으로 자리 잡을 수 있도록 우리 희망연대는 마산시민들과 함께 노력해 나갈 것이다.

2005년 05월 18일

열린사회희망연대

공동대표 : 김영만, 백남해, 육관응, 법광

제46주년 3·15를 맞이하여 3·15는 통곡한다. 은상이샘 철거하라!

해마다 3·15가 돌아오면 마산시내 곳곳에서 자랑스러운 3·15정신을 계승하기 위한 갖가지 행사들이 열린다. 그러나 3·15기념비와 은상이샘이 여전히 함께 존치되어 있음에 개탄을 금할 수 없다.

은상이샘의 주인공, 이은상은 온 국민이 자유당 독재정권의 질곡에서 신음하고 있을 때 이승만을 성웅 이순신과 같은 인물이라고 치켜세우며 전국 유세를 다닌 인물이다. 그리고 이은상은 3·15의거에서 4·19에 이르는 민주항쟁을 "불합리와 불법이 빚어낸 불상사" "지성을 잃어버린 데모" "이적행위" 등으로 매도했다.

이렇듯 이은상은 3·15를 모독했을 뿐 아니라 이후, 자신의 생을 마감하는 그 순간까지 박정희, 전두환, 독재정권에 철저하게 부역한 인물이다. 이것이 3·15기념비와 은상이샘이 함께 존치할 수 없는 이유이다.

또한 '은상이샘'이라고 하는 이 우물은 이름부터 정확하게 고증된 것이 아니며 어떤 역사적 가치나 의미가 있는 유물도 아니다. 뿐만 아니라 본래의 위치도 이곳이 아니며, 우물 또한 단순 모형일 따름이다

따라서 이 두 가지 상징물을 억지로 동거 존치시킨 것은 3·15를 반3·15와 강제로 동침시켜 유린하는 행위이다. 이보다 더 3·15와 마산시민을 욕되게 하는 일은 없을 것이다.

열린사회희망연대는 지난 6년 동안 은상이샘 철거를 끊임없이 주장해 왔다.

특히 지난해 3월, 시장실을 방문한 희망연대 대표단에게 마산시장 본인도 두 기념물의 공존이 맞지 않음을 인정하고, 다른 곳으로 이전할 의사를 밝힌 바 있다. 그럼에도 불구하고 여전히 이 기묘한 동거를 방치한 이유가 무엇인지 마산시장은 대답해 주기를 바란다.

우리는 이승만 독재정권과 박정희 유신독재정권을 무너뜨린 역사에 자부심과 긍지

를 가진 시민들이다. 그러나 3·15정신은 기념식과 구호만으로 계승되지 않는다.

3·15정신은 부정, 부패, 불의에 항거한 저항정신이다.

따라서 3·15기념비에서 은상이샘을 철거하는 것은 3·15정신을 계승하는 일이다. 특히 올 5월 지방선거에서 부정, 불법선거를 뿌리 뽑고, 또 다시 김정부의원과 같은 인물을 우리 시민의 대표로 뽑지 않아야 한다는 마산시민들의 의지를 모아 우리는 3·15를 유린하고 모독하는 은상이샘을 즉각 철거할 것을 강력히 촉구한다.

바로 이 일이야 말로 3·15정신 계승하고 3·15, 4·19 영령들을 기리는 일이다.

2006년 03월 15일

열린사회희망연대

공동대표 : 백남해, 박광희, 육관응, 이암

'은상이샘' 그대로 두고, 민주성지 웬 말인가?

올해 설날을 맞이하여 마산시는 이전에 보지 못한 펼침 막을 곳곳에 내걸었다.

고향을 찾아온 출향민들을 환영하는 펼침 막에 '민주성지 마산'이라는 문구가 유난히 우리의 눈길을 끌었지만 마산시가 과연 이런 말을 할 자격이 있는지 우리는 회의를 느끼지 않을 수 없었다.

마산은 1960년 3·15와 80년 10.18, 87년 6월 시민항쟁을 통해 청사에 길이 빛날 역사의 대전환점을 수차례나 만들어 낸 도시로서 마산을 민주성지로 부른다고 해서 그 누구도 부정하지는 못할 것이다.

이처럼 민주성지 마산의 자부심은 이 시대를 살아온 정의로운 마산시민들과 민주열사들이 만든 역사이다. 만일 마산시와 시의회가 마산을 민주성지로 내세우고 싶다면 평소 이에 걸맞은 고민과 행정이 가시적인 결과로 나타나야 한다.

그러나 우리는 시민들의 대표로 선출된 단체장과 시의원들이 말만이 아니라 민주성지에 걸맞은 마산을 만들기 위한 구체적인 사업계획과 실천사례를 들은 바가 없다. 다른 지방자치단체에서는 민중 속에서 전해 내려오는 설화까지 문화자산으로 만들어 내는 피나는 노력을 하고 있음에 비추어 볼 때 마산시는 자랑스러운 역사도 챙기지 못하는 무지와 무능, 나태함을 보이고 있을 뿐이다.

그뿐이라면 우리는 더 이상 말하지 않겠다. 마산시는 3·15를 모욕하고 짓밟는 일마저 버젓이 하고 있다. 한 가지 예로 벌써 7년째 말썽이 되고 있는 옛 북마산 파출소 자리의 3·15기념비와 이른바 '은상이샘'이라고 하는 돌덩이를 혼거 존치해 놓은 마산시의 무지막지한 역사폭력 행위를 올해 또 다시 지적하지 않을 수 없다.

은상이샘을 즉각 철거하라!!!

3·15, 4·19와 마산을 배반한 이은상의 작태에 대해서는 더 이상 거론할 필요가 없을 것이다. 벌써 7년째 여론의 매를 맞고 있는 마산시의 더욱 한심하고 미련한 작태는 이

우물에 대해 제대로 된 고증도 한번 해보지 않았다는 점이다. 처음부터 이 우물 유구가 과연 이은상을 지칭한 우물의 이름이었는지에 대해서 의문이 제기 되었다. 이 우물에 문화적 가치를 자의적으로 부여하고자 하는 이은상 추종자들은 이 우물을 주민들이 '은생이 샘'이라고 불렀다고 주장하면서 은생이=이은상으로 단정했지만 우리 지역에서 맑고 깨끗한 물이 흘러나오는 샘을 통칭 '은새미'라고 불렀고 경상도 발음으로 샘을 '새미'라고 말하는 언어학적 측면을 고려해볼 때 '은생이' 또는 '은생이 샘'이라는 어색한 발음보다 '은새미'라고 불렀다는 주장이 훨씬 더 설득력을 가질 수 있기 때문이다.

따라서 은상이샘에 대한 확실한 고증도 근거도 없는 돌덩어리를 그것도 3·15, 4·19와는 절대로 함께 할 수 없는 이은상이라는 이름으로 혼거 존치해 놓는 다는 것은 3·15에 대한 폭력이며 4·19에 대한 부정이요 마산시민에 대한 모욕이다.

이러고도 마산시장은 마산을 민주성지라고 말할 자신이 있는가?

이러고도 마산시의회가 마산이 민주성지 임을 자부하며 결의를 모을 수가 있단 말인가?

마산시와 마산시 의회는 '민주성지 마산'을 말하기 전에 은상이샘부터 즉각 철거하라!!!

2007년 03월 15일

열린사회희망연대

공동대표 : 백남해, 박광희, 육관응, 이암

(사)3·15의거기념사업회 회장은 이은상 관련 망언을 즉각 철회하고 시민 앞에 사죄하라!

우리는 지난 3월 10일자 경남신문 보도를 통해 3·15기념사업회 회장이 기자회견장에서 했다는 이은상 관련 발언에 경악하지 않을 수 없다. 그의 발언 요지는 "내년이 3·15의거 50주년인데 가고파와의 문제를 풀고 가야 한다……. 마산정신이 질적인 발전을 가져오기 위해선 3·15와 가고파가 화해하고 새로운 관계를 정립해야 한다"는 것이다. 그가 말하는 3·15는 마산 3·15의거와 그 정신을 말하는 것이고, 가고파는 이은상과 일부 문인들을, 그리고 풀어야 할 문제는 이은상 문학관을 말한다는 것은 누가 보아도 분명하다. 그리고 그 기사에서도 그렇게 지칭하고 있다.

이 문제라면 무려 6년이라는 긴 세월 동안 지역을 뜨겁게 달군 논쟁거리로 철저한 공론화 과정을 거쳤다. 또한 애초에 이런 화근을 만든 당사자인 마산시가 나서 지역의 각계각층의 인사들로 구성된 시민위원회를 구성하여 지난 쟁점들을 다시 하나하나 짚어가며 신중하게 내린 결론이 마산문학관이었다. 시의회 역시 열띤 토론 과정을 거쳐 표결에 부친 결과에 따라 마산문학관이 된 것이다. 이런 과정과 결정을 완전히 무시하고 뒤엎으려는 발언을 한 자가 다른 사람도 아닌 3·15의거기념사업회 회장이라면 이건 망언이다.

3·15의거는 반독재 민주항쟁이고 이은상은 친독재 반민주 인사다. 특히 마산시민과 3·15의거를 폄훼하고 모독한 자이다. 그렇다면 3·15기념사업회 회장이 말하는 "질 높은 마산시민정신" 이란 바로 "이런들 어떠하며 저런들 어떠하리"의 하여가(何如歌) 정신을 말하는 것이다. 뿐만 아니라 "현재 마산문인협회와 조용하게 논의하고 있고 정치적으로도 타결을 시도하고 있는 만큼 머잖아 좋은 결과가 나올 것" 이라고 했다 한다.

참으로 무서운 이야기다. 시민사회에서 공개적이며 자유로운 토론을 통해 결정했던 일을 정치권의 힘을 빌려 은밀한 방법으로 소위 공작이라는 걸 하고 있다는 말인데 이는 3·15기념사업회가 자유, 민주, 정의라고 말하는 3·15정신을 전면 부정하는 것이다.

3·15정신이 이 지경 이라면 국가기념일이 되어도 걱정이다. 그의 발언 중에는 우리의 마음을 무척 아프게 하는 부분도 있다. "노산이 3·15와의 관계를 풀지 않고 돌아가셔서 이런 문제가 남아 있는 만큼 그 유족이나 관계인이 대신해서 유감을 표명하면 된다"고 말한 부분이다. 참으로 기막히고 너무나 비인간적인 발상이다. 특정세력들의 이해관계를 관철시키기 위해 이은상이 지은 죄를 유족에게 연좌제로 엮어 욕보이는 잔인한 짓이다. 이건 분명 즉흥적인 발상이 아니라 많은 궁리 끝에 나온 생각이다. 그동안 이런 연구하느라 참 고생 많았겠다.

위와 같은 3·15기념사업회 회장의 발언에 마산문인협회 회장은 "문협도 원칙적으로 백회장님의 입장과 같다……3·15기념사업회와 최근 이 문제에 대한 해법을 논의 하고 있다"고 맞장구 치고 있다. 이는 백회장의 망언을 마산문협이 확인해 주는 발언이다. 어떤 변명도 끼어들 틈 없이 주고받는 말의 아귀가 맞아 떨어진다.

사실 살아있는 자들이 자신들의 목적을 위해 결국은 이은상을 두 번 죽이고 있다. 자신들의 활동 근거지로 삼을 문학관에 집착한 결과 벌어진 논쟁 속에서 이은상의 아름답지 못한 여러 이야기는 나오게 된 것이기 때문이다. 이제는 자신들의 목적을 관철시키기 위해 죄 없는 유족까지 끌어들이려는 비인간적이고 반인륜적인 발상에 우리는 차라리 이은상에게 연민을 느끼게 된다.

이은상 문제와 관련해 지금까지 3·15기념사업회의 공식적인 입장은 우리와 같은 것으로 알고 있었다. 또한 백회장의 망언이 있은 이틀 후에 발행된 '3·15의거보' 창간호 사설 "〈노산〉문학관에 대한 우리의 입장"에서 밝힌 내용을 보면 우리와 별로 다른 점을 발견 할 수 없다. 그런데 왜 단체의 공식입장과 회장의 생각이 극과 극인지 괴이할 따름이다.

이 논설에 대한 경남신문의 3월 12일자 기사에서 백회장은 "여러 가지 다양한 시각과 의견이 존재하는 것은 당연하다"고 했단다. 자기단체의 공식입장을 마치 남의 말을 하듯이 하는 발언태도가 참 어이없다. 그러나 어떤 이유로 그런지는 몰라도 이런 저런 입장을 소개하고 서로에게 이해시키고 중재하는 역할을 하고 싶은 모양인데 만일 그것이 자신의 소신이고 앞으로 그런 일을 하고 싶다면 우리도 말리고 싶지 않다. 그러나 3·15라는 명칭이 들어간 단체에 몸담고 있는 한 절대 안 된다.

3·15를 국가기념일로 제정하자고 목소리를 높이는 사람들로 넘쳐나는 마산에서 이런 망언을 듣고도 못들은 척 넘어 간다면 우리 모두의 앞날은 희망이 없다.

이는 분명 3·15정신을 계승하고 민주주의를 지키려는 모든 이들의 불행이며, 마산의 불행이며, 오늘 우리가 살고 있는 대한민국의 불행이기 때문이다.

이에 우리는 망언 관련자들에게 다음과 같이 요구한다.

우리의 요구

1. 3·15정신을 전면 부정한 3·15의거기념사업회 회장은 즉각 망언을 철회하고 시민들 앞에 공개 사죄하라!
1. 3·15의거기념사업회 회장은 마산문인협회와 은밀하게 나누는 밀담을 공개하고 정치적으로도 타결을 시도 하고 있는 내용이 무엇인지 시민들에게 낱낱이 공개하라!
1. 3·15의거기념사업회 회장은 반3·15 작태를 일삼는 일부 문인들을 위해 이은상의 유족에게 대신 사죄를 시킨다는 비인간적이고 반인륜적인 공작을 즉각 중단하라!
1. 3·15의거기념사업회 회장은 위와 같은 우리의 요구에 합당한 조치를 취하지 않을 때 발생할 수 있는 모든 사태를 전적으로 책임질 것을 각오하라!

2008년 03월 13일

열린사회희망연대

공동대표 : 이동근, 김종연, 박철, 조광호

민주성지民主聖地마산이 될 것인가, 민주욕지民主辱地마산이 될 것인가

마산시는 3·15기념비와 같이 할 수 없는 은상이샘을 당장 철거하라.

해마다 마산 앞바다로부터 봄이 오면, 폭압의 이승만 독재를 무너뜨리고 이 땅의 민주주주의 봄을 열었던 3·15가 돌아온다.

3·15의거의 의분과 승리의 기억이 생생하던 60년대 초만 해도, 살아남은 마산시민들은 경건함과 함께 가슴이 벅차도록 뿌듯함을 느꼈다. 같이 싸우다 죽고 다친 3·15 희생자들에 대한 추모의 경건함과 총칼과 맞서 승리를 이뤘다는 자부심이 생생히 살아 있었기 때문이다.

그러나 지금의 마산과 마산시민들은 어떤가?

3·15정신을 생각하는 뜻있는 마산시민들이라면 3·15 39주년을 맞이하는 오늘, 38년 전의 그날의 희생자들을 생각하면 부끄러움을 느낄 뿐 그 어떤 뿌듯함을 느낄 수 없다. 3·15마산정신이 계속해서 모욕당하고 조롱받고 있기 때문이다. 희망연대가 오랫동안 철거를 요구해온 은상샘이 아직도 3·15격전지인 옛 북마산파출소 옆의 3·15 기념비와 나란히 동거하고 있는 현실을 보라.

희망연대는 1999년 창립 이래 3·15를 모독한 이은상을 추앙하는 각종 사업을 막는데 혼신의 노력을 해왔다. 그러한 노력의 결과로 이은상이 3·15직전 문인유세단의 일원으로 이승만 선거운동을 했고 3·15의거에서 4·19에 이르는 민주항쟁 기간 동안 "불합리와 불법이 빚어낸 불상사" "지성을 잃어버린 데모" "이적행위" 등으로 3·15와 마산시민을 모욕해온 사실은 마산시민의 상식이 되었다.

그런데도 마산시는 아직도 3·15 1주년기념으로 세운 3·15의거기념비와 3·15를 철저히 모욕한 근거 없는 은상이샘 모형을 아직도 그대로 존치하고 있다. 이는 이은상을 내세움으로써 이익을 얻고 있는 지역 내의 뿌리 깊은 이은상 문화권력 때문이라고 밖에 이해할 수 없다.

그들은 이은상이 친일을 한 것이 아니라, 조선일보 출판부 주간으로 있다 1938년 일제의 정책에 저항 붓을 꺾고 신문사를 박차고 나와 항일운동으로 고초를 겪다 1945년 전남 광양의 감옥소에서 해방을 맞이한 독립투사라고 주장한다. 그러나, 이것은 명백한 거짓말이다.

1938년부터 1944년까지 조선일보, 조광, 만선학해사 등 국내외 매체에 실린 여러 편의 글의 원본과, 1939년 5월, 친일평론가 김문집의 책을 극찬한 서평의 존재를 최근에 직접 확인했기 때문이다.

마산시와 마산의 정치인들은 입만 열면 마산을 민주성지(民主聖地)라고 이야기하지만, 이은상을 추앙하는 기념물과 행사가 엄존하는 한, 마산은 민주를 욕되게 하고 있는 민주욕지(民主辱地)일뿐이다.

이에, 희망연대에서는 3·15를 찬양하는 기념비와 3·15를 모독하는 이은상 기념물이 동거하고 있는 엽기현장에 안내판을 세운다.

우리의 요구

3·15 민주의거를 자랑스러워하는 마산시민은 결단코 3·15를 모독한 이은상을 기념할 수 없다.

1. 3·15 영령을 모독하는 은상이샘을 즉각 철거하라!
1. '가고파'와 '3·15'는 같이 할 수 없다. 가고파를 마산을 대표하는 도시브랜드로 사용하지 말라!
1. 마산이 민주성지(民主聖地)인지 민주욕지(民主辱地)인지 분명히 하라!

2008년 03월 15일

열린사회희망연대

공동대표 : 이암, 김종연, 이성립, 박철, 이동근, 조광호

3·15기념비 옆 은상이샘 철거운동 연대를 제안하며…

열린사회 희망연대는 지난 3월 15일, 3·15의거 당시의 격전지 옛 북마산파출소 옆의 3·15기념비 앞에서, 3·15전후로 3·15와 마산시민을 모독해온 이은상의 기념물인 은상이샘 철거를 요청하는 기자회견을 한 뒤 은상이샘이 철거 되어야 하는지를 이유를 담은 안내판을 설치한바 있다. 이는 희망연대가 2001년부터 8년째 계속하고 있는 3·15와 마산시민을 모독한 은상이샘 철거운동이 이제 선언적 차원이 아니라 구체적 실천을 해야 할 때가 되었다고 생각했기 때문이다. 여러 말 할 것 없이 부정과 독재에 맞서 피 흘려 정의와 민주를 지킨 3·15의거를 모독한 이은상을 상징하는 소위 은상이샘이라고 하는 돌덩어리를 같은 공간에 존치한다는 것은 상식적인 사람들이라면 한탄을 금치 못할 일이다.

마산시는 철거를 요구하는 마산시민들의 여론을 묵살해 왔다. 또한 이은상을 추앙하는 일부 인사들이 지난해 은상이샘 철거반대 서명운동까지 했다고 하니 이은상이 3·15의 역사에 길이 남을 민주투사라도 된다는 말인가? 또 이들과 함께하는 3·15 관련 단체가 있다고 하니 3·15 정신을 계승해야 하는 단체가 스스로 3·15를 부정하는 행위라 하지 않을 수 없다. 현재 마산에는 공인된 3·15의거 관련단체들이 있다. 적어도 이 단체들은 은상이샘 철거운동에 앞장서서 자신의 정체성을 확실하게 보여주어야 한다.

이에, 열린사회희망연대는 (사)3·15기념사업회, 김주열추모사업회, 4·19혁명회경남지부, 4·19혁명희생자유족회 경남지부, 네 단체에게 은상이샘 철거운동을 적극적으로 나서줄 것을 강력하게 제안하는 바이다.

2008년 03월 24일

열린사회희망연대

공동대표 : 이암, 김종연, 이성립, 박철, 이동근, 조광호

마산시의회는 이은상을 선택할 것인가, 3·15를 선택할 것인가?

얼마 전부터 마산문인협회 회장이 마산문학관을 노산문학관으로 명칭을 바꾸기 위해 마산시장과 마산시의회 의원들은 물론 3·15관련단체까지 찾아다닌다는 심상찮은 소문이 나돌았다. 아울러 문 협회장이 누구에게 무슨 소리를 들었다는 믿지 못할 발언 내용까지 풍문으로 들렸지만 우리는 이런 소문에 전혀 개의치 않았다. 소문은 소문으로 끝나는 예가 다반사이며, 새삼스럽게 마산문학관이 노산문학관으로 바뀔만한 어떠한 명분이나 사유가 발생한 것도 아니기 때문이다.

그러나 우리는 며칠 전 지역의 주요 언론들에 실린 기사와 시의회 의원들의 증언을 통해 강호인회장의 석연찮던 행보가 헛소문이 아니었음을 확인하고 아연실색 하지 않을 수 없었다.

마산문학관 논쟁은 이 좁은 지역에서 무려 6년이라는 긴 세월 동안 지역 최대 이슈였던 만큼 다양한 형태의 논쟁이 끊임없이 이루어 졌었다. 따라서 이 문제는 철저한 공론화 과정을 거쳤다. 또한 문제의 발단에 막중한 책임이 있는 마산시 역시 공식적인 자료 수집을 통해 하나하나 검증, 확인하는 한편 마산의 각계각층의 인사들로 구성된 시민위원회를 구성했고 거기서 다시 지난 6년간의 논쟁과 자료, 증언을 하나하나 짚어가며 신중하게 내린 결론이 마산문학관이었다. 시의회 역시 열띤 토론 과정을 거쳐 표결에 부친 결과에 따라 마산문학관이 된 것이다.

이런 지루하고 힘든 과정을 거쳐 노산문학관이 마산문학관으로 바뀌게 된 결정적인 사유는 3·15와 관련된 이은상의 용서 받지 못할 언행 때문이었다. 그는 영구집권을 위해 3·15부정선거를 획책하던 이승만과 이기붕을 추대하기 위해 전국 유세를 다니며 독재자를 찬양하고 국민들을 현혹시켰다.

이런 친독재, 반민주적인 그의 행적을 입증할 신문기사와 사진 등의 자료가 충분했다. 또한 3·15의거에 대해 "무모한 흥분"으로 "지성을 잃어버린 데모" "불합리, 불 합법이 빚어낸 불상사"라며 3·15의거와 김주열의 참혹한 주검에 분노한 마산시민들의 4·11시민봉기를 매도하면서 "시위가 확대되는 것을 마산시민으로서 염려하며 마산시민들에게 자중하기를 바란다"는 망언을 서슴지 않았다. (1960년 4월 15일자 조선일보) 그는 이렇게 마산 3·15의거를 모독하고 마산시민을 배신했다.

이것이 마산에서 절대로 이은상 문학관이 세워질 수 없는 결정적인 사유였다.

이은상의 문제는 이뿐만이 아니었다. 그는 정권이 바뀔 때마다 권력자에게 찬사를 바치며 아부했고 곡학아세를 일삼았다. 본래 문학관 건립 목적 중 하나가 자라나는 세대를 위한 교육의 장이라는 것이었는데 이은상을 기리는 문학관은 그 목적에도 전혀 적합하지 않는 사업이었다. 이은상의 행적이 이러다 보니 당시 어떤 이들은 노산문학관에 "잘못한 사실도 함께 기록, 전시하자"는 주장도 있었지만 이 논리는 불의한 권력에 아부하며 양지만을 쫓는 기회주의자도 특별한 측면만 부각시키면 추앙받는 인물이 될 수도 있다는 잘못된 가치관을 후세들에게 심어 줄 수 있다는 여론 앞에 더 이상 이런 해괴한 타협안(?)을 꺼낼 수도 없게 된 것이다.

우리는 혹시나 일부 시의원들이 마산문인협회 몇몇 인사들의 주장에 동조하여 마산문학관의 명칭과 운영에 관한 조례개정을 시도하는 의원들이 있지 않을까 하는 염려에서 꼭 당부하고 싶은 말이 있다. 만일 조례개정안이라도 제출된다면 가부 결과를 떠나 그 자체만으로도 마산시의회는 민주절차를 거친 사안을 부정하는 민주주의에 대한 폭거이며 마산시민에 대한 반란이며 3·15의거에 대한 중대한 도전으로 간주될 것이다.

최근 마산출신 국회의원들과 3·15기념사업회에서 3·15를 국가기념일로 제정하려는 움직임이 있는 것으로 우리는 알고 있다. 만일 지금 이은상문학관을 위한 조례개정에 시의회가 손을 들게 된다면 그 순간 바로 국가기념일 제정계획에 치명상을 입히는 결과를 가져올 것이다.

"이제는 3·15의 명예도 못 지키는 주제에 무슨 국가기념일이냐"는 여론의 집중포화를 절대 피할 수 없을 것이기 때문이다.

흔히 말하는 브랜드만 해도 그렇다. 노산문학관 찬성론자들이 즐겨 써먹는 브랜드 가치로만 따져 보아도 이은상과 3·15가 비교나 되겠는가? 마산시의회 의원들의 현명한 판단을 믿고 싶다.

마산문인협회 강호인을 비롯한 일부 문인들에게도 한마디 하지 않을 수 없다.

노산문학관이란 명칭을 바꾸는 일이 그렇게 명분 있고 당연한 일이라면 토론회나 공청회 같은 것이라도 한 번 해보라고 권하는 시의원들에게 손사래를 치며 "절대로 그럴 필요가 없다"고 했단다. 이것이 사실이라면 강호인은 이 문제를 매우 음모적인 방법으로 풀려고 한다는 인상을 짙게 해준다. 문인이란 이미지에 너무 어울리지 않는 행동이다.

우리가 처음 노산문학관을 반대 할 때 이은상은 '친일혐의와 독재부역 사실'이 있다고 했다. 혐의는 혐의인 채로 아직 해소되지 않았지만 우리는 그동안의 논쟁과정에서 결코 친일의혹만을 집중 거론한바 없다. 왜냐하면 이은상의 친독재 행적과 3·15모독 관련 자료와 증거들만으로 노산문학관은 이미 불가한 일인데 구태여 친일의혹까지 들먹일 필요가 없었기 때문이다. 따라서 "이은상이 친일인명사전에 이름이 오르지 않았기 때문에……."라는 이유는 문학관 명칭을 바꾸는데 어떤 명분도 변수도 될 수 없다. 이런 주장은 마치 변이 묻은 오른 손은 등 뒤로 감추고 오줌 묻은 왼손만 펴 보이며 내 손에는 아무것도 묻지 않았다고 큰소리치는 꼴이다. 우리는 일부 문인들이 이런 식으로 이은상 논란의 핵심을 왜곡하고 오도하는 재주에 놀라 혀를 내두를 지경이다.

이처럼 아무런 명분도 이유도 없는 명칭개정과 문학관을 문인협회에 위탁 운영시키자는 내용을 담은 조례개정에 명운을 건 강호인회장님과 일부 시의원들에게 부탁드린다.

유명한 시인은 전국 어디에서나 쉽게 찾아 볼 수 있지만 3·15는 오직 마산에만 있습니다. 진정 이은상을 사랑하고 존경한다면 살아 있는 자들의 욕심 때문에 이은상을 두 번 죽이는 일은 제발 그만 두십시요! 정권 하나 바뀌었다고 해가 서쪽에서 떠오르지는 않습니다.

2008년 12월 10일

열린사회희망연대

창원시의 도시재생사업은 도시재생이냐, 도시혼란이냐?

우리는 얼마 전 창원시가 정부로부터 도시재생사업 시범도시로 선정되었다는 기쁜 소식을 들었다. 도시재생의 대상 지역이 옛 마산 도심이어서 더 더욱 그랬다. 그런데 엊그제 창원시에서 도시재생 사업 신청 당시 정부에 제출한 자료에 '이은상과 마산문학 활용마을 가꾸기 사업'의 아이디어 공모 계획이 나와 있다는 언론의 보도를 보고 우리는 경악을 금치 못했다.

이게 무슨 망발인가? 도대체 담당 공무원들과 관계자들은 그동안 어디서 살다 온 사람들인가? 마산을 모르면서 마산을 도시재생 하겠다고 하니 참으로 어처구니 없고 기막힌 일이다.

이은상은 60년 마산 3·15의거 직전 대통령 후보 이승만을 성웅 이순신에 비유하며 전국 유세를 하고 다녔다. 뿐만 아니라 이승만 독재 정권의 부정선거에 항거하여 일어난 마산 3·15의거에 대해 "지성을 잃어버린 데모" "불합리와 불법이 빚어낸 불상사" "이적행위"라는 말로 마산과 마산시민을 모독한 인물이다. 이후에도 그는 박정희, 전두환 군사독재를 찬양하며 곡학아세를 일삼던 희대의 기회주의자였다. 그리고 그의 친일행적에 대한 의혹은 아직도 명쾌히 해소되지 못한 연구과제로 남아 있다.

이런 그의 행적 때문에 이은상의 호를 붙인 노산문학관이라는 명칭을 두고 1999년부터 2005년까지 마산을 뜨겁게 달군 논쟁이 6년 동안이나 계속되었다. 찬반 양측은 모든 역량을 동원하여 다양한 토론과 공청회를 가졌고 수없는 기자회견, 집회 등으로 전국에서도 그 유례를 찾을 수 없을 정도로 논쟁이 치열했다. 결국 2005년 5월 마산시의회는 노산문학관을 마산문학관으로 명칭을 바꾸는데 손을 들었다. 이로써 마산에서 이은상 논란은 일단 종지부를 찍었다. 겨우 5, 6년 전의 일이다.

창원시는 마산시명이 없어졌다고 해서 마산시민들의 기억마저 함께 사라졌다고 생각하는지, 아니면 옛 마산시민들의 결정과 정서 따위는 무시해도 좋다고 생각하는지 묻지 않을 수 없다.

마산의 도시재생 중심에는 오동동이 있다. 모두가 알다시피 오동동 한가운데 바로 3·15의거 발원지가 있다. 그리고 공무원들과 전문가라는 사람들이 수변공간이니 그린웨이니 하는 마산 해안부두 바닷가에는 3·15, 4·19의 상징 인물인 김주열열사의 시신인양지가 있다. 이곳은 지금 도문화재로 가 지정을 받아 놓은 상태이다. 그리고 마산은 부마항쟁의 자랑스러운 역사를 가진 도시이다.

마산시민들은 오래 전부터 자신들이 사는 고장을 민주성지라고 불렀다.

한 도시의 특성과 이미지는 하루아침에 만들어지는 것이 아니다. 마산은 이런 역사와 전통을 바탕으로 매우 진취적이고 역동적이며 선진적인 도시였다. 그러나 이은상은 이런 도시의 분위기와 색깔에 전혀 맞지 않는 인물이다. 상식적으로 생각할 때 도시재생이건 신도시계획이건 그 도시의 역사와 문화, 그리고 시민들의 정서를 잘 살리고 보존하고 복원하는 것이 기본일 것이라고 생각한다. 그럼에도 불구하고 창원시가 도시재생사업에 이은상을 끌어들인 것은 이 프로젝트에 참여한 일부 공무원이나 전문가들의 개인적 취향이나 이해를 관철시키고자 하는 의도가 숨어 있음이 분명하다.

우리는 이 일로 도대체 도시재생 사업이 누구를 위한 것인지 다시 한 번 생각해 보지 않을 수 없다. 이 사업이 공무원이나 관련전문가들을 위한 것이 아니라면 적어도 도시재생을 간절히 염원하는 시민들을 이처럼 행정의 단순한 수용자나 실험의 대상자로 생각해서는 안 된다.

이번 도시재생 사업 지구에 포함된 마산 노산동에는 3·15의거 기념비와 소위 '은상이샘'이라는 것이 좁은 공간에서 불편한 공존을 하고 있다.

우리는 지난 10여 년 동안 이처럼 '3·15'와 '반3·15'를 강제로 혼거시킨 마산시에 이 우물을 철거하라 요구했고 단체장도 몇 번이나 구두로 약속을 한바 있지만 마산시와 그들은 이 문제를 해결하지 못한 채 역사 속으로 사라지고 말았다.

이은상의 문학관 추진에 열을 올렸던 일부 문인들이 '은상이샘'이라고 하는 주장은 아무런 고증을 거치지도 않은 그들만의 일방적인 주장이다.

그 동네에 오래 사신 어른들은 그 샘을 깨끗한 물, 또는 우물 바닥에 깔린 모래가 햇

빛을 받아 은빛이 난다고 해서 '은새미'라고 불렀다는 증언들이 나오고 있다. 그리고 언어학적으로 봐도 '은상이샘'이라는 말은 경상도 발음으로 매우 어색하다. 경상도 사람들의 입에서 '통새미'나 '은새미'처럼 소리가 자연스럽지 못하다. 이런 몇 가지 사실로 보아 그들이 지역 문화권력 만들기에 이은상과 우물을 조합해 상징조작을 했다는 혐의를 받을 만한 근거는 충분하다. 우리는 그동안 벌여왔던 '은상이샘' 철거운동은 앞으로도 계속될 것이다.

창원시가 앞으로 계속해서 이은상 프로젝트를 안고 간다면 이건 '도시재생 사업'이 아니라, '도시혼란 사업'이다.

우리는 창원시가 도시재생사업에서 이은상 관련 사업계획을 즉각 취소할 것을 강력히 촉구하며 이 문제로 시간을 끌다 도시 환란을 불러오는 어리석음을 저지르지 않기 바란다.

2011년 01월 17일

열린사회희망연대

이은상은 마산의 자랑이 아니라 수치다.
마산역 광장 이은상 시비 즉각 철거하라!

마산 출신인 시조시인 이은상에 대한 마산시민과 마산시의 공식적인 평가는 오랜 찬반 논쟁 끝에 긍정적인 측면보다 부정적인 측면이 많은 인물로 결론이 났다. 벌써 8년 전에 끝난 일이다.

그런데 느닷없이 마산역 광장이라는 공공장소에 이은상을 일방적으로 찬양하는 시비가 세워진데 대해 우리는 놀라움과 분노를 금할 수 없다.

이은상이 우리 문학계에 남긴 업적이 결코 적지 않음에도 불구하고, 마산시민들이 그를 거부하고 부정하는 것은 그만한 이유가 있었기 때문이다. 특히 그는 마산시민들의 긍지와 자부심을 짓밟는 행동을 많이 저질렀다. 3·15의거의 계기가 된 1960년 3월 15일, 정부통령 선거를 앞두고 박종화, 김말봉 등과 문인유세단을 조직하여 전국 순회강연을 하면서 당시 시국을 임진란에 비교하면서 "이순신 장군 같은 분이라야 민족을 구하리라, 그리고 그 같은 분은 오직 이 대통령이시다"라고 외치고 다녔다.

이는 당시 마산시민의 반독재 정서로는 도저히 용납할 수 없는 언행이었다. 아니나 다를까 그는 3·15의거 직후 수많은 시민들이 독재의 총칼에 피 흘리며 희생된 상황을 외면한 채 신문사와의 인터뷰에서 '무모한 흥분으로 지성을 잃어버린 데모'로 마산시민을 비난하고 '불합리, 불 합법이 빚어낸 불상사'라고 모독하면서 시위가 확대되는 것을 '마산사람으로서 염려하며 마산시민들에게 자중하기를 바란다'는 발언을 서슴지 않았다.

이후에도 그는 박정희, 전두환 독재정권을 이어가며 일신의 영달을 위해 독재부역과 곡학아세를 일삼았고, 역사의 고비마다, 그리고 곳곳에 남긴 그의 매문행위는 후안무치의 표본이요, 양심을 판 지성인의 대표적인 인물이다. 옛 마산시민들은 자신들의 고장이 '민주성지'라고 자부하고 있다. 비록 지금은 시명은 잃어버렸지만 그 자부심만은 결코 잃고 싶지 않은 심정이다. 그래서 그 마음은 더욱 애틋하다.

3·15의거는 우리나라에서 최초로 시민봉기가 일어난 민주항쟁이었고, 우리현대사

에 한 획을 그은 위대한 4월민주혁명의 시작이었기 때문이다. 이런 역사적 의미와 무게 때문에 3·15의거는 2010년 국가기념일로 제정되었고 그 이후 해마다 기념행사를 국가가 주관하고 있다. 지금 이 시간 3·15관련단체들은 3·15의거와 4·11민주항쟁 53주년 기념일을 불과 한 달여 남겨놓고 각종행사를 준비하느라 여념이 없는 실정이다. 이런 가운데 느닷없이 반 3·15의 상징적 인물인 이은상의 거대한 시비가 마산의 관문인 마산역 광장에 세워진다는 소식을 듣고 놀라움과 분노를 느끼지 않을 수 없다.

마산역은 마산시민들이 가장 많이 활용하는 공공장소이며 외지에서 마산을 찾아온 손님들이 가장 먼저 눈에 들어오는 마산의 얼굴이다. 따라서 마산역 출구에서 눈길을 피할래야 피할 수도 없는 절묘한 장소에 세워진 이은상의 가고파 시비를 보는 순간 마치 이은상이 마산시민 모두가 존경하고 자랑스러워하는 위대한 인물로 착각할 수밖에 없다.

그러나 시비의 뒷면에 소개된 그의 화려하고 그릴듯한 약력 소개와는 달리 많은 마산시민들은 이은상을 마산의 수치스러운 인물로 평가하고 있다. 그랬기 때문에 1999년 당시 마산시가 지금 현재 마산문학관이 자리 잡고 있는 바로 그 장소에 국비와 시비 총 30억 원을 들여 이은상(노산)문학관을 지을 계획을 발표했을 때 반대 여론이 높았고, 이 때부터 무려 6년 동안 찬반 양측에서 모든 합법적인 수단과 방법을 총동원한 논쟁을 벌였고 이는 우리지역뿐만 아니라 전국적 관심사가 되었다.

결국 2005년 5월 20일, 마산시의회는 마산문학관 운영 조례안을 안건으로 상정하고 찬반토론을 거친 후 표결에 부쳐 가결시킴으로서 지난 6년 동안 우리지역을 뜨겁게 달구었던 이은상(노산)논쟁은 공식적으로 완전무결하게 끝난 것이다. 다시 말해 문학관 논쟁은 이은상에 대한 마산시민들의 평가가 매우 부정적이라는 사실을 공식적으로 확인한 것이었다.

그리고 8년이나 지난 지금, 단 한 번도 공론화 과정을 거치지 않은 채 이은상 시비가 마치 도둑처럼 마산역 광장에 나타나 오늘 이렇게 점령군처럼 버티고 섰다. 이 어처구니없는 사건을 저지른 주역이 한국철도공사의 허인수 마산역장이며, 그가 앞장서서 상부에 허락을 받고 국제로터리클럽에 시비건립을 권유하는 등 모든 주선을 다 했다고 스스로 밝히고 있다. 참으로 황당한 일이 아닐 수 없다. 그가 이은상과 그의 시를 좋아했다고 하니 우리가 한 개인의 취향과 정서에 대해서 무어라 말하고 싶지는 않다.

그러나 그가 저지른 행위는 마산과 마산시민을 모독한 일이다.

만일 한국철도공사 본부가 마산에서 그동안 일어났던 이은상 논쟁과 그 결과를 알았다면, 또 이로 인해 큰 말썽이 일어날 줄 알았다면 이 장소에 이은상의 시비를 세우라고 절대로 허락하지 않았을 것이다.

지금 마산시민들은 허인수 역장 때문에 억장이 무너지고 있다.

한국철도공사는 마산역 광장에 세운 이은상 시비를 즉각 철거하라!

한국철도공사는 그 책임을 물어 허인수 마산역장을 즉각 해임하라!

2013년 02월 06일

이은상시비 철거 대책위원회

노산 이은상 측은 지금이라도 우리 시민과 국민 앞에 조건 없이 사죄하고 책임있는 행동에 나서라!

우리는 최근 한국철도공사에 대해 마산역 앞에 세운 이은상의 가고파 시비 철거와 마산역장의 해임을 주장하는 성명에 관련 단체와 함께 참여하였다. 33년만의 부마민주항쟁특별법 통과를 눈앞에 두고 다시 불거진 '이은상 사태'를 접하여 시대착오적 문화의 저열성에 참착함을 감출 수 없다.

이제 이 사태의 보다 본질적인 문제를 지적하고 우리의 입장을 밝힌다.

정치인들도 입만 열면 소통을 이야기하는 시대다. 그런데 어떻게 이렇게 숭악하게 긴긴 세월 동안 일방적으로 밀어붙이며, 길을 두고 산으로 가며, 코흘리개도 알만한 상식을 외면할 수가 있는가?

논란 없이 알 만한 사람은 다 인정하는 사실부터 확인하자. 노산 이은상은 마산 출신의 이름난 문인이다. 그리고 친일 의혹은 아직은 의혹 수준인데 비해 일제하에서 옥고를 치른 독립 유공자임은 분명하다. 우리 지역민뿐만 아니라 국민 다수가 좋아하는 시조 등 문학작품이 있고, 그 노래도 있다.

그러나 노산이 해방 후에는 친일파와 함께 3·15의거, 4·19혁명 과정에서 시민을 총칼로 학살한 이승만 정권을 옹호한 중대 국가범죄 공범이다. 박정희 쿠데타 이후에는 지하의 민주공화당 창당 작업에 참여하고, '유신만이 살 길'이라며 다시 헌정파괴, 독재 찬양의 앞장에 섰다. 부마항쟁과 10.26사태 이후에는 박정희 추모사를 쓰고, 더 나아가 5.18 이후에는 전두환 정권을 옹호하는 데도 나섰다.

독립 유공자와 대문인의 이름으로 이렇게 역대 독재와 쿠데타 옹호하고 마침내 유신독재까지 옹호한 상당수의 3·15, 4·19 관련 인사들이 노산의 행적과 그 추모사업을 묵과하여 면죄부를 주거나 심지어 어지럽게 동조해 온 데도 있다.

전두환, 노태우 일당은 일찍이 군사내란과 부패의 죄로 법의 심판을 받았다.

2년 전에는 국외로 도피한 이승만을 기념하는 사업회와 그 유족이 이승만의 과오에 대해 사죄하였지만 4·19 관련 단체로부터 진정성을 인정받지 못하였다. 3·15의거를 복권시킨 문민정부에 의해 5.16과 유신은 군사정변으로 규정되었고 이번 대통령 선거에서 그 평가가 재확인되고 있다. 역사와 민심은 이렇게 엄정하다.

이것은 결코 이념의 문제가 아니다. 공적에 대해서는 상을 받고, 과오에 대해서는 뉘우치고 벌을 받는 것은 만고불변의 인간 도리요, 상식이 아닌가? 그런데 노산의 경우 생전은 물론, 사후에도 그 과오에는 눈을 감고, 공적을 드러내는 데만 일관하는 과욕과 탐욕으로 혹세무민 하였다.

도처의 이은상 시비 건립은 물론이요, 부패한 마산시 당국이 해마다 시민의 날을 맞아 '가고파 대축제'를 벌이더니 마침내 99년에는 마산시 당국이 '이은상 문학관'과 '조두남기념관' 건립까지 강행하려 하여 갈등은 절정에 달하였다. 부패한 행정독재, 일방적 독재문화에 저항하던 시민단체 사람들 여러 명이 옥고를 치르기에 이르고, 시 당국이 언론사와 기자까지 고소하였으나 패소하였다.

각계 인사로 구성된 시민위원회가 수년간 논의한 끝에 '마산문학관', '마산음악관'으로 결론지어져 이은상, 조두남을 앞세운 6년여의 논쟁은 끝이 난 것처럼 보였다. 그러나 마산은 통합창원시에 편입되어 마침내 '마산시' 이름조차 잃기에 이르고, 마지막 시장이 부정부패로 감옥에 간 마산시의 [시사]에는 여전히 이은상의 인물 소개에서 그 과오에 대해서는 한 마디도 언급하지 않았다.

그러더니 이제 마산역과 철도공사까지 나서서, 유관단체에 말 한마디 없이 일방적으로 노산 찬양으로 일관하는 시비를 세웠다. '민주성지 마산'을 마지막 자존심으로 삼는 뜻있는 시민들의 상처 난 가슴에 또 한 번 소금을 뿌렸다. 이것이 노산 이은상의 문학정신이며, 아름다운 민족문화 유산이며, 향토 사랑의 표현인가?

이번 마산역 노산시비 사태는 우리 지역사정에 어두운 철도공사나 잠시 머물다 갈 마산역장이 모든 책임을 질 일이 아니다. 지금까지 정치행정 권력과 한 몸이 되어 노산문화의 50년 장기집권을 유지해 온 책임 있는 주체가 나서야 한다. 이제라도 노산의 중대 과오에 대해서는 물론, 그 과오를 덮어 두고 행정 공권력으로 '가고파 문화'를 밀어붙이며 마산의 민주의거 정신을 크게 훼손해 온 데 대해 우리 지역 민주시민과 국민 앞에,

그리고 유관단체 앞에 아무 조건 없이, 진정성을 갖고 사죄해야 한다. 그리고 사죄에 합당하게 이번 마산역 사태에 대해서도 엄중하게 행동으로 책임져야 한다.

2013년 2월 17일

부마민주항쟁기념사업회

한국철도공사는 허인수 마산역장을 해임하고, 마산역광장 이은상 시비를 즉각 철거하라!

마산역 광장은 공공장소이다. 이 말에 이의를 달 사람은 아무도 없을 것이다. 한국철도공사는 말 그대로 공공기업이며 공기업은 전액 국민의 세금으로 국가가 출자한 기업이다. 꼭 이렇게 따지지 않는다 하더라도 현재 마산역 광장은 철도이용고객 뿐만 아니라 많은 시민들이 휴식과 만남의 장소로 활용하고 있는 공공의 공간이다. 따라서 철도공사는 역 광장의 진정한 주인은 시민이라는 의식을 가지고 있어야 한다. 그럼에도 불구하고 철도공사가 소유권과 관리권이 자신들에게 있다는 생각만으로 다수 시민들이 동의할 수 없는 전시물이나 구조물을 설치하여 시민들에게 혐오감이나 분노를 유발하는 등의 정신적 피해를 입히는 일을 해서는 안 된다. 더더욱 그런 일로 시민사회가 온통 갈등하고 대립하며 증오하게 된다면 이를 조장한 책임 또한 엄중할 것이다. 그런데 최근 한국철도공사는 정말 해서는 안 될 일을 저질렀다. 지난 6일 마산역 광장에 이은상 시비를 세운 일이 바로 그것이다.

이은상 논쟁은 21세기 벽두부터 마산을 후끈 달아오르게 했던 사건이었다. '이은상(노산, 가고파)문학관'을 두고 벌어졌던 이 논쟁은 찬반 양측이 한발도 물러섬 없이 6년을 끌어 오면서 숱한 화젯거리를 남겼다. 결국 시민 대표기관인 마산시의회에서 찬반격론을 거친 후 표결 끝에 반대 측 주장에 손을 들어주었다. 이 논쟁 과정에서 '이은상' '노산' '가고파'는 따로 분리 할 수 없는 동의어라는 것이 확인되었고, 이후 공공기관에서는 이은상과 관련된 어떤 형태의 사업도 이루어지지 않았다. 아니, 시민정서를 알기에 그런 일을 할 수 없었던 것이다.

지난 6일 마산역 광장에 세워진 이은상 시비의 제막식에 주최 측의 초청과 기대에도 불구하고 시장과 국회의원들이 참석하지 않았던 것은 바로 이런 연유이며 마산에 소재한 다수의 로터리 클럽 단체가 이은상시비 제작에 참여하지 않았던 것도 바로 같은 이유 때문인 것으로 우리는 알고 있다.

그가 마산에서 이렇게 배척당하게 된 것은 아이러니하게도 죽은 이은상을 팔아 과도한 기념사업을 벌이려 했던 사람들 때문이었다. 과유불급이라는 말대로 지나친 이은상 위인 만들기가 오히려 숨겨진 그의 치부까지 드러나게 한 것이다. 결국 마산시민들은 독재자들에게 언제나 먼저 손을 내민 낯 뜨거운 이은상의 독재부역 사실이 만천하에 알려지면서 시민들이 그에게서 등을 돌리게 된 것이다.

그러나 아직도 이은상 기념사업에 목을 매는 사람들이 있다. 그들은 이 거대한 돌덩어리에 박수를 칠 것이 아니라 누구보다 철거에 앞장서야 한다. 진정 이은상을 사랑하고 흠모한다면 더 이상 이은상을 욕보이게 해서는 안 되는 것이 인간의 도리라 생각한다. 물론 지금도 마산시민들 중에는 이은상의 시를 좋아하는 사람들이 많다. 우리는 그분들이 이은상의 시를 가슴에 품고 다니던 자기 집 앞마당에 시비를 세우던 전혀 상관치 않는다. 그분들의 생각과 취향도 우리가 존중하기 때문이다. 단지 우리가 문제 삼는 것은 마산역광장은 공공의 장소라는 것이고, 다수의 시민들이 이은상에 대해 혐오감을 가지고 있다는 사실을 한국철도공사가 지금이라도 깨닫고 이은상 시비를 즉각 철거하라는 것이다.

마산시민이라면 좌우나 진보, 보수 구별 없이 마산이 '민주성지'라는데 큰 자부심을 갖고 있다. 이은상이 '무모한 흥분'으로, '지성을 잃어버린 데모'로 비난하고 마산시민을 모독했던 3·15의거 63주년이 앞으로 한 달도 남지 않았다. 우리는 지금 이곳에 서있는 이은상 시비가 3·15기념일 전에 철거되기를 바란다.

3·15의거는 국가기념일이다. 온 나라가 이은상 문제로 시끄럽게 되는 걸 우리도 원치 않는다. 결국 마산시민 전체가 비웃음거리가 될 수 있기 때문이다.

많은 사람들이 더 이상 거론하고 싶지도 않는 이은상 논쟁의 불씨를 다시 되살린 사람이 바로 허인수 역장이다. 책임을 져야 한다.

우리는 한국철도공사에 다시 한 번 강력히 요구한다!

허인수 역장을 해임하고, 이은상 시비를 즉각 철거하라!

2013년 02월 20일

마산역광장 이은상시비 철거 대책위원회

가고파 문인들은
마산역 이은상 시비 철거에 앞장서라!

우리는 지난 4일 가고파를 사랑하는 문인단체 회원 일동(이하 : 가고파 문인)의 명의로 발표한 기자회견문을 접하고 탄식과 우려를 금 할 수 없다.

그들은 이은상이 '국가의 검증을 받은 애국자이며 위대한 민족시인'이라는 주장과 함께 이를 증명하기 위해 그가 받은 훈, 포장을 줄줄이 열거하면서 국가가 철저한 검증을 거쳐 인정한 인물이라고 한다. 그런 훌륭한 분을 기리기 위해 마산역 광장에 이은상 시비를 세운 것이 무슨 문제냐고 우리에게 따지듯 물었다. 그냥 넘어가고 싶어도 그들의 주장이 너무나 당당해 외면하고 갈 수가 없다.

그렇다. 일제강점기 조선어학회 사건으로 이은상을 비롯해 고초를 겪은 모든 분들이 독립유공자로 대접받는 것이야 당연하고 마땅한 일이다. 그러나 그들이 기자회견장에서 열거한 이은상의 그 화려한 훈, 포장은 모두 박정희, 전두환 정권으로부터 받았다는 사실에 주목해야 한다. 그게 무슨 문제냐고 할 것이다. 예를 하나만 들어보자. 이은상은 조선어학회 사건으로 독립유공자가 되었다. 당시 이은상은 11개월간 옥고를 치르고 선고유예로 출소했다. 그러나 그 사건의 핵심인물이었던 이극로는 6년, 최현배는 4년, 이희승은 3년6개월, 정인승은 2년형을 받고 함흥교도소에서 복역 중 해방이 되어서야 출소할 수 있었다.

그런데 이은상은 최현배와 함께 70년에 국민훈장 1등급인 무궁화장을 받았다.

그때 정인승은 이은상 보다 1등급 낮은 모란장을 받았다.

그리고 이희승은 89년에 작고했을 때 국민훈장 무궁화장이 추서 됐다.

상식적으로 생각해도 전혀 형평에 맞지 않는 이런 사실을 무슨 말로 설명 할 것인가?

혹시 이은상에게 또 다른 독립운동 경력이 있었던 것일까? 아니다.

답은 간단하다. 이은상의 공화당 창당선언문 작성을 비롯해 성웅 이순신을 박정희의 통치이데올로기로 이용하게 했던 독재부역 사실과, 전두환에게 "특수한 상황에서는 강력한 대통령을 원하는 것이 일반여론"이라며 아부의 찬사를 늘어놓았던 그의 행위가 독재자들로부터 높은 점수를 받았기 때문이다.

또한 이은상의 친독재 행위를 정당화시키기 위해 "나라 없는 백성으로 고통을 절감했던 그의 확고한 국가관은 강한 나라를 지향하면서 이승만의 초대 정부를 지지하고, 비록 혁명으로 집권했으나 박정희 정부와 전두환 정부에 부분적으로 협조하게 된 상황을 이해 할 수 있다"라고 하는 가고파 문인들의 발언에 경악을 금할 수가 없다. 총칼로 정권을 탈취한 쿠데타를 아직도 '혁명'이라 표현하는 가고파 문인들은 도대체 지금 어느 시대를 살고 있는가?

이승만, 박정희, 전두환 독재자들은 3·15의거와 4·19혁명, 부마항쟁, 5.18민주항쟁, 6월항쟁을 통해 국민들의 심판을 받고 처벌을 받았던 사실을 모르는 것인가, 잊은 것인가? 아니면 우리 국민들이 독재를 종식시키고 민주화를 이룩한 것이 못마땅하다는 것인가?

이은상의 독재부역 행위를 정당화 시키려고 궤변을 일삼다보니 정상적인 사고를 할 능력을 상실한 것은 아닌가. 이런 왜곡된 역사관과 국가관을 가진 문인들이 글과 말로 우리사회에 끼칠 해악을 생각하면 몸서리가 쳐진다.

심지어 이은상이 자신의 정치적 소신에 따라 독재자를 자유롭게 선택한 것도 국민의 권리인데 무엇이 문제냐고 말하고 있다. 이것은 이성적 판단 능력을 완전히 상실한 상태다. 행여 이들에게 글을 배우는 학생들이 있을까 두렵다.

그러면서 그들은 이은상이 서울 수유리 국립 4·19민주묘지에 있는 '4·19학생혁명기념비'의 비문을 쓴 것을 자랑으로 내 세우고 있다. 가고파 문인들이 이 비가 세워진 내력을 알고도 이럴지 참 궁금하다.

이 학생기념비는 박정희에 의해 세워진 것이다.

박정희가 쿠데타로 정권을 잡고 자신의 권력이 불안정했던 그 시절에는 국민들, 특히 학생들의 눈치를 보지 않을 수가 없었다. 나중에 4·19의거로 폄하했지만 쿠데타 초기에 그는 4월혁명과 학생들을 한껏 치켜세웠다. 그 수단으로 세워진 것이 '4·19학생혁명기념비'였다. 박정희가 국가재건최고회의 의장으로 있을 당시 재건국민운동분부가 기념탑건립위원회를 만들었고 63년 9월에 이 국민운동본부관계자가 이은상을 찾아가 비문을 부탁해서 쓴 것이다. 그런데 이은상은 이 비문 때문에 당시 언론으로부터 4월혁명 정신을 훼손했다고 호된 질타를 받았다.

지금은 새로 고쳐져 '1960년 4월 19일'로 시작되지만 당시 이 비문에는 이은상이 쓴 그대로 '1959년 4월 19일'로 버젓이 적어 세워 놓았기 때문이었다.

쓴 웃음이 절로 나오는 이야기다.

우리는 가고파 문인들에게 진심으로 당부하고 싶다. 당신들이 진정 이은상을 사랑하고 존경한다면 지금 마산역 광장에 서있는 '노산이은상 가고파시비'를 철거하라고 우리와 함께 외쳐야 한다. 아니 우리보다 더 앞장서서 해야 한다. 이은상의 시비가 그런 공공장소에 서 있는 한 이은상의 명예 회복은 커녕 그의 치부만이 온 세상에 낱낱이 드러나고 말 것이기 때문이다.

지금 이 모든 사태의 책임은 허인수 마산역장과 한국철도공사에 있다. 다시 한 번 마산역 광장에 세워진 이은상 시비를 즉각 철거할 것을 강력히 촉구한다. 계속 이대로 세워둔 채 우리지역 시민사회에 분란과 갈등, 대립만을 조장케 한다면 우리가 특단의 조치를 취할 수도 있음을 경고한다.

2013년 3월 7일

마산역광장 이은상시비 철거 대책위원회

(사) 3·15의거기념사업회는 이제라도 정정당당하게 노산 이은상을 둘러싼 논란에 대한 입장을 밝힐 것을 요구한다

새삼스레 말하자면 1979년 10월 마산시민들을 목숨을 걸고 분연히 일어서 박정희 정권이 '4·19의거'로 격하한 4월혁명과 그 4·19의거에 통합하여 이름조차 제대로 부르지 못하게 한 '3·15의거'의 정신을 되살렸다. 그리하여 이 나라 현대사에서 지울 수 없는 '마산의 신화'를 남겼다. 지금도 마산사람들은 퇴색해가는 '민주성지 마산'을 마지막 자존심으로 여기고 있다. 이에 우리 부마민주항쟁기념사업회는 일관되게 3·15의거의 영령 앞에 고개 숙이고, 그 의거정신을 결코 가벼이 여기지 않았으며, 3월15일의 국가기념일 제정에도 미약하나마 힘을 보탰다.

그러나 최근 노산 이은상과 관련하여 3·15의거기념사업회가 보이는 행태는 감히 말하건대 대단히 실망스럽다.

노산 이은상에 대하여 우리 지역 문인들이 칭송하고, 때로는 아전인수격으로 과잉 미화하는 데 대해서 동의하지는 않지만 백번 양보하여 '인지상정'이라고 이해할 수도 있다. 그러나 파란만장한 이 나라 현대사 속에서 보인 노산 이은상이라는 한 인간의 빛과 그림자에 대해서, '민주성지 마산'의 정신과 관련하여 직접적 당사자인 3·15의거기념사업회가 침묵으로 일관하는 것은 도저히 이해할 수 없다.

국가와 지차체의 수 억원의 혈세까지 지원받으며 민주의거의 기념사업을 하는 단체로서, 이제 한국민주주의전당 유치까지 나서서 한국민주주의 정신 계승을 감당하겠다고 나선 단체로서 무책임하다고 할 수 밖에 없다.

이에 우리는 3·15의거기념사업회에 대하여 다음과 같은 최소한의 요구를 정중하고, 단호하게 제기한다.

1. 노산 이은상의 행적에 대하여 3·15의거기념사업회는 의문스런 태도를 보이지 말고 어떤 입장인지를 진정성을 가지고 우리 지역 시민과 국민 앞에 밝혀라.

2. 역대 독재 정권 하에서 보인 노산의 반민주적 부역행위에 대하여 노산 이은상 측이 아무 조건 없는 사죄를 하도록 촉구한다.
3. 논란이 되고 있는 마산역 앞 '노산 이은상 가고파 시비'의 공적 정당성에 대해서 어떤 태도를 가지고 있는지 밝혀라.
4. 노산문학관이 부적절하며 마산문학관이 합당하다고 한 2005년 당시 마산시민위원회 및 마산시의회의 결정을 존중하는지 그 여부에 대한 입장을 밝혀라.
5. 현, 회장은 지난달 마산문인협회 공식회의석상에서 문인들에게 노산 이은상 이름 찾기를 (총대를 메라고) 종용한 사실이 있는지 진실되게 밝혀라.

2013년 3월 7일

(사)부마민주항쟁기념사업회

3·15의거기념사업회 변승기 회장의 이은상 관련 발언 망언인가, 헛소문인가? 즉각 공개 해명하라!

지금 우리지역에는 국가기념일인 3·15의거 53주년 기념일을 앞두고 3·15의거기념사업회 변승기 회장이 지난 2월 중순 마산문인협회 공식모임에서 한 발언이 지역사회의 일각에서 심각한 문제로 거론되고 있다. 변승기 회장은 그 자리에 참석한 문인들에게 "노산 이은상 이름 찾기에 총대를 메라"고 했다는 것이다. 그의 이 발언은 우리지역을 6년 동안(1999년~2005년)이나 뜨겁게 달구었던 노산 이은상문학관 찬반논쟁을 두고 하는 말이다.

당시 이 논쟁은 철저한 공론화 과정을 거쳐 최종적으로 시의회에서 마산문학관으로 결정이 났다. 그 당시 3·15기념사업회(회장: 강주성)는 노산 이은상문학관에 대해 반대의사를 분명히 했다. 이은상이 3·15의거와 마산시민을 모독한 친독재 인물이기 때문이었다. 당시 변회장은 3·15기념사업회의 핵심간부였다. 만일 이 소문이 사실이라면 지금 변회장은 마산문학관을 다시 노산 이은상문학관으로 이름 되찾아야 한다고 문인들을 선동했다는 말이다. 사실이라면 이건 망언이다. 어떤 이유로든 3·15기념사업회 회장이 할 말이 아니기 때문이다. 3·15기념사업회에서 걸핏하면 내세우는 3·15정신이 자유, 민주, 정의다. 그런데 민주가 아닌 독재로, 자유가 아닌 억압으로, 정의가 아닌 불의와 불법으로 국민을 고통 속으로 몰아넣었던 독재자 이승만의 나팔수가 되어 국민을 현혹시킨 인물이 바로 노산 이은상이다. 또한 문학관 명칭 문제는 마산시민들을 대표하는 대의기관인 시의회에서 이미 결정을 내렸다.

그런데 이걸 다시 뒤집자는 발언을 했다는 것은 참으로 상상하기조차 어려운 일이다.

우리는 감히 3·15기념사업회 회장이라는 사람이 이런 말을 했을 것이라고 믿고 싶지 않다. 그러나 믿지 않을 수도 없다. 그건 3·15기념사업회와 변승기 회장이 지금 취하고 있는 태도 때문이다.

지난 2월 6일, 마산역 광장에 느닷없이 세워진 '가고파 노산 이은상' 시비를 철거하라는 목소리가 높은 가운데 이에 맞서 이은상을 추앙하는 일부문인들이 이은상 시비철거를 반대하고 나서는 바람에 또다시 이은상문제가 우리지역에서 뜨거운 쟁점으로 재연되고 있다. 일이 이 정도로 벌어지고 있는데도 3·15의거기념사업회는 모르쇠로 일관하고 있다는 사실이 그 소문의 진실성에 무게가 더하고 있다.

또 하나는 지난 3월 7일 부마항쟁기념사업회에서 변회장의 발언에 대해 해명을 촉구함과 동시에 이은상 시비 철거 논쟁에 대한 입장을 밝히라는 성명서를 낸 바 있다. 이 공개적인 요구에도 아직까지 묵묵부답이다.

상식적인 사람들의 생각으로는 변회장이 3·15의거 기념일 이전에 자신의 입장을 밝혀야 한다고 생각한다. 자신에게 쏟아진 의혹과 비난을 말끔히 털어내고 맑고 깨끗한 몸과 정신으로 마산시민들을 대표하여 3·15영령 앞에 서야 할 공인이기 때문이다. 그래서 우리는 아무리 늦어도 오늘 까지는 무슨 해명이라도 있을 것이라 기대했다. 그러나 지금까지 자신의 입장과 생각을 떳떳이 밝히지 않고 있다. 변회장의 이런 태도는 모든 것을 사실로 인정하는 것과 다를 바가 없는 것이다.

바로 이틀 뒤 3·15의거 53주년 기념행사가 있다. 이러고도 변회장은 국가가 집전하는 3·15기념식장의 귀빈석 중앙에 자리 잡고 앉을 것인가? 국립 3·15묘역에 계시는 민주영령들에게 향을 피우고 고개를 숙이는 것이 부끄럽지 않은가? 우리는 변승기 회장에게 강력히 요구한다. 3·15의거 기념식 하루 전인 내일이라도, 이 모든 것에 대해 명쾌하게 해명하라! 변승기 회장으로 인해 3·15기념사업회의 위상이 훼손되는 일이 없기를 바란다.

2013년 3월 13일

마산역광장 이은상시비 철거 대책위원회

한국철도공사 정창영 사장에게 보내는 공개서한

정창영 사장님, 안녕하십니까? 고객이 만족하는 철도, 국민이 사랑하는 철도를 위해 노고가 많으십니다. 저희들 역시 평소 철도를 자주 이용하는 사람들로서 철도공사가 국민의 편의를 위해 최선을 다하는 모습에 늘 편안함을 느끼고 있습니다.

그런데 지금 마산역 광장에 들어선 시설물 하나로 인해 창원이 소란스럽습니다. 이미 보고를 들으셨겠지만 허인수 마산역장의 요청으로 남마산로타리클럽 등 마산에 있는 일부 로타리클럽에서 제작비를 들여 만들었다고 하는 '가고파 노산 이은상 시비' 때문입니다.

노산 이은상은 잘 아시는 바와 같이 '가고파' 등 수많은 시조로 널리 알려진 유명한 시조시인입니다. 그러나 불행하게도 그는 이승만 자유당 시절부터 생을 마치는 순간까지 독재 권력에 부역하며 곡학아세를 일삼던 친독재의 대표적인 인물이기도 합니다.

그래서 그는 고향인 마산에서 찬반과 애증, 호불호의 극단적인 평가를 받아온 인물입니다. 이런 이유로 공적영역에서 이은상의 문학을 기념하게 될 때 반드시 큰 말썽이 따르게 되며 그로 인해 시민들 사이에 갈등과 대립이 심각한 수준으로 발생하게 됩니다. 마산에서 최근년에 그런 사례가 있었습니다.

1999년, 당시 마산시가 그의 문학 업적을 기리기 위해 국비와 시비 수십억을 들여 이은상문학관을 짓기로 했습니다. 그때부터 무려 6년 동안 엄청난 논쟁으로 마산이 조용할 날이 없을 정도였습니다. 결국 2005년 마산시와 마산시의회는 자신들이 결정하고 추진한 기념관 개관을 바로 눈앞에 두고 이은상 문학관을 마산문학관으로 이름과 내용 모두를 바꾸고 말았습니다.

이 과정에서 제안된 노산, 이은상, 가고파 세 가지 명칭 모두가 거부 되었습니다. 마산에서 그 세 단어는 꼭 같이 이은상을 호칭하는 것으로 인식되어 있기 때문입니다.

이런 결과는 그의 문학적 업적으로도 친독재 경력을 상쇄시킬 수 없었기 때문입니다. 특히 1960년 4월혁명의 도화선이 된 마산 3·15의거와 4·11민주항쟁을 폄훼하고 마산시민을 모독한 행위는 도저히 용서받을 수 없는 일이었습니다. 마산 3·15의거는 이승만 자유당 정권이 영구집권을 위해 자행한 3월 15일 부정선거에 항거한 시민항쟁이었습니다. 그 당시 이은상은 이승만과 이기붕의 당선을 위해 문인유세단을 꾸려 전국유세를 다니며 이승만을 성웅 이순신 같은 구국의 위인으로 칭송을 하고 다녔습니다.

그는 부정선거의 공범자였던 것입니다.

그리고 수많은 사상자가 발생한 마산 3·15와 4·11시민항쟁에 대해 "불합리, 불합법이 빚어낸 불상사다", "이성을 잃은 데모다", "무모한 흥분"이라며 고향사람들을 이적행위로 몰아갔습니다. 이처럼 그는 당시 이승만 자유당과 꼭 같은 입장과 시각을 가지고 있었던 것입니다.

옛 마산시민들은 지금도 스스럼없이 마산을 민주성지라고 부릅니다. 이에 대한 자부심과 긍지는 여야나 진보, 보수 구분 없이 모두 같습니다. 이런 곳에서 그의 기념관을 세울 수 없는 것은 너무나 당연한 일이었습니다.

그럼에도 불구하고 우리지역에서 순수하게 이은상의 문학을 좋아하는 사람들도 적지 않습니다. 우리는 그런 분들의 개인적인 취향과 생각은 존중합니다. 다만 허인수 역장처럼 이은상(노산, 가고파)을 공공의 영역으로 끌어들인다면 이는 해묵은 갈등과 논쟁이 또다시 되풀이 될 뿐입니다.

마산역 광장은 공공의 장소입니다. 이 공간은 철도이용객 뿐만 이니라. 시민들이 약속과 휴식의 장소로 또는 통행로와 장터 등으로 다양하게 이용하고 있는 공간입니다. 이런 공공장소에 시민들의 평가가 극단적으로 엇갈리는 인물을 일방적으로 찬양하여 각인해 놓은 그의 시비를 세워 놓았으니 당장 철거하라는 요구가 나오지 않는다면 오히려 그것이 이상한 일일 것입니다.

그래서 저희들은 제막식이 거행되는 현장으로 급히 달려가 당장 철거하라는 기자회견을 했던 것입니다. 이은상 시비의 소유권은 한국철도공사에 있습니다. 이건 상식적으로 당연한 일이기도 하지만 지난 3월 21일 남마산 로타리클럽의 김봉호 회장이 KBS라디오 방송 인터뷰에서 이은상 시비의 소유권은 자신들이 마산역에 기증한 것이기에 마산역(철도공사)에 있다고 했습니다.

이은상 시비를 이대로 두면 한국철도공사의 이미지에도 치명적인 상처를 입을 수 있습니다. 앞으로도 이은상 시비 철거운동은 계속될 것이며 이로 인해 시민들의 갈등과 대립은 날로 고조될 것은 뻔한 일인데 결국 그 원망은 즉각적인 조치를 취하지 않는 철도공사로 돌아가게 될 것입니다.

정창영 사장님!

4·11민주항쟁 기념일과 4·19혁명 53주년 기념일이 며칠 남지 않았습니다.

민주성지 마산의 관문인 마산역 광장에 서 있는 이은상 시비는 즉각 철거 되어야 합니다.

3·15의거에서 4·19혁명에 이르기까지 모두 186명의 귀한 목숨이 민주제단에 받쳐졌습니다. 이은상의 문학이 아무리 위대하다고 한들 어찌 민주열사들의 목숨과 고귀한 정신보다 더 소중하다 하겠습니까?

민주영령들에게 정말 부끄럽습니다.

저희들은 이은상 시비를 이대로 두고 보는 것이 정말 불편하고 고통스럽습니다.

이 사회는 온갖 잡다한 생각과 행태들이 공존하고 있습니다. 그러나 공적인 영역에서 정의와 불의가, 독재와 민주가 함께 기념되고 존중받을 수는 없습니다.

이런 황당한 사건으로 지역사회를 소란스럽게 만들고 많은 시민들에게 정신적으로 큰 피해를 주고 있는 허인수 역장은 그에 상응한 책임을 져야 할 것입니다.

그럼에도 불구하고 그는 그 누구보다 더 강경하게 이은상 시비를 철거 할 수 없다고 우기고 있습니다. 이런 언행이야 말로 자신이 몸담고 있는 한국철도공사조차 생각하지 않는 오만과 독선입니다.

정창영 사장님!

허인수 역장 때문에 민주성지 마산의 억장이 무너지고 있습니다.

불과 두어 달 전만해도 마산역 광장에는 이은상 시비가 없었습니다.

그래서 마산역에는 아무 문제가 없었습니다.

지금이라도 사장님께서 마산역 광장을 2월 5일 이전으로 원상복귀 시키신다면 모든 문제는 깨끗이 해결 됩니다. 4·19혁명 53주년 기념일이 곧 다가옵니다.

그 이전까지 '가고파 노산 이은상 시비'와 허인수 역장에 대해 현명하신 조치를 취해 주실 것을 간곡히 호소 드립니다.

2013년 4월 2일

마산역광장 이은상시비 철거 대책위원회

3·15의거 모독한 이은상시인 시비 철거문제에 철도공사는 적극 나서야 한다.

지금 창원에서 지난 2월초부터 마산역 광장이 언론의 조명을 받는 장소가 되었다. '가고파 노산 이은상 시비'라는 수 톤짜리 석재구조물이 세워졌기 때문이다.

다행히 이 시비로 인해 마산역 광장이 시민들로부터 더욱 사랑을 받는 장소가 되었다면 철도인으로서 자부심을 가질 수 있는 일이 되었을 것이다.

그러나 안타깝게도 이 시비가 들어서고 난 뒤 마산역 광장은 종종 집회장소로 변하고, 찬반을 서로 주장하는 현수막이 펄럭이고 있다. 시비의 형세 또한 추한 모습이 되어 철도를 이용하는 고객들에게 좋지 않는 인상을 남기고 있다. 이는 철도공사의 이미지에 결코 좋은 일이 아니다. 뿐만 아니라 매일 이 모습을 봐야 하는 철도노동자들의 심정도 참으로 편치 않다.

이유여하를 불문하고 이 시비가 있는 한 마산역 광장은 조용하고 깨끗한 모습을 갖추기 어려울 것 같다. 문제의 발단이 된 이 시비는 마산역 허인수 역장으로부터 시작되었다. 허 역장은 마산역 광장에 문제가 된 이 시비를 세울 계획으로 지역 기업과 단체를 찾아 나선 가운데 마산의 모 로터리 클럽이 역장의 제안에 동의하고 이 시비를 제작하여 기증한 것이다.

물론 서로가 좋은 일이라고 생각하고 한 일이었을 것이다.

3·15의거를 '무모한 흥분' '지성을 잃어버린 데모'… 민주의 성지 마산시민 모독

그러나 불행하게도 이은상이라는 시조시인은 그의 고향 마산에서 극단적으로 서로 다른 평가를 받는 인물이다. 한쪽은 그의 문학적 업적을 찬양하며 애국적 민족 시인으로 추앙하고 또 다른 한쪽은 3·15의거를 '무모한 흥분, 지성을 잃어버린 데모' 민주의 성지 마산시민을 모독하며 친독재 부역 행위를 한 그에 대해 민주성지 마산의 수치라며 그를 혐오하는 시민들이다. 이 논쟁의 역사는 하루 이틀이 아니고 2000년 초에는 6년이나 지역을 뜨겁게 달군 이슈가 되기도 했었다.

소위 '노산 이은상 문학관 논쟁'이라고 하는 이 논쟁으로 시민들의 갈등과 대립은 매우 심각했고 결국은 시민의 대의 기관인 시의회에서 표결로 결정했다. 결과는 문학관 이름에 그의 호인 노산도 가고파도 이은상도 아닌 '마산문학관'으로 결정된 사건이 있었다.

이러한 과거의 역사와 경험으로 보아 마산역 광장에 이 시비가 세워져 있는 한 마산역은 결코 편할 날이 없을 것이다.

이 시비의 소유권은 법적으로도 한국철도공사에 있음은 분명하다. 로터리 클럽으로부터 기증을 받은 것이기 때문이다. 따라서 설치를 책임졌던 마산역 허인수 역장과 철도공사는 더 이상 민주의 성지 마산시민의 자부심을 훼손하여서는 안 될 것이다.

지역사회의 공공서비스를 책임지고 있는 기업으로서 마산시민들의 정서를 외면해서는 안 될 것이다. 철도공사가 이 사실을 인정하지 않고 모르쇠로 일관한다면 '민주의 성지' 마산시민의 분노와 지역사회 분란의 모든 책임은 철도공사에 있음을 명심해야 할 것이다.

4·19혁명 기념일을 준비하고 있는 마산시민과 시민단체의 분노는 더욱 높아지고 있다. 철도공사는 독재부역자 이은상 시조시인의 시비철거와 관련해 조속히 책임 있는 모습으로 나서야 할 것이며 철도노조 부산지방본부도 민주의 성지 마산시민의 자부심을 위해 시민단체와 함께 문제 해결을 위해 나설 것이다.

2013년 4월 0일

전국철도노조부산지방본부

4·19혁명 53주년 기념일을 맞이하여
이은상 시비를 철거하는 우리의 입장

대한민국의 헌법전문은 이렇게 시작된다.

“유구한 역사와 전통에 빛나는 우리대한민국은 3·1운동으로 건립된 대한민국임시정부의 법통과 불의에 항거한 4·19민주이념을 계승하고……”

이처럼 헌법 첫머리에 대한민국의 정통성과 정체성이 3·1독립만세운동과 4·19민주혁명임을 분명히 밝히고 있다.

오늘이 4·19혁명 53주년기념일이다. 4·19혁명은 마산에서 이승만 자유당 독재정권이 저지른 3·15부정선거에 항거하여 일어난 3·15의거와 4·11민주항쟁으로 시작되었다. 역사는 이 전 과정을 4월혁명이라고 일컫는다. 우리 국민들에게 이 위대한 민주민권 승리의 역사와 경험이 있었기에 그 엄혹한 군사독재정권아래에서도 희망과 용기를 잃지 않았고, 결국은 부마민주항쟁으로, 광주민주항쟁으로, 6월항쟁으로 독재정권을 무너뜨리고 민주주의를 쟁취할 수 있었던 것이다.

이처럼 찬란한 민주항쟁 역사의 시작은 마산 3·15의거와 4·11민주항쟁이었다. 그래서 온 국민들이 마산을 민주성지라고 불렀고 마산시민 또한 자신이 사는 고장이 민주성지라는 것을 매우 자랑스럽게 생각하고 있다. 마산시민들의 이 자부심만은 진보도 보수도 없고, 여도 야도 구분 없이 모두가 하나이다.

이런 도시에 해방이후 생을 마감하는 그날까지 독재부역자로 살았던 이은상의 시비가 지난 2월 5일 마산의 관문이며 공공장소인 마산역 광장에 매우 위압적인 형태로 버젓이 세워진 사실에 우리는 분노를 느끼지 않을 수 없다.

이은상은 3·15부정선거의 주모자였던 이승만과 이기붕을 당선시키기 위해 전국유세를 다니며 그들을 찬양했던 3·15부정선거의 공범이었다. 그것도 모자라 그는 부정선거에 항거한 마산시민들의 3·15의거와 4·11민주항쟁을 폄훼하고 마산시민을 모독했던 인물이기 때문이다. (별도 자료 배포)

우리는 그동안 이은상시비의 소유권자이며 이 시비건립의 주체인 한국철도 공사에게 여러 차례에 걸쳐 다양한 방법을 통해 이은상 시비 철거를 간곡히 호소했다. 그리고 그 이유도 누누이 설명했다. 그러나 한국철도공사는 자신들의 요청에 의해 이 시비를 기증하게 되었던 로터리클럽과 철거를 요청하는 시민들이 서로 합의하여 해결하라는 말만 되풀이 할뿐이었다.

한국철도 공사의 이런 태도는 자신들로 인해 발생한 마산시민들의 갈등과 대립에 최소한의 책임감과 미안함조차 느끼지 않는 매우 부도덕한 행위로서 100% 국민들의 세금으로 만들어진 공공기업이 취할 태도는 절대 아니다. 오늘 이은상 시비 철거와 관련해 일어날 어떤 사건과 사고 등 그 모든 불상사는 한국철도공사의 이런 무책임하고 뻔뻔스러운 태도에서 비롯된 것임을 명백히 밝혀둔다.

우리는 이 시비 철거를 한사코 반대하는 일부 문인들이 있음을 잘 알고 있다.

그들은 이은상이 3·15부정선거의 공범이라는 사실은 숨기고 이은상의 말 몇 마디를 견강부회하여 이은상이 3·15의거를 폄하한 일이 없다며 억지를 부리고 있다. 그들의 목적은 스스로 공공연히 밝히고 있듯이 이은상기념관이다. 이들은 자신들의 목적을 위해 반역사적이고 반민주적인 발언도 서슴지 않는다.

이런 문인들이 하는 짓을 보면서 오히려 우리가 이은상에게 측은한 마음이 들 정도이다. 진정 이은상을 사랑하고 존경하는 자들이라면 이런 일이 생길 때마다 이은상과 관련된 여러 가지 불미스러운 이야기들이 자꾸만 널리 퍼지는 것을 막기 위해서라도 오히려 우리 보다 먼저 철거를 요구해야 하는 것이 도리요 인지상정일 것이다. 그러나 그들은 자신들의 목적에 눈이 멀어 이은상을 두 번, 세 번 죽이고 있다.

이승만이든 이은상이든 이미 저세상으로 간 사람들 보다 오히려 이런 사람들이 더 무섭다. 허인수 마산역장 역시 이런 사람들과 한 무리임을 우리는 많은 접촉을 통해 확인했다.

지금 이 시비는 일부 문인들에 의해 민주주의를 퇴행시키고 독재의 향수를 불러일으키며 제2, 제3의 이은상을 확대, 재생산하는 역할을 하고 있다.

4월혁명 당시 독재의 총탄에 희생된 민주열사들이 모두 186분이며 부상을 입은 피해자는 수는 수백에 이른다. 오늘 이은상 시비 앞에선 우리는 4·19민주열사들을 비롯해 수많은 민족민주열사께 한없이 부끄럽고 죄송한 마음으로 엄숙히 사죄드리며 더 이상 이 추한 모습으로 서 있는 시비를 두고 볼 수가 없기에 4·19혁명 53주년을 맞이한 우리는 오늘 '가고파 노산 이은상 시비'를 철거한다.

이렇게 하지 않으면 우리는 역사의 죄인이 될 것이며 우리가 살고 있는 자랑스러운 고장 마산을 더 이상 "민주성지"라고 부를 수 없기 때문이다.

이 모든 책임은 한국철도공사에 있음을 다시 한 번 강조한다.

2013년 4월 19일

마산역광장 이은상시비 철거대책위원회

이은상 시조선집 출판기념회의 망언잔치를 규탄한다!

지난 27일 오후, 경남시조시인협회가 주최한 '노산 이은상 시조선집 가고파 출판기념회' 자리에 참석한 인사들이 했다고 하는 발언이 해괴망측하기 짝이 없다. 심지어 마산시민을 모독하는 발언까지 나왔다고 하니 이는 그냥 넘어갈 문제가 아니다. 먼저, 조영파 창원 부시장의 발언부터 큰 문제가 아닐 수 없다.

"마산문학관을 노산문학관으로 바꿔야 마산이 산다", "제가 지금 창원시에 들어가 있으니까(노산문학 계승을)발전시켜 나갈 수 있을 것"이라고 했단다. 그는 이 황당하고 무책임한 발언을 통해 자신이 분별력과 인지능력이 얼마나 부족한 사람인지를 스스로 밝히고 있다. 이은상 기념 문학관 논쟁은 1999년부터 2005년까지 무려 6년 동안이나 진행되었고 결국은 마산시의회에서 자체 토론을 거쳐 찬반투표로 마산문학관으로 결정된 것이다. 이유는 간단했다. 이은상은 마산정신에 반하는 인물이었기 때문이다.

당시 마산 시의원들은 정치적 성향이나 이념과는 전혀 상관없이 단지 마산시민들의 여론과 정서를 있는 그대로 그만큼 반영했을 뿐이었다. 조영파 부시장이 해야 할 일은 마산시가 창원시로 통합되어 비록 사라졌지만 과거 마산시의회가 내린 결정을 존중해야 할 사람이다. 그럼에도 불구하고 자신이 현재 통합창원시 부시장이라는 지위를 과시하며 마치 이은상문학관을 금방이라도 성사시켜 줄 듯 한 발언을 한 것은 분명 망언이다.

시장을 보필하여 시민들의 갈등을 조정하고 해결해야 할 사람이 오히려 시민들의 갈등과 대립을 조장하고 있으니 과연 통합창원시의 부시장으로서 기본적인 자질과 능력이 있는 사람인지 매우 의심스럽다. 조영파 부시장은 옛 마산시의회의 결정을 부정하고 마산시민 정신을 짓밟은 것에 대해 해명하고 사죄해야 한다.

또 한사람, 한양대 명예교수라고 하는 윤재근씨가 "마산시민정신이 우둔하다"고 했다고 한다. 이은상이 3·15의거와 4·11민주항쟁을 폄훼하고 마산시민을 모독한 것도 모자라서 자기도 한마디 더 덧붙이고 싶은 모양이다.

이은상이 고향에서 제대로 대접을 못 받는 것은 마산 시민정신이 아직 살아 있기 때문이며 이는 마산시민들이 똑똑하다는 반증이기도 하다. 마산시민정신은 3·15의거 정신이고 3·15의거 정신은 자유, 민주, 정의다. 이은상은 3·15부정선거 당시 영구집권을 위해 3·15부정선거를 획책한 이승만과 이기붕을 당선시키기 위해 전국유세를 다닌 정치적인 공범이었다. 다시 말해 이은상은 자유가 아닌 억압, 민주가 아닌 독재, 정의가 아닌 불의의 편에 섰던 사람이다.

이런 사람을 민주성지 마산시민들이 어떻게 그를 기리는 기념관까지 지어 받들어 모시겠는가! 그럼에도 불구하고 누군가가 이은상을 문학적 차원에서나 개인의 입장에서 그를 찬양하거나 선양하는 것은 우리가 관여할 일이 아니다.

우리가 그동안 이은상의 기념사업을 반대해온 것은 민주성지 마산에 반하는 인물을 시민의 혈세로 기념할 수 없다는 이유였고, 공공장소에 그를 기리는 비를 세우는 것은 그를 혐오하는 시민들이 받는 불쾌감과 분노 등 정신적인 여러 가지 폐해를 입을 수 있기 때문에 철거하라는 것이었다. 이건 아주 상식적인 요구다.

윤재근씨는 자기가 좋아하는 인물을 마산시민들이 함께 좋아해 주지 않는다고, 떼를 쓰는 정도를 넘어 "마산 시민정신이 우매하다"는 폭언을 했다고 하니 도대체 윤재근씨의 정신세계가 그렇게 유치한 것인지, 아니면 후안무치한 것인지 모르겠다. 아무튼 우리는 그가 마산시민을 모독한 발언에 대해서 반드시 그 책임을 끝까지 물을 것이다.

그리고 마산문인협회 회장 김병수라는 사람은 3·15의거와 4월혁명으로 쫓겨난 독재자 이승만을 국민의 동조를 받은 국부라고 억지 주장을 펴고 이성계까지 들먹이며 마치 군사반란 세력들의 쿠데타를 정당화 하는 듯 한 발언을 했다는 데에는 경악을 금할 수가 없다. 그 자리에 모인 사람들이 한결같이 이은상과 닮아도 너무 닮았다는 생각에 치가 떨릴 지경이다. 이 정도라면 이건 출판기념회가 아니라 아예 망언잔치판이었다고 해도 과히 틀린 말이 아니라 할 것이다.

또 하나, 이은상문학관 논쟁에서 빠지지 않는 메뉴가 관광자원 타령이다. 이 소리는 지난 논쟁시기 6년 동안 지겹게 들어온 이야기이지만 이를 입증할 수 있는 과학적인 데이터를 제시하지 못해 늘 슬그머니 사라지곤 했다. 그런데 이번엔 뜬금없이 마산에서 이은상문학관이 마산시민들에게 1년에 몇 백만 원씩이나 안겨주는 관광 상품 이란다. 이는 실없는 사람들이 술자리에서 허풍떠는 수준 이상도 이하도 아니다. 이런 소리에 박수가 나왔다고 하니 그저 한숨이 나올 따름이다.

창원에서는 지금 옛 마산지역에 '한국민주주의전당'을 유치하려고 각계각층에서 많은 노력을 하고 있고, 그 가능성 또한 어느 때 보다 높아졌다. 그런데 만일 이은상 문학관이 들어선다면 이로 인해 마산이, 관광은커녕 전 국민의 웃음거리가 될 것이다.

한국민주주의전당과 이은상 기념문학관은 마산에서 동시에 존치 할 수 없는 적대적 관계이기 때문이다.

따라서 이은상문학관은 마산에 한국민주주의전당을 유치하는데도 걸림돌이 될 수 있다. 뿐만 아니라 경제적 효과라는 측면으로 볼 때에도 이은상문학관과 한국민주주의전당 중 어느 것이 더 가치가 있을 건지는 시민들이 쉽게 판단 할 수 있을 것이다.

지금 이은상문학관을 추진하는 사람들은 자신들의 목적을 위해 사실은 이은상을 두 번, 세 번 죽이고 있다. 이은상문학관 이야기에 따라 나오는 그들의 저급한 역사왜곡 발언을 들을 때마다 이은상에 대한 혐오감도 함께 확산되고 있기 때문이다. 그래서 때로는 우리가 이은상에게 측은함과 안타까움을 느낄 때도 많다는 사실을 그들은 모를 것이다.

박완수 창원시장에게도 한마디 하지 않을 수 없다. 통합창원시의 정신은 도대체 무엇인가? 적어도 옛 마산시의회나 진해시의회가 결정한 일은 현재의 통합창원시가 존중하고 그것을 지키려고 노력하는 것이 통합정신이라고 우리는 생각한다. 조영파 부시장은 박완수 시장이 임명한 사람이다. 부시장이 공식석상에서 과거 마산시의회에서 결정한 일을 부정하는 이런 발언에 대해 어떻게 생각하는지 묻지 않을 수 없다. 박완수 시장은 이에 대한 자신의 입장과 견해를 확실히 밝혀주기 바란다.

2013년 4월 30일

마산역광장 이은상시비 철거대책위원회 / 3·15정신계승 시민단체연대회의

마산역 광장 이은상 시비 문제해결을 위한 공개제안

지난 2월초, 마산역 광장에 '노산이은상가고파시비'가 느닷없이 세워진 이후 계속되는 시비 철거논란 소식을 접할 때마다 저희들은 안타까운 심정으로 사태의 추이를 유심히 주시하고 있었습니다.

마산역 광장은 이 도시에 삶의 뿌리를 내리고 사는 시민으로서 철도이용 등으로 자주 들르게 되는 공간이며, 불과 10여 년 전 노산 이은상문학관 논쟁으로 수년 동안 지역의 뜨거운 이슈가 되었던 기억이 아직도 머릿속에서 채 가시지 않았기 때문입니다.

지금까지 진행되는 상황으로 볼 때 이 시비가 역 광장에 존재하는 한 관련단체나 시민들의 갈등과 대립은 점점 더 확대되고 격화되는 양상을 띠게 될 것은 불을 보듯 뻔합니다. 더욱 걱정스러운 것은 이 시비 철거논쟁에 일부 문인들이 개입하여 과거에 이미 끝난 노산 이은상문학관 논쟁으로 치환시켜 해결을 더욱 어렵게 만들고 있기 때문입니다.

이런 우려 속에 며칠 전 창원시 고위공직자의 이은상 관련 발언이 심각한 문제로 대두되고 있는 것을 보면서 저희들은 더 이상 이 사태를 관망만하고 있을 수 없다는 판단을 했습니다. 그래서 저희들이 주제넘은 일이 아닐까 하는 걱정을 하면서도 중재에 나서게 되었습니다.

이 논쟁의 핵심은 문제의 시비가 세우진 마산역 광장이 공공의 장소라는 것입니다. 이게 큰 말썽이 될 수밖에 없는 것은 우리 지역에서 이은상 시인에 대한 긍정과 부정, 호, 불호가 너무나 다른 양편의 시민들이 엄연히 존재하기 때문입니다. 이는 수년전에 문학관 논쟁을 통해 충분히 확인된 사실입니다. 따라서 이 시비를 마산의 관문이며 공공장소인 역 광장에 세운 것은 매우 부적절한 일이었습니다.

이런 이유로 저희들의 중재안은 철거를 전제로 한다는 것을 분명히 말씀드립니다. 중재안은 저희들이 이 시비를 기증한 측에 설치비 3,000만원을 보상하고 시비의 소유권을 넘겨받고자 하는 것입니다.

이 제안의 근거는 지난 3월 29일, 마산역장실에서 창원시의회 시의원들(강영희외 5명)과 허인수 마산역장, 김봉호 남마산로타리클럽 회장과 가진 간담회에서 김봉호 회장이 "차라리 시비 설치비 3,000만원을 주는 곳이 있으면 철거를 하던 뭘 하든 상관하지 않을 것이고 우리는 그 돈으로 다른 봉사활동을 추진하면 된다"고 역제안 했다는 사실에 근거한 것입니다. 당시 이 보도를 접한 저희들 역시 참 좋은 제안이라는 생각을 했습니다. 이 방법만이 시비를 기증한 쪽이나, 먼저 시비의 기증을 요구하여 기증을 받은 쪽이나, 이를 철거하라고 요구하는 쪽 모두가 앞으로 계속해서 입어야 하는 정신적, 물질적 상처나 손실을 최소화 하는 방법이라 생각했습니다.

그러나 3,000만원은 결코 적은 액수가 아니었기에 엄두를 내지 못했는데 시비철거 논란이 날로 악화되어 가는 모습을 보면서 이런 결단을 내리게 된 것입니다. 3,000만원은 시민모금 형식으로 마련 할 것입니다. 이 사건의 근본적인 책임은 이유 여하를 불문하고 마산역 즉, 한국철도공사에 있습니다. 그럼에도 불구하고 지금까지 지역사회에서 벌어지고 있는 논란을 마치 강 건너 불구경하는 듯 하는 태도를 취하고 있는 것은 매우 옳지 못합니다. 지금이라도 공기업답게 책임지는 자세를 보여야 합니다.

그리고 로타리클럽은 자신들이 지역사회에 좋은 일을 한다는 생각에 적지 않은 돈을 모아 마산역에 이 시비를 기증했을 것입니다. 그러나 예상치 못한 철거논쟁에 휩싸이게 되어 몹시 당황하고 불쾌했으리라 짐작 됩니다. 하지만 본래의 뜻과는 관계없이 이 시비로 인해 시민들의 갈등이 촉발된 것은 싫어도 부정 할 수 없는 사실이며 사전에 조금 더 신중한 검토를 하지 못한 아쉬움은 스스로 인정하시리라 믿습니다.

철거대책위 또한 그동안의 합리적인 철거노력이 더 이상 무망하다는 판단아래 물리적 방법으로 강제철거를 시도하게 된다면 법적문제는 본인들이 책임 진다해도 그로 인해 지역사회에 또 다른 문제로 비화될 수 있고, 이 시비문제로 생긴 시민들의 갈등이 해소되기는 어려울 것입니다.

물론 저희들의 제안이 3자 관련 당사자 모두가 만족하는 최상의 방법이라고 생각하는 것은 아닙니다. 그러나 현재로서는 모두에게 정신적, 물질적 피해를 최소화 하면서 시비문제를 해결하는 최선의 방안이라 생각합니다.

끝으로 뜻있는 시민들의 동참을 바라며 마산역 광장의 '노산이은상가고파시비'의 논쟁과 관련 있는 모든 분들께 다시 한 번 저희들의 제안을 받아들여 주실 것을 정중히 부탁드립니다.

2013년 5월 7일

마산역광장 이은상시비 문제 해결을 위한 중재단

허성학(중재단 대표, 신부), 강인순(교수), 김남석(교수), 김민오(변호사), 김용환(목사), 김학수(교수), 남재우(교수), 배대화(교수), 안승욱(교수), 이승현(교수), 이암(스님), 이재영(신부), 유장근(교수), 자운(스님), 최유진(교수) 현재 15명

마산역광장 이은상 시비 문제 해결을 위한 중재를 종결하며

지난 5월 7일, 저희 중재단은 마산역 광장 이은상시비와 관련하여 우리 지역에서 벌어지고 있는 시비철거 논란과 갈등이 점점 증폭되어가는 것을 우려하며 기자회견을 통해 마산역 광장 이은상 시비 문제해결을 위한 공개제안을 한 바 있습니다.

중재의 실마리를 제공한 것은 이 시비를 기증한 남마산로타리클럽 김봉호 회장이 시의원들과의 면담 과정에서 제시한 시비 제작비용 3000만원 보상 발언이었습니다. 시비 존치와 철거를 둘러싸고 양측이 한 치의 양보도 없는 상황에서 로타리 회장의 발언은 상황을 깨끗이 종료시킬 수 있는 방안이라 판단되었습니다. 이에 우리 중재단은 시민모금 형식으로 시비 보상비를 마련하기로 하고 중재에 나서게 되었던 것입니다.

그러나 이 문제를 해결하기 위해서는 한국철도공사(이하 : 코레일)와 남마산로타리클럽 (이하 : 로타리클럽)과 마산역 광장 이은상 시비 철거대책위원회(이하 : 철거대책위원회) 3당사자 모두의 동의와 협조가 필요한 일입니다. 만일 어느 한쪽 당사자가 반대하면 이 중재는 불가능하기 때문입니다.

먼저 이 시비와 관련하여 처음부터 끝까지 모든 책임은 코레일에 있습니다. 마산역 허인수 역장이 로타리클럽에 요청하여 이 시비를 기증 받아 코레일의 소유인 역 광장에 세워지게 된 것이며 이로 인해 시비 철거 논쟁과 갈등이 계속되고 있기 때문입니다.

따라서 누구보다 코레일이 이 시비 갈등의 해결을 위한 강한 의지가 있어야 합니다. 그러나 코레일은 중재단의 면담요청(공문과 유선)에 이런저런 핑계를 대며 회피하다 답변을 공문으로 해줄 것을 요청하자 로타리클럽과 철거대책위의 '합의가 진행되지 않은 상황에서의 철도공사에서의 개입은 시기상조'라는 답변을 보내왔습니다. 결국 이 말은 코레일이 시민들을 싸움 붙여 놓고 자신들은 팔짱끼고 구경만 하고 찬반양측이 알아서 해결해 주기를 바라는 얄팍한 생각일 뿐입니다. 이는 코레일이 공기업으로서 최소한의 도덕적 책임감도 느끼지 못하다는 증거로 앞으로 시민들의 지탄을 면치 못할 것입니다.

한편 로타리클럽의 김봉호 회장의 언행 역시 저희 중재단을 매우 실망시켰습니다. 중재단의 중재안은 본래 그의 제안이었습니다. 그러나 면담요청(공문과 유선)에 "만날 일이 별로 없을 것 같다"라고 하며 일방적으로 전화를 끊어버렸고 그 이후 다시 통화를 시도했으나 전화조차 받지 않았습니다.

저희 중재단은 로타리클럽이 인도주의적 봉사와 "모든 직업의 높은 도덕적 수준을 고취하며, 세계 곳곳에서 선의와 평화 구축하는데 협력한다"는 로타리클럽의 목적과 정신, 그리고 회장이라는 명예에 걸맞게 자신의 발언에 대해 반드시 책임을 질 것이라 생각했기 때문에 그에 대한 실망은 더욱 클 수 밖에 없었습니다.

코레일과 로타리클럽측의 이와 같은 태도는 중재단의 노력을 무의미하게 만들었고 결국 지난 5월 30일, 세 당사자에게 더 이상 중재를 추진하지 않겠다는 의사를 내용증명으로 통보했습니다.

참고로 철거대책위는 저희 중재단의 시민모금운동에 적극 동참 할 것을 약속했습니다. 이로써 마산역 광장 이은상 시비 문제 해결을 위한 중재단의 중재는 안타깝게도 무산되었습니다. 따라서 저희 중재단은 중재를 종결합니다.

2013년 6월 3일

마산역광장 이은상시비문제 해결을 위한 중재단 대표 허성학 신부

안상수 시장은 민주성지 창원의 3·15정신을 훼손한 이은상 기념사업을 즉각 중단하라!

사실 여부를 떠나 지난 6.4지방 선거 때 안 시장을 도운 일부 문인들이 이은상 기념사업을 부활 시켜 달라는 요구를 했다는 소문이 떠돌았다. 그러나 우리는 전혀 개의치 않았다. 설사 그 소문이 사실이라 해도 마산, 창원, 진해시가 창원시로 통합되기 이전 마산시와 시의회에서 결정된 사안을 통합창원시가 쉽게 뒤집기는 어려울 것이라는 생각과 함께 민주성지 마산이 창원시로 이름이 바뀌었을 뿐 우리가 사는 곳이 여전히 민주성지라는 믿음이 더 컸기 때문이다.

그런데 최근 창원시가 옛 마산 상남동(현, 노산동)의 도시재생사업의 일환으로 이은상 작품을 주제로 한 골목길 테마 조성사업이 착수단계에 들어갔다는 사실이 여러 통로를 통해 확인되고 있다. 소문이 구체적 사실로 드러난 것이다. 앞으로 창원시가 이은상(작품)을 위해 시민들의 혈세를 지원할 근거를 만든 것이다.

분명히 말해 두지만 그렇게 되면 안 시장은 창원시 통합갈등에 버금가는 또 하나의 골칫거리를 안게 될 것이다. 그래서 우리는 안 시장에게 부탁드린다. 무엇보다 먼저 그동안 우리 지역에서 이은상 기념사업을 두고 어떤 일들이 일어났으며 그 끝이 어떻게 되었는지부터 찬찬히 살펴봐 주시기 바란다.

우리지역에서 이은상 기념사업 논쟁은 1999년 6월 24일, 마산시가 후세교육의 장으로 삼는다는 명분으로 총 30억 원을 들여 제비산(노비산) 공원부지에 '이은상문학관' 건립과 생가복원, 테마공원을 조성하기로 하고 문화관광부에 10억 원을 신청한 것이 알려지면서 시작되었다. 이후 6년 동안 마산은 이 문제로 하루도 조용한 날이 없었다 할 정도로 격렬한 논쟁이 벌어졌고 끝내는 조두남 문제와 맞물려 마산시장은 밀가루 투척에 곤욕을 치르고 조두남, 이은상을 반대하는 시민단체 회원들 여럿이 감옥으로 가는 사태까지 일어났다.

이런 과정에서 이은상 문제는 마산뿐만 아니라 전국적 관심사가 되어 많은 국민들이 이은상의 진면목을 알게 되었다. 그러나 마산시와 시의회는 문학관의 이름을 '이은상'에서 '노산'으로 다시 '가고파'로 바꾸어 가면서 이은상문학관을 성사 시키려고 온갖 몸부림을 쳤지만 그럴 때마다 오히려 비난 여론이 들끓기만 했고 시민들의 여론을 제대로 수렴하라는 목소리가 더욱 높아지기 만했다. 결국 마산시는 2003년 11월 예술, 언론, 시민단체, 학계인사들이 망라된 시민위원회(16명)를 구성해 여기서 관련자들의 의견과 시민여론을 청취하고 결론을 내도록 했다.

위원회의 결론은 '이은상문학관'을 '마산문학관'으로 변경하라는 것이었고 시장은 이를 받아들인 것이다. 드디어 2005년 5월 20일, 마산시의회는 '마산문학관 운영 조례안'을 안건으로 상정하고 찬반토론을 거쳐 재석의원 27명 가운데 찬성 14표, 반대 13표로 가결되었다. 이렇게 꼭 6년 만에 끝난 이은상 기념사업 논쟁의 결과는 놀라운 것이었다. 논쟁 내내 시의회는 기념사업을 지지하는 분위기가 압도적이었기 때문이다. 어떤 이들에겐 그때의 1표 차가 억울해서 이은상 논쟁을 이념논쟁으로 몰아가려 하지만 당시 시의회 구성은 특정정당 일색이었다는 점을 생각하면 그들이 아직도 "좌파선동" 운운하는 것은 진실과 정의에 패배한 자들의 궤변일 따름이다.

이은상을 추앙하는 문인들은 그때나 지금이나 "노산 선생은 국가의 검증을 받은 애국지사이며 위대한 민족시인 이다", "그는 대한민국국민훈장 무궁화장, 대한민국건국포장을 수상하고, 작고했을 때 문화훈장 1등급 금관문화훈장 추서와 함께 국가가 지원하는 사회장으로 국립묘지 현충원에 안장되었다"고 주장하고 있다. 틀린 말은 아니다. 그런데 우리는 왜 그의 기념사업을 반대하고 마산시는 그의 기념사업을 포기했을까? 그의 화려하고 찬란하고 이력과 명성 뒤에 숨겨진 진실을 알아버렸기 때문이다.

당시 황철곤 마산시장은 자신이 앞장서 추진해온 이은상 기념사업을 사실상 폐기, 변경했고 이에 반발하는 시의원들에게 황 시장은 이렇게 대답했다. "공적으로 추앙되는 인물은 도덕적, 역사적 흠결이 없어야 합니다. 이번 일은 지역의 시민사회가 성숙돼 가는 과정에서 역사적 진실이 밝혀지는 것은 불가피하고 우리는 그 현실에 직면해 있습니다. 더 이상의 논란으로 고인들의 명예가 훼손되지 않는 길이 무엇인지 살펴야 할 것입니다" 황시장의 이 말속에 모든 답이 다 들어 있다. 이제 더 이상 이은상을 두고 우리지역의 문화관광자원이니 문화콘텐츠니 하는 말은 하지마라. 그는 관광 상품으로서의 매력도 가치도 이미 상실했다. 그리고 안상수 시장은 꺼진 불씨를 다시 살려 대형화재를 일으키는 우를 범하지 않기를 간곡히 부탁드린다.

2015년 1월 13일

이은상 기념사업 재론을 반대하는 시민모임

시민대동제를 주최하는 재경마산향인 호소문에 대한 우리의 입장

오는 10월 31일, 시민대동제를 주최하는 재경마산향인의 이름으로 낸 호소문을 읽고 이에 대해 우리의 입장을 밝히고자 한다.

이 호소문은 지금 고향(옛 마산) 사람들은 온통 불신, 반목 갈등 분열로 상처를 입고 있으며 그 이유는 조두남, 이은상, 이원수 논쟁 때문이라 생각하고 있다. 따라서 화해, 평화, 상생, 융합을 위해 다시 손을 맞잡고 그들의 노래 〈선구자〉 〈가고파〉 〈고향의 봄〉을 노래 부르자고 한다. 마치 그것으로 모든 문제가 일시에 해결 될 듯이 말이다.

그러나 이 문제는 이미 오래전에 6년이란 긴 시간동안 공개토론 등 충분한 논의를 통해 시민들의 공감대가 형성된 후 공식적인 절차를 거쳐 시민들의 대의 기구인 마산시의회에서 결정 난 일이다.

그들이 오래전 고향을 떠났던 출향인들이라 그동안 고향에서 일어난 일들을 잘 모를 수도 있다고 이해해 주고 싶지만 심각한 말썽의 소지를 안고 있다.

그럼에도 불구하고 그분들이 고향을 사랑하는 마음만은 고맙고 나름대로의 생각은 존중하고 싶지만 몇 가지 큰 오해를 하고 있다.

지금 고향에서 자신들이 애창하고 소중하게 생각하는 노래들이 과거 문학관과 음악관 논쟁 때문에 다 사라졌다는 생각이다.

먼저 〈선구자〉는 점차 사라지고 있는 게 사실이다. 그 이유는 조두남이 대국민 사기극을 연출한 노래로 판정이 났기 때문이다. 조두남은 작사자인 친일파 윤해영을 독립운동가로 미화하여 감동적인 인물로 신비화 시켰고, 제목도 가사 일부도 고쳤고 곡은 박태준의 〈님과 함께〉를 표절한 것으로 밝혀졌다. 이 사실이 알려진 이후 고향이 아니라 방송에서조차 듣기 힘들어진 것은 당연한 일이다.

〈가고파〉는 출향인들의 정서에는 딱 맞는 노래이다. 그러나 고향에 살고 있는 사람들이 이 노래를 애틋하게 부를 이유는 별로 없다. 심지어 고향을 '떠나가고파' 하는 사람들도 적지 않다. 그럼에도 불구하고 지금 옛 마산에는 이은상의 〈가고파〉시비가 모두 8개나 있다. 그 모든 곳은 시민들의 눈에 아주 잘 띄는 명당이다. 마산국화축제 이름도 〈가고파 국화축제〉이다. 이만하면 고향사람들이 가고파와 이은상을 잘 대접하고 있는 게 아닌가?

이원수의 〈고향의 봄〉도 그렇다. 시에서 운영하는 〈고향의 봄 도서관〉도 있고 시에서 지원하는 이원수문학관도 있고, 고향의봄기념사업회도 있다. 해마다 이런 곳에서 축제를 열어 시민들의 입에서 자주 불리고 자주 듣는 노래이다.

고향인 마산에서조차 사라져 가고 있다는 표현은 맞지 않다.

우리 역시 즐겨 부르지는 않지만 남이 부르는 걸 막거나 방해하지는 않는다.

또 하나, 이제는 다 끝난 일이지만 과거 기념관(문학관)논쟁은 참으로 치열했다. 그만큼 시민들의 관심과 참여가 뜨거웠기 때문이다. 그러나 "노산과 조두남을 반대하는 측과 찬성하는 측 모두 이념논쟁을 넘어 화합과 평화의 손을 잡을 것을 호소" 한다고 하니 뜬금없다는 생각과 함께 그 논쟁을 '이념 논쟁'으로 규정하는 것에 경악을 금할 수 없다.

이런 단어는 논쟁 당시에는 나오지도 않았다. 그리고 출향인들이라 해도 자기 고향이 어떤 정치적 성향이 강한 곳인지는 잘 알고 있을 것이다.

만일 기념관 논쟁이 이념논쟁이었다면 시의회가 우리에게 손을 들어 주었을리 없었다. 그런데 재경향우회의 짧은 호소문에 이념이란 단어를 무려 4번이나 사용하고 있다. 지금 우리 정치권에서 시작된 역사교과서 문제를 두고 이념이라는 단어가 어떻게 쓰이고 있는지 잘 알고 있기에 우리가 주최 측의 의도를 순수하게 받아들이기 힘든 이유이다.

더 더욱 사전 합의도 없이 일방적인 호소만으로 자신들의 애창곡을 같이 손잡고 노래하자는 것은 사실상 강요이며 그런 노래 몇 곡을 같이 부른다고 해서 "새로운 마산정신이 창조" 될 것이라 생각한다면 이는 너무 감성적인 발상이거나 아니면 아주 치밀한 계산 하에 어느 한쪽에 유리한 분위기를 만들기 위한 의도적인 우행으로 읽힐 따름이다.

향인회는 화려한 수사를 구사하여 사람들 헷갈리게 하지 말고 고향사람들 기질답게 좀 화끈하게 이야기해 주시기 바란다. 향인회가 바라는 것은 이은상문학관(또는 기념물)이라고 말이다. 그 때문에 조두남과 이원수는 들러리로 세웠을 뿐이라고 말이다.

이번 대동제의 목적이 그게 아니라면 공개적으로 아니라고 대동제 행사 전까지 답해주시기 바란다.

만일 그렇게 하지 않는다면 이제는 출향인들까지 끼어들어 10년 전에 끝난 일을 새삼스럽게 들추어 고향 사람들을 대립, 갈등, 반목으로 분열시키고 있다는 원성을 사게 될 것이다.

우리는 재경 마산향인 들의 대답을 기다립니다.

2015년 10월 26일

3·15정신계승시민연대 / 부마민주항쟁기념사업회 / 경남민주국민행동

일본군위안부할머니와함께하는 마창진시민모임

6월항쟁정신계승경남사업회 / 친일청산시민행동연대

시민대동제에 대한 우리의 입장

지난 10월 31일, 마산국화축제 행사장인 제1부두에서 '재경마산향우회'라는 친목단체가 주최한 시민대동제는 시민대동이 아니라 시민분열과 갈등의 불러들이는 행사였다.

그들이 대동의 가치로 내세운 '이은상의 가고파'와 '조두남의 선구자'는 1999년부터 시작하여 6년 동안이나 마산을 들끓게 만들었고 그 과정에서 시민들의 여론을 바탕으로 마산시가 나서서 각계각층의 인사들로 '시민위원회'를 구성하여 거기서 나온 의견을 시가 수용하고 2005년 마산시의회는 찬반토론을 통해 이은상문학관과 조두남음악관을 각각 마산문학관과 마산음악관으로 바꾸면서 길고 치열한 논쟁이 끝났다.

그 당시 논란에서 빗겨서 있었던 이원수의 친일문제는 수년 전 창원시가 도시브랜드로 삼겠다고 공표한 이후 이원수의 친일시가 낱낱이 공개되면서 결국 창원시의 계획이 무산된바 있다. 따라서 이 문제를 다시 거론하는 것은 꺼진 불을 다시 들쑤시고 기름을 붓는 꼴이다. 오래전 마산을 떠난 출향인들에게 〈가고파〉〈선구자〉〈고향의 봄〉은 향수를 달래는 노래임에는 틀림없다. 그리고 그 노래를 부르는 마음속엔 고향에 대한 애정도 담겨 있을 것이다.

그러나 출향인은 출향인일 뿐, 그동안 고향을 지키고 살아온 고향사람들에게 자신들과 같은 생각과 정서를 가져달라고 강요해서는 안 된다. 가고파와 선구자의 논쟁이 길고 치열했던 이유는 마산시민들의 의견이 팽팽했기 때문이다. 따라서 위의 노래들에 대한 시민들의 반응이 언제든지 호, 불호 두 가지로 뚜렷하게 갈라질 수밖에 없다.

특히 이번처럼 창원시장이 적극지지, 개입하게 되면 이 문제는 단순한 친목단체인 출향인들의 호소 차원을 넘어 지방자치단체에서 그들이 요구하는 기념사업을 받아 안겠다는 선언이며 이는 찬반으로 갈라진 시민들의 어느 한쪽 편을 드는 행위이다. 이 일로 안상수 시장은 시민화합이 아니라 시민들의 분열에 앞장서는 시장이라는 오명을 뒤집어쓸 수 있는 일이다.

사실 안상수시장이 창원시장이 되기 바로 직전까지 수십 년 동안 고향을 떠나 있었던 출향인이었다. 그래서 재경향우회와 주변사람들의 주장에 쉽게 공감했을 수도 있다. 그런 의미에서 발상의 순수성도 있었을 것이라 믿고 싶다. 그러나 과거 논쟁의 결과가 지금 어떠한지 그 상황을 잘 모를 수도 있을 것 같아 몇 가지를 상기시켜드리고자 한다.

우리 지역에 '가고파 노래비'는 무려 8개나 있다. 그것도 시민들의 시선이 자연스럽게 머무는 명당자리만 골라 세워놓았다. 그리고 그가 살던 동네 이름을 상남동에서 '노산(이은상의 호)동'으로 바꾸었고 거리 이름도 '노산로'라 붙여 부르고 있다. 그리고 지금 시민들이 앞 다퉈 찾아가는 국화축제 이름도 가고파 축제이다. 심지어 이은상의 본가 근처에 있었다는 말썽 많은 '은상이샘' 이라는 것도 3·15기념비와 나란히 모셔 놓고 있다. 도대체 자기 고향에서 이 정도의 대접을 받고 있는 시인이 세계에서 몇 명이나 되는지 궁금하다. 출향인들이 고향에서 이은상과 가고파가 다 사라지고 없다고 말하는 것을 우리는 납득하기 어렵다. 이원수와 〈고향의 봄〉은 거론 할 것도 없다. 시에서 운영하는 '고향의 봄 도서관'도 있고 시에서 지원하는 '이원수문학관'도 있고, '고향의봄기념사업회'도 있다. 해마다 이런 곳에서 각종 사업과 축제를 열어 시민들의 입에서 자주 불리고 자주 듣는 노래가 '고향의 봄'이다.

다행이도 '선구자' 노래는 대동제에서 제창을 하지 않았다고 하니 구태여 우리가 덧붙일 말은 없다. 출향인들이 노래 부르는 가고파 바다는 똥 바다가 되어 악취를 풍긴지도 오래된다. 대동제 행사장 바로 코앞에는 지금 인공섬을 만든다고 "내 고향 남쪽 바다"는 매립공사가 한창이다. 진정 '가고파'를 사랑하고 고향의 푸른바다를 그리워 했다면 출향인들이 왜 이런 일들에는 침묵했는지 몹시 궁금하다. 만일 그 바다 부둣가에 가고파 기념비를 세운다면 세인의 웃음거리가 될 것이다.

2015년 10월 26일

3·15정신계승시민연대 / 부마민주항쟁기념사업회 / 경남민주국민행동

일본군위안부할머니와함께하는 마창진시민모임 / 경남시민단체연대회의

6월항쟁정신계승경남사업회 / 친일청산시민행동연대

독재찬양 이은상, 일제찬양 김동진 동상건립 계획을 즉각 취소하라!

지난 10월 31일, '재경마산향우회'라는 친목적 성격을 가진 출향인들의 단체에서 '가고파' '선구자' '고향의 봄'이 고향에서 사라지고 없다는 주장을 펼치면서 마산가고파 국화축제장에서 시민대동제를 주최(주관 MBC경남)했다.

이에 우리는 행사 전후 2차례에 걸쳐 '우리의 입장'이라는 성명을 통해 그들이 "사라졌다" 고 생각하는 것은 전혀 사실이 아니라는 것을 일일이 사례를 들어 밝혀 주었고 이은상, 조두남, 이원수를 불필요하게 미화하고 공론화하는 것은 시민들 속에 잠재된 갈등과 대립을 재현시킬 수 있다는 고언과 함께 정중히 자제를 부탁했다.

그럼에도 불구하고 다음 주부터 해외 출향인들까지 포함한 시민모금 운동에 들어간다고 하니 이제 우리는 "시민화합" "지역자산" 운운하는 일부의 출향인들에게 지금까지 해온 인간적인 이해와 존중, 배려를 후회하지 않을 수 없게 되었다.

그들의 의도가 전혀 순수하지 않을 뿐만 아니라 방법 또한 매우 음모적이었기 때문이다. 처음 그들은 이은상을 기리는 동상을 세울 목적을 숨긴 채 옛 마산시민들의 저항정신과 혼을 치켜세우며 현재로는 별 말썽이 없는 선구자의 조두남과 고향의 봄 이원수를 들러리 세우더니 드디어 가고파의 작곡가인 김동진까지 끌어들여 이은상과 김동진이 손을 잡은 동상을 만들어 이은상에 대한 부정적 이미지 물타기를 시도하는 치밀함을 보이고 있다. 그러나 "꾀를 써도 죽을 꾀를 쓴다" 는 말이 있다. 바로 그들에게 꼭 들어맞는 말이다.

김동진, 그는 친일 음악가로 친일인명사전에 그 이름이 올라있는 인물이다. 그는 일제의 괴뢰국가인 만주국의 수도 신징(新京, 現 長春)의 신징교향악단 제1바이올린 주자로 입단하여 1945년 8월 해방될 때까지 8년간 바이올린 연주활동과 작곡가, 지휘자로 명성을 날리며 일제의 침략전쟁을 찬양하고 만주의 통치 이념이자 일제의 식민지 통치 명분인 오족협화(五族協和, 오족은 일본·조선·만주·중국·몽고인을 가리킴)와 왕도낙토(王道

樂土)를 찬양하는 음악활동을 열정적으로 하며 만주건국을 경축하는 「건국10주년 경축곡」과 합창곡 「건국10주년 찬가」 등을 작곡하고 지휘했다.

독재를 찬양한 이은상과 일제를 찬양한 김동진이 다정히 손을 잡은 동상은 상상만 해도 분통이 터지는 일이다. 이건 창원시민 모독이요 전국의 웃음거리다.

우리가 고향으로 삼고 살아가고 있는 이곳은 일제와 독재에 맞서 피 흘리며 지켜온 자랑스러운 역사를 가진 고장이다. 일부 출향인들이 그동안 고향에서 일어났던 이은상, 조두남, 이원수의 친일 친독재 논란도 모자라 이제는 친일음악가 김동진까지 끌어들여 도대체 어쩌자는 말인가? 우리는 이런 불순하고 음모적인 그들의 고향사랑을 단호히 거부하며 재경마산향우회는 이은상, 김동진 동상 건립계획을 즉각 취소할 것을 강력히 촉구한다.

사실 더 큰 문제는 안상수 시장에게 있다. 재경마산향우회의 이런 발상과 계획은 사실상 창원시와 내밀한 협의가 없이는 불가능한 일이다.

첫째, 사안 자체가 창원시의 시정에 심대한 영향을 미칠 수도 있는 일이요 둘째, 시민들에게 이 사업을 홍보하고 설득시키는 비용도 엄청나고 셋째, 동상을 만드는 것이 문제가 아니라 동상을 어디에 세울 것인가 하는 공간 문제도 있고 넷째, 이 문제를 두고 심한 반대운동이 일어날 경우 이를 책임질 단위와 최종 결정자가 필요하기 때문이다.

상식적으로 위의 모든 문제에 최종적 책임을 질 사람은 현재 창원시에서 안상수 시장밖에 누가 더 있겠는가? 애당초 이제는 고향에 다시 돌아와 살 수도 없고, 살 생각도 없는 출향인들이 고향 사람들 싸움 붙일 말썽보따리를 선물인양 들고 고향 찾아온다는 것은 이성을 가진 출향인들이 할 일이 아니었다.

그리고 시민대동제 행사를 알리는 서울역 전광판과 지역 언론에 낸 광고비, 대동제에 출연한 유명가수들의 초청비, 그리고 모 방송국에 지불한 행사 기획비 등등의 엄청난 비용도 창원시가 예산을 지원한 것이 거의 확실하며 동상을 세울 장소가 마산서항지구(문화예술공원, 현 마산중앙부두 일부)라는 언론보도도 나왔다. 마산서항지구의 현 소유주는 국가이며 이 수변공간의 활용방안과 일대 개발 계획을 위해 지난 9월 1일 창원시는 '문화예술테마파크 조성 자문위원회 (위원장: 창원산업진흥재단 진의장 원장)'을 발족했다.

만일 이 공공용지에 친일, 친독재 인사들의 동상이 세워진다면 그 책임은 바로 안상수 시장이 질 수 밖에 없다.

따라서 우리는 오늘 안상수 시장에게 아래와 같이 공개 요청한다.

- 아 래 -

하나, 시민대동제와 관련하여 창원시가 어떤 과목의 예산을 어떤 절차를 밟아 집행했으며 그 전체 금액이 얼마인지 즉각 공개하라.

둘, 지금 현재까지 창원시에서 만든 (해양항만청에서 넘겨준 기본 설계가 아닌) 마산서항지구 설계 도면을 즉각 공개하라.

셋, 안상수 시장은 마산 3·15의거를 모독하고 폄훼한 이은상과 일제를 찬양한 김동진 동상 건립에 공공용지를 제공할 것인지 아닌지를 즉각 확답하라.

2015년 11월 19일

이은상, 김동진 동상건립 저지 시민대책위원회

(경남민주국민행동 / 부마민주항쟁기념사업회 / 일본군위안부할머니와함께하는마창진시민모임 / 친일청산시민행동연대 / 3·15정신계승시민연대 / 6월항쟁정신계승경남사업회)

친일, 친독재 보다 더 심각한 안상수 시장의 발언을 규탄한다

지난 12월 10일 열린 제53회 창원시의회 2차 정례회에서 송순호의원의 시정 질문에 대해 답변에 나선 안상수 시장의 발언을 듣고 우리는 놀라움과 분노를 느끼지 않을 수 없었다.

첫째, 친일인명사전에 대한 안시장의 발언이다.

"친일인명사전은 일부 진보세력이 만든 것으로 아무런 검증을 받은 일이 없다. 국가가 만든 게 아니니 인정할 수 없다"는 요지의 발언이다. 이 말은 친일인명사전에 이름이 등재된 일부 유족들과 친일인명사전을 눈엣 가시처럼 생각하는 정치세력들의 주장 그대로다. 이들은 친일인명사전의 발간과 배포를 막기 위해 법원에 게제, 발행금지 가처분신청을 냈지만 모두 기각되었다. 이후에도 비슷한 소송이 줄을 이었지만 법원은 지금까지 단 한 번도 그들의 손을 들어주지 않았다.

법원은 판결문에서 '친일인명사전이 참고 문헌을 상세히 명시해 진위가 충분히 확인 가능할 것' 이라며 "민족문제연구소가 밝힌 친일인명사전의 편찬 취지와 목적 등에 비춰볼 때 주요 목적이 공공의 이해에 관한 사항으로 볼 여지가 있다"고 했다.

또한 "목적이 공공의 이해가 아닌 특정인을 폄하하거나 명예를 훼손하기 위한 것이라고 단정하기 어렵다" "객관적 사실에 근거한 것으로 허위사실에 기초한 것으로 보기 어렵다"는 이유를 들어 기각했다.

이처럼 민족문제연구소가 소송에서 번번이 이길 수 있었던 것은 학계에서 권위를 인정받은 역사학자들과 보수적 성향의 학자들을 포함한 각계전문가들로 120명이 넘는 편집위원을 구성하고 8년 동안 방대한 자료수집과 고증을 거친 결과물이었기 때문이다.

이렇게 친일인명사전의 객관성, 공익성, 진실성을 대한민국의 법원이 여러 차례 검증하고 인정했는데 법조인 출신인 안상수 시장이 이를 정면으로 부정한다는 것은 놀라운 일이 아닐 수 없다.

안상수 시장이 이처럼 일제강점기 친일로 자신의 입신양명과 안위만을 추구했던 조두남, 이원수, 김동진의 친일행위를 옹호하고 그들의 기념사업을 강행한다면 동시대를 살면서 오직 조국독립과 민족해방을 위해 온몸을 던졌던 항일 독립운동가들의 정신과 공로를 훼손하고 모욕하는 일이다.

안상수 시장의 이런 왜곡된 역사의식에 분노를 느끼지 않을 국민들은 그리 많지 않을 것이다.

둘째, 이은상에 대한 발언이다.

안 시장은 "이은상 선생이 글을 쓸 때 독재를 찬양해서 대역무도한 짓을 한 것처럼 아는데 삼엄한 유신 시기에 문인에게 글 좀 쓰라고 군부가 총칼을 들이댈 때 견딜 수 있는 사람이 얼마나 있을지 의구심이 든다" 면서 "그 결과가 찬양이라고 얼마나 죄가 될지 모르나 모든 인간이 완벽할 수 없다"고 말했다. 참으로 어처구니없는 말이다. 안시장은 자신이 하고자 하는 일에 대해 사실파악도 제대로 못하고 있으면서 너무나 자신만만하게 말하는 태도는 "무식하면 용감하다"는 말을 떠올리게 한다.

이은상은 세상 사람들이 다 알고 있듯이 스스로 권력을 쫓아다니며 곡학아세를 일삼은 절세의 기회주의자였을 뿐이다. 누구보다 먼저 권력의 품속으로 뛰어드는 이은상에게 독재자들이 총칼을 들이 댈 이유도 필요도 없었다.

"모든 인간이 완벽할 수는 없다"는 안시장의 말은 백번 옳은 말이다. 그러나 시민의 혈세로 한 인간을 찬양하고 추앙하는 기념사업을 할 때는 최소한 친일, 친독재 행위여부는 따져야 한다. 그 이유는 이렇다. 대한민국 헌법 전문은 '유구한 역사와 전통에 빛나는 우리 대한민국은 3·1운동으로 건립된 대한민국 임시정부의 법통과 불의에 항거한 4·19민주이념을 계승하고……' 이렇게 시작한다.

즉 친일과 친독재는 대한민국의 정통성과 정체성을 부정한 심각한 반 헌법 행위이다. 만약 이은상이 이 두 가지 중 하나라도 문제가 있다면 국가나 지방자치단체 차원의 기념사업은 해서는 안 된다는 것이 우리의 일관된 주장이다. 따라서 이은상은 "공이 '7'이요 과가 '3'이라면 용납해야 되지 않느냐"는 발언은 참으로 실없는 소리로 들릴 뿐이다.

그러나 이 말을 실없는 소리로 치부하고 그냥 넘어갈 수는 없다. 안시장이 7:3이라고 말하는 이은상의 공과에 대한 계량은 도대체 누가 어떤 기준과 방법으로 정했냐고 묻지 않을 수 없기 때문이다. 왜냐하면 안시장은 친일인명사전에 대해 "국가가 만든 것이 아니라서" 자기는 믿지 않는다고 했다. 그렇다면 이은상의 공과를 국가가 정해준 것이란 말인가? 자신은 대한민국 법원이 검증하고 인정한 친일인명사전도 안 믿는다면서 자신은 어째서 7:3이라는 지극히 주관적이고 비과학적인 논리로 시민들을 설득하려 하는가? 이런 걸 두고 궤변이라고 하는 것이다.

좋다. 안시장이 시장의 권한(?)으로 "까짓 친독재가 무어냐"며 이은상에게 각인된 불명예의 낙인을 덮어 준다고 치자. 그래서 이은상은 더 이상 흠잡을 데 없이 고향사람들에게 칭송과 추앙만 받을 위대한 인물이 될 것이라고 생각한다면 큰 오산이다. 이은상은 1960년 3월 15일 정부통령 선거에서 이승만과 이기붕의 당선을 위해 이승만을 이순신과 같은 위인으로 칭송하며 전국유세를 다녔고 3·15의거와 4·11(김주열 시신인양일) 마산항쟁을 '불합리 불합법이 빚어낸 불상사'로 매도하며 '무모한 흥분'이요, '이적행위'라며 고향사람들에게 겁박까지 했다.

이은상은 마산시민들과 민주혁명의 역사에 영원히 용서받을 수 없는 '대역무도한 짓'을 저질렀다. 이은상이 자신의 발목에 스스로 채운 이 족쇄는 3·15의거와 4·19혁명이 우리 역사에서 부정당하지 않는 한 절대로 풀릴 수 없는 족쇄라는 사실을 안시장은 깨닫기 바란다.

지금 우리는 친일, 친독재를 당당히 옹호하며 자신이 구상하는 사업을 관철시키겠다고 하는 안상수 시장이 사실은 친일, 친독재 보다 더 무서운 존재라는 깨달음을 우리에게 주고 있다. 그러나 나라를 되찾기 위해 목숨을 바친 수많은 항일열사들과 민주열사들을 생각하며 친일 친독재와의 싸움에서 우리는 결코 물러서지 않을 것이다.

2015년 12월 15일

경남민주행동 / 민주주의경남연대 / 부마민주항쟁기념사업회 /

일본군위안부할머니와함께하는 마창진시민모임 / 친일청산시민행동연대 /

3·15정신계승시민연대 / 6월항쟁정신계승경남사업회

3·15기념비 가로막은 화단과 은상이샘을 당장 철거하고, 이은상 가고파 거리 조성 즉각 중단하라!

1960년 4월 26일 오늘, 독재자 이승만은 "국민이 원한다면 대통령직을 사임 하겠다"는 말로 12년간 피로 얼룩진 독재의 권좌에서 내려왔다. 3·15 부정선거에 항거하여 일어난 마산시민봉기를 시작으로 김주열 시신이 마산중앙부두에 떠오른 그날, 마산4·11 항쟁에서 처음으로 나온 "이승만 대통령 물러가라"는 마산 시민들의 절규가 전국으로 번져, 피의 화요일이라고 했던 4·19를 거쳐 마침내 이승만의 하야성명을 받아내게 된 것이다.

통렬한 자기반성도 희생자들에 대한 애도와 속죄의 변도 없는 이승만의 짧은 하야성명은 오랫동안 대중들의 우스갯소리로 회자 되었지만 어떤 독재정권도 국민을 이길 수 없다는 첫 사례를 남겼던 56년 전 오늘 민주, 민권승리의 함성이 천지를 흔들었던 날이다.

오늘 우리가 여기에 서게 된 것은 4월 혁명이 시작된 마산 3월 15일 마산시민의 의로운 항쟁과 그에 얽힌 사연을 기록한 마산의 자랑스러운 3·15의거 기념비(일명 구명비)가 무성하게 자란 나무들에 가려져 이 거리를 오가는 시민들이 전혀 볼 수 없게 되었음에도 그대로 방치한 채 문화예술의 도시 운운하며 가고파 거리 조성 등 이은상 도시브랜드에 정신이 팔린 창원시의 무관심, 무개념, 몰역사, 몰지각 행정에 분노를 느끼지 않을 수 없기 때문이다.

현재 옛 북마산 파출소 뒤편에 세워져 있는 이 기념비는 원래 북마산 파출소 건너편에 있었다. 신동식(69세, 마산 상남동 95번지)이라는 어른이 8.15해방을 기념하는 석비를 자기 집에 세우려고 한 것이었는데 3·15의거 당일 밤 경찰이 무차별 발사한 총탄으로 말미암아 석비의 한쪽 귀가 파괴되어 삼각형을 이루게 되었고, 그 뒤에 숨어있던 의거 시민이 무사하게 된 것을 가상하게 여겨 61년 3·15의거 1주년에 이 기념비로 세우게 된 것이다.

3·15의거 당시 사망자와 부상자가 많이 발생했던 마산시청 일대와 남성동 파출소 그리고 이곳 북마산 파출소 3곳이 시민항쟁이 가장 치열했던 곳으로 지금도 많은 학생들과 시민들의 역사탐방코스로 찾는 매우 의미 있고 자랑스러운 역사 현장이다. 그런데 이처럼 사람들이 서서 역사해설을 들을 공간조차 없애버렸다. 더욱 황당한 것은 3·15의거의 그날, 많은 시민들이 경찰의 총탄에 더러는 쓰러지고, 더러는 몸을 숨겼을 그 거리, 그 골목에 3·15의거를 폄훼하고 마산시민을 모독한 이은상을 상징하는 거리가 조성되어 버젓이 '노산동 가고파 거리'라는 거리팻말을 당당하게 세워놓고 여러 유명 문인과 학자들을 들러리 세워 사실상 이은상 거리를 조성하고 있다는 사실이다.

물론 아직 공사가 진행 중인 것으로 보이지만 완공 이후의 모습이 매우 우려스럽다. 마산에서 노산과 이은상, 가고파는 같은 단어로 인식되고 있는데 '노산동 가고파 거리'는 이은상을 기념하는 거리가 아니고 무엇이란 말인가?

창원시가 같은 거리에 있는 3·15의거 기념비를 마치 보아서는 안 되는 흉물인양 감추듯 방치해 놓고 어떻게 코앞에서 이런 일을 벌이고 있는지 분노를 금할 수 없다.

지난 해, 2015년 1월 13일 우리는 창원시가 마산 노산동에 도시재생사업의 일환으로 이은상 작품을 주제로 한 골목길 테마 조성사업이 착수단계에 들어갔다는 소식을 듣고 즉각 기자회견을 열어 반대 입장을 창원시에 알린 바 있다. 이후 이 사업을 중단한 것 같은 태도를 취하다가 결국은 소리 소문 없이 진행하고 있었던 것이다.

이은상은 마산 3·15의거뿐만 아니라 박정희의 10월 유신을 지지한 인물로 10.18부마민주항쟁과도 철저하게 반대의 입장을 취해 여러 차례 마산의 자랑스러운 역사와 시민의 자존심에 깊은 상처를 준 사람이다. 따라서 이은상이 우리 문학사에 일정한 공헌을 했을지는 몰라도 그의 친독재 행적과 기회주의적 삶에 동의하지 않는 시민들이 많다는 것은 그동안 여러 차례 확인되었다. 따라서 공공의 영역에서 그를 기리거나 시민의 혈세로 이은상의 기념사업을 하게 되면 엄청난 반대에 부딪치는 것은 당연한 일이다. 오늘 우리는 안상수 시장에게 묻는다.

마산시민들이 숱하게 피 흘린 3·15의거와 10.18부마민주항쟁의 역사적 가치가 철저한 기회주의자였던 이은상의 가고파 가치보다 못하다는 말인가? 만일 안상수 시장의 가치관과 역사관이 이 정도라면 우리는 안시장의 문화예술 정책 전반에 회의를 품지 않을 수 없다. 우리단체는 지난 2001년부터 2008년까지 매해 3·15기념비와 소위 은상이샘이라는 우물 유구를 같은 공간에 존치해 놓았다는 것은 3·15의거를 모독하는 일이라며 이 샘을 철거하라는 요구를 해왔다. 이 화단이 조성된 것은 아마 말썽 많은 이 기념비를 나무들이 자라면서 자연스럽게 가려져 버릴 것이라는 속셈에서 만들었을 것이라는 짐작을 하게 한다.

그동안 우리가 은상이샘이라는 이름 자체에 신빙성이 없음을 여러 차례 지적했다. 이은상 기념사업을 추진하는 문인들이 동네 어른들이 불렀다고 증언하는 은새미(우리 지역 발음으로 샘은 새미)를 변용하여 이은상 신화 날조에 이용한 것으로 추정했기 때문이었다.

최근 우리는 그동안 우리의 주장이 옳았음을 증명할 자료를 발굴했다. 이에 우리는 앞으로 은상이샘의 진실을 밝힐 기회를 따로 마련할 것이다.

오늘 우리는 이와 관련해 창원시에 강력히 촉구한다.

1. 창원시는 3·15기념비를 가로 막고 있는 화단을 즉각 철거하라!
1. 창원시는 3·15기념비와 같은 공간에 동거 존치시킨 은상이샘을 즉각 철거하라!
1. 창원시는 노산동의 가고파 거리 조성을 즉각 중단하고 세부계획을 전면 공개하라!

2016년 4월 26일

열린사회희망연대

창원시는 3·15의거 기념비 주변 소공원화 조성사업(안)을 즉각 폐기하고, 근본문제를 해결하는 새로운 사업계획을 수립하라

우리는 지난 4월 26일, 3·15의거 기념비(이하 기념비) 앞에서 기념비를 가로막는 화단과 3·15를 모독하는 은상이샘을 당장 철거하고 이 일대에 노산동 가고파 거리 조성을 중단하라는 기자회견을 했다.

안상수 시장은 다음 날인 27일 오전 간부회의를 통해 기념비 주변을 정비해서 소공원을 만들고 시민들과의 합의 없는 이은상 미화사업은 추진하지 않겠다는 자신의 입장을 밝혔다. 이와 같은 안상수 시장의 재빠르고 명쾌한 답변에 우리는 쌍수를 들어 환영했으나 안시장과의 소통은 딱 거기까지였다

창원시의 관련 부서에서 추진하는 '3·15의거 기념비 주변 소공원화 조성사업 계획(안)'을 확인해 본 결과는 너무 실망스러워 분노마저 느끼지 않을 수 없는 수준이었다. 기껏 화단에서 시야를 가리는 키 큰 나무는 제거하고 키 낮은 화훼류의 나무를 심는다는 것이 전부다. 이건 그저 말썽을 적당히 무마하기 위해 대충 뭔가 하는 것 같은 시늉만 하는 꼴이다.

우리가 문제를 제기한 핵심은 기념비를 가리는 수목이 아니라 화단 자체를 완전히 철거해야 한다는 것이었다. 화단이 있는 현 상태로는 4, 5명이 옆으로 나란히 서기조차 힘들며, 기념비 정면에서 기념사진 한 장 찍을 수 없을 정도로 답사공간이 협소하다. 따라서 화단은 완전 철거되어야 한다. 그래봐야 확보되는 공간이 10평 남짓이다.

또 하나는 은상이샘 철거였다. 기념비와 같은 공간에 3·15의거를 폄훼한 이은상을 기념하는 우물모형을 들여 놓은 자체가 또 한 번 3·15의거를 모독하는 일이기 때문이다.

은상이샘과 관련해서 항상 따라 나오는 이야기는 이 샘의 이름이 이은상을 추종하는 문인들에 의해 조작, 날조되었을 가능성이 있다는 주장이었다. 옛날 마을 주민들이 이 샘을 통상 '은새미'라고 불렀다는 증언들이 있고 최근 본래의 이름이 '운생이새미' 였을 것으로 거의 확실시 되는 자료도 발굴되었다. 적어도 창원시가 정확한 고증을 거쳐

이 샘의 이름을 제대로 밝혀 낼 때까지 우물모형 앞에 세워 놓은 '은상이샘'이라는 표지석이라도 당분간 치워 놓는 것도 문제를 해결하는 하나의 방안이 될 수도 있을 것이다.

우리는 안시장이 이런 일에 세세한 부분까지 지시하고 개입할 수 있을 거라고는 생각하지 않는다. 다만 이 일을 책임진 담당 공무원들의 3·15의거에 대해 너무나 무지하고 무관심하며 따라서 3·15의 문화적 교육적 가치도, 시민들의 자긍심에 대한 이해도 배려도 전혀 없는 결과라고 생각한다. 바로 코앞에 있는 노산동 가고파 거리에 쏟은 공무원들의 열정을 보면서 3·15를 자랑스럽게 생각하는 시민들의 입장에서 참을 수 없는 모욕감과 분노를 느끼는 것은 당연하다.

일단 예산 규모를 보면 이은상을 기리는 노산동 골목길 테마가로 조성사업비가 11억 7천만 원이다. 허나 기념비 주변 정비 사업비는 고작 1천만 원이다. 돈으로만 따지면 담당공무원의 이은상에 대한 가치부여나 열정에 비해 3·15의거는 100분의 1도 안 되는 수준이다.

기념비 주변을 정비하고 소공원화 사업을 한다면 비전문가인 우리가 언뜻 생각해도 해야 할 일이 한 두 가지가 아니다. 첫째 기념비의 바닥을 30~40cm 정도 높게 돋우어야 한다. 옛 북마산파출소에서 육호광장으로 내려가는 길은 경사면이다 보니 본래 크지도 않는 기념비가 시각적으로 더욱 낮고 왜소해 보이기 때문이다.

또 하나는 기념비의 배경이 되는 건물의 외벽은 개인소유로 간판은 물론 여러 광고물들이 붙어 있기 일쑤다. 여기는 나무벽을 세워서 어지러운 광고물이 보이지 않게 가려야 한다. 그리고 기념비의 측면을 지저분하게 보이게 하는 전봇대와 가로등 점멸기도 옮겨야 하며, 화단을 들어낸 바닥에 나무테크를 깔든 뭐든 해야 할 것이다. 이정도만 해도 1천만 원의 예산은 턱없이 부족하다는 생각이 든다.

따라서 우리는 현재 창원시가 세운 '3·15의거기념비 주변 소공원화 조성사업'을 전면폐기하고 처음부터 완전히 새로운 계획을 세우기를 강력히 촉구한다. 이 과정에서 적어도 문제를 제기한 시민단체의 의견이라도 한번 경청해 주기를 바란다.

우리나라에서 자타가 인정하는 민주성지는 광주와 마산 딱 두 곳 뿐이다. 3·15, 4·11, 10.18의 역사 자체가 문화예술의 훌륭한 소재가 되고 역사현장과 기념물이 귀중한 관광자원이 될 수 있다는 발상의 전환이 필요하다.

우리는 1960년 당시 마산에서 3·15의거를 직접 보고 겪었을 안상수 시장은 마산시민들의 정서와 자부심을 잘 알 것으로 믿는다. 기념비가 서있는 공간은 비록 손바닥만 하지만 어디서 누가 와서 보아도 창원시의 정성과 애정이 깊이 배인 공간으로 조성해 주시기를 바란다.

2016년 5월 18일

열린사회희망연대

은상이샘을 당장 철거하라!

지난 5월 18일 오전 11시, 바로 이곳에서 북마산 3·15의거 기념비에 있는 화단과 은상이샘을 철거하라는 열린사회희망연대의 기자회견이 있었다. 이 기자회견이 끝내자마자 곧 바로 창원시 관광문화국장이 나와 미리 준비한 보도 자료를 통해 "은상이샘 철거 불가"의 입장을 발표했다.

시민단체의 이야기는 들어 볼 것도 없다는 태도다. 이는 너무나 경솔하고 오만한 행동이었다. 그 내용 또한 유치하기 그지없었고 100% 이은상을 추종하는 문인들 (이하 : 이추문)이 오래전부터 주장해온 그대로였다.

지역에서 큰 논란거리가 되고 있는 이런 사안에 대해 시청 담당 공무원들이 취해야 할 자세는 매우 중립적이고 객관적이라야 한다.

그리고 상반된 두 입장과 논리를 공정하게 판단하기 위한 여러 가지 절차, 즉 의견청취, 토론, 조사, 고증 등의 과정을 거쳐 양측이 어느 정도는 승복할 수 있는 결과를 찾아내려고 하는 노력이 필요하다. 그러나 창원시는 그 어떤 것도 하지 않았다.

허종길 국장은 오로지 이추문의 입장만 충실히 전달한 이추문의 대변인이었을 뿐이다. 우리는 허국장의 이런 작태를 강력히 규탄하면서 그가 불가 이유로 내세운 몇 가지 억지 주장을 반박하고자 한다.

1. 은상이샘은 이은상의 생가 우물터다. 이런 표현은 이은상의 집안에 샘이 있었다는 말이다. 잘 못된 말이다. 이 샘은 교방천 바로 옆 길가에(차량이 지나다니는 큰 길에서 교방천 옆쪽으로 계단 서너 개를 딛고 내려가는 낮은 위치에 있었음) 있었고 동네 사람들이 이용하는 공동우물 이었다.

2. 은상이샘은 현 위치에 1999년 5월에 먼저 옮겼고 3·15의거기념비는 6월에 옮겼다.

이 말은 은상이샘이 현 장소를 선점했기 때문에 우선권이나 기득권이 있다는 뜻이다. 참으로 어처구니없는 유치한 발상이다.

도로공사를 하기 전 둘 다 비슷한 장소에 있었고, 도로공사를 하면서 당연히 둘 다 현재의 장소 외는 달리 옮길 곳이 없었다. 그러나 위치 이동 일자의 선후가 생길 수밖에 없는 것은 은상이샘 모형 공사는 인부 한두 명이 반나절만 일해도 가능한 규모이지만 3·15의거비는 그에 비해 대공사였다. 장비를 가진 건설업체에서 옮겨 그대로 다시 원상태로 복원하는데 시간이 많이 걸리고 더욱 그 공사를 무상으로, 또는 저렴하게 해줄 건설업체(사림건설)를 찾는데 많은 시간이 필요했을 것이다.

따라서 5월이냐 6월이냐를 따진다는 것 자체가 바보 같은 짓이다. 당시 두 기념물을 똑같이 6월이라 새겨놓은 것은 이전 복구의 선후가 아무 의미 없다는 뜻이다. 그럼에도 불구하고 이런 졸렬한 논리를 은상이샘 철거 불가 이유로 버젓이 내세우는 공무원들의 한심스러운 수준을 보면서 앞으로 창원시를 어떻게 문화예술 특별시로 만들 것인지 심히 걱정스럽다.

진실은 관련 공무원들이 생각하는 것과는 정 반대 일수도 있다. 실제 그런 이야기가 있었다. 두 기념물의 위치를 보라. 기념비가 바깥쪽이고 샘은 안쪽이다. 더 이상의 이야기는 우리도 구차스러워질 것 같아 그만둔다. 3·15의거기념사업회는 2004년 4월 23일 마산시에 '은상이샘을 철거하라'는 강력하면서도 상세한 의견서를 제출했다.

3. 은상이샘은 "오랜시간 시민들과 함께해온 문화자산이며 지역민의 정서를 반영해 안고 가야 할 역사다"

1970년대 들어와 마산시내 일원에 수도시설이 확충되어 동네 우물의 이용자가 급격히 줄어들기는 했지만 오랫동안 인근 주민들이 애용해 왔던 이 샘을 주민들은 아무도 은상이샘 이라고 부르지 않았다. 우리지역에서는 샘을 새미라고 한다. 통새미, 논새미, 수통새미 같이 말이다. 도대체 은상이샘 이라는 발음자체도 너무 어색하다.

그러나 은상이샘은 지역민의 정서를 반영한 것이 아니라 이추문의 이은상 신화 조작을 수용한 것으로 창원시가 이 조작물을 계속 안고 간다면 두고두고 말썽이 생길 골칫덩어리를 안고 가게 될 것이다.

4. "이은상의 과거행적에 대한 평가는 문학계 등의 정확한 고증을 통해 논의할 사안이다"

문학계는 문학적 차원에서 평가하면 된다. 우리에게 문학계의 평가는 관심 밖의 일이다. 그러나 이은상의 친독재 행적에 대한 사실은 누구도 조작할 수 없는 자료들이 남아있어 고증이 아니라 사실 확인만 하면 되고, 민주성지의 도시에서 시민의 혈세로 이은상의 기념사업을 하는 것을 찬성하느냐 반대하느냐 하는 것은 시민들이 평가하고 행동할 할 일이다.

1999년부터 2005년까지 옛 마산에서 6년 동안 찬반 양측에서 모든 수단과 방법을 동원해 치열한 논쟁을 벌였고 결국 시민의 대의기구인 마산시의회에서 '이은상 문학관'을 '마산문학관'으로 바꾼 것으로 평가는 이미 끝난 것이다.

오늘 이 자리를 빌어 그 동안 전혀 알려지지 않았던 자료 하나를 공개하고자 한다. 1910년 조선총독부에서 발행한 조선지지자료(朝鮮地誌資料)이다. 여기에 놀라운 기록이 있다. 소위 은상이샘이라고 하는 샘 바로 옆에 흐르는 교방천(상남천, 상남내, 성남천, 서원천, 교방천 등 여러 이름으로 불려왔다)을 당시에는 운상천(雲上川)이라 했고 사람들은 '운생이내'로 부른다고 기록해 놓았다. 마치 지도를 보는 것처럼 위치를 정확하게 표기해 놓았다.

비고란에 설성남교(設城南橋) 성산상남계(城山上南界)라고 되어 있는데 운생이내(운상천)라는 하천에 성남교라는 다리가 설치되어 있고 그 하천은 성산리와 상남리의 경계라는 뜻이다.

옛 북마산파출소와 북마산 가구거리 사이에 있는 다리 이름은 지금도 그대로 성남교이다. 즉 은상이샘이라고 하는 샘의 본래 이름이 '운생이내' 옆에 있다고 해서 자연스럽게 '운생이새미'로 불렀을 것이라는 것은 쉽게 짐작이 된다.

이후 은새미로 부르게 된 것은 이와 관련이 있거나 아니면 샘의 또 다른 특성 때문일 수도 있다.

그러나 분명히 말해두고 싶은 것은 위의 논쟁과는 별개로 소위 '은상이샘'이라고 하는 우물모형 철거를 주장하는 본질적 이유는 독재의 편에 서서 3·15의거를 폄하하고 불의와 독재에 항거한 마산시민을 모독한 이은상을 기리는 은생이샘과 3·15의거 기념비가 이렇게 한 공간에 공존하는 것을 우리는 절대 용납할 수 없다는 것이다. 마치 이은상이 3·15의거를 강제 추행하는 것 같은 꼴을 더 이상 두고 볼 수는 없다. 나아가 민주성지라고 자부하는 도시에서 시민의 혈세로 독재자 이승만, 박정희, 전두환에게 영혼을 판 이은상의 기념사업을 하는 것도 절대 반대다.

이와 관련해 안상수 시장은 우리의 면담 요청을 외면하지 말기 바란다.

은상이샘 당장 철거하라!

이추문의 대변인 허종길 국장은 반성하고 사죄하라!

2016년 5월 24일

은상이샘 철거를 위한 시민연대

(사단법인 부마민주항쟁기념사업회 / 사단법인 3·15의거열사김주열기념사업회 / 3·15정신계승시민단체 연대회의 / 열린사회희망연대 / 6월항쟁정신계승경남사업회)

안상수 시장은 은상이샘 철거 불가 방침을 철회하고, 3·15의거 모독하는 은상이샘 당장 철거하라!

우리는 지난 한 달여 동안 3·15의거 기념비를 모독하는 소위 은상이샘이라고 하는 우물 모형을 철거해 줄 것을 창원시에 몇 차례 요청했고 이에 대해 창원시는 이례적으로 빠르고 단호한 반응을 보였다.

창원시는 허종길 관광국장이 직접 나서서 이추문(이은상을 추종하는 문인들)이 조작, 날조한 은상이샘의 보존 이유를 앵무새처럼 되뇌며 "은상이샘 철거 불가"를 선언했다.

며칠 뒤 안상수 시장이 문제의 현장을 직접 찾아가 언론사 기자들까지 불러 놓고 3·15의거 기념비 앞에서 "은상이샘 철거 불가"를 공표했다.

우리에게 철거 주장은 일고의 가치도 없으니 두 번 다시 거론 하지 말라는 경고와 최후통첩을 보낸 것이다. 이추문 들이야 말로 춤을 출 일이지만, 마산 3·15의거는 이은상에 이어 안상수 시장에게 또 한 번 치욕스러운 수모를 겪은 것이다.

우리는 이런 일련의 과정을 통해 새삼스럽게 깨닫게 된 것은 마산시가 창원시에 통폐합되면서 잃어버린 게 너무 많다는 사실이다.

지난 2001년부터 10년 가까이, 3·15, 4·19 기념일이 되면 우리는 은상이샘 철거를 반복해서 요구해 왔었다. 물론 마산시가 창원시로 통합되기 전의 일이다.

그때 마산시의 대응은 지금 창원시와 완전히 달랐다. 적어도 마산시청 공무원들은 지금 창원시와 같이 이추문의 주장을 대변하고 나서는 따위의 일은 단 한 번도 없었다. 그리고 마산시장은 우리의 요구에 대해 늘 말이라도 "잘 알겠다" "연구 중이다" 등등의 변명을 하며 고심하는 모습을 보이기라도 했다. 그러나 창원시는 우리 이야기를 들어주는 척도 하지 않았다.

창원시와 마산시의 이런 차이는 도대체 어디서 오는 것일까? 하는 점을 따져볼 필요가 있다. 이건 공무원과 시장의 유능과 무능, 소신과 무소신의 차이에서 온 결과는 결코 아니다.

옛 마산 시장과 공무원들은 적어도 3·15의거에 대한 자부심과 마산이 세상을 두 번이나 바꾼 민주성지라는 자긍심만은 시민들과 다를 바 없었던 것이다. 때문에 이에 반하는 이은상 기념물이 3·15기념비와 같은 공간에 존치된 것에 대한 문제의식은 분명히 가지고 있었다. 다만 주어진 조건 속에서 철거와 존치를 주장하는 양측을 만족시킬 방법을 찾지 못해 어정쩡하게 시간을 끌어오다 고육지책으로 궁리해 낸 것이 바로 화단설치였다. 차라리 둘 다 살짝 가려버리자는 꼼수를 쓴 것이다.

그러나 통합 창원시에서 현재 관련 업무를 담당하는 공무원들에겐 3·15의거와 민주성지 마산에 대한 개념자체가 없는 것 같고, 안상수 시장 역시 고향이 마산이라고 하지만 일찍 출향한 탓에 그동안 고향을 지키며 살아온 시민들의 정서를 전혀 이해하지 못하고 있거나, 처음부터 이은상을 우상화하는 일방적인 정보에 의해 형성된 편향된 시각이 논리적 사고와 객관적 판단을 가로막고 있는 것이 아닌가 하는 의구심을 떨쳐버릴 수가 없다. 그렇지 않고서야 은상이샘이라고 하는 이 가짜 우물모형을 "역사"니, "공존"이니 하는 말로 비호하며 감히 3·15의거비가 서 있는 거리를 어찌 '가고파 거리'라고 명명할 수 있단 말인가.

이제와 생각하니 옛 마산시의 화단설치가 창원시의 무지하고 편파적이고 오만한 태도에 비해 오히려 애교스럽다는 생각이 들 정도다. 이래서야 창원시가 광역시로 된다한들 과연 그것이 옛 마산시민들에게 어떤 의미와 이득이 있을 것인지 회의를 느끼지 않을 수 없다.

아무튼 우리는 창원시가 노산시가 된다 해도 아닌 것은 끝가지 아니라고 할 것이다. 3·15의거를 모독하는 이은상 우상화 조작물과 3·15의거 기념비가 같은 공간에 공존하는 것을 절대 용납 할 수 없다.

오늘 우리는 이은상이 3·15의거를 모욕하고 추행하는 모습을 더 이상 두고 볼 수 없어 3·15기념비와 가짜 우물 모형사이에 담장을 쌓기로 했다. 설사 창원시가 담장을 허문다 해도 역사는 오늘의 이 사실을 똑똑히 기록할 것이다.

1. 은상이샘 조작, 날조한 이추문의 편만 드는 창원시는 각성하라!

1. 안상수 시장은 은상이샘 철거 불가 방침을 철회하라!

1. 3·15의거 모독하는 은상이샘 당장 철거하라!

2016년 6월 2일

3·15의거 모독하는 은상이샘 철거 시민연대

(사)부마항쟁기념사업회 / (사)3·15의거열사김주열기념사업회 / 열린사회희망연대/ 3·15정신계승시민단체연대회의 / 6월항쟁정신계승경남사업회

우리는 창원시에 은상이샘과 관련한 공개토론을 제안한다

소위 '은상이샘' 이라는 우물이 지역사회에서 논쟁이 된 발단은 1999년 옛 북마산 파출소 일대가 도로확장공사에 편입되면서 바로 인근에 있었던 3·15의거기념비와 문제의 샘을 현재의 공간으로 이전하면서였다.

2001년 4월 19일 시민단체(열린사회희망연대)가 '3·15의거 모독하는 은상이샘 즉각 철거하라'고 마산시에 요구하는 기자회견과 아울러 3·15기념비와 은상이샘 사이에 블록담장 쌓기 이벤트를 시작으로 현재까지 이 철거요구는 끈질기게 이어져 오고 있다. 당시 마산시는 이 샘이 이은상 생가와 관련된 유일한 유물이라는 이은상을 추종하는 문인들이 주장하고 요구하는 것을 그대로 받아들여 형식적인 절차를 거쳐 당시 우물위치에 은상이샘이라는 동판을 도로바닥에 설치하고 현 장소에 모형(전혀 다름)을 만들어 존치하기로 결정한 것이다. 마산시는 사실 확인을 위해 주민들을 대상으로 한 어떤 조사나 고증작업을 하지 않았다.

이 과정에서 이 샘을 이용했던 동네 주민들이 오래전부터 불렀던 '은새미'라는 본래의 이름이 '은상이샘'으로 변조되고 말았다.

그랬기에 마산시는 시민단체의 철거요구에 매번 묵묵부답으로 대처하다가 요구가 강해지면 "검토 중"이라거나 "철거 주장에 대해 진지하게 고민하고 있다"는 말로 우물쭈물 10년이란 시간을 끌다 창원시로 통합되기 직전, 설치물 전면에 화단을 조성하여 3·15의거기념비와 문제의 샘을 아예 가려버리는 꼼수를 쓰게 된 것이다.

지난 5월 18일 창원시에 화단과 은상이샘 철거를 요청한 이유와 배경을 설명하는 기자회견을 했을 때, 창원시는 "우리의 의견을 들을 필요도 없다"는 듯 우리가 기자회견을 마치기를 기다리고 있다가 곧바로 미리 준비된 보도자료를 기자들에게 배포하며 허종길 문화관광국장이 직접 나서서 은상이샘 철거 불가 입장을 밝혔다.

그리고 이틀 뒤인 5월 20일 안상수 시장은 현장에서 다시 한 번 철거 불가방침을 기자들에게 밝힘으로서 시민단체의 철거요구를 단호하게 거절했다.

이로써 창원시는 과거 마산시가 어설프게 결정한 일을 스스로 떠안으면서 앞으로 은상이샘과 관련된 모든 책임을 창원시가 지겠다는 의지를 시민들 앞에 밝힌 것이다.

그러나 창원시의 이런 태도와 방식은 은상이샘 논란을 종결 시키기는 커녕 더 큰 문제를 불러일으킬 것이 뻔하다. 창원시가 이토록 자신만만하게 철거불가 이유로 드는 것이 은상이샘은 이은상의 생가우물이었다는 것이다. 그러나 이 주장이 정당성과 설득력을 가지려면 이 우물의 소유권이 이승규(이은상의 부)에게 있었다는 것을 확인시켜 줄 수 있는 입증자료가 제시 되어야 한다. 이제부터 이에 대한 입증책임은 상식적으로나 법적으로 창원시에 있다. 그러나 창원시는 이은상을 추종하는 문인들의 주장만 그대로 되풀이 할 뿐이다.

또 하나, 시민단체 철거주장의 핵심은 3·15의거 기념물과 3·15와 4·11마산항쟁을 폄훼한 이은상의 기념물이 한 공간에 공존하는 것이 3·15의거와 마산시민을 모독하는 일이기에 철거하라는 것이다. 이 부분에 대해서 창원시는 '문학계 등의 정확한 논의 할 사안이며…' 라며 사실상 이은상을 추종 문인단체들에게 슬그머니 떠넘기고 있지만 이 문제야 말로 창원시가 이은상의 친 독재 경력이 없음을 입증해야 논쟁의 소지를 없앨 수 있는 제일 중요한 사안이다. 이런 것들이 해결되지 않는 한 관련된 사안이 생길 때 마다 논쟁과 말썽이 끝나지 않을 것이다.

따라서 우리는 이 문제를 종결짓기 위해 창원시에 은상이샘과 관련하여 그동안 거론된 모든 쟁점을 놓고 우리와 공개토론을 할 것을 제안한다.

우리는 창원시의회에도 제안한다.

지금까지 시의회는 이 논란의 바깥에서 마치 수수방관하는 듯한 모습으로 우리에게 비쳐졌다. 그러나 이 문제는 시의회가 결코 방관하거나 외면할 사안이 아니다.

은상이샘 문제를 관련 단체들 사이에 소소한 시빗거리로 치부한다면 시의회가 시민들로부터 주어진 자신들의 중요한 역할과 임무를 방기하는 일이다.

지금까지도 그랬지만 창원시가 지난 1일 '문화예술특별시'로 선포한 이후 이 문제는 더욱 예민하고 복잡하며 심각하게 진행될 소지를 안게 되었다. 은상이샘은 어느 순간 창원시가 감당해야할 태풍의 눈으로 존재하고 있기 때문이다.

앞으로 창원시의 문화예술, 관광, 도로, 도시건설 등 각종 정책과 예산편성에 있어서 시의회가 집행부인 시를 견제하고 감시해야 하는 등 적잖게 신경을 써야 할 부분이다.

만일 시의회가 이런 역할을 하지 못한다면 창원시와 시민단체는 사사건건 충돌을 빚게 될 것이고, 이렇게 되면 시의회도 제 역할을 하지 못한다는 여론의 비난을 피하기 어려울 것이다.

또한 창원시에 흡수 통합된 옛 마산시의 자부심이요 시민의 자긍심이었던 '민주성지'라는 마산시의 정체성을 창원시가 어떻게 살리고 구현해 나갈 것인지를 창원시가 지금처럼 미처 챙기지 못하고 있다면 시민의 대의기구인 의회가 나서서 진지하게 고민해야 한다.

그러나 오늘 우리는 창원시의회에 많은 요구를 한꺼번에 다 하고자 하는 것은 아니다. 다만, 창원시와 시민단체 간의 공개토론을 시의회가 주최, 주관 해 줄 것을 정중히 요청 드린다.

2016년 7월 14일

3·15의거 모독하는 은상이샘철거시민연대

(사)부마항쟁기념사업회 / (사)3·15의거열사김주열기념사업회/ 3·15정신계승시민단체연대회의 / 열린사회희망연대 / 6월항쟁정신계승경남사업회

허위조작으로 밝혀진 '은상이샘', 창원시는 사죄하고 철거하라!

지난 4월 26일 우리는 옛 북마산 파출소 터 아래 3·15의거 기념비와 나란히 존치되어 있는 은상이샘의 철거를 요구하는 기자회견을 했다. 이은상을 기념한다고 만들어 놓은 소위 은상이샘이라는 우물의 이름과 모형이 모두 조작된 가짜이며 이은상은 3·15의거를 폄훼하고 이승만, 박정희, 전두환 독재정권에 곡학아세하며 친독재를 했던 인물이라는 이유 때문이었다.

이에 대해 창원시는 5월 18일, 허종길 관광문화국장이 기자회견을 자청해 "은상이샘은 이은상의 생가우물이며 철거 할 수 없다"고 선언했다. 그리고 이틀 뒤 안상수 시장은 은상이샘이 있는 현장에 기자들을 불러 놓고 다시 한 번 철거불가를 확인했다. 은상이샘을 철거할 수 없다는 창원시의 논리는 이은상을 추종하고 추앙하는 문인들(이하 이추문)의 주장과 한자 한 획도 틀리지 않고 똑같았다.

창원시의 편파적이고 일방적인 결정에 대해 우리는 은상이샘의 진위에 대한 공개토론이라도 한번 해보자고 창원시에 제안했다.(7월 14일) 이 사실이 알려지자 창원시의회 의원들의 모임인 '민주의정협의회'가 스스로 나서서 토론회를 주최하기로 결정하고 창원시와 관련 시민단체 양측에 참가요청 공문을 보냈으나 창원시는 "관련 논의는 문인들을 중심으로 진행되는 것이 타당하다"는 이유로 토론회 불참 의사를 통보했다.

하지만 주최측은 처음부터 어느 일방이 불참한다 해도 토론회는 반드시 진행할 것이라는 의지를 밝혔고 이에 따라 지난 10월 10일, 창원시의회 별관 대회의실에서 '은상이샘, 진짜인가 가짜인가'라는 주제로 토론회가 진행되었다. 이 자리에서 처음으로 일제강점기 시절 이승규(이은상의 부)의 토지 등기부, 토지대장, 지적도가 공개되었고 이로써 15년 동안 논쟁의 대상이 되었던 은상이샘은 이은상의 생가우물이 아니며 이추문에 의해 조작된 것이라는 주장이 사실로 밝혀졌다.

공공재산인 동네우물 은새미(운생이새미)를 이은상의 사유재산 은상이샘으로 조작하여 이은상을 미화하고 우상화하는 기념물로 만든 것이다. 이를 위해 거짓증언, 증거를 만들어 유포하고 거짓 표식물까지 설치하여 창원시와 시민들을 17년 동안 기만해온 그들의 작태는 파렴치한 범죄행위와 다를 바 없는 짓이다.

토론회 내용이 각종 언론을 통해 세상에 알려지고 기자들이 토론회에 대한 창원시의 입장을 묻고 취재하는 과정에서 "은상이샘과 관련한 것은 문인들에게 물어 봐야 한다" "시에서는 철거를 하지 않고 그대로 두겠다" "진짜든 가짜든 시가 판단할 권한이 없다"는 관련 공무원들의 황당무계한 답변에 우리는 경악하며 분노하지 않을 수 없다. 이는 마치 뇌물을 받아먹은 심판이 편파판정으로 승자와 패자를 뒤바뀌게 해놓고 경기종료 후 고의적인 오심이었다는 명백한 증거가 나오자 앞뒤가 안 맞는 논리로 횡설수설하며 책임회피에만 급급한 부정심판의 뻔뻔하고 비열한 작태와 똑같은 짓을 지금 창원시가 하고 있기 때문이다.

우리는 그동안 창원시가 이 문제에 대해 중립적이고 객관적이 자세로 찬반양측의 의견을 청취하고 고증과 현지조사라도 한번 해보라는 제안을 여러 차례 했지만 창원시는 이를 비웃기라도 하듯 "불필요하다"는 한마디 말로 묵살했다. 그리고 자신만만하게 "생가우물이라 철거할 수 없다"고 언론을 통해 공언해 놓고 이제 와서 허무맹랑한 변명으로 발뺌 한다고 해서 그냥 넘어 갈 것이라고 생각하면 큰 오산이다.

창원시가 지금 당장 해야 할 일은 "은상이샘은 이은상의 생가우물이다" 그래서 "철거불가"라고 했던 공식 발언 취소와 공개사과, 그리고 그동안 이추문의 하수인 노릇을 하며 그들의 주장을 대변했던 이유가 무엇이었으며 이제 와서 그들의 등을 떠밀어 앞세우는 사연은 또 무엇인지도 소상히 밝힐 것을 강력하게 촉구한다.

이제 더 이상 거짓으로 진실을 덮을 수는 없다.

역사를 왜곡하고 시민을 기만하는 '은상이샘'과 '은상이샘 터' 동판이 철거될 때까지 우리는 창원시에 끝까지 책임을 물을 것이다.

2016년 10월 18일

3·15의거모독하는 은상이샘철거시민연대

허성무 시장의 이은상 관련 발언에 대한 우리의 입장

지난 9월 4일, 우리는 마산 YMCA 아침논단에서 허성무 시장이 시정목표를 중심으로 강연하는 도중 이은상에 대한 발언 내용을 언론보도를 통해 듣고 아연실색을 했다. 전후 맥락으로 보아 이은상에 대해 반대만하는 사람들 때문에 창원시가 "소중한 이은상을 잃어버렸다"고 발언 한 것 같다.

이 보도가 사실이라면 허성무 시장은 큰 착각을 하고 있다. 아마 허 시장의 이런 오해는 잊을만 하면 되풀이되는 이은상 기념사업 반대 여론 때문일 것이다. 그래서 이은상 기념사업이 번번이 반대에 부딪쳐 저지당했다고 생각하는 모양이다. 하지만 오히려 매번 묵살당한 것은 반대측의 목소리다. 이은상 기념사업은 창원시(마산시)와 이은상을 추앙하는 문인들(이하 이추문)의 치밀한 계획에 따라 늘 소리 없이 성공적으로 추진되어 왔다는 사실을 전혀 모르고 하는 소리다.

창원에는 오래전부터 가고파 노래 시비가 무려 8곳에 세워져 있고, 이은상을 기리기 위해 그가 어린 시절에 살았던 마산 상남동과 인근의 교원동까지 합쳐 이은상의 호를 따 노산동으로 동명까지 바꾸었다. 그리고 이은상을 상징하는 가고파 거리라고 이름 붙인 곳도 여럿 있고 아예 노산동에는 큰길, 작은 길, 할 것 없이 주소로 사용되는 '노산길'로 이름 지어 시민들이 이은상을 잊을 래야 잊을 수 없도록 해놓았다.

심지어 3·15의거 당시 시민들의 저항과 경찰의 공세가 가장 치열했던 옛 북마산파출소가 있었던 의로운 역사의 거리마저 가고파 거리라 이름 붙여 놓았다. 뿐만 아니라 바로 그 곳에 세워진 3·15의거 기념비(구명비)는 어지럽게 우거진 수풀에 가려둔 채 방치해 놓고 바로 길 건너 마산문학관으로 올라가는 골목길을 11억 5천만 원이나 되는 시민의 혈세로 이은상 문학 테마길을 조성했다. 그게 바로 2016년 안상수 시장이 했던 일이다. 이추문들의 대 시민 사기사건이라 할 수 있는 은상이샘(본래 공동우물 은새미)도 끄떡없이 제자리를 굳게 지키고 있다. 세계를 통틀어 봐도 자기 고향에서 이만한 대접을 받는 문화예술계 거장들은 그리 많지 않을 것이다. 알고 보면 버림받은 것은 이은상이 아니라 3·15의거이다.

단 하나, 시민들의 반대여론으로 저지된 것은 이은상문학관이다. 1999년, 마산시가 제비산(노비산)에 이은상문학관을 짓기로 했을 때, 시민단체들이 반대를 하고 나섰다. 시민의 혈세로 짓는 기념관이라면 '그 주인공은 자손대대로 존경받고 후대들의 표상이 될 만 한 인물이어야 한다'는 너무나 당연하고 자연스러운 발상에서 시작된 일이었다.

그렇다고 국회에서 청문회 하듯이 한 인간의 시시콜콜한 모든 약점까지 다 들추고 따지자는 것은 아니었다. 적어도 대한민국에서는 친일경력과 친독재 경력, 이 두 가지 중 하나만 있어도 그건 불가하다는 판단 때문이었다. 이 기준은 우리나라의 정통성과 정체성에 관한 문제이기 때문이다. 참고로 대한민국 헌법은 "….우리 대한민국은 3·1운동으로 건립된 대한민국 임시 정부의 법통과 불의에 항거한 4·19 민주 이념을 계승하고…" 이렇게 시작된다.

마산에서 이은상 논쟁은 무려 6년이나 이어졌다. 결과는 2005년 5월 20일 마산시의회에서 찬반토론을 거쳐 이은상문학관을 마산문학관으로 바꾸는 조례가 통과되어 논쟁은 끝이 났다. 시작할 때 절대다수의 의원들이 시민단체 주장을 비판하고 비난했던 걸 생각하면 기적 같은 일이었다. 시간이 지날수록 논쟁을 통해 이은상의 구체적인 독재부역 행위가 낱낱이 밝혀지면서 시장과 시의원들의 생각도 달라진 것이다.

이은상은 3·15정부통령 선거 당시 이승만과 이기붕을 지지하는 전국 유세를 다녔고, 3·15의거를 "지성을 잃은 데모" "무모한 흥분"이라고 폄훼했다. 그리고 박정희와 각별한 사이로 유신지지성명을 냈고 전두환을 위대한 지도자로 찬양했던 기록들을 부정할 수 없었을 것이다.

당시 기념관 사업추진에 앞장섰던 황철곤 마산시장은 의회에서 이런 말을 남겼다.

"공적으로 추앙되는 인물은 도덕적, 역사적 흠결이 없어야 합니다. 이번 일은 지역의 시민사회가 성숙돼 가는 과정에서 역사적 진실이 밝혀지는 것은 불가피하고 우리는 그 현실에 직면해 있습니다. 더 이상의 논란으로 고인들의 명예가 훼손되지 않는 길이 무엇인지 살펴야 할 것입니다"라고 했다. 허성무 시장은 황시장의 말을 참고해 주시길 바란다.

그동안 우리가 가장 많이들은 말은 "공은 공대로 과는 과대로 평가하자"는 말이었다. 일반적인 경우라면 우리도 그 말에 전적으로 동의한다. 그러나 이은상의 반 헌법, 친독재 행위가 만천하에 들어 났음에도 불구하고 기념관 운운하는 자체가 옳은 일이 아니며, 기념관을 짓고 그곳에 공과를 나란히 기록하여 평가 받자는 이야기는 말장난을 넘어 기만적인 술수일 뿐이다.

기념관 그 자체가 이미 과보다는 그래도 공이 크다는 것을 입증해주는 물증이 된다. 당연히 기념관 용도도 그렇게 쓰이게 될 것은 뻔한 일이다. 지금 창원에 있는 이원수문학관을 보면 딱 그렇게 되어 있다.

만일 허성무 시장이 문화관광자원이라는 측면에서 그런 발언을 했다면 이 말을 꼭 전해주고 싶다. 이은상 논쟁은 전국적 관심사였다. 따라서 우리나라 문학계는 물론이요 많은 국민들이 이은상의 허상과 실상에 대해 다 알아버렸다. 문화상품으로 치자면 이은상은 이미 매력도 가치도 다 떨어지고 유행도 철도 지난 재고품 신세일 따름이다. 최근 이추문들 속에서 "가고파 거리에 가고파가 없다"는 푸념과 짜증이 나오는 이유는 시민단체 때문이 아니라 이은상의 상품성이 떨어져 손님들로부터 외면당하고 있기 때문이다.

창원시의 이은상에 대한 더 이상의 투자는 시민혈세를 낭비하는 일이며, 시장이 앞장서서 이미 끝난 논쟁을 재 점화해서 또 다시 시민들을 갈등과 분열의 늪으로 몰아넣는 일이다. 그래서 허성무 시장의 이은상 관련 발언은 너무나 걱정스럽고 위험하게 들린다.

2018. 09. 06.

3·15정신계승시민단체연대회의

2장

'은상이샘'의 진위 논쟁 공개토론회 자료 및 마산문학관 명칭 확정

은상이샘, 진짜인가 가짜인가?

• 일시 : 2016년 10월 10일 오후 2시~

• 장소 : 창원시의회 별관 대회의실

• 주최 : 창원시의회 민주의정협회

토론회 순서

1. 토론회 개회 및 인사

2. 은상이샘, 진위에 대한 주제 발표

• 가짜다.

‘은새미는 있었고 은상이샘은 없었다’

김영만 3·15의거 모독하는 은상이샘철거시민대책위 공동대표

• 진짜다.

창원시에서는 불참을 통보하였음. (공문 첨부)

3. 지정토론

- 박영주 경남대학교 박물관 비상임연구원

- 박재혁 6월항쟁정신계승경남사업회 공동대표

4. 질의 응답 및 자유토론

5. 토론회 폐회

은상이샘 관련 토론회를 열면서

- 옛 마산의 북마산 파출소 바로 밑(창원시 마산 합포구 노산동 104번지)에 있는 '3·15의거 기념비'와 가고파의 시인 이은상을 기리는 '은상이샘' 두 기념물이 25m^2(7.6坪)의 좁은 공간에 나란히 존치되어 있습니다.
- 이 두 기념물은 도로 확장공사(1998~1999년)를 하면서 본래 위치에서 각각 20m 정도 아래쪽으로 이전되었습니다.
- 2001년부터 시민단체 열린사회희망연대 등이 은상이샘 철거를 요구하며 지금까지 15년 동안 철거를 주장하는 시민단체 측과 철거반대를 주장하는 지역문인들 사이에 극심한 갈등을 빚고 있습니다.
- 철거를 요구하는 측은 이은상이 1960년 마산 3·15의거를 폄훼하고 이승만, 박정희, 전두환 독재정권에 부역했다는 이유로 은상이샘이 3·15의거비와 나란히 공존하는 것은 3·15의거를 능멸하고 민주성지인 우리 고장을 모독하는 일이라 주장하고 있고, 반대하는 측은 이은상이 마산 출신으로 우리 문학계의 위대한 민족시인이라며 은상이샘은 유일하게 남은 이은상 생가 유물로 반드시 보존되어야 한다는 주장을 하고 있습니다.
- 15년을 끌어온 이 논쟁을 최근 창원시가 "은상이샘 철거 불가"를 선언하면서 앞으로 전개될 논쟁의 책임을 창원시가 짊어지게 되었습니다. 또한 은상이샘에 대한 새로운 자료가 발견되면서 "은상이샘은 이은상의 생가우물이다" "생가우물이 아니다. 공동우물 은새미다"라는 진짜, 가짜 논쟁이 대두 되었습니다. 따라서, 은상이샘

의 진위부터 밝혀야 한다는 시민의 요구가 많습니다.

- 시민단체에서는 지난 7월 14일 기자회견과 공문을 통해 시의회가 나서서 공개토론회를 주최해 줄 것을 의장에게 요청했지만 의장은 이 요청을 거절한바 있습니다. 그러나 시의회는 시민들의 의사를 대변하는 대의기구로서 시민들의 갈등을 해소하고 조정하는 역할은 어떤 형태로든 해야 한다는 생각에 저희 '창원시 민주의정협의회'에서 토론회를 개최하기로 하였습니다.
- 상식과 원칙이 통하는 건강한 지역사회를 만들려고 하는 저희들의 작은 노력에 많은 협조를 부탁드립니다.

※ 창원시 토론회 불참 회신 공문 사본

" 도약의 새 시대 큰 창원 "

창 원 시

수신자 창원시의회 민주의정협의회
(경유)
제목 '은상이 샘' 공개토론회 참석여부 회신

'은상이 샘' 과 관련한 공개토론회 참여 요청 건과 관련하여 우리시는 지난 제58회 창원시의회(제1차 정례회) 시정질문 시 우리시 입장을 충분히 답변하였으며; 아울러 관련 논의는 지역 문인들을 중심으로 진행되는 것이 타당하므로 불참을 회신합니다. 끝.

창 원 시 장

10/04

은새미는 있었고 은상이샘은 없었다

3·15의거 모독하는 은상이샘철거시민연대
공동대표 김영만

들어가는 말

소위 '은상이샘'이라고 하는 것을 두고 논쟁이 일어난 것은 2001년 마산에서 한 시민단체가 은상이샘 존치의 부당함을 지적하며 기자회견과 시청 항의방문 등 철거운동을 하면서 부터다. 이후 지금까지 15년간 이어졌고 해마다 지역에서 크고 작은 이슈를 만들고 있다.

문제의 샘은 본래 '은새미(또는 운상이새미)'라고 부르던 오래된 동네 공동우물로서 옛 북마산 파출소 (창원시 마산합포구 상남동102-6번지) 바로 밑에 있었던 '3·15의거기념비(일명 구명비)'와 서로 인접해 있었다.

1999년 도로 확장공사를 하면서 본래의 위치에서 약 20m 떨어진 공간에 시조시인 이은상의 생가우물이라며 '은상이샘'이라는 이름도 모양도 생소한 우물 모형이 7.6평 남짓한 좁은 공간에 3·15의거기념비와 나란히 이설되어 문제가 된 것이다.

이은상은 1960년 4·19혁명의 도화선이 된 마산 3·15의거와 4·11민주항쟁을 당시 언론 인터뷰를 통해 폄훼했고 이승만, 박정희, 전두환 독재정권에 부역한 사실이 뚜렷한 인물로 3·15의거비와 한 공간에 존치시켜놓은 것은 3·15의거를 모독하고 민주성지 마산을 능멸하는 짓이라는 것이 시민단체의 주장이었다.

반면 이은상을 추종하고 추앙하는 문인 (이하 이추문)들은 이은상의 문학적 업적과 일제 강점기 조선어학회 사건에 연루되어 구속된 사실 등, 그리고 무엇보다 이 우물이 이은상의 생가우물이라는 이유로 존치의 당연성과 당위성을 주장하며 철거를 반대해 왔다.

그러다 마산시가 창원시에 통합되고 난 후 한동안 잠잠했던 이 논쟁이 다시 불붙기 시작한 것은 최근 창원시가 도시재생사업이라는 이름하에 11억 7천만 원이라는 예산을 쏟아 부어 사실상 이은상을 기념하는 가고파 테마골목(옛 태양극장 뒤쪽에서 마산문학관까지)을 조성하고 3·15의거기념비가 서있는 도로에 이은상을 상징하는 '가고파 거리'라는 이름을 붙여놓은 것이 또 다른 논쟁거리로 떠오르게 되었기 때문이다.

3·15의거 기념비가 서 있는 이 장소는 1960년 의거 당시 경찰이 시위군중을 향해 무차별 총격을 가해 3명이나 목숨을 잃었고 수많은 부상자가 속출할 정도로 시민항쟁이 치열했던 장소였다. 그날 밤 파출소 순경의 실수로 난로가 넘어져 북마산 파출소가 전소되었는데, 이 사건을 시위 군중에게 덮어씌우기 위해 무고한 시민을 잡아들여 엄청난 고문, 조작으로 3명의 방화범을 만들어 낸 곳이기도 하다. 이런 역사의 현장에, 3·15의거 기념비 왼편은 은상이샘으로, 오른편은 가고파 거리로, 마치 3·15의거를 양편에서 압살시킬 듯 조여 오는 이은상의 기세는 창원시를 등에 업고 하늘을 찌를 듯 당당하다.

은상이샘 철거요구가 다시 불붙지 않을 수 없는 상황이 벌어진 것이다.

이런 가운데 지난 5월 18일 창원시가 기자회견을 통해 은상이샘은 이은상의 생가우물이라 단언하며 철거불가를 공언하고 나섰다. (자료 1. 2)

그동안 시민단체에서 현지조사와 고증을 해보라는 요구에 대해서는 엉뚱하게도 "이은상 선생의 과거행적에 대한 평가는 문학계 등의 정확한 고증을 통해 논의할 사안" 이라는 말도 안 되는 동문서답을 했다. 그리고 이틀 뒤, 5월 20일 안상수 창원시장은 현장에서 기자들까지 불러 놓고 철거불가를 다시 한 번 강조함으로서 시민단체의 주장을 확인사살했다. 창원시나 이추문의 입장에서는 이런 단호한 입장과 공식선언으로 은상이샘 철거논쟁이 말끔히 정리될 것이라 기대했는지는 몰라도 이것은 오히려 더 많은 말썽의 소지를 만들게 되었다.

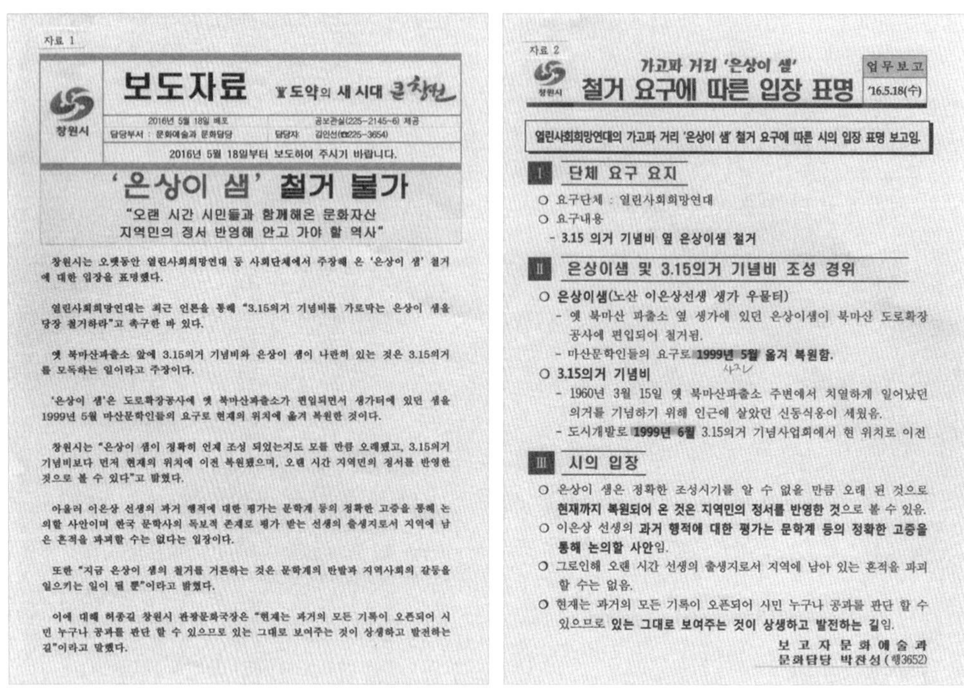

자료 1

보도자료

도약의 새 시대 큰 창원

창원시

2016년 5월 18일 배포 | 공보관실(225-2145~6) 제공
담당부서 : 문화예술과 문화담당 | 담당자 김인선(☎225-3654)

2016년 5월 18일부터 보도하여 주시기 바랍니다.

'은상이 샘' 철거 불가

"오랜 시간 시민들과 함께해온 문화자산
지역민의 정서 반영해 안고 가야 할 역사"

창원시는 오랫동안 열린사회희망연대 등 사회단체에서 주장해 온 '은상이 샘' 철거에 대한 입장을 표명했다.

열린사회희망연대는 최근 언론을 통해 "3.15의거 기념비를 가로막는 은상이 샘을 당장 철거하라"고 촉구한 바 있다.

옛 북마산파출소 앞에 3.15의거 기념비와 은상이 샘이 나란히 있는 것은 3.15의거를 모독하는 일이라고 주장이다.

'은상이 샘'은 도로확장공사에 옛 북마산파출소가 편입되면서 생가터에 있던 샘을 1999년 5월 마산문학인들의 요구로 현재의 위치에 옮겨 복원한 것이다.

창원시는 "은상이 샘이 정확히 언제 조성 되었는지도 모를 만큼 오래됐고, 3.15의거 기념비보다 먼저 현재의 위치에 이전 복원됐으며, 오랜 시간 지역민의 정서를 반영한 것으로 볼 수 있다"고 밝혔다.

아울러 이은상 선생의 과거 행적에 대한 평가는 문학계 등의 정확한 고증을 통해 논의할 사안이며 한국 문학사의 독보적 존재로 평가 받는 선생의 출생지로서 지역에 남은 흔적을 파괴할 수는 없다는 입장이다.

또한 "지금 은상이 샘의 철거를 거론하는 것은 문학계의 반발과 지역사회의 갈등을 일으키는 일이 될 뿐"이라고 밝혔다.

이에 대해 허종길 창원시 관광문화국장은 "현재는 과거의 모든 기록이 오픈되어 시민 누구나 공과를 판단 할 수 있으므로 있는 그대로 보여주는 것이 상생하고 발전하는 길"이라고 말했다.

자료 2

창원시

가고파 거리 '은상이 샘'
철거 요구에 따른 입장 표명

업무보고
'16.5.18(수)

열린사회희망연대의 가고파 거리 '은상이 샘' 철거 요구에 따른 시의 입장 표명 보고임.

Ⅰ 단체 요구 요지

○ 요구단체 : 열린사회희망연대
○ 요구내용
 - **3.15 의거 기념비 옆 은상이샘 철거**

Ⅱ 은상이샘 및 3.15의거 기념비 조성 경위

○ **은상이샘**(노산 이은상선생 생가 우물터)
 - 옛 북마산 파출소 옆 생가에 있던 은상이샘이 북마산 도로확장 공사에 편입되어 철거됨.
 - 마산문학인들의 요구로 **1999년 5월 옮겨 복원함.**

○ **3.15의거 기념비**
 - 1960년 3월 15일 옛 북마산파출소 주변에서 치열하게 일어났던 의거를 기념하기 위해 인근에 살았던 신동식옹이 세웠음.
 - 도시개발로 **1999년 6월** 3.15의거 기념사업회에서 현 위치로 이전

Ⅲ 시의 입장

○ 은상이 샘은 정확한 조성시기를 알 수 없을 만큼 오래 된 것으로 **현재까지 복원되어 온 것은 지역민의 정서를 반영한 것**으로 볼 수 있음.
○ 이은상 선생의 **과거 행적에 대한 평가는 문학계 등의 정확한 고증을 통해 논의할 사안**임.
○ 그로인해 오랜 시간 선생의 출생지로서 지역에 남아 있는 흔적을 파괴 할 수는 없음.
○ 현재는 과거의 모든 기록이 오픈되어 시민 누구나 공과를 판단 할 수 있으므로 **있는 그대로 보여주는 것이 상생하고 발전하는 길**임.

보 고 자 문 화 예 술 과
문화담당 박찬성 (☎3652)

자료 1 자료 2

창원시가 5월 18일 가진 기자회견의 핵심 내용은 다음 두 가지다. 첫째, 은상이샘은 이은상의 생가우물이다. 두 번째는 3·15의거기념비와 은상이샘 두 기념물이 서 있는 공간은 은상이샘에게 기득권이 있다. 이 말은 창원시가 이추문들의 주장을 앵무새처럼 되풀이 한 것일 뿐이다.

창원시가 이러다 보니 과거 이은상의 친 독재 전력이 중심이었던 논쟁에서 올해는 '이은상의 생가우물 은상이샘'이라는 주장과 '마을 공동우물 은새미'라는 우물 진위여부가 논쟁의 중심이 된 것이다.

은상이샘은 정말 이은상의 생가 우물인가?

이추문과 창원시가 주장하는 은상이샘이 정말 이은상의 생가 우물인지, 아닌지 그것

을 알아보는 간단하면서도 확실한 방법은 이승규(이은상의 父)가 살았던 일제강점기 토지관련 대장이 남아 있다면 그것을 떼어 보는 일이다. 사실 법적으로나 상식적으로 소유권을 주장하는 이추문과 창원시 측에서 정확한 입증자료를 제시해야 하는데도 불구하고 그들은 지금까지 증인 자격도 없는 사람들의 증언이나 자신들이 여기저기에 글을 썼던 셀프자료를 마치 중요한 증거자료라도 되는 것처럼 들먹이며 설득력 없는 주장만을 계속해 왔다.

'두산백과'에 기재된 은상이샘 관련내용이나 '한국향토문화전자대전' 은상이샘 관련 기록 역시 낯간지러운 셀프자료일 따름이다.

우리가 창원시에 고증을 요구했던 것도 이 때문이었다. 그러나 창원시는 우리의 요구를 거부하면서 이추문의 편을 들고 나선 것이다. 시장과 공무원들의 이런 편파적이고 비상식적인 언행이 오늘과 같은 토론회를 있게 한 것이다.

토지 관련 서류를 찾기 위해서는 제일 먼저 알아야 하는 것이 지번이다. 이은상 생가의 번지수는 고맙게도 이추문의 핵심인물 김복근이 생가우물이라고 강변하는 글에서 '마산부 상남동 102번지'라 밝혀 놓아 알게 되었다. 등기소와 시청에 들러 관련 서류를 떼는데 30분도 걸리지 않았다. 그리고 우리는 놀라고 말았다. 이추문들이 그렇게 자신있게 생가 우물이라고 우기고 있는 은상이샘 우물터가 102번지 382평이나 되는 대지 안에 있는 것이 아니라 담장 바깥, 즉 지적도 상 도로(102-5:도로주소)에 있었기 때문이다. (자료 3, 4)

이 우물터의 생김새가 마치 표주박처럼 생겼기 때문에 지적도를 보는 순간 단박에 알아 볼 수 있다. 우물터와 또 다른 경계를 이루고 있는 103번 역시 마찬가지다. 즉 이승규 뿐만 아니라 그 누구의 개인 소유가 아닌 마을 공동우물이라는 것이 바로 증명이 되었다. 따라서 동네 주민들이 공동으로 식수로 이용하며 은새미라고 불렀던 이 우물을 은상이샘으로 부를 아무런 이유가 없었다는 말이다.

은새미라는 아름다운 우물이름은 물이 하도 맑고 깨끗해 해가 머리위에서 비칠 때면 우물바닥에서 은모래가 반짝반짝 빛난다고 해서 붙여진 이름이라고 한다.

은새미가 주민들의 생명수로 애용될 때 이 샘물을 한 모금이라도 마셔본 일이 없는

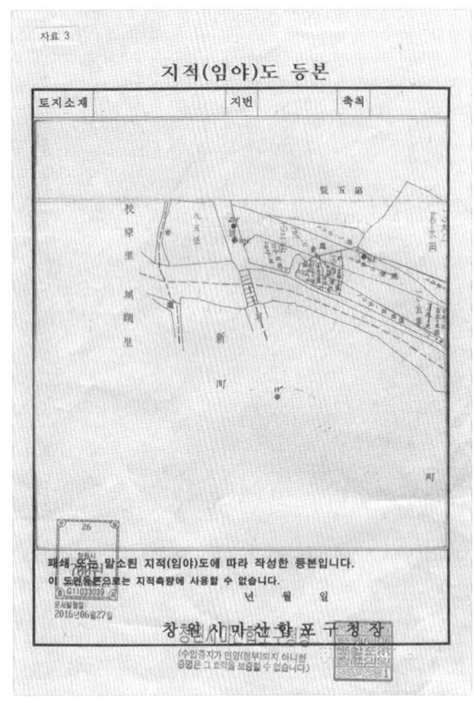

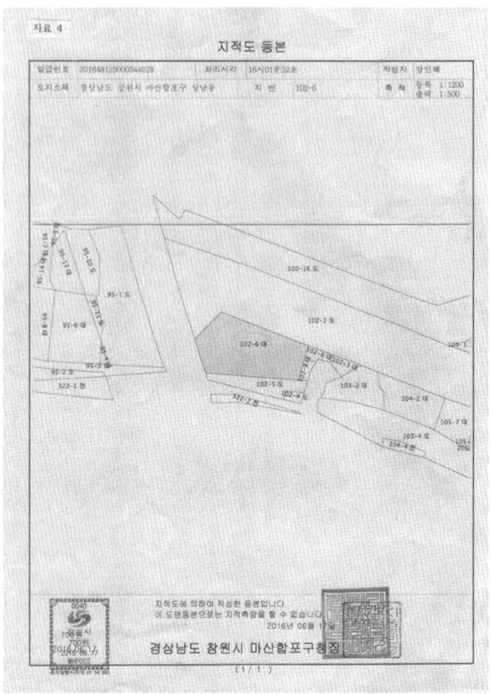

자료 3　　자료 4

문인들이 이걸 은상이샘이라고 목소리를 높이는 것은 정말 부끄러운 일이다.

이에 대해 이추문들이 또 엉뚱한 소설을 쓸까봐 일제 강점기 조선인들의 토지 소유권이 어떤 절차와 방법을 통해 인정받게 되었는지를 잠깐 짚고 넘어가지 않을 수 없다.

일제는 한일강제병합과 동시에 식민지 수탈을 목적으로 토지조사사업(1910년~1918년)을 시행했다. 총독부는 1912년 8월 토지조사령까지 공표해가며 토지소유주들은 절차에 따라 당사자가 소유권을 증명할 수 있는 토지를 토지조사국에 신고토록 독촉했다. 관청에 신고 접수된 토지에 대한 입증자료를 바탕으로 동장이나 이장 등 입회인을 세워 실지조사와 측량으로 토지대장과 지적도를 만들면서 지번도 부여했다. 이렇게 사정절차를 거쳐 토지등기부가 만들어 졌고 토지 소유자는 일제가 만든 제도와 법에 의해 토지재산을 보호 받음과 동시에 평수에 따라 토지세(1.3%)를 납부하는 의무를 지게 되었다. 이 과정에서 무지한 농민들은 자신이 오랫동안 짓던 농토를 일제에 강탈당하고 쫓겨

나는 농민들이 부지기수로 생겼다.

그러나 도시민들은 상대적으로 일제의 토지조사에 대한 빠른 정보와 절차에 대한 이해도가 높았고 주택과 대지는 그 이전에 통용된 땅문서 집문서로 소유권을 행사하면서 이웃과는 담장을 경계로 자신들의 소유권역을 확실하게 구분해 놓았기 때문에 이승규의 경우도 실지조사를 통한 토지사정이 명치45년(1912년)에 빨리 확정될 수 있었던 것이다. 이런 토지조사 과정으로 볼 때 소위 이은상 생가우물이라고 하는 문제의 우물이 상남동 102번지의 경계 안에 들어와 있지 않은 것은 애초부터 이승규의 소유가 아니었다는 이야기다.

이처럼 법적으로 소유권의 유무를 판단 할 수 있는 토지관련 자료에서 우물이 이승규의 소유임을 인정할 수 있는 자료나 근거는 어디에도 없다. 우물터는 일제 강점기 때나 매립 직전의 지적도상에는 분명 도로이다. 도로에 있는 우물을 공동우물이라 하지 않고 무어라 하겠는가.

창원시는 이런 기초적인 자료도 확인하지 않고 이추문의 일방적인 주장을 마치 경전의 말씀처럼 고스란히 받아드린 사실은 도저히 용납할 수 없는 일이다.

사실 지금까지 북마산 파출소와 은새미 우물터의 현장이 그대로 보존되어 있다면 이런 논쟁도 필요 없었을 것이다.

왜냐하면 누가 봐도 한눈에 이 우물이 공동 우물이라는 것을 단박에 알아 볼 수 있는 형태였기 때문이다. 즉 이 우물을 가운데 두고 상남동 102번지 북마산 파출소(이은상 생가 터)뒤편과 아스팔트 도로변, 그리고 파출소를 마주보는 103번지 이 세 측면에서는 돌계단 서너 개를 딛고 내려가야 우물에 접근 할 수 있었다. 또 우물 앞으로 트인 한 측면은 이 지역 주민들이 통행하고 우마차도 다녔던 원 도로였다. 당시 주민들이 사용했던 도로는 교방천(당시 운상천)을 따라 현재도 남아있는 좁은 길이 교방동까지 이어져 있었는데 은새미는 바로 이 도로가에 있었던 우물이었다.

샘물은 맑았지만 우물은 깊지 않았다. 그래서 지금도 은새미를 기억하는 사람들 중에는 이 우물이 본래 지하수가 지표를 뚫고 솟아오른 자연 용출수였을 것으로 추정하기도 한다. 따라서 누가 봐도 이 우물터의 생김새는 공동우물이라 할 수밖에 없는 모양새였다.

은새미를 은상이샘이라고 최초로 주장했던 이추문의 핵심 문인들 몇몇은 이 사실을 잘 알면서도 계속 조작된 정보를 퍼뜨리고 신문이나 잡지 등의 지면을 통해 기록을 남기고 여러 사람의 입에서 거짓을 진실이라 계속 반복해 말하고 듣게 되면 나중에는 진위가 뒤바뀌어 버리는 '지록위마(支鹿爲馬)'의 농간을 부려 공무원들과 일부 문인들 심지어는 언론인들까지 현혹시켜 왔던 것이다.

이추문의 핵심인사 중 한 명인 시조시인 김교한은 경남신문(2016. 6.15)에 기고한 '유래 깊은 은상이샘'이라는 글을 통해 1973년 어느 날 동양 TV와 KBS TV가 이은상과 함께 그의 해설을 들으며 은상이샘, 산호공원, 추산공원을 돌면서 촬영을 했다고 회고 하면서 이때 은상이샘이 전국적으로 알려진 계기가 됐다고 말하고 있다. 그러나 이은상의 해설내용과 방송 멘트를 정확하게 적시하지 않아서 이은상이 "이 샘물을 떠먹고 자랐다"고 했는지, 아니면 "우리 집 우물이다. 그래서 동네 사람들이 은상이샘이라 불렀다"고 했는지 우리가 알 수 없지만 만일 후자라면 이은상은 법적으로나 도덕적으로 큰 문제를 될 소지를 남긴 것이다.

김교한은 같은 글에서 우물에 대해 이렇게 말하고 있다.

자료에 의하면 남하 이승규가 우물이 있는 집에 이사하여 이곳에 집터를 잡고 1903년 이은상을 낳았으며 이은상은 이때부터 이 샘물을 마시고 자랐기에 은상이샘이라 이름표가 붙었다.

그 자료가 어떤 자료인지, 본인이 직접 보기나 했는지 참 궁금하다

우리가 알고 있기로는 신문 잡지 등 공식적 출판물에서 공동우물 '은새미'를 '은상의 샘'으로 부른 최초의 기록은 1978년 4월 6일 동아일보 신 팔도기(문영복 기자)가 처음일 것이다. 그런 만큼 이은상을 우상화하고 은새미를 은상이샘으로 조작 선전하는데 많이 활용되었다. 이 기사가 나온 70년대 말 당시만 해도 동네주민 아무나 붙잡고 샘 이름을 물어봤다면 은상이샘이라고 대답할 사람은 단 한사람도 없었을 것이다. 동네 주민 모두는 오래전부터 그냥 '은새미'라고만 불러왔기 때문이다. 그러나 이 기사를 아무리 꼼꼼히 읽어봐도 이 우물을 식수로 사용하는 동네주민들을 만나 직접 인터뷰한 내용이 없다. 기자는 이은상의 생애와 그의 문학에 대해서는 마치 이은상의 전기 작가나 되는 것처럼

그에 대해 모르는 게 없다. 아마도 이은상의 생애와 문학을 전문적으로 연구한 사람의 안내를 받았거나 누군가가로부터 잘 정리된 자료를 제공받지 않았을까 하는 의구심이 일어나게 하는 기사다. 동아일보 신 팔도기 마산① 탐방기사는 이렇게 시작한다.

> 마산과 노산과 「가고파」, 이 가운데 어느 하나를 말함에 있어 다른 어느 하나도 뺄 수가 없으리라. 마산은 노산을 자랑하고 마산은 노산을 사랑해 둘이는 그 정표로 「가고파」를 갖고 있기 때문이다.

한편의 시와 같은 문장이다. 이은상을 추앙하는 숱한 문장 중에서도 최고수준의 찬사다. 마산이 노산이고 노산이 마산이라는 말이다. 그 두 이름을 합쳐 가고파라 불러도 마찬가지라는 이야기이다. 그렇다. 이것이 바로 지금까지 이추문이 추구해온 목표다. 이 기사는 말미에 결정타를 날린다.

> 은상의 샘이라 불리는 우물만 남아 있을 뿐, 변한 것은 노산의 마산만은 아니다.

이 우물에 대한 어떤 설명도 없이 공동우물 은새미는 문영복 기자의 손끝에서 느닷없이 '이은상의 샘'이 되어 버렸고 마산은 '노산의 마산'이 되어 버리고 말았다.

이후 이 기사는 이추문들에 의해 은상이샘이라는 것을 인정하는 증명서처럼 귀중한 자료가 되었고 이를 확대 재생산한 수많은 셀프자료를 이추문들은 끝없이 생산해 냈다.

이 기획기사에서 마산 편은 모두 5회에 걸쳐 연재되었고 그 중 1회가 이은상 편이고 5회 마지막 기사에 3·15의거가 짤막하게 소개되어 있다. 신 팔도기 속에서 3·15의거는 이은상에 비해 너무나 작고 초라한 모습으로 남아있다. 신기하게도 딱 지금 창원시에서 3·15의거보다 이은상을 더 존중하는 행태 그대로다.

이와는 달리 기자가 발로 뛰면서 쓴 기사도 있다. 1982년 10월 6일자 경남신문 이광우 기자가 쓴 기사다. 이은상의 사망 직후 그를 추모하는 기획기사를 쓰면서 제일 먼저 취재를 나간 곳이 바로 생가 터와 우물이었다. 기자는 이 우물이 은상이샘이라는 확신을 가지고 이 우물과 이은상에 대해 가장 잘 알고 있을 것이라고 생각한 한 인사를 어렵게 만나 취재를 했다.

> "이 샘은 노산선생이 태어나시기 전부터 「운상이샘」「은샘」이라고 불리어졌다고" 전한다. 또 노산 선생의 함자도 이 우물 이름 殷에서 땄다는 애기도 있다.
>
> — 이광우. 경남신문, '노산의 인간과 문학', 1982년 10월 6일

이 증언자 최봉선 여사(1904년 생, 의신여중 교장, 독립유공자)는 1903년생인 이은상과 같은 또래요 우물을 사이에 두고 아래윗집에 살면서 엄마 뱃속에서부터 은새미의 물을 먹고 자란 분이다. 우물의 내력과 이은상의 어린 시절에 대해 이분보다 더 정확한 증언을 해줄 사람이 또 누가 있겠는가. 이 증언에서 우리는 또 하나 놀라운 사실을 확인할 수 있었다. 지난 3월 우리가 기자회견을 통해 1910년 조선총독부에서 발행한 '조선지리지' 경남 마산편(자료5 조선지리지)에서 이 우물 바로 옆에 흐르는 하천, 교방천(또는 상남천, 회원천, 서원천으로 부름)을 '운상천(雲上川)'이라 기록하고 당시 사람들은 '운생이내'라 부른다고 기록한 자료를 공개하면서 문제의 우물 이름이 운상이새미→운생이새미→은새미라는 변화의 과정을 거쳤을 것이라 추정했었는데 최봉선 여사의 입을 통해 그 주장이 사실임을 입증해주는 아주 중요한 증언 자료가 발굴된 것이다.

사실 이 기사를 우리가 찾게 된 것은 우습게도 이추문 측에서 은상이샘이라는 우물 이름과 이것이 이은상의 생가우물이라는 것을 증명하기 위해 시에 제출한 자료목록에서 찾아낸 것이다.

이광우 기자 역시 그런 증언을 듣고도 이 기사에서 계속 생가우물 은상이샘이라고 적고 있다. 최근 이광우(사단법인 경남언론포럼 사무총장)씨를 만나 그 기사를 내 밀었더니 34년 전의 기억을 서서히 되살리며 회사는 물론 자신도 그 당시 자주 봤던 문인들에게서 은상이샘이라고 하는 말만 들었기에 그렇게 믿고 있었다고 했다. 그리고 취재 목적이 이은상의 생가와 은상이샘을 취재하는 것이었기에 최봉선 여사의 증언은 들은 사실대로 썼고, 전체기사는 취재 목적에 맞추어 기사를 작성한 것으로 그로서는 당연한 일이었을

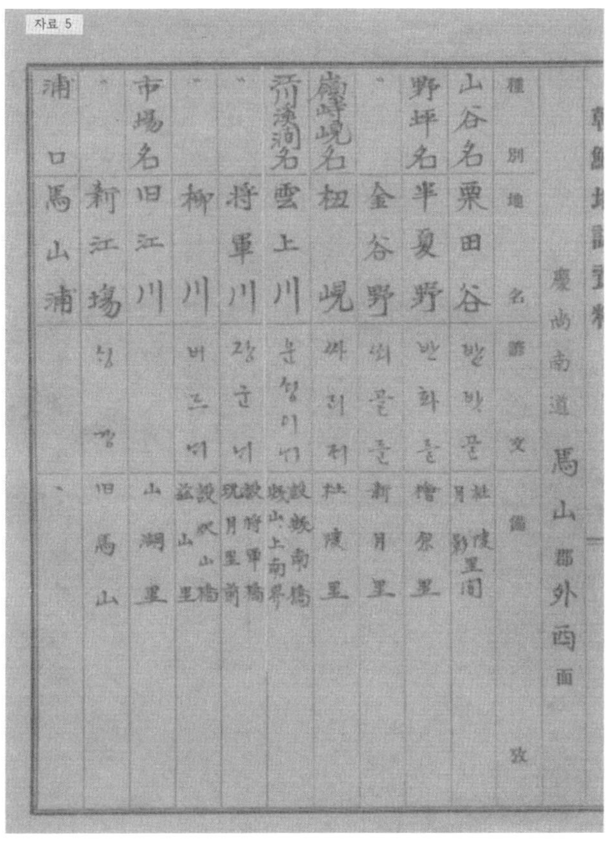

朝鮮地誌資料

慶尙南道 馬山郡 外西面

種別	地名	諺文	備攷
山谷名	栗田谷	밤밧골	社洞里 月影[illegible]
野坪名	半夏野	반화들	檜原里
〃	金谷野	쇠골들	新月里
嶺峙峴名	杻峴	싸리치	杜陵里
川溪洞名	雲上川	운샹이내	[illegible]
〃	將軍川	장군내	[illegible]
〃	柳川	버드내	[illegible]
市場名	旧江川		山湖里
〃	新江場	신강	旧馬山
浦口	馬山浦		〃

자료 5

것이다.

이광우 기자는 이에 대해 "특히 20회에 걸쳐 노산의 추모를 위해 그의 족적을 취재하여 시리즈로 연재하는 과정에서 주인공의 고향이나 생가에 관한 부분은 반드시 필요한 것이었다. '생가와 은상이샘'이란 제목으로 글을 쓰면서 그 우물의 존재가 노산의 생가 인근에 있던 그의 이름과 유사한 명칭의 유명한 우물이 있었음을 알 수 있었으나 이를 굳이 밝힐 필요성을 느끼지 못했다"고 한다. 이어서 "취재과정에서 최봉선 등의 증언을 통해 이 우물이 노산 생가우물이 아니며 노산의 출생 이전부터 운상이샘 또는 은샘으로 불려 왔음을 짐작할 수 있었지만 기사 작성 시 이를 중요시 하지 않았을 뿐"이라고 했다. 그의 솔직한 이야기에 더 이상 들을 말이 없었다.

참고로 82년이라면 70년대 중반부터 시작된 이추문들의 이은상 우상화작업이 어느 정도 효과를 거두어 지역 언론들조차 이 우물이 이은상 생가우물 은상이샘이라는 주장이 거의 정설로 받아 들여졌을 시점이다.

이추문의 은상이샘 생가우물 조작이 쉽게 통할 수 있었던 이유는 1960년대 말과 70년대 초에는 마산시내는 집집마다 수도꼭지가 달려 우물물을 식수로 거의 사용하지 않게 되었기 때문이다.

그러나 무엇보다 이추문들이 우물이름을 쉽게 날조할 수 있었던 것은 본래의 샘 이름 때문이다. 진짜 이름 '은새미' 또는 '운생이새미'를 '은상이샘'으로 슬쩍 바꾸어 불러도 발음이 아주 비슷해 잘 모르는 사람이 들으면 구분 할 수 없을 정도다. 이추문들은 바로 이점을 노린 것이다.

이것이야말로 독도를 죽도(다께시마)라 부르며 자기네 땅이라고 우기는 일본의 작태와 다를 게 없는 짓이다.

분명한 사실은 앞서 확인 했듯이 이은상 생가 담장 밖에 공동우물 은새미는 있었지만 생가우물 은상이샘은 없었다는 사실이다.

아쉽게도 은새미 또는 운생이새미라 부르던 공동우물은 도로 확장으로 묻혀 사라졌다. 마산에서 유명했던 통새미, 논새미, 수통새미 등등의 우물들이 은새미보다 더 일찍 같은 이유로 소리 소문 없이 사라져 버렸다.

그러나 은새미가 있었던 자리, 도로 위에는 뻔뻔스럽게도 은상이샘터라는 동판까지 박아놓았다.

참고로 이 지역 사람들은 샘을 '새미'라고 발음했다. 은상이샘이라는 그 발음조차도 토박이 사람들에겐 영 어색할 따름이다.

이승규는 생전에 전 재산을 마산시에 기부했다?

이추문들이 은상이샘이 생가 우물임을 주장할 때 꼭 빠뜨리지 않는 레퍼토리가 또 하나 있다. 이승규가 말년에 전 재산을 마산시에 기부했다는 이야기이다.

> 이승규 선생은 1922년 3월29일, 만 62세의 나이로 세상을 떠났다. 그는 작고 전에 자신의 전 재산을 아무 조건 없이 마산시에 기부했다. 이를 추모한 17개 사회단체가 동년 4월 4일 사회장을 치러 고인을 추모했다.
>
> — 김복근. 경남신문 2011월 1월 27일

> 남하 이승규 선생은 만년에 '은상이샘' 주변의 모든 터를 마산시에 기부채납 형식으로 마산시에 기증한 사실을 마산시는 익히 알고 있으리라 믿습니다. 이러한 보은의 인간적인 면에 호소해서라도 '은상이샘' 하나를 보존하는 것은 마산시가 할 수 있는 최소한의 도리라고 믿어집니다.
>
> — 조현술. '은상이샘 보존을 위한 본 협회의 의견서', 2006년 4월 20일

그러나 우리는 이승규가 전 재산 기부채납 운운하는 대목에서 매번 고개를 갸우뚱하지 않을 수 없었다.

그들은 지금 공무원들과 철거를 주장하는 시민들이 이러한 이승규의 공로도 모른다며 배은망덕한 사람들로 몰아붙이기 까지 한다.

> '은상이샘'은 노산 생가의 마지막 흔적이며 ……(중략)
> 그런데 생가의 모든 것이 흔적도 없이 사라진 지금 유일하게 남아 있는 '은상이샘'마저 없애버리겠다니 이는 참으로 배은망덕한 행위가 아닐 수 없다.
>
> — 김복근. 마산문학 2012년 36호, 62p

그들의 이런 주장을 일반적인 상식을 가지 사람들이 듣는다면 제일먼저 이런 의문부터 가지게 될 것이다. "1922년 이승규 사망 당시는 일제 강점기였기에 현재의 마산시가 아니라 조선총독부 지방관청인 마산부에 자신의 전 재산을 조건 없이 기부했다는 말

인데 그렇다면 이건 친일……?" 이런 생각이 들지 않을 수 없는 이야기다. 이 때문인지 일제 관청과 이승규의 사이가 원만(?)했다는 이야기도 나온 모양이다.

참 딱한 일이다. 이승규의 친일 혐의를 우리가 벗겨줘야 할 판이다. 이승규가 마산부에 땅을 기증했다는 기록을 우리는 아직 찾지 못했다. 물론 우리가 이승규가 소유했던 토지 전부를 조사하지도, 할 생각도 없지만 적어도 생가 일대의 땅은 단 한 평도 기부한 기록이 없다. 있다면 아마 다른 지번이었을 것이다. 104번지를 뒤 늦게 매입한 것으로 보아 또 다른 땅을 매입하고 그 중 일부를 마산부에 기부했을 가능성을 배제 할 수는 없지만 이승규가 그랬다고 해서 우리가 그것을 추적 조사하는 것은 아무런 의미가 없는 시간 낭비일 뿐이라는 생각이다.

아무튼 일제가 만든 등기부에는 이승규 사망 후 102번지와 104번지 일부 대지 모두를 그의 부인 김영유(이은상의 모)가 대정 13년(1924년)에 상속 등기한 것으로 나와 있다. 그리고 대정 14년(1925년) 신작로(북마산파출소~로얄호텔 방향)가 생기면서 382평이나 되는 이승규의 주택 본채, 사랑채, 약방채가 있었던 102번지는 여러 지번으로 분할되었고 그 중 102-2번지와 104-1이 마산부에 매매되어 신작로로 편입되었다. 아마 지금 많은 사람들이 생각하기를 일제가 신작로를 만든다는 이유로 조선 사람들의 땅을 강제로 빼앗아 간 것이 아닌가 하는 상상을 하기 십상일 텐데 토지 등기부에 분명하게 매매로 마산부에 등기 이전한 것으로 되어있다. 매매가격은 당시 토지대장에 기록된 지가가 기준이 되었을 것이다.

그리고 김영유 소유의 모든 대지는 소화4년(1929년)에 일인 井上重(정상중)에게 팔아넘겼다. 북마산 파출소 터 102-6번지(70평)는 일인 井上重의 손을 거쳐 다시 山林万二(산림만이) 라는 자가 매입하여 소화 11년(1936년) 조선경찰협회경남도지부 후원회(회장은 당시 일인 도지사)에 증여했고 그해 8월 5일 일본순사 주재소가 신설되었다.

이처럼 토지등기부만 떼어보면 금방 알 수 있는 사실을 도대체 무슨 근거로 그렇게 자신 있게 주장하는지 참으로 이해하기 힘들다. 특히 "이승규는 마산시에 전 재산을 기부했다. 이를 추모해 사회장을 치러주었다"고 하는 이상하기 짝이 없는 이 주장은 이은상 부자를 미화하고 우상화하는 데 정신이 매몰되어 자신들의 주장이 어떤 역효과를 가져올 것인지를 생각해볼 여유조차 가지지 못한 이추문들이 만들어 낸 한편의 코미디 작품이라 할 수 있다.

기념물이 설치된 공간의 기득권은 은상이샘에 있다?

'은상이샘'을 이설할 때 말 한 마디도 없었던 '3·15기념비'가 함께 옮겨진 것이다. 이 비는 1960. 3. 15. 북마산파출소 주위에서 벌어진 치열했던 의거를 기록하기 위해 당시 신동식 옹이 세웠던 것을 3·15의거기념사업회가 이전했다고 한다. '은상이샘'은 1903년을 전후해 만들어졌고, '3·15기념비'는 1962년에 세워졌다. 도로 개설 당시 '은상이샘'은 시에서 이전 계획을 세워 복원되어졌는데 비해 '3·15기념비'는 자체 계획에 옮겨졌다. 그런데 시민단체에서는 함께 옮겨진 '3·15기념비'는 그대로 두고, '은상이샘'을 옮기라는 주장을 하고 있으니 어불성설이다.

— 김복근. 마산문학 2012년 36호, 63p

이추문들은 1998년 1월 31일 경남문인협회 전문수 회장의 명의로 '은상이샘 복원보존 건의문'을 제출했다. 그러나 구체적인 진행상황이 시원찮았던지 1999년 3월 16일 조민규(합포문화동인회 회장), 김복근(경남시조문학회장), 전문수(경남문인협회장), 변승기(마산문인협회장), 정상철(마산시의원)이 모여 '은상이샘 보존위원회'를 결성했다. 이후 정상철의원이 시를 상대로 많은 역할을 한 것으로 알려져 있다. 이추문들이 착각을 하고 있는 건지 아니면 일부러 떼를 썼는지 몰라도 자신들은 이런 부단한 노력 끝에 우물 이설 장소를 시로부터 어렵게 배정받았는데 아무런 노력도 하지 않은 3·15의거기념사업회가 자신들이 확보한 자리에 느닷없이 끼어들었다는 이야기다. 즉 "은상이샘은 시에서 이전 계획을 세워 옮겼는데 비해 '3·15의거기념비'는 자체 계획에 옮겨졌다"라는 불만 섞힌 표현을 하고 있다. 그들이 말하는 '자체 계획'이라는 말은 '제 멋대로'라는 말을 순화시킨 표현이다.

사실이 이러함에도 전후사정도 모르는 시민단체들이 은상이샘을 다른 곳으로 옮겨 가라고 하니 화가 머리끝까지 날만도 하다. 창원시청 역시 이추문들의 이런 주장과 감정을 곧이곧대로 받아드려 드디어 결단의 칼을 뽑아 들었다. 지난 5월 16일 창원시청 프레스센터에서 가진 기자회견을 통해 아예 "은상이샘은 노산 이은상 생가우물터"라 규정하고 "(마산시가) 마산문학인들의 요구로 1999년 5월 옮겨 복원함" 이라하고 3·15의거기념비는 1999년 6월, 3·15의거 기념사업회에서 현 위치로 이전" 한 것이라면 시간적으로 보나 공식성으로 보나 현 공간 사용의 우선권이 은상이샘에 있음을 명확하게 하면서 "오랜 시간 선생의 출생지로서 지역에 남아 있는 흔적을 파괴할 수 없음"이라는 단호한 입장을 취했다. 이추문의 주장 그대로다.

두 기념물이 서 있는 현장에 가면 기념물의 이름과 세운 일자가 적혀 있는 표지석을 볼 수 있다. 거기에는 똑같이 1999년 6월 이라고 되어 있다. 지난 15년 이상 수도 없이 보아왔던 표지석인데 생뚱맞게 은상이샘은 5월이고 3·15비는 6월이라니……, 시청 담당공무원에게 전화를 했다. "도대체 이게 무슨 소리요?" 수화기 너머로 비웃는 듯 들려오는 목소리, "가서 다시 보세요. 5월을 6월로 고쳐놓은 표가 날겁니다" 현장으로 달려갔다. 정말 그렇게 보였다. 이렇게 시청공무원들이 민원을 돋보기를 들이대듯이 살펴 문제를 해결해 준 것에 대해 이추문들은 얼마나 고맙고 감동적이었을까? 하는 생각을 하면서 반사적으로 3·15의거기념비 쪽을 보았다. 똑 같다. 아무리 봐도 똑 같다. 두 곳 다 같이 돌에 음각으로 새긴 숫자 6은 5를 6으로 고친 것으로 보인다. 다만 은상이샘 쪽은 약간 거칠게 손을 댄 것 같다. 만일 고친 게 맞는다면 기념물 건립 식을 위해 시에서 일정조정을 해야 할 어떤 이유가 있었을 것이다. 만일 한 달 먼저 들어섰다는 의미가 그렇게 중요한 우선권이나 점유권과 같은 것이었다면 애초부터 기념물 하나 들어와도 좁을 7평 남짓한 공간 중앙에 은상이샘이 위치했어야 했다. 그런데 먼저 들어갔다고 의기양양 큰 소리치는 은상이샘이 한쪽 옆으로 곱게 비켜 자리를 잡았다. 샘의 오른 쪽을 얌전히 비워놓고 말이다.

상식적으로 생각해 볼 때 시에서 이 공간을 확보할 때부터 두 기념물을 존치할 계획을 세워 두었거나, 아니면 처음에는 하나의 기념물을 이전시킬 계획이었으나 중간에 어느 하나가 "우리 기념물도 이전 시켜 달라"고 건의하고 청원해서 두 기념물이 한 공간에 배치되었을 것이다. 따라서 어느 하나가 계획도 없었는데 자기들 마음대로 끼어들었다는 것은 행정 시스템상 있을 수 없는 일이다. 그럼에도 창원시청공무원들이 이 정도의 생각도 해보지 못하는 수준이라면, 이렇게 일방적이고 편파적으로 일을 한다면, 시민들이 걱정스럽지 않을 수 없다. 시장 역시 이런 직원들 때문에 낭패를 당하기 십상이다. 창원시청은 이 일을 두고 시민단체 측 이야기는 아예 들어보려 하지도 않았다.

여기 사진 두 장이 있다. (자료6 사진) 1998년 8월 5일, 기념물 이전과 관련된 사진이다. 도로 확장을 위해 북마산 파출소등 주변 건물을 철거하고 있는 공사현장이다. 마산부시장(김수영)을 비롯한 시청공무원들과 3·15의거기념사업회 임원들이다. 그들이 왜 3·15의거기념비 앞에 모여 있을지는 사진만 보아도 거의 설명이 필요 없을 것이다. 그런데 왜 이날 여기로 왔을까? 그 의문은 또 한 장의 사진(자료7 사진)을 보면 알 수 있다. 포클레인이 어느 건물을 철거 하고 있다. 바로 이 건물자리에 3·15의거기념비를 옮겨드리겠다는 설명을 하기 위해 부시장과 관련 공무원 여럿이 나온 것이다. 그리고 지금 그때의 약속대로 현 위치에 서있다. 그것도 상대적으로 위치가 좋은 도로변에 말이다. (자료 6, 7)

3·15의거기념사업회에서는 이추문처럼 그렇게 안달이 나서 시에 건의 하고 사정할 이유가 없었다. 이미 3·15의거기념비는 마산에서 공인된 기념물이었기 때문에 당연히 시에서 우선적으로 챙겨야 할 일이었다. 그래서 이런 사진이 남아있는 것이다.

따라서 김복근의 주장이야 말로 어불성설이요 적반하장이다.

창원시 또한 은상이샘이 "3·15의거기념비보다 먼저 현재의 위치에 이전 복원되었으며"라는 표현으로 은상이샘의 기득권을 보증해 주고 있다. 참으로 어처구니없는 한심한 일이다.

참고로 3·15의거기념비는 북마산 파출소 앞에 살던 신동식 옹이 다른 용도로 쓸 요량으로 빗돌을 자기 집 앞에 세워 두었는데 3·15의거 당시 경찰의 총탄을 피해 빗돌 뒤에 숨은 여러 사람들의 생명을 구했다하여 사람들이 '구명석'이라고 불렀고 이를 기념하기위해 3·15의거 1주년 기념일에 맞추어 3·15의거 기념비로 만들어 세운 것이다. 지금도

자료 6

자료 7

기념비의 위쪽 모서리는 경찰이 쏜 총탄으로 떨어져 나간 흔적이 남아있다. 이 비를 세울 때 마산시민들은 물론이요 전국에도 알려져 화젯거리가 되었다. 이후 그때부터 지금까지 많은 사람들이 이 의거비를 찾아 답사를 오는 발길이 끊이지 않고 이어지고 있다.

언제, 누가, 왜, 이은상 우상화 작업을 시작했을까?

이은상을 추종하고 추앙하는 문들이 마산에서 조직화 되고 이은상을 체계적으로 우상화하기 시작한 것은 1977년 1월 사단법인 민족문화협의회 마산지회(회장 조민규)가 결성되면서 시작된 것으로 보인다. 이 단체는 이은상이 마산에 내려와 지역 후배문인들과 영향력 있는 인사들에게 권유하여 생긴 사실상 이은상의 단체였다. 사단법인 민족문화협의회는 1965년 이은상이 만들어 박정희의 문화예술 자문기구 역할을 한 곳이라 소문난 곳이다. 마산지회는 1982년 이은상이 사망한 이후 합포문화동인회(회장 : 조민규)로 이름을 바꾸어 지금도 활발하게 활동을 하고 있다.

70년대 후반 이은상의 정치적, 사회적 영향력은 상상을 불허할 정도로 대단 했다. 72년 박정희의 유신을 적극 지지했던 이은상은 75년 반공청년회, 재향군인회 등 98개 관변단체가 총 집결한 총력안보국민협의회 서울회장으로 선출되었다. (1975년 5월 2일자 동아일보)

77년에는 언론에서 전국 중앙회 의장직무대행이라는 직책을 쓰고 있다. 이 단체는 박정희가 월남패망을 빌미로 안보불안을 최고로 고조시켜 비상시국임을 강조하고 반유신세력인 야당과 학생, 노동자, 재야인사들을 탄압하고 저항 의지를 꺾는데 이용된 공식적인 관변단체였다.

이들이 주최한 여의도 집회에 동원된 시민들의 규모가 140만 명이라면 그 위력이 어느 정도인지 짐작이 갈 것이다.

결국 이은상 등 이들이 조장한 안보불안 분위기는 박정희가 '긴급조치 9호'를 선포하는데 결정적인 공헌을 했다. 실제로 당시 국민들 사이에 "전 국토의 감옥화" "전 국민의 죄수화"라는 말이 유행했다. 긴급조치 9호 발효이후 4년이 조금 넘는 동안 민주인사와 학생 등 800여명이 감옥에 갇히고 탄압을 받았다. 대한민국은 유사 이래 초유의 암흑시대가 도래 했지만 이즈음 이은상은 대한민국의 문화권력 그 자체였다.

바로 이런 시절 마산을 자주 찾은 이은상은 생가와 은새미, 그리고 제비산(노비산) 등 어린 시절 추억이 담긴 장소로 후학들을 이끌고 다니면서 특히 은새미에 대단한 집착을 보였다.

앞서 인용된 경남신문 이광우 기자의 같은 기사에서 다음과 같은 내용이 있다.

> 37년간 이 우물가에서 살고 있는 한재명(여 53)씨는 "몇 해 전까지만 해도 노산선생께서는 매년 여길 다녀 가시다시피 하셨지요. 선생은 이 샘물을 마시면서 함께 동행한 제자들과 우물가에서 옛 이야기를 나누곤 하셨지요"라고 밝힌다.
>
> 한재명씨에 의하면 "노산선생께서 몇 해 전 이곳에 들르셨을 때 이 우물을 보존하고 싶다고 하시며 우물에 딸린 저의 집을 팔수 없겠느냐고 말씀하신 적이 있다"고 한다.
>
> 사단법인 민족문화협의회 마산시 지부장 조민규씨는 "저희 협회에서는 이 우물을 어떤 형태로든 보호할 계획입니다. 아직 구체적 안은 서지 않았습니다만 뜻있는 이들은 모두 이 우물을 보존, 관리해야 하는데 의견을 같이하고 있어요. 노산선생께서 마산에 오실 땐 아무리 바빠도 이곳에 들르시곤 했는데 그 분이 그토록 미련을 두신 이 우물을 보호하는 것이 선생의 유업과 뜻을 기리는 길이라 생각된다"고 말했다.

도대체 왜 은새미가 은상이샘으로 조작되었는지, 그리고 왜 이추문들이 이 우물을 생가우물이라 우기며 끝까지 지키려고 하는지, 그리고 누가 이 일을 시작했는지, 그 해답을 찾을 수 있는 대목이다. 이은상의 노욕과 이추문들의 현실적 욕심이 뭉쳐 빚은 한 편의 역사왜곡 사건이요, 대시민 사기극이다.

마산시와 창원시의 차이

최근 창원시와 은상이샘 철거 논쟁을 벌이는 과정에서 새삼스럽게 깨닫게 된 것은 2010년 마산시가 창원시에 통합되면서 마산이 잃어버린 게 너무 많다는 사실이다.

지난 2001년부터 10년 가까이 마산시를 상대로 3·15, 4·19 기념일이 되면 우리는 은상이샘 철거를 반복해서 요구해 왔었다. 그때 마산시의 반응은 지금 창원시와 전혀 달랐다. 적어도 마산시청 공무원들은 지금 창원시와 같이 이추문의 주장을 대변하고 나서는 따위의 일은 단 한 번도 하지 않았다. 그리고 마산시장을 몇 차례 만났을 때도 우리의 요구에 대해 늘 말이라도 "잘 알겠다" "연구 중이다" 등등의 변명을 하며 고심하는 모습을 보이기라도 했다. 우리 이야기는 아예 들으려 하지도 않는 창원시와 옛 마산시의 이런 차이는 도대체 어디서 오는 것일까?

첫째는 옛 마산시장과 공무원들은 적어도 마산시민들이라면 진보, 보수를 떠나 3·15의거에 대한 자긍심과 마산이 세상을 두 번이나 바꾼 민주성지라는 것에 대해 크나큰 자부심을 가지고 있다는 것을 잘 알고 있었기 때문이다. 따라서 3·15의거를 폄하하고 마산시민들을 모독한 이은상을 상징하는 기념물인 은상이샘 모형을 철거하라는 주장에 반대할 명분을 찾기 어려웠을 것이다.

두 번째는 당시 마산시가 만일 지금 창원시처럼 "은상이샘은 이은상의 생가우물"이라는 등등 이추문들의 주장을 인용하며 철거반대 의사를 밝히고 나섰다면 마산이라는 도시의 특성상 오히려 철거에 힘을 보태는 효과를 가져왔을 것이다.

그러다 보니 늘 이러지도 저리지도 못해 어정쩡하게 시간을 끌어오다 창원시로 통합되기 직전 고육지책으로 궁리해 낸 것이 바로 두 기념물 앞에 화단을 설치하여 차라리 둘 다 시민들 눈에 잘 뜨이지 않게 살짝 가려버리자는 꼼수를 쓴 것이다.

그러나 전혀 다른 지역적 특성과 정체성을 가졌던 마산, 창원, 진해 세도시가 합쳐진 통합 창원시에서 과거 마산의 정체성은 희석될 수밖에 없는데다 안상수 시장의 정치적 계산이 깔린 문화예술정책에 3·15의거 운운하는 것은 전혀 도움이 되지 않는 소리였다. 은상이샘을 두고 보인 안시장의 반응이 바로 그걸 증명해 주었다. 지난 4월 26일 시민단체에서 은상이샘 철거 기자회견을 한 것은 2010년 통합창원시가 출범한 이후 거의 6년 만에 처음이었다. 이에 대해 창원시는 5월 18일 은상이샘 철거불가를 공언하고 나선 것이다.

과거 마산시가 10년 동안 별 대응을 하지 않았던 것에 비해 창원시는 전광석화처럼 재빠르게 철거요구를 맞받아치고 나온 것이다.

창원시가 시민단체의 요구를 일고의 가치도 없다는 듯 무시하고 이추문의 편을 들고 나선 이유는 곧 밝혀졌다.

7월 1일, 창원시는 '문화예술 특별시 선포식'을 했다. 이 자리에서 안상수 시장은 창원시의 자랑스러운 문화자산으로 성악가 이수미를 비롯하여 이은상, 이원수, 조두남을 들먹였다. 그 동안 시민단체에서 이은상의 친독재, 이원수, 조두남의 친일행위를 거론한 데 대해 완전히 무시하겠다는 선언을 하고 나선 것이다.

지난 해 2015년 12월 10일 창원시 의회 본회의에서 친독재 문인 이은상과 친일 작곡가 김동진의 동상 건립 계획 발표가 문제가 되었던 '가고파 시민대동제' 행사와 관련해 송순호 의원으로부터 질의 받은 안 시장은 "이은상 선생이 글을 쓸 때 독재를 찬양해서 대역무도한 짓을 한 것처럼 아는데 삼엄한 유신시기에 문인에게 글 좀 쓰라고 군부가 총칼을 들이댈 때 견딜 수 있는 사람이 얼마나 있을지 의구심이 든다" "그 결과가 찬양이라고 얼마나 죄가 될지 모르나 모든 인간이 완벽 할 수 없다" 심지어는 "친일 인명사전은 일부 진보세력이 만든 것으로 국가가 만든 게 아니니 인정할 수 없다"고 답했다. 이 발언은 사실 관계를 잘못 알고 있음은 물론이요 안 시장의 역사인식에 근본적인 문제가 있음을 스스로 드러낸 것이다. 물론 시민단체의 즉각적인 반박과 비판을 받았다.

안 시장 말대로 라면 일제강점기 조국의 독립을 위해 몸 바친 항일독립 운동가들은 모두 어리석은 사람들이 되고, 독재정권 아래 자유, 민주, 정의를 위해 민주화운동을 한 사람들은 모두 세상을 잘못 산 사람들이다.

안 시장의 사고구조가 이러니 3·15의거 기념비가 버젓이 서 있는 거리에 '노산 가고파 거리'라는 이름을 붙여놓고도 당당할 수 있는 것이다.

결국 안상수 시장은 자신의 뜻대로 문화예술특별시를 위해 은상이샘은 살리고 시민단체의 목소리는 뭉개버리고 말았다.

우리나라에서 자신들이 사는 곳이야 말로 전통적인 문화예술의 고장이라고 말하는 시, 군은 헤아릴 수 없이 많지만 대한민국에서 자타가 인정해주는 '민주성지'는 광주와 마산 딱 두 곳뿐이다. 그러나 안 시장은 마치 팥쥐 엄마처럼 자신의 머리로 낳은 자식 문화예술특별시의 성공을 위해 옛 마산이 낳은 자랑스럽고 명예로운 민주성지를 콩쥐로 취급해 버렸다.

아마 1년에 한번, 안시장은 3·15기념식이나 부마민주항쟁기념식에서 이런 일을 의식해 오히려 더 강한 어조, 더 높은 목소리로 민주를 이야기하며 기념 식사를 할 것이다. 그러나 이미 은상이샘에서 3·15의 가치를 버리고 이은상의 가치를 택한 그에게서 우리는 그 어떤 진실도 진심도 느끼지 못할 것이다.

시간이 지나면 알게 되겠지만 안시장이 이은상, 이원수, 조두남을 안고 창원을 문화예술특별시로 만들겠다는 계획은 이미 친일과 친독재라는 벌레가 속을 다 파먹은 썩은 목재로 기둥을 세우고 집을 짓겠다는 것과 다를 바 없는 짓이다. 기둥을 바꾸지 않는다면 얼마안가 붕괴위기를 맞게 될 것이다.

마무리 글

공무원들에게는 국민통합을 이룩하고 분열과 갈등을 막기 위해 정치적 중립, 종교적 중립의 의무가 있듯이 시민들의 갈등과 대립을 유발한 사안에 대해서는 중립적이고 객관적인 자세로 공평하게 의견을 청취하고 자료, 현지 실사, 증언자 확보 등 다방면으로 조사, 검토, 연구하여 합리적 결론을 이끌어 낸 뒤 양측을 이해, 설득시켜 문제를 해결해야 할 의무가 있다고 생각한다. 설사 당장 해결이 잘 안 된다 해도 그런 노력을 해야 하는 것이 공직자와 공무원들의 올바른 자세다.

그러나 창원시가 보도문을 통해 내놓은 은상이샘 철거불가 이유들은 이추문들의 주장과 한 자, 한 획도 틀리지 않는 그대로였다.

그에 비해 철거를 주장하는 측의 의견은 아예 들으려 하지도 않는 창원시 시장과 공무원들의 편파적이고 비상식적인 태도는 이번 토론회를 통해 마땅히 비판받아야 할 것이다.

이추문들에게 해주고 싶은 말은 과유불급(過猶不及)이라는 사자성어다. 그동안 이추문들은 정말 대단한 일들을 해냈다. 그들의 노력으로 마산시내는 가고파 시비가 무려 7개나 서있고 그의 출생지인 상남동과 인근의 교방동까지 합쳐 이은상의 호를 딴 노산동으로 바꾸었고 노산동의 거리거리 골목골목이 모두 노산로요, 제비산(노비산)을 빙 두른 길이 가고파 거리다. 마산 합포 바다가 훤히 내려다 보이는 추산동 산길을 빙 두른 벽화거리 이름도 가고파 거리다. 심지어 '가고파 초등학교'까지 생겼다.

이 모두가 이추문의 눈부신 활약으로 지방자치단체가 나서서 해결해 준 이은상=마산시=노산시(가고파시) 만들기 사업의 일환이다.

이 세상에 어떤 위대한 문화예술인이 고향에서 이 정도로 대단한 대접을 받고 있는지 우리는 잘 알지 못한다.

그래도 이추문들은 늘 성이 차지 않는다. 이은상이 노래 부른 그 바다가 어떻게 썩고, 매립이 되고 있는지, 그런 일 따위엔 관심도 없고 중앙부두에 가고파의 작사 작곡가인 친독재 이은상과 친일 김동진의 동상을 세워야 한단다.

그리고 그들이 끝내 포기할 수 없는 일은 마산문학관을 이은상 문학관으로 바꾸는 일이다. 문학관은 그들이 지역 문화패권을 장악하는데 필수적 공간이다. 각종 행사비와 인건비는 창원시가 다 대줄테니까 걱정할 것 없는 꽃놀이패다. 다른 문학관 사례로 보아 창원시가 적어도 일 년에 6,7천만 원 이상은 지원할 것이니까 말이다.

그들의 욕심은 끝이 없이 계속될 것이다. 자신들이 과유불급의 오류에 빠졌다는 사실을 자각하지 못하고 있기 때문이다. 그동안 이추문들은 그들의 과욕이 결국 시민들이 잘 몰랐던 이은상의 여러 가지 치부를 드러나게 했다는 자성보다는 문화특별시를 선언한 안상수 시장의 문화정책에 한껏 고무되어 있을 것이다.

이 세상에는 거짓을 진실이라 하고 진실을 거짓이라고 우기는 자들이 권력의 힘을 빌려 잠시는 이길 수 있다. 그러나 진실을 아는 사람들이 곳곳에 살아 있는 한 그들의 손에 들린 축배의 술잔이 독배라는 사실을 곧 깨닫게 될 것이다. 그것은 역사가 증명해 주었다.

이추문들의 지나친 욕심은 결국 죽은 이은상을 더욱 욕보이는 결과만을 가져 올 뿐이다.

"진실은 밝혀졌다. 은상이샘과 은상이샘터 동판 즉각 철거하라"

"창원시는 3·15의거를 모독하는 은상이샘을 즉각 철거하라"

부록1.

이은상은 3·15의거와 4·11민주항쟁을 이렇게 폄훼하고 마산시민을 모독했다

1. 들어가는 말

문제가 된 이은상의 발언은 조선일보 4월 15일자에 게재된 「마산사태를 이렇게 본다」라는 제목과 '문화각계(文化各界)가 말하는 원인(原因)·수습책(收拾策等)'이라는 부제가 달린 특별기사에 실려 있다.

이 설문 기사는 조선일보에서 14, 15일 이틀간 지면을 통해 보도했고 대상은 모두 27명으로 김동리, 모윤숙, 박종화, 김팔봉, 주요섭 등 그 당시 쟁쟁한 문화각계 인사들이었다.

그 중 현재명, 김원복, 계정식, 유치진, 한규동 5명은 "잘 모른다" "말하지 않겠다"는 이유로 설문에 응하지 않았다.

설문의 시점은 마산 3·15사건 (당시는 의거라고 칭하지 않았음)에서 행방불명이 되었던 김주열 학생이 27일 만인 4월 11일 참혹한 시신으로 마산 중앙부두에서 떠올랐고 이를 목도한 마산시민의 분노가 폭발한 4·11항쟁이 일어난 직후였다. 마산에서는 이 두 사건으로 많은 사상자가 발생한 상황이었다.

설문은 다음과 같이 모두 여섯 문항이다.

설문(說問)

① 마산사건이 촉발(觸發)된 근본원인(根本原因)은 무엇으로 보십니까?

② 마산시민들의 시위(示威))가 확대(擴大)되어가는 것을 어떻게 보십니까?

③ 지금까지 당국(當局)의 수습책(收拾策)을 옳다고 보시나요?

④ 마산사태(馬山事態)를 시급(時急)히 수습(收拾)하자면?

⑤ 마산시민(馬山市民)에게 보내고 싶은 말씀은?

⑥ 당국(當局)에 하고 싶은 말씀은?

이은상(李殷相)의 답변은

❶ 도대체 불합리(不合理) 불합법(不合法)이 빚어낸 불상사(不祥事)다.

❷ 지성(知性)을 잃어버린 「데모」다. 앞으로는 더 확대되지 않도록 해야 한다. 자고로 과오(過誤)와 과오(過誤)의 연쇄(連鎖)는 필경 이적(利敵)의 결과(結果)를 가져온다.

❸ 역시 관(官)의 편견이 너무 강했던 것 같다. 특히 이런 비상시(非常時) 정치(政治)에는 무엇보다 성실과 아량이 필요하다. 왜 과감한 정책을 쓰지 못하는가.

❹ 정부도 비정상적(非正常的)인 사태(事態) 앞에서는 비정상적(非正常的)인 방법(方法)과 기술이 필요하다. 그리고 여·야(與·野) 지도자들은 좀 더 냉정한 지도정신을 발휘(發揮)해야 하며 좀더 「스케일」이 커야겠다.

❺ 내가 마산(馬山)사람이기 때문에 고향의 일을 걱정하는 마음이 더 크다. 분개한 마음이야 더 말할 것이 있으랴 마는 무모(無謀)한 흥분(興奮)으로 일이 바로 잡히는 것이 아니다. 좀 더 자중(自重)하기 바란다. 정당(正堂)한 방법(方法)에 依하지 않으면 도리어 과오(過誤)를 범하기가 쉽다.

❻ 요즘 「오개조항(五個條項)」 운운과 같은 지엽적(枝葉的) 고답적(姑息的) 대당적(對黨的)인 제의 보다는 비상(非常)한 역사적(歷史的) 대국면(大局面)을 타개(打開)하

기 위해서는 원칙적인 대책(對策)이 필요하다. 여·야(與·野)를 막론(莫論)하고 참으로 나라를 사랑하는 지도자가 있다면 초당적(超黨的) 연립적(聯立的) 아니 거국적이요 비상시적인 노장(老壯) 유능(有能)한 내각을 구성하여 그야말로 국민이 원하는 새 국면(局面)을 열어야 한다. 이것은 부분적인 각료경질(更迭)을 말하는 것이 아니라 개헌(改憲) 여부는 별문제로 실지로 책임적인 전체적인 경질(更迭)을 말하는 것이다.

참고로 같은 날 같은 지면에 나란히 실린 소설가 김팔봉(金八峰)의 답변도 병기한다. 이은상의 답변 과 당시 상황을 짐작하는데 도움이 될 것이다.

김팔봉(金八峰)의 답변

❶ 국민의 권리를 박탈하고 선거를 부정하게 치른 까닭이다.

❷ 누르면 누를수록 더 확대될 것이다.

❸ 정당한 수습방책이 아니니다.

❹ 선거를 나쁘게 치르게 한 모든 사람이 전부 책임지고 물러앉는 것이다.

❺ 시민들은 정숙하게 합법적으로 의사표시를 하고 행동하기 바란다.

❻ 신중히 자기반성하고서 국민한테 사과하고 성실하게 책임을 다 할 것을 바란다.

먼저 위 설문에 대한 이은상의 답글을 정확하게 이해하기 위해서는 당시 이은상의 정치적 입장은 어떠했으며 선거기간 동안 무엇을 하고 있었는지를 알아야 한다. 누구라도 자신이 처한 입장에 따라 어떤 사물이나 사건을 바라보는 시각이 각각 다르기 때문이다.

이은상은 1960년 3월 15일 정부통령 선거기간 동안 문인유세단을 조직하여 대통령 후보 이승만과 부통령 후보 이기붕의 당선을 위해 전국유세를 다녔다. 그는 가는 곳마다 이승만을 성웅 이순신과 같은 위대한 구국의 인물로 찬양하고 이기붕은 성실하고 인자한 사람이라고 칭송했다.

이렇게 이은상은 이승만 자유당 독재정권을 옹호하고 영구집권의 정당성을 선전 홍보하고 다니면서 독재권력의 영구집권 음모에 가담했던 인물이다.

그가 마산의 3·15와 4·11항쟁을 어떻게 생각했는지 이 설문의 답변을 통해 잘 말해주고 있다.

이은상의 설문답변 분석

1) 설문

① 마산사건이 촉발(觸發)된 근본원인(根本原因)은 무엇으로 보십니까? 에 대한 답변.

❶ 도대체 불합리(不合理) 불합법(不合法)이 빚어낸 불상사(不祥事)다.

※ 김팔봉 ❶국민의 권리를 박탈하고 선거를 부정하게 치른 까닭이다.

아마 그 당시 상황과 이은상을 잘 모르는 지금 사람들에게 이 짧은 한 줄의 선문답 같은 답글은 도대체 누구(어느 쪽)를 보고 한 말인지를 쉽게 알아내지 못해 한참 고민을 하게 만들 것이다. 이에 대한 해석은 전혀 다른 3가지로 달라 질수 있기 때문이다.

1. 마산시민(데모)을 보고 한 말이다.
2. 부정선거를 자행한 이승만 정권을 탓한 말이다.
3. 양쪽을 다 비판한 말이다.

요즘 마산의 일부 문인들처럼 이은상의 독재부역 행위를 숨긴 채, 이를 전혀 모르는 사람들에게 2번 해석이 옳은 것이라고 주장하면 그 말을 의심 없이 받아들일 가능성이 높다.

3번 해석은 불합리는 정부를, 불합법은 마산사건을 두고 한 말로 해독한 것이다. 꽤나 객관적인 것 같아 그럴 듯하게 들릴 수 있다.

그러나 여기서 먼저 주목해야 할 단어는 '불상사'다. 당시 마산 3·15와 4·11 마산시민항쟁에 대해 정권과 언론들은 여러 가지 표현을 사용했다. 사태, 사건, 난동, 폭동, 불상사 등이다. 앞의 두 단어는 벌어진 어떤 일을 객관적으로 표현하는 단어다. 당시 언론들은 특별한 경우를 제외하고는 대체적으로 '마산사태' 또는 '마산사건'이라 했다. 그러나 뒤의 세 가지 단어는 주관적 판단이 들어간 것이다. 특히 당시 사용된 불상사라는 단어는 시위자와 경찰의 충돌 과정에서 시위자들의 파괴행위를 강조하고 부각시킬 때 사용된 용어였다.

몇 가지 예를 들면, 3월 19일 이기붕이 자유당중앙위원장이라는 명의로 발표한 마산사건처리(馬山事件處理)에 대한 담화(談話)에서 "이번 선거기간 중(選擧期間中) 마산(馬山)에서 야기(惹起)되었던 일련(一聯)의 불상사(不祥事)에 대하여는 그 원인(原因)의 여하(如何)를 불문(不問)하고……" 그리고 김주열 시신이 인양된 4월 11일 2차 마산항쟁이 일어나자 4월 12일 이승만이 주재한 국무회의를 마친 후 홍진기 내무부장관과 신언한 법무부차관이 발표한 공동담화 중 "시위군중은 경찰서를 비롯한 관공서의 파괴는 물론 심지어 경찰서 무기고 까지 침입하여 무기고를 탈취, 투척 폭파시키는 등 일대 불상사를……그 배후조종에는 적색마수가 게재된……"

이어서 4월 15일, 이승만이 발표한 대국민 협박문이나 다름없는 특별담화에서 "몰지각한 사람들이 또 선동하며 난동을 하다가 필경 이러한 불상사를 만들어 놓았으니 이것을 우리가 그냥 둘 수 없는 것이다"라며 이전의 여순사건까지 들먹이면서 3·15와 4·11 마산항쟁을 불상사라고 표현했다.

이처럼 불상사라는 단어는 마산에서 발생한 일들을 매우 부정적인 시각으로 본 주관적 판단이 들어간 단어로서 특히 독재자와 그 일당들의 입을 통해 나온 불상사라는 단어는 공산당이 개입한 난동이나 폭동이라는 뜻으로 매우 살벌한 정치적 용어였다.

이승만 자유당 독재정권과 함께 운명의 배를 같이 탄 이은상의 입장에서 3·15와 4·11 마산사건은 당연히 불법, 즉 '불합법'이며 마산시민들의 생각과 행동은 매우 합리적이지 못한 '불합리'다. 그의 입장에서 보면 3·15는 난동이요 4·11은 폭동이요 공산당이 조종한 혐의가 짙은 불상사였다.

그로서는 '도대체' 말도 안 되는 사건이 터진 것이다.

그래서 "도대체 불합리(不合理) 불합법(不合法)이 빚어낸 불상사(不祥事)다"라는 답변이 나온 것이다.

당시 이은상의 나이는 57세였다. 고향 마산에는 어린 시절부터 같이 뛰놀던 친구들도 많았고, 그의 집안 내력에서부터 그의 성격과 사생활까지 잘 아는 사람들이 많았다. 하지만 그런 사람들일수록 본인들은 물론이요 이 기사 때문에 마산사람들이 화를 내거나 불쾌하게 생각하는 것을 당연하게 생각했다.

모두가 이은상이 했거나, 하고 있는 일을 잘 알고 있었기 때문이었다.

세월은 많이 흘렀지만 이은상의 이 답변이 마산 1,2차(3·15, 4·11) 항쟁을 폄훼한 것은 그때나 지금이나 변함없는 사실이다.

2) 설문

② 마산시민들의 시위(示威))가 확대(擴大)되어가는 것을 어떻게 보십니까? 에 대한 답변

❷ 지성(知性)을 잃어버린 「데모」다. 앞으로는 더 확대되지 않도록 해야 한다. 자고로 과오(過誤)와 과오(過誤)의 연쇄(連鎖)는 필경 이적(利敵)의 결과(結果)를 가져온다.

※ 김팔봉 ❷누르면 누를수록 더 확대될 것이다.

흔히 사람들이 어떤 일로 매우 흥분하여 격렬한 행동을 하는 것을 이성을 잃은 행동이라고 한다. 그런데 이은상은 마산사건을 "이성(理性)을 잃어버린 데모"가 아니라 "지성(知性)을 잃어버린 데모"라고 했다. 이런 경우에 사용하는 단어로는 어쩐지 좀 생경스럽다. 그러나 바로 이런 식의 표현은 이 설문의 답변 전체에서 보여주는 이은상의 매우 치밀하게 계산된 언어구사법이다. 이은상이 말하는 바는 마산사람들이 공산당의 선동을 맹목적으로 따른 반지성적 행동을 했다는 뜻이다.

그의 이 답변은 3월 19일, 마산사건을 "법대로 다스리겠다"는 의지를 표명한 이승만의 담화에서 "선거 날 마산에서 지각없는 사람들의 선동으로 난동이 일어나…"라는 내용과 일맥상통한다.

이승만은 이후 두 차례 더 발표한 담화에서도 의도적으로 이 말을 반복한다. 공산당이 개입한 사건임을 강조하기 위해서다.

이승만은 이 설문기사가 나오기 바로 이틀 전인 4월 13일, 특별 담화를 발표했는데 그 내용의 핵심은 "난동결과는 이적일 뿐"이라는 것이었다. 연이어 4월 15일 발표한 특별담화에서도 "해내외에서 들어온 소식은 마산에서 일어난 폭동은 공산당이 들어와 뒤에서 조종한 혐의가 있다고 하는 것이다……. 그러니 난동을 일으켜서 결국은 공산당에게 좋은 기회를 주는 결과 밖에 되지 않는 것이니……."라고 하면서 마산시민들을 빨갱이라는 올가미로 조여 오기 시작했다.

이은상은 자신의 고향인 마산에서 대참사가 일어 날(4·19가 일어나지 않았다면) 수도 있는 이 순간에 놀랍게도 이승만과 약속이나 한 것처럼 꼭 같은 말을 하고 있다. 다만 이승만보다 세련되게 표현했을 따름이다.

이은상은 3·15와 4·11마산사건을 과오와 과오, 즉 잘못과 또 다른 잘못이 연쇄적으로 일어나 "필경 이적의 결과를 가져 온다"며 고향사람들이 독재에 항거한 데모를 이적행위로 몰아가며 겁을 주고 있다.

이은상은 이렇게 마산시민들을 심히 겁박하고 모독했다.

3) 설문 ③ 지금까지 당국(當局)의 수습책(收拾策)을 옳다고 보시나요? 에 대한 답변

❸ 역시 관(官)의 편견이 너무 강했던 것 같다. 특히 이런 비상시(非常時) 정치(政治)에는 무엇보다 성실과 아량이 필요하다. 왜 과감한 정책을 쓰지 못하는가.

※ 김팔봉 ❸정당한 수습방책이 아니다.

상식적으로 "당국의 수습책?" 이라는 질문을 받으면 답변도 자연스럽게 "당국은…" 또는 "정부당국의……"라고 나와야 하는데 이은상은 '관'이라 말하고 있다.

아무래도 관이라는 표현보다 정부나 정부당국이라는 용어를 쓰게 되면 사람들이 자연스럽게 국가 최고통치권자를 떠 올리기 쉽기 때문이다.

그래서 이은상은 의도적으로 '관'이라는 용어로 슬쩍 틀면서 책임 한계를 치안담당 기관이나 관련 행정부서로 한정시키려는 수를 쓴다.

그들이 왜 아량을 베풀고 과감한 정책을 쓰지 못하는가? 그들은 이승만의 지시에 따라 움직이는 사람들이기 때문이다. 이승만이 부정선거를 절대 인정하지 않고, 마산사람들을 공산당의 동조자들로 보고 있는데 그 하수인들이 어떻게 아량을 베풀며 과감한 정책을 쓸 수 있단 말인가.

만일 3·15마산항쟁 직후 대통령이 직접 사과하고, 발포, 고문 경찰들을 체포, 책임자들을 즉각 문책하고 사상자들에게 적절한 배려를 했다면 당분간은 사태를 어느 정도 진정 시킬 수도 있었을 것이다.

그러나 이승만은 더 폭압적인 정책으로 사태를 지압하는 것 외는 어떤 수습책도 강구하지 않고 있다.

4월 11일 밤, 마산데모 군중 속에서 "이승만 물러가라"는 구호가 나왔다.

국민들의 바람을 마산시민들이 대변한 것이다.

이런 상황 속에서 모든 잘못을 이승만이 아닌 그 부하들의 과오로 돌리고자 하는 이은상의 심리는 이승만에 대한 충성심도 있었겠지만 이승만 독재정권과 운명을 같이 하고자 했던 자기 자신을 스스로 부정할 수 없었을 것이다.

4)설문 ④ 마산사태(馬山事態)를 시급(時急)히 수습(收拾)하자면? 에 대한 답변

❹ 정부도 비정상적(非正常的)인 사태(事態) 앞에서는 비정상적(非正常的)인 방법(方法)과 기술이 필요하다. 그리고 여・야(與・野) 지도자들은 좀 더 냉정한 지도정신을 발휘(發揮)해야 하며 좀더 「스케일」이 커야겠다.

※ 김팔봉 ❹ 선거를 나쁘게 치르게 한 모든 사람이 전부 책임지고 물러앉는 것이다.

몇 번을 읽어 봐도 이해하기 어려운 문장이었다. 보고 또 봐도 '비상한'이 아니고 '비정상'이다. 뜬금없이 정부(관이 아니다.)에게 비정상적인 방법과 기술을 사용하라니 이은상의 사고구조가 과연 정상인지 의심스럽기만 했다.

그러나 4월 13일 발표된 대통령 담화문을 읽는 순간 머리에 불이 확 켜지는 기분이었다.

이승만은 이날 담화에서 두 가지 문제를 집중 거론한다. 하나는 마산사태가 공산당 개입 혐의가 있다는 것이고 또 하나는 정당정치의 폐해를 말하고 있다. 이 날 담화문은 거의 여야정당을 비난하는 내용으로 채워져 있다.

"불행히도 우리 사람들 중에는 새 정당 제도를 다 집어내 버리고 혼란을 일으켜서 싸움으로 모든 결단을 내는 것만을 시행하고 있으니…", "슬프게도 오늘에 와서는 문명 정도를 다 파괴시키고 난당행위를 행하려는 것이 목전에 있으니 이것을 그냥 내버려 두고는 누구나 다 편안히 살 수 없는 것이니……"

그리고 심지어는 정당싸움으로 "법을 다 폐지하고 난당행위로" 싸움이 일어나 "사람의 생명을 살해하며 학교에서 공부하는 아이들을 선동하여 끌어내어 혼동을 일으켜……" 대통령으로서 그냥 두고 볼 수 없다며 서슬이 시퍼렇게 날을 세운다.

이승만의 공격 초점이 주로 야당에 가 맞추어져 있기는 하지만 이 담화에서는 여야를 가리지 않고 싸잡아 경멸하며 온갖 책임을 다 떠넘기고 있다.

이승만의 눈엣가시 같은 야당이야 그렇다 치고 여당까지 난당으로 싸잡는 이유는 3월 15일 마산 1차사건 이후부터 소위 '숙당파'라고 일컫는 자유당 중진의원 80여명이 당 지도부에 당내 숙당과 마산사태 수습안을 제시하며 정부와 당이 3·15정부통령 선거를 너무 무리하게 진행한 것을 사태의 원인으로 꼽았기 때문이다. 이기붕을 비롯한 당 지도부는 이들을 반당행위로 규정했지만 숙당파 역시 자신들의 뜻을 굽히지 않고 있었다. 야당은 이 와중에 신구파로 갈라져 마산사건 수습 안을 놓고 심각한 갈등을 빚고 있었다.

이날의 담화문을 보면 이승만이 금방이라도 비상사태를 선포하고 국회를 해산할 기세로 여야를 맹렬이 증오하며 공격하고 있다.

이은상은 이승만의 이 담화 내용을 한마디로 정리해서 여야 모두에게 어떤 메시지를 전하고 있는 것이다. 말이야 젊잖게 하지만 정말 무서운 소리다. 여차하면 '비정상적인 방법과 기술'을 써먹어야 한다고 하지 않는가. 설마 헌법이 인정하는 방법을 '비정상적인 방법'이라고 말하지는 않았을 것이다. 그렇다면 위헌적인 방법이라는 이야기인데 혹시 비상사태를 선포하고 친위쿠데타로 국회를 해산시키자는 말일까? 해답은 6항에서 찾을 수 있다.

5) 설문 ⑤ 마산시민(馬山市民)에게 보내고 싶은 말씀은? 에 대한 답변

❺ 내가 마산(馬山)사람이기 때문에 고향의 일을 걱정하는 마음이 더 크다. 분개한 마음이야 더 말할 것이 있으랴 마는 무모(無謀)한 흥분(興奮)으로 일이 바로 잡히는 것이 아니다. 좀 더 자중(自重)하기 바란다. 정당(正堂)한 방법(方法)에 依하지 않으면 도리어 과오(過誤)를 범하기가 쉽다.

※ 김팔봉 ❺ 시민들은 정숙하게 합법적으로 의사표시를 하고 행동하기 바란다.

흔히 "내가 너를 걱정해서 하는 말인데…" 라고 시작하는 말은 사실은 걱정해서가 아니라 어떤 사람의 행동을 저지하거나 방해하고자 할 때 쓰는 수법이다.

만일 이은상이 양심 있는 사람이었다면 "내가 마산사람……" 운운하는 말을 입에 담을 수가 없다. 3·15부정선의의 주모자인 이승만과 이기붕을 당선시키기 위해 문인들을 모아 전국유세를 다닌 사람이기 때문이다.

'가고파를 사랑하는 문인들'이라고 하는 사람들은 이은상이 고향사람들을 보고 "분개한 마음이야 더 말할 것이 있으랴 마는" 하는 말에 감복해서 그가 정부의 부정선거와 무능에 대한 표현을 강조한 말이라 해석된다. 착각도 보통 착각이 아니다.

이은상의 이 말은 4월 13일 이승만이 담화에서 "누구든지 불만한 일이나 억울한 일이 있으면"이라고 한 말을 이은상식으로 변용해서 표현했을 뿐이다.

이승만이나 이은상이 이런 소리를 한 이유는 그 다음 말을 하기 위해서다.

즉, 그렇다 해도 법에 호소해서 법리적으로 행해야지 "자행자의로 혼란을 만드는 자는 법대로 처리"하겠다는 위협을 가하기 위해서다. 이은상 역시 "무모한 흥분은 자제하고 자중하라. 정당한 법절차에 따르지 않으면 도리어 더 큰 죄(과오)를 짓는(범하는)일이다"는 말을 하고 있는 것이다. 문장 전체를 놓고 보면 그 말이 그 말이라는 것을 단박에 알 수 있다.

50년도 더 지난 지금, 평온한 상태에서 이 답변을 읽는 느낌은 마치 마산을 걱정하는 인자한 원로(?)시인의 목소리가 들리는 듯 한 착각을 일으킬 수도 있을 것이다. 그러나 그 때 마산은 이승만 독재정권의 살인적 폭력 앞에 숱한 사상자와 구속자들이 발생하여 온통 초상집 이였다. 그가 고향사람들을 위해 문상을 온다고 해도 반갑게 맞아 줄 사람이 아무도 없을 판에 이런 말을 했다면 분노하지 않을 사람은 없었을 것이다. 더더욱 마산사람들은 선거기간동안 이은상이 무슨 짓을 하고 다녔는지 다 알고 있었으니 오죽 분통이 터졌으랴

물론 이 설문에 응한 거의 모든 사람들도 "흥분하지 말고 신중하라" "간디의 무저항주의를 배워라" "냉정하라" "합법적인 방향으로 하라" 등등 충고와 조언을 보내고 있다. 이는 두 차례나 발생한 마산항쟁에서 수많은 사상자가 발생했고, 특히 김주열의 참혹한 시신이 인양된 4월 11일 항쟁 과정에서 경찰서가 파괴되고, 서장 짚차가 불탔으며 마산시민을 배신한 허윤수 의원과 박영수 시장집이 완파되었다.

이 소식이 전해지자 모든 국민들이 더 큰 불행을 막기 위해 우선은 마산시민들을 진정시켜야 한다고 생각한 것이다. 모두가 마산을 걱정하고 안타까워하는 마음을 읽을 수 있다. 그래서 좀 섭섭한 말도 고맙게 들린다.

설문 응답자 중 고향이 황해도 해주인 이인식 시인은 마산시민들에게 이런 말을 전한다.

"우리 민족은 멸망하지 않는다는 희망이 용솟음쳤다. 자유를 수호하는 우리 민족의 등불이 될 것이다. 다만 지나친 행동은 삼가야 할 것이다." 지금 읽어봐도 콧잔등이 찡해지는 말이다.

같은 날 같은 지면에서 소설가 정비석은 '마산사건의 수습책'이라는 글을 통해 1,

2차 마산사건이 정부에 책임이 있음을 분명히 지적하고 이승만 정권에게 "사과문을 발표하고 발포경찰을 즉각 구속하라" "데모의 시초는 합법적이었다. 데모에 참가한 사람들을 일체 불문에 붙이라"고 했다.

이은상이 해야 할 말을 정비석이 대신해준 셈이다.

이은상에게 일말의 양심이라도 있었다면 이 설문을 받아든 순간 잠깐이라도 고향사람들에 대해 미안한 마음이 들어 이런 식으로 말하지는 않았을 것이다.

그러나 그는 끝까지 이승만과 같은 입장만을 취했다. 냉혹한 인간성이 엿보이는 답변이다.

지금 도대체 누가 고향사람들이 이은상을 제대로 대접하지 않는다고 불만을 토로하는가?

이런 이은상을 우리가 고향이 같은 사람이라는 이유 하나로 그를 용서하고 위대한 시인으로 추앙하고 대접해 주기를 바라는가? 참으로 이은상 만큼 염치없고 양심 없다는 생각이 든다.

6) 설문 ⑥ 당국(當局)에 하고 싶은 말씀은? 에 대한 답변

❻ 요즘 「오개조항(五個條項)」 운운과 같은 지엽적(枝葉的) 고답적(姑息的) 대당적(對黨的)인 제의 보다는 비상(非常)한 역사적(歷史的) 대국면(大局面)을 타개(打開)하기 위해서는 원칙적인 대책(對策)이 필요하다. 여·야(與·野)를 막론(莫論)하고 참으로 나라를 사랑하는 지도자가 있다면 초당적(超黨的) 연립적(聯立的) 아니 거국적이요 비상시적인 노장(老壯) 유능(有能)한 내각을 구성하여 그야말로 국민이 원하는 새 국면(局面)을 열어야 한다. 이것은 부분적인 각료경질(更迭)을 말하는 것이 아니라 개헌(改憲) 여부는 별문제로 실지로 책임적인 전체적인 경질(更迭)을 말하는 것이다.

※ 김팔봉 ❻신중히 자기반성하고서 국민한테 사과하고 성실하게 책임을 다 할 것을 바란다.

이 답변을 언뜻 보면 그럴듯한 것 같으면서도 한편으론 절박한 위기감으로 횡설수설하는 것처럼 보이기도 한다. 하지만 전혀 그렇지 않다.

당국(이승만)에게 자신이 흉중에 품고 있는 간절한 메시지를 전하고 있다.

이은상은 대뜸 치고나오는 '오개조항'이란 그 뒤에 따라 나오는 '대당적'이라는 단어로 보아 자유당 숙당파들이 당 지도부에 건의한 5개 요망사항을 말하는 것 같다. 그러나 전체 문장의 앞뒤 문맥으로 볼 때, 바로 이틀 전 부통령인 장면이 대통령인 이승만을 공식적으로 만나 협의하려다 면담을 거절당한 '마산사태 수습책 5개 조항'과 민주당에서 따로 발표한 5개항의 수습방안까지 싸잡아 고려해볼 가치조차 없는 것으로 비하하고 있다.

그러면서 이은상은 이들과는 차원이 다른 자신만의 특별한 수습책을 제시한다. 하지만 "비상(非常)한 역사적(歷史的) 대국면(大局面)" 돌파 할 수 있는 타개책이라며 장황하게 늘어놓는 그의 비상내각 구상은 당시의 정치구조 속에서는 실현 불가능한 초헌법적인 방안이다.

개헌은 이승만이 벌써 두 번이나 했지만 결코 쉬운 일도 아니며 지금 이 상황 속에서는 그럴 시간적 여유도 없다.

이를 실현할 수 있는 단 한 가지 방법은 "참으로 나라를 사랑하는 지도자"를 자처하는 인물(세력)이 나타나 쿠데타를 일으켜 헌정을 중단시키고 국회를 해산시키는 것이다. 그렇게 해야 초헌법적 정부구성이 가능해 지기 때문이다.

설문 4번 문항에서 "비정상적인 방법과 기술"이 무엇을 말하는 것인지 그 답이 나왔다. 이를 위해 명분이 필요하다는 것도 이은상은 잘 알고 있었다. 바로 "국민이 원하는 새 국면을 열어야" 한다는 것이다. 당시 국민들은 잘 몰랐지만 그때 이미 군사쿠데타 음모가 진행되고 있었다. (이낙선 채록 증언자료)

이은상이 이들과 교감이 있었는지 아니면 이승만이 친위쿠데타라도 일으켜 이 불온하기 짝이 없는 사태를 진압해 주기를 기대했는지는 알 수 없지만 그의 꿈은 1년 뒤에 이루어졌다.

그러나 너무나 짧았지만 국민의 꿈이 먼저 이루어졌다.

만일 4월혁명이 한 달 정도만 늦었다면 한국의 현대사는 완전히 달라졌을 것이고 우리는 위대한 민주민권 승리의 자랑스러운 역사를 경험해보지 못했을지도 모른다.

이 설문기사가 나가고 불과 4일 후, 피의 화요일로 기록된 4·19가 일어났고, 연이어 일주일 뒤인 26일, 이승만은 하야했다. 마침내 4월혁명으로 이승만과 자유당 정권은 끝장나고 말았다.

4월 28일, 이은상이 "성실하고 자애로운 분"이라며 유세장에서 그토록 칭송했던 이기붕은 전 가족이 권총으로 자살하여 멸문이 되었다.

그러고 1년 뒤, 4월혁명으로 학생들에게 선수를 빼앗겨 쿠데타 계획이 무산된 것을 애통해 하던 일부 정치군인들이 결국은 쿠데타를 일으켰고 사전에 이미 그들의 국가반란 음모에 동조, 협력했던 이은상은 이후 군사정권과 아주 자연스럽게 결합되었다. (2002년 월간조선 4월호 '두목 김지태, 혼신의 다섯 시간 증언')

이은상은 생을 마감하는 날(82년)까지 언제나 군사 쿠데타로 집권한 절대 권력자들과 한편이었다.

이은상이 남긴 과제

이은상이 이 설문에서 마산 1, 2차 항쟁을 폄훼한 발언의 근원을 찾아서 당시 자료들을 섭렵하다 놀라운 사실 몇 가지를 발견하게 되었다.

이은상의 답변 몇 구절만 놓고 보았을 때와 설문에 응한 22명 전체의 답변을 함께 놓고 보았을 때 마치 진회색 종이 위에 연필로 쓰인 글씨를 읽다가 하얀 백지위에 먹으로 쓴 글씨를 읽는 것처럼 마산항쟁에 대한 그의 부정적 시각이 또렷하게 나타났다. 다른 응답자와 달라도 너무 달랐다.

이은상과 함께 자유당 유세단으로 전국을 함께 누비고 다녔던 박종화나 우익문단에서도 대표적인 이승만 계열이었던 모윤숙조차 극우논리를 펴면서도 아닌 건 아니라고 하는데 유독 이은상만은 이승만의 입장에서 한 치도 벗어나지 않으려 한다.

이은상의 답변은 마산사건으로 3차례 나온 대통령 담화문과 놀라울 정도로 일치한다. 다만 표현을 자기식으로 변용했을 뿐이었다.

최근 들어 '3·15의거 폄훼 발언' 진위에 대한 논쟁으로 이은상에 대한 조사·연구를 진행 하면서 그동안 이은상을 "양지만을 찾아다닌 기회주의자"로 평가해 왔던 생각을 수정하게 되었다. 그는 단순한 기회주의자가 아니라 강자와 자기 자신을 동일시하는 심리상태를 가진 그런 유형의 인간이라는 결론에 도달했기 때문이다. 그렇지 않고서야 이 설문에서 그 어떤 극우보수주의자들조차 지적하고 권유했던 두 가지, 즉 부정선거가 원인이었다는 지적과 피해자들에 대한 보상대책 또는 민심위무에 대해 한마디 언급도 없다는 사실을 도대체 이해 할 수가 없었다.

그러나 최고 통치권자와 자신을 동일시한 이은상이 부정선거를 인정하는 것은 결국 이승만의 잘못을 인정하는 것이요 이승만의 잘못을 인정하는 것은 자기 자신을 부정하는 일이었고, 자신과 동일시한 절대 권력자에게 항거한 반란의 무리들에게 연민과 동정심이 생길 리가 없었고 그래서 피해자 보상과 치료대책 따위는 애초부터 이은상 머릿속에 없었던 것은 당연한 일이었는지 모른다.

또 하나 문제가 되는 것은 이은상의 현학적이고 불분명한 문장이다. 귀에 걸으면 귀걸이요, 코에 걸면 코걸이가 되는 애매모호함이 사람들에게 혼란을 준다. 이는 노회한 권력자들의 언어구사법이다. 그들의 말 속엔 언제나 책임을 부하들에게 떠넘기거나 회피할 출구가 마련되어 있다. 이것은 통치자들이 권력을 유지하는 교활한 수법 중 하나다. 이승만이 그 대표적인 인물이었다.

50년 전, 이은상이 남긴 몇 구절의 문장으로 지금 이렇게 논쟁을 벌이게 된 것도 바로 그런 이유 때문이다.

1960년 3월 9일 그는 마산에 오기로 돼 있었다. 자유당에서 정부통령 선거 대강연회를 오후 1시부터 무학초등학교에서 운동장에서 개최한다는 벽보에 연사들의 이름이 큼지막하게 적혀 있었다. 황성수, 박종화, 조연현과 함께 이은상의 이름도 올라 있었다. (3·15의거 기념사업회 발행, 3·15사진집 27쪽)

그런데 무슨 이유에서인지 그는 마산에 오지 않았다. 혹시 야성이 아주 강했던 고향의 분위기가 부담스러웠던 것인지, 아니면 전해오는 이야기처럼 무슨 개인적인 이유가 있었는지는 몰라도 마산에 오지 않았던 것은 확실하다.

사실 그는 가고파 시에서 그토록 애타게 그리워하던 고향 마산을 수십 년 동안 찾지 않았던 것으로 알려져 있다. 그 이유에 대해서 지금도 많은 사람들 입에서 회자되는 이야기가 있으나 이제는 그것을 증언해줄 친구들도 다 저 세상 사람들이 됐으니 진위여부를 가릴 수도 없고 또 함부로 말할 수 있는 내용도 아니다. 그러나 마산에서 이은상 이야기만 나오면 언제나 꼬리표처럼 붙어 나오는 이야기가 있다는 그 자체는 부인 할 수 없는 사실이다.

그동안 이은상의 문학에 대한 연구는 상당부분 진행되어 왔던 것으로 알고 있지만 그의 생애 전반에 대한 객관적, 실증적 연구는 사실상 부족했다.

그의 삶의 궤적을 좀 더 진지하고 깊이 있게 추적해 봐야 할 부분이 아직 많이 남아있다. 그리고 정신분석학적인 측면의 연구도 필요할 것 같다.

많은 연구자들이 관심을 가져주었으면 한다.

마무리 글

이 글을 마무리 하면서 그동안 별로 알려지지 않았던 시조 한수를 소개한다.

「이 겨레 위하시어 한 평생 바치시니
오늘에 백수홍안 늙다 젊다 하오리까
팔순은 짧으오이다 오래도록 삽소서」

이 시조는 이은상이 이승만의 80회 생일(1955년 3월 26일)에 바친 '송가(頌歌)'라는 경축시다.

당시 우리사회는 사사오입 개헌사건으로 온 국민들이 이승만 자유당 정권에 대한 불만과 분노를 삭이지 못하는 분위기였다. 이 사건은 이승만 80회 생일 불과 4개월 전에 일어난 일이었다.

사사오입사건이란 이승만의 대통령 3선이 가능하도록 헌법을 개정하는 과정에서 일어난 위헌적 사건으로 우리 헌정사상 치욕적인 사건의 하나로 손꼽힌다.

재적의원 203명 중 2/3인 136명이 찬성해야 가결이 되는데 1명이 모자란 135명으로 개정안이 부결 되었다.

그러나 자유당은 수학적 2/3는 135.333…인데 0.333……은 0.5 이하로서 수학의 사사오입(四捨五入)의 원칙에 따라 버릴 수 있는 수임으로 135명이 맞다고 주장하며 부결했던 개헌안을 가결 선포했다.

이 사사오입 개헌사건은 6년 뒤 발생한 3·15부정선거의 예고탄이였다.

국민들은 만사고통인데 이은상은 이승만의 만수무강만을 빌었다.

다시 한 번 강조하건데 어떤 사람의 글과 말을 제대로 판독하고 해석하려면 제일 먼저 그가 어떤 입장에 있었는지를 알아야 한다. 입장 차이에서 모든 사고와 행동은 달라진다. 부모와 자식, 선생과 학생, 가해자와 피해자, 여당과 야당 등 그들 모두 자신이 처한 입장에서 바라보고 생각하기 때문에 꼭 같은 사물이나 일을 두고도 표현이 180도 달라진다. 역으로 꼭 같은 표현이라도 말한이와 글쓴이의 입장에 따라 그 뜻과 해석이 완전히 달라지는 수도 있기 때문이다.

그때 이은상은 단순한 독재부역자가 아니라 '리틀 이승만'이었다.

부록2.

이은상의 친독재 경력

3·15와 10.18의 도시 '민주성지 마산'이 그를 용서할 수 없는 이유

● 이승만 80회 생일 송가 헌시

1955년 이승만의 80회 생일(3월 26일)에 '송가(頌歌)'라는 제목의 경축시를 헌사 함. (이 겨레 위하시어 한 평생 바치시니 / 오늘에 백수홍안 늙다젊다 하오리까 / 팔순은 짧으오이다 오래도록 삽소서) — 1955년 희망 4월호

※ 80회 생일 불과 4개월 전인 1954년 11월 29일, 이승만은 대통령 종신집권을 위해 불법적으로 대통령 중임제를 폐지하는 헌법개정안을 통과시켰다. 이는 우리나라 헌정사상 가장 치욕적인 사건 중의 하나로 흔히 '사사오입(반올림)개헌'이라 한다.

● 60년 3·15정부통령 선거 유세 이승만=이순신

1960년 3월 15일, 이승만 자유당 독재정권 아래에서 치르게 된 정부통령 선거를 앞두고 박종화, 김말봉 등과 문인유세단을 조직하여 전국 순회강연을 하면서 자유당 이승만, 이기붕 정부통령 후보를 지지. 독재자 이승만을 "이순신 장군 같은 분"이라며 구국의 위인이라 칭송함. — 1960년 사상계 5월호

• 3·15의거 비난, 마산시민 모독

1960년 3·15부정선거에 저항하여 마산에서 일어난 3·15의거와 4·11민주행쟁에 대해 '무모한 흥분'으로, '지성을 잃어버린 데모'로 마산시민을 비난하고 '불합리, 불합법이 빚어낸 불상사'라고 모독하면서 시위가 확대되는 것을 '마산사람으로서 염려하며 마산시민들에게 자중하기를 바란다'는 발언 — 60년 4월 15일 조선일보-

•「충무공전서」 국가 지원비를 5·16쿠데타 모의 자금으로 불법유용

충무공기념사업회 이사장으로 있던 이은상은 문교부로 부터「충무공전서」발간 사업으로 지원 받은 돈을 쿠데타 모의 자금으로 불법 유용하였다.

• 5·16위해 4월학생혁명탑문을 짓다.

쿠데타로 정권을 찬탈한 박정희가 집권초기에는 마치 4월혁명의 계승자인양 행세하며 3·15의거와 4·19혁명을 치켜세웠다. 특히 4월혁명의 주역이었던 학생들의 눈치를 보지 않을 수 없었던 그는 현 서울 수유리 국립묘지에 4월학생혁명탑을 건립을 지시하면서 이은상에게 탑문을 짓도록 했던 것이다. 1963년 9월 20일 이 탑을 준공했는데 이은상의 지은 탑문이 문제가 되어 세간의 비웃음과 질타를 받게 되었다. "1960년 4월"이라고 적어야 할 것을 "1959년 4월"이라고 썼기 때문이다. 불과 2, 3년 전의 역사를 말이다.

특이할 일은 당시 4월혁명 전 과정을 보고 겪은 대한민국의 모든 유, 무명시인들은 자신이 느낀 분노와 슬픔, 환희의 감정을 한두 편의 시로 표현하지 않은 이가 없었다. 그러나 유독 이은상만은 단 한편의 시도 쓰지 않았다.

• 유신선포 지지

72년 10월 25일 이은상은 청우회 중앙본부 회장이라는 명의로 "해방직후 혼란기와 6.25동란 때에 1만7천여명의 희생자를 내면서 반공구국운동을 해온 우리 청우회는 이번조치로 민족주체 세력을 구축하여 조국의 평화통일을 촉진하며 무질서와 비능률을 배제하여 국기를 공고히 하려는 박대통령의 영단에 적극 찬동한다" 는 유신지지성명을 발표했다.

※ 당시 10년 이상 철권통치로 독재정권을 장악해온 박정희는 더 이상 정권 유지가 어렵다고 판단하고 1972년 10월 17일 비상계엄령의 선포, 국회해산, 정당 및 정치활동의 금지, 헌법의 일부 효력정지와 비상국무회의에 의한 대행, 새 헌법개정안의 공고 등을 내용으로 하는 '대통령 특별선언'이 발표되었으며, 10월 27일 평화적 통일지향, 한국적 민주주의의 토착화를 표방한 개헌안이 비상국무회의에서 의결 · 공고되었다.
이에 따라 11월 21일 유신헌법에 대한 국민투표가 실시되어 투표율 92.9%에 91.5%의 찬성으로 확정되었다. 12월 27일 박정희가 대통령에 취임하는 한편 유신헌법을 공포함으로써 박정희는 3권(법부, 사법부, 행정부)을 틀어쥐게 되었고 영구집권이 가능하게 되었다. 그러나 유신 통치는 결국 79년 부마민주항쟁을 불러왔고, 박정희는 부하의 총에 피살(10.26사태)당하고 말았다.

● 긴급조치 9호 지지를 위한 '총력안보국민협의회' 의장

1975년 5월 13일 한국현대사에서 최대의 악법이라고 하는 긴급조치 9호가 선포되고 며칠 뒤 박정희의 유신체제를 강화하고 긴급조치 9회를 정당화하기 위해 '총력안보서울시협의회' 창립, 이은상은 회장으로 선출됨. 이듬해인 1976년에는 전국 총력안보국민협의회 의장이 되었다.

● 건국훈장 셀프 수여

1977년에 원호처 독립유공자 공적심사위원회 심시위원 11명안에 이은상이 참여했다. 이때 이은상은 조선어학회 관련으로 건국포장을 수여했다. 세간에서 셀프수여라는 말로 비웃음을 샀다.

참고로 조선어학회 사건의 중심인물들은 북으로 간 이극로를 빼고 이윤재, 최현배, 이희승, 정인승, 정태진선생과 같은 분들은 이미 62년도에 건국훈장 독립장을 수여했다. (이은상은 당시 전남 광양에서 은거 중이었고 그의 스승 이윤제와 서신을 주고받은 것이 문제가 되어 함흥경찰서로 끌려갔으나 기소유예로 풀려나왔다.)

● 박정희가 강탈한 장물 영남대 설립의 일등공신

대구 청구대교수로 재직 당시 박정희에게 대학재단 설립(영남대)을 강력히 권유하고 독립운동가 야청 최해청이 세운 청구대를 강탈하여 박정희에게 헌납하는 작업에 중앙정보부장 이후락과 모의함 — 청구증언

● 독재자에게 이순신 장군과 안중근 의사를 팔아먹은 반민족 시인

충무공 이순신기념사업회 회장으로 있던 이은상은 박정희가 쿠데타로 정권을 잡은 군인 출신이라는 약점을 성웅 이순신 성역화사업을 교묘하게 박정희=이순신이라는 이미지를 결합시키는데 지대한 공헌을 함.

그리고 스스로 안중근 의사 숭모회 회장이 된 이은상은 1979년 5월 21일자로 '박정희 대통령 각하'에게 보낸 '건의서'를 통해 '안중근 의사 탄신 1백주년 기념행사'를 계기로 성역화 사업을 추진할 것을 제안하면서 "이것은 오직 각하께서만 명령할 수 있는 일"이라면서 "각하의 역사적 영단을 기다릴 따름입니다. 직접 현장에서 설명을 드리고 하교를 받잡고자 합니다"라고 탄원했음.

1979년 9월 2일이 안중근의사 100주년 탄신일이었고, 불과 한 달 보름 뒤 부마항쟁이 일어났으며 곧이어 10.26사건으로 박정희 사망.

이순신 장군에 이어 안중근 의사까지 일본군 장교였던 박정희 독재자의 이미지 세탁용으로 이용될 뻔했음.

● 장충체육관 선거로 대통령이 된 전두환에게 아첨하는 글을 바침

전두환이 군사쿠데타를 일으킨 후 장충체육관 선거를 통해 대통령이 되자 1980년 〈정경문화〉 9월호에 '새 대통령에게 바란다'에서 "한국의 특수한 상황으로 보아 무엇보다도 강력한 지도자를 원하는 것이 거의 일반적 여론"이라는 글을 헌사, 이후 전두환 정부의 국정자문위원 역임.

● 전두환의 5·18 광주학살을 다행으로

장충체육관에서 통일주체 국민회의에 의해 대통령으로 당선된 전두환을 축하하는 글을 헌사 함. (정경문화 80년 9월, 새 대통령에게 바란다)

이은상은 이 글에서 '강력한 지도자는 국민의 동반자다'라는 소 제목으로 "10·26사태 이후 두어 차례나 위급한 고비를 극복할 수 있었던 것은 얼마나 다행한 일인지 모른다. 그러나 아직도 우리 앞에는 안팎으로 닥쳐오는 난관이 겹겹이 가로 놓여 있기 때문에 모든 여론들이 한결 같이 큰 힘을 발휘할 수 있는 강력한 지도자를 원하고 있다"고

아침을 늘어놓았다. 10·26이후 전두환에게 두어 차례 위급한 고비는 12·12쿠데타와 광주 5·18항쟁이었다.

● 친일광신도를 덕망 높은 사회사업가로 칭송

일제로부터 애국옹이란 칭호를 받은 친일광신도 문명기(일본군 비행기 헌납운동 주도 등)의 비문(경북영덕)에 '축복받은 기업인으로 사회사업가'로 칭송하는 묘비문을 씀. 문명기와 같은 영덕군에 세워진 3·1독립만세 기념탑에도 비문을 쓴 능수능란한 변신의 귀재.

● 독재부역의 대가로 받은 명예와 영광

5·16 민족상을 비롯해 국민훈장무궁화장. 금관문화훈장 등 훈·포장을 받고 독립운동사편찬위원장, 안중근의사숭모회장, 예술원종신회원 등 50여개의 사회단체장을 역임했던 화려한 그의 경력 중 일부는 독재협력에 따른 보상과 곡학아세로 얻은 지위임.

부록3.

제111회 마산시의회 본회의회의록 제2호

마산시의회사무국

일시 : 2005년 5월 20일(금) 14시01분

의사일정(제2차 본회의)

1. 마산시읍·면·동명칭·구역획정및읍·면·동장정수조례 일부개정조례안
2. 마산시리장정수조례 일부개정조례안
3. 마산문학관 운영 조례안
4. 마산시탁노소설치·운영조례 폐지 조례안
5. 마산시1회용품사용규제위반사업장에대한과태료부과및신고포상금지급조례 일부개정조례안
6. 부산고등법원 창원지부 설치에 관한 건의안
7. 2005년도 행정사무감사 계획서 승인의 건(4건)

〔**3. 마산문학관 운영 조례안**(마산시장제출)〕 (14시07분)

• 의장직무대리 강용범 : 의사일정 제3항, 마산문학관 운영 조례안을 상정합니다.

• 기획행정위원회 박중철 : 의원님 나오셔서 심사보고해 주시기 바랍니다.

• 박중철 의원 : 존경하는 강용범 부의장님, 그리고 동료의원 여러분! 반갑습니다.

기획행정위원회 박중철 의원입니다.

우리 기획행정위원회에서 심사한 마산문학관 운영 조례안은 2005년 5월 18일 마산시장으로부터 제출되어 동일자로 우리 위원회에 회부되었습니다.

이 안건의 주요내용을 간략하게 말씀드리면 문학관의 운영과 관리를 효율적으로 추진하기 위한 조례 제정으로 조례안 제4조에 관리직원은 관리직, 연구직을 두고 그 인원과 직을 시장이 정하도록 되어 있으며 제5조에 문학관의 기본계획과 운영을 자문받기 위해 운영위원회를 두고 10명 이내 구성할 수 있도록 되어 있습니다.

문학관에 전시할 수장품 구입은 예산의 범위 안에서 운영위원회 심의를 거쳐 구입하도록 하는 문학관운영 조례를 제정하는 것입니다.

우리 기획행정 위원회에서는 2005년 5월 18일 제2차 위원회를 개최하여 이복영 가고파 문화센터 소장의 제안 설명과 전문위원의 검토보고를 들은 후 질의·답변을 통해 신중히 심사를 한 결과 원안대로 가결 하였습니다.

기타 상세한 내용은 유인물을 참고하여 주시고 우리 위원회에서 가결한 대로 의결하여 주실 것을 부탁드리면서 심사결과에 대한 보고를 마치겠습니다. 감사합니다.

(참조)

마산문학관 운영 조례안 심사보고서

(기획행정위원회)

(부록에 실음)

• 의장직무대리 강용범 : 박중철 의원님 수고하셨습니다.

질의하실 의원님 계십니까?

(「없습니다」하는 의원 있음)

토론하실 의원님 계십니까?

• 정상철 의원 : 의석에서 – 예.

• 의장직무대리 강용범 : 예. 정상철 의원님 나오셔서 토론해 주시기 바랍니다.

• 정상철 의원 : 평소 존경하는 강용범 부의장님, 그리고 동료의원 여러분!

마산문학관 운영 조례안은 아시다시피 우리 기획행정위원회에서 다루어진 부분입니다. 충분히 토론하고 검토를 했습니다만, 거기에서 의견이 상충한 관계로 일단은 마산문학관으로 본회의에 상정이 되었습니다.

그러나 이 부분을 제가 소속 상임위원회 있으면서도 이 부분만은 필히 제가 본회의에서 반대토론을 해야만 앞으로 향후 역사나 이 부분이 우리 시민들에게 정확하게 전달되고 우리 의원님들도 다 아는 내용이지만 이 내용을 한번 더 환기시키고자 제가 이 자리에 섰습니다.

아시다시피 원론적인 부분은 우리 의원님들 잘 아시고 계실 겁니다. 최근 몇 년 동안 이 부분이 논란이 되었기 때문에 다 내용을 잘 아실 것입니다.

그런데 중요한 것은 과연 노산문학관으로 하는 것이 우리 마산의 발전을 위한 것이지 과연 마산문학관으로 했을 때 우리 마산의 발전을 위한 것인가 하는 미래지향적인 부분을 검토해 봐야 될 것입니다.

노산문학관 건립의 취지배경이 아시다시피 밀레니엄 시대 때 각 지역의 인물을 기리기 위해서 예산이 편성되었습니다. 그 예산의 일환으로 노산문학관이 또 지어졌습니다.

그런데 어느 순간 일부 단체들이 문제제기를 한다 해가지고 실제 그 문제제기도 명확한 것이 뚜렷하게 나타나지 않았습니다.

단지 의혹 수준에 머무는 부분도 많이 있습니다. 그것을 가지고 갑자기 마산문학관으로 한다는 것은 바람직하지 않습니다.

그리고 아시다시피 전에도 문제제기를 했지만 갑자기 시 집행부에서 유령 단체에 걸 맞는 마산시민위원회라는, 우리 의회에 전혀 동의도 받지 않은 단체를 이끌어내서 거기에서 마산문학관으로 해서 줄곧 고집 피워온 것입니다. 그리고 향후에 앞으로 우리의 문화가 21세기가 문화의 세기라고 그러지 않습니까?

그런데 과연 노산문학관이 우리의 역사를, 우리의 문화를 발전시키고 브랜드화 시킬 수 있다고 저는 보고 있습니다. 지금 우리 마산이 제가 5분 발언 며칠 전에 했습니다만, 3대 도시에서 4대 도시로 예산부분, 인구부분에서도 많이 축소되었습니다. 이 부분이

3·15정신이 결여되었기 때문에 우리가 계속 추락하고 있습니까? 그것은 아니지 않습니까?

3·15 정신이 있습니다. 단지 우리가 지금 우리의 문화나 우리의 마산에 있는 정체성이나 가치를 살리지 못했기 때문에 우리 마산이 이렇게 자꾸 하락하고 있습니다.

경제논리도 모든 것을 하나의 정신에만 잣대를 지어서는 안됩니다. 마산에는 다양한 문화가 있어야 됩니다. 3·15정신도 있어야 되고 노산 이은상의 문학적인 이미지도 있어야 되고 조두남 선생의 음악적인 이미지도 있어야 되고 여기에는 다양한 여론들이, 다양한 언론들이 여기에 있어야 된다고 봅니다.

그래서 그것을 하나의 잣대를 두고 시민단체가 문제제기를 한다고 해서 이 부분을 급작스럽게 후퇴한다는 것은 앞으로 마산이 전국의 7대 도시가 아닌 경남의 7대 도시로 전락할 수순이 뻔하다고 저는 보고 있습니다.

그래서 이번 기회에 노산문학관으로 해서 브랜드화를 시키고 인근 통영에 쭉 보지 않았습니까? 통영에 청마 유치환은 얼마 전까지만 해도 논란으로 법정 투쟁까지도 갔고 그 분들이 시가 친일의혹이 있다고 했는데도 시민이 일어나서, 시민단체가 제기하니까 시민이 일어나서 그것을 막았습니다. 이제는 우리 시민 전체가 부단히 일어서야 되지 않을까 저는 그렇게 생각하고 있습니다.

그리고 오늘도 의원님들 받았을 겁니다. 드림베이 마산이라고 받았을 겁니다. 드림베이가 뭡니까? 꿈의 항구입니다. 우리 알다시피 개항이 뭐라고 했습니까?

얼마 전에 일부 시민단체는 강제개항이라고 했습니다. 일제에 의해서. 그러나 그것이 아니라는 것을 제가 이야기도 드렸고 고종황제의 칙령이라고 드렸습니다만, 그래도 일부는 아직 의혹을 제기하고 있습니다. 그러나 우리는 뭡니까? 드림베이라는 브랜드를 선택했습니다.

우리 마산은 앞으로 항구를 발전시켜야 되고 항구를 기점으로 마산시가 발전해오고 앞으로도 미래가 거기에 있다는 겁니다. 그래서 이 드림베이를 선택했습니다.

마찬가지로 여러분들도 이번에 우리 의원님들이 노산문학관에서 브랜드화 시키고 그 분들의 학문을 자라나는 세대에게 학문적인 부분을 부각시켜야 됩니다. 설사 다음에 잘못이 있으면 공과는 같이 기록해서 다 남기자는 것입니다. 우리가 잘못된 것도 반면교사로 삼을 수 있다고 봅니다.

그래서 그러한 부분에 있어서 우리 의원님들이 넓은 아량으로 이번에 부결시키셔가지고 다음에 한번 더 심사숙고해서 노산문학관으로 갈 수 있는 계기를 마련해주시면 감사하겠습니다. 이상 반대토론을 마칩니다.

• 의장직무대리 강용범 : 정상철 의원님 수고하셨습니다.앞서 반대토론에 대하여 찬성토론하실 의원님 계십니까?

• 박중철 의원 : 의석에서 – 예.

• 의장직무대리 강용범 : 예. 박중철 의원님 나오셔서 토론해 주시기 바랍니다.

• 박중철 의원 : 조금 전에 마산문학관 운영 조례안을 보고 드린 박중철입니다.

사실 여러분들이 궁금해 하고 있는 골자는 다 빠져있었죠. 문학관 운영조례에 대한 자구내용 이라든지 그 부분만 저희들이 설명을 드렸습니다. 그런데 실제 지금까지 2년여 동안 쟁점이 되었던 사항은 마산문학관으로 할 것이냐, 노산문학관으로 할 것이냐는 이름의 문제였습니다.

그 문제가 지루한 공방을 벌여 왔었고 오늘 운영조례안을 심사결과를 보고드릴 때 그러한 부분을 가미했어야 됨에도 불구하고 그런 부분은 사실 빠졌습니다. 그러다 보니까 이제 여러분들이 궁금해 하는 부분을 설명을 드리기 위해서 제가 이 자리에 나왔습니다.

여러분도 물론 진위의 공방은 잘 알고 계실 것이고 단지 최근에 지난 2월 22일 부결 이후에 나름대로 저희 위원회에서 노력한 결과들을 중심으로 말씀을 드리겠습니다.

지금 노산을 주장하는 측과 마산을 주장하는 측의 의견은 그야말로 팽팽하게 맞서고 있습니다. 그러한 시점에서 저는 이런 생각을 가집니다. 대의민주주의 하에서 항상 최선의 정책만이 선택될 것이냐. 둘째는 최상의 정책이라고 반드시 선한 것이냐. 이러한 의문을 가져봤고요.

마산의 문제에 있어서는 마산과 노산의 문제는 어떤 것이 최선의 정책이라고 판단할 것이냐. 마산의 문학에서 노산 밖에 없느냐.

다음에 전국이 지난 50년의 역사가 개인을 신성시 우상화 시키는 정책을 펴왔습니다. 예를 들면 이순신, 아산 현충사를 비롯하여 가까이는 밀양 사명대사, 표충사 성역화 사업, 각가지 개인의 우상화 정책에 과연 그러한 정책들이 옳다 그르다를 이제는 한번쯤 논의할 시점, 시대적 과제가 왔다고 봅니다. 저는 그런 측면에서 저는 노산과 마산의 문제를 판단을 했습니다. 그러한 판단의 검증을 지난 5월 17일 날 그저께 간담회를 통해서 마산측과 노산측의 입장을 저희 위원회에서 청취를 했습니다.

그러한 부분을 제가 지금부터 말씀을 드리겠습니다.

방금 우리 위원회에서 같이 논의를 해주신 정상철 의원님께서 언급하신 브랜드화의 문제와 노산에 대한 흠결에 대한 명확성의 결여 문제, 그 다음에 3·15정신에 대한 계승 발전시키는 그러한 문제, 세 가지로 요약이 될 수 있겠는데요. 사실 이러한 부분들이 끊임없이 저희들이 갈등을 겪은 요인들입니다.

브랜드화의 문제는 그날 간담회를 통해서 노산의 브랜드, 또 인근 통영에 윤이상 브랜드, 그러한 개인으로 가는 것이 타당성 있다는 측면도 충분히 일리가 있습니다.

그렇지만 마산의 상황에서는 마산이라는 브랜드도 충분한 가치를 가질 수 있다는 겁니다.

뭐냐 하면 마산에는 전문가들 얘기가 마산출신 문인들이 33명 정도 된답니다. 현재로도. 그러면 노산문학관으로 결정을 했을 때 32명의 나머지 문인들이 노산문학관에 전시를 할 수 있다, 없다, 여러분들이 판단해 보십시오. 노산의 문학관에 속된 표현으로 노산 꼬봉이 될 수 있느냐는 개념이 나올 수 있습니다. 유족들이라든지 본인의 문제는. 그러면 제2, 제3의 우수한 문인들을 기념관을 또 지을 것이냐 하는 문제도 나올 것이고, 그렇다면 노산의 브랜드로 간다기 보다는 마산의 브랜드로 가면서 마산출신, 나아가서 마산을 소재로 한 작품들도 우리가 충분히 끌어 안아야 됩니다.

더구나 오래전부터 결핵병원이 산재해 있었고 결핵병원을 소재로 한, 결핵환자를 소재로 한 소설들도 많이 있습니다. 그러한 소재를 가진 소설들도 마산을 배경으로 했다면 문학관에 부스를 설치해서 우리들이 끌어 안아야 되는 것입니다.

그러한 문제를 생각할 때 과연 노산의 브랜드가 크냐, 마산의 브랜드는 가치가 떨어지느냐 하는 문제를 판단할 때 반드시 타 시군, 전국이 개인의 브랜드로 간다고 해서 그

것이 과연 옳으냐의 문제를 이제는 생각해야 된다는 것입니다.

둘째는 명확성의 흠결요인입니다. 노산의 문제에 있어서는 국가적으로 과거사 문제가 현재 도마 위에 올라있는 상태지 결정이 난 상태가 아닙니다. 그래서 노산에 대해서 친일을 운운하는 것은 일종의 흠집을 내기 위한 하나의 방법일 수 충분히 있습니다. 또 그렇게 된다 하더라도 그것이 시민의 합의가 이루어진다면 흠결이 있다 하더라도 노산으로 명칭을 정하고 그렇게 끌고 갈 수도 있습니다.

그러한 게 정상철 의원님의 논리라고 저는 보고 있습니다. 물론 일리가 있죠. 당연합니다. 그렇지만 현재 드러나는, 또 끊임없이 이의를 제기할 수 있는 노산을 연구하는 학자들 중에서는 노산의 알려지지 않은 사실들이 밝혀짐으로써 오는 데미지, 노산을 폄하시키는 노력들이 가일층 강화되었을 때 오는 마산의 이미지 실추, 이러한 문제도 생각하지 않을 수 없습니다.

차라리 현재 상태로 두는 것이 그 분의 명예를 살리는 일이고 마산의 자존심을 살리는 일이 아닌가 하는 그런 생각도 가져봅니다.

그러한 얘기들이 간담회 5월 17일 현장에서도 분명히 개진되었습니다.

그 다음에 3·15정신과 관련해서는 물론 역사를 보는 눈은 다 다를 수가 있습니다. 3·15정신이 있었기 때문에 그나마 스러져가는, 나락으로 떨어지는 마산시를 지탱하고 있다는 생각도 역으로 할 수도 있습니다. 3·15정신 때문에 정신을 고양한다고 해서 우리 마산이 실추되는 것이 3·15정신이 없었기 때문이 아니고 있었기 때문에 그나마 추락의 속도를 늦출 수도 있다는 역발상도 할 수가 있는 것이죠. 그렇다면 이러한 부분들을 다 감안해서 전체 의원님들과 시의 의견, 시민단체의 의견, 우리 의원님들의 의견, 모든 부분을 감안할 때 반드시 최선의 정책만이 선택되고 최선의 선택이 선이라는 이 방식은 현대 민주주의 사회에서는 옳지 않더라는 겁니다.

대한민국 국회도 마찬가지 아니겠습니까? 분명히 옳은 길을 두고 다른 방향의 정책을 선택하고 결정하고 시행에 들어갑니다. 거기에서 오는 국민들의 피해도 제기가 되고 있음에도 불구하고 그렇게 시행하는 이유는 어디에 있겠습니까? 차선의 정책을 선택할 수밖에 없는 그러한 이유들이 분명히 존재한다고 봅니다.

마산과 노산을 놓고 2년여 동안 공방을 벌임으로써 마산시의 발전에 어떤 도움이 될 것이며, 이제는 종지부를 찍어야 된다, 그런 의식이 시민이나 의회 내에서도 팽배하고 있습니다.

종지부를 찍읍시다. 마산문학관으로 정해서 33인, 아니 마산을 소재로 한 무수한 작품들을 마산문학관에 존치를 하고 자료를 발굴하고 그러한 자료를 보고 연구하면서 마산의 자존심을 높여나갈 때 전국 어느 문학관보다 알찬 문학관이 될 수 있으리라 봅니다.

이제 남은 게 그게 과제고 그게 숙제이지 그런데 정열을 모아야지 지난 2년여 동안 벌인 논쟁은 이제 충분하다고 저는 봅니다.

노산에 대한 연구, 옳고 그른 문제들은 저희들의 몫도 아닙니다. 전문 연구가들의 몫일 것입니다. 어느 분이 이런 말씀을 했습니다. 의회는 주민들의 의견이 상충할 때는 상식선에서 결정해주면 된다는 말씀을 하실 때 상당히 공감이 가는 말씀이었습니다. 저희들이 전문가가 아니지 않습니까? 전문가가 아니라면 상식선에서 갈 수도 있습니다. 그렇다고 해서 그 정책이 나쁘다, 좋다 판단을 누가 하겠습니까? 상식선에서 판단한다면 마산문학관도 충분히 명칭의 정당성을 띠고 있다고 저희 의원들은 판단했고 그러한 논의의 결과가 오늘 이 자리에 상정된 것입니다.

여러분들이 저희 위원회 입장도 생각해주시고 마산의 애정에 대해서 관심을 가져주시기 바랍니다. 감사합니다.

• 의장직무대리 강용범 : 박중철 의원님 수고하셨습니다.다음 또 반대토론하실 의원님 계십니까?

(「없습니다」하는 의원 있음)

토론을 종결하겠습니다.

그러면 앞서 반대토론이 있었으므로 의사일정 제3항, 마산문학관 운영 조례안은 마산시의회 회의 규칙 제38조의 규정에 의거 표결할 것을 선포합니다.

표결방법은 마산시의회 회의규칙 제41조 1항의 규정에 의하여 전자투표기기를 이용하여 가부를 결정하도록 하겠습니다.

의사담당주사는 표결준비를 해주시고, 사무국 직원은 재석의원을 파악해 주시기 바랍니다.

현재 재석의원은 27명입니다.

그러면 의사담당주사는 투표시작 버튼을 눌러주시고, 의원님들은 지금부터 투표를 하시되, 기획행정위원회에서 심사 보고한 마산문학관 운영 조례안에 대하여 찬성하시면 찬성버튼을, 반대하시면 반대버튼을 눌러주시기 바랍니다.

아직 투표를 하지 않으신 의원님 계십니까?

(「없습니다」하는 의원 있음)

그러면 투표를 다하셨으므로 의사담당주사는 집계버튼을 눌러주시고, 의원님들은 집계가 끝날 때까지 잠시만 기다려 주시기 바랍니다.

투표 결과를 말씀드리겠습니다.

재석의원 27명 중 찬성 14명, 반대 13명. 이상으로 찬성하신 의원님이 과반수를 득하였으므로 의사일정 제3항, 마산문학관 운영 조례안은 가결되었음을 선포합니다.

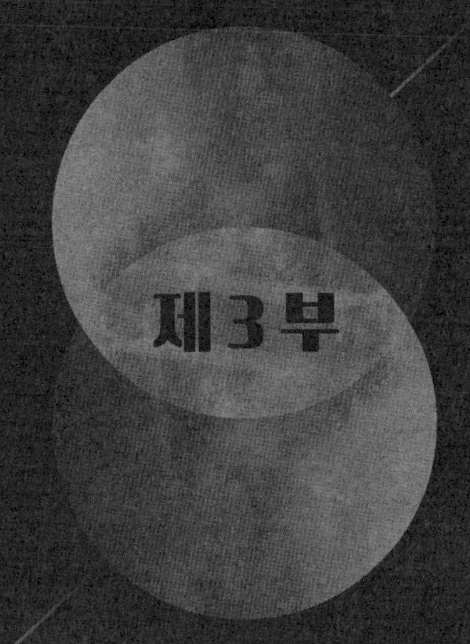

제3부

대국민 사기극
'선구자' 조두남

1장

조두남 관련 성명서, 기자회견문, 논평

'조두남기념관' 개관준비 중단 및 조두남선생 친일행적 진상조사를 촉구한다

오늘 우리는 참담한 심경으로 선구자의 작곡가 '조두남기념관' 개관 준비와 관련된 일체의 사업을 일시적으로 중단해 줄 것을 마산시에 강력하게 촉구하고자 한다.

우리가 '조두남기념관'의 준공을 눈앞에 둔 시점에서 뒤늦게 이를 거론하지 않을 수 없는 것은 그 동안 진행된 '조두남기념관' 건립 사실을 몰라서가 아니라 조두남선생의 친일, 친 독재 등의 반민족, 반민주 행적이 뚜렷이 밝혀진 바가 없었기 때문이었다.

사실, 마산시에서 '조두남기념관 건립계획'을 발표했을 당시에도 가곡 '선구자'의 작사자로 알려진 윤해영의 친일 행적과 관련해 작곡가 조두남의 증언에 문제가 있다는 세론이 없었던 것은 아니었지만, 시민단체가 그 정도의 의혹만으로는 조두남기념관 건립을 문제 삼기 어려웠던 것이다.

그러나 불행하게도 조두남선생의 친일행적에 대한 증언이 최근에 나왔다.

우리나라의 권위 있는 시사월간지 '말'의 2002년 11월호에서 현재 연변에서 활동하고 있는 작가 류연산씨가 일제 강정기 만주에서 조두남씨와 친분이 있던 연변 음악계의 원로 김종화(金種華 1921년 12월 3일 화룡현 룡문향 태생)씨를 1995년 5월에 만나 "조두남선생도 「징병제 만세」 「황국의 어머니」라는 친일노래를 작곡했다"는 증언을 들었다고 한다.

김종화 선생은 1944년 조선 청진에 갔다가 돌아오는 길에 남양 골목에 나붙은 무슨 악극단의 포스터를 보았는데 조두남 작곡으로 된 「간첩은 날 뛴다」였다. 이를 보고 공연을 관람하게 됐는데 내용은 '간첩'들이 경찰서를 치는 것을 주의하고 미리 막아야 한다는 것이었다고 한다. 여기에서 말한 간첩이란 항일세력이었으니 「징병제 만세」와 다를 바 없는 것이었다" 라는 증언도 했다고 한다.

이 정도라면 단순한 의혹이라고 무시해 버리기는 어렵다. 증인이 실존하며 내용이 매우 구체적이기 때문이다.

만일 위의 증언이 사실이라면 시민의 혈세로 건립되고 있는 '조두남기념관'은 그 이름과 용도를 변경해야 한다. 따라서 우리는 마산시가 조두남선생의 친일 행적여부를 확인 조사하는 일에 즉각 나서 줄 것을 강력히 요구한다. 조두남선생의 친일여부를 가리는 문제는 한 인물의 기념관을 짓느냐 마느냐 하는 단순한 문제가 아니다. 이는 왜곡된 우리 역사를 바로잡고, 민족의 정기를 지키는 일이며, 상식과 원칙이 무너진 우리 사회의 각종 사회적 질병의 원인을 밝히고 치유하는 단초가 될 수 있는 중대한 문제이다. 이제 뒤늦기는 했지만 조두남선생의 친일 행적에 대한 증인과 증언들이 나왔으니 사실여부를 확인, 조사하는 일에 별 어려움이 없을 것으로 우리는 판단한다.

마산시는 조두남선생의 친일의혹의 진상을 밝히기 위한 '(가칭) 조두남 친일의혹 조사특별위원회'를 즉시 구성할 것을 강력히 권고한다. 특위의 구성은 조사의 공정성 논란을 막기 위해 마산시 담당공무원, 조두남 선생의 유족 또는 제자, 시민단체 관계자, 근현대사 전공 연구원들로 구성하면 될 것이다.

그러나 만일 마산시가 이런 사실을 알고도 기념관 공사가 이미 완공 되었다는 이유로 기념관 개관을 밀어 붙인다면 전 국민의 비난과 마산시민의 거센 저항에 부딪칠 것임을 알아야 한다.

마산시의 기념사업과 관련하여 한 가지 덧붙이자면, 현재 조두남기념관이 건립된 장소 인근에 마산 3·15의거의 희생자 김주열 시신인양 지점이 있다. 그 동안 본 단체에서 조두남기념관과 인접한 거리를 김주열거리로 제정해 줄 것을 2년 연속 건의한 바 있으나 마산시와 시의회로부터 간단하게 묵살 당해 왔다.

마산시와 마산시민이 가장 자랑스럽게 생각하는 것은 3·15의거이다. 3·15가 우리 현대사에서 더욱 찬란히 빛나는 것은 3·15가 4·19혁명을 촉발시킨 기폭제가 되었다는 사실이며 그 역사의 한가운데 바로 김주열이 있었던 것이다.

1960년 당시 상황을 기억하는 모든 국민이 증인이 될 수 있는 김주열의 역사적 죽음은 그렇게 간단히 무시하면서 일제시대의 행적이 모호했던 조두남의 생애에 더 깊은 연구 없이 10억4,000여 만원이라는 시민의 혈세로 서둘러 기념관을 지은 마산시의 행위는 조두남의 친일행적 진위와 관계없이 시민들의 이해를 받기는 힘들 것이다.

우리는 조두남기념관과 관련해 마산시의 신속하고 현명한 조치를 기대한다.

2002년 12월 4일

열린사회희망연대

공동대표 : 김영만, 백남해, 법광, 육관응

조두남기념관 개관을 강행하는 마산시와 마산시의회를 규탄한다!

우리는 지난 해 12월 4일 '조두남기념관' 개관과 관련하여 마산시와 시의회에 정식으로 개관 유보를 요청한바 있다.

이는 얼마 전에 일제시대 그가 활동했던 중국의 연변지역에서 조두남의 친일행적에 대한 증언이 나왔기 때문이다.

물론 마산시 당국이나 시민들이 이런 사실을 모르는 상태에서 조두남기념관 사업이 진행되었고, 기념관 건물이 사실상 완공된 상태라고는 하지만 개관 전 이 사실을 인지한 이상 그냥 넘어 갈 수 없는 중대한 사안으로 우리의 요구는 너무나 당연한 것이었다.

특정 인물을 기념하기 위한 기념관인 경우에는 그 인물의 인품과 업적, 삶의 발자취가 후대의 표상이 되어 길이 본받을 인물이어야 한다는 것은 두말할 필요가 없을 것이다.

특히 개인이나 특정집단이 자비로 세우는 기념관도 아닌, 지방자치단체가 나서서 그 지역의 자랑스러운 인물로 선정하고, 시민들과 국민들이 낸 세금으로 건립되는 기념관인 경우는 더 더욱 신중한 검증절차를 거쳐야 할 일이다.

만에 하나, 조두남의 친일행적이 사실로 밝혀진다면 이 기념관은 두고두고 마산시민을 모독하는 상징적 건물로 남아 말썽이 끊이지 않을 것이며, 끝내는 시민들의 손에 의해 폐쇄될 운명을 안고 출발하게 되는 것이다. 그러나 반대로 친일행적이 사실이 아니라면 고인의 명예를 위해서 명백히 밝히고 넘어가야 하는 것이 남은 자들의 도리일 것이다.

이 모두는 기념관 건립의 주체인 마산시와 이와 관련된 각종 사업안을 승인한 마산시의회가 최종 책임을 져야 할 일이다.

분명히 말하지만 우리도 아직은 조두남의 친일의혹을 사실로 단정하지는 않았다. 그리고 우리는 마산시와 시의회에 비상식적이고 비이성적인 요구를 한 것도 아니다.

다만 이를 확인, 조사하는 일은 너무나 중요한 일이며, 어려운 일도 아니기 때문에 관계자들로 구성된 '(가칭)조두남 친일의혹 조사특별위원회'를 꾸려 '현지에서 공동 조사를 하자'는 구체적인 제안을 했었다.

너무나 타당한 우리의 제안에 마산시장은 분명 그렇게 한다고 대답했고 우리는 마산시장에게 수차례 약속 이행을 촉구했지만 이 핑계 저 핑계로 차일피일 시간만 끌어왔다.

심지어는 지난 4월 29일 마산시의회 의장실에서 시의회 의장과 마산시장을 동시에 만나 이 사실을 상기시키며 빠른 시일 안에 현지 확인조사를 요청했고 이때 마산시장은 '사스' 운운하면서도 "사실 확인 후 개관을 한다"는 데는 분명히 동의했다. 그럼에도 불구하고 불과 며칠 뒤, 마산시는 개관일(5월 29일)을 발표했다. 우리는 마산시장의 기만행위에 대해 실망과 분노를 금할 수 없다. 더더욱 이제 와서 일단 개관부터 먼저 하고, 추후 친일 행위가 확인이 되면 그 부분까지도 동시에 전시하겠다는 것은 시민들을 현혹시키는 궤변일 따름이다.

마산시와 시의회의 주장대로 한 인간의 공과를 동시에 기록, 전시하여 그것을 역사의 교훈으로 삼자고 한다면 이 건축물에 기념관이라는 명칭을 붙이는 것은 매우 잘못된 것이며 이런 경우에는 기록관이나 전시관과 같은 적절한 명칭을 찾아 사용해야 할 것이다.

마산시가 이런 기만적인 논리를 내세우며 개관을 강행하다면 이 기념관은 후세의 사람들에게 '일제를 찬양하고 그들에 빌붙어 살았던, 독재 권력에 아부, 협력하고 득세를 했든, 무슨 짓을 해도 문화 예술의 한 분야에 뛰어난 재주만 있다면 다 존경받을 수 있다'는 왜곡된 교훈을 심어주게 되어 결국 우리나라는 기회주의자들의 천국이 되고 말 것이다.

우리가 살고 있는 마산은 일제와 독재에 맞서 싸우다 희생당하고, 평생 고초를 겪으면서도 지조를 지킨 삶으로 시민들이 정신적 표상으로 삼고 기념해야 할 분들이 적지 않은 고장이다. 그러나 불행하게도 현재 마산시에서 공사를 시작하거나 완공된 개인 명의의 기념관은 모두 두 곳으로 그 중 한사람은 시인이요, 한사람은 작곡가이며 이 두 기념관은 처음부터 신중하게 결정하지 않으면 안 될 문제의 소지를 많이 안고 있었다.

나라와 민족이 어려울 때 절묘한 처세로 살아남아 시 한 수, 노래 한 곡 잘 만들어 대중에게 인기를 얻었다고 그들이 민족의 영광과 시민들의 존경과 사랑을 모두 차지한다면 조국이 다시 위기에 처할 때, 누가 지조를 지키고 누가 나라와 민족을 위해 자신을 희생하려 하겠는가?

우리의 자자손손 대를 이어 이 땅에 살아가야 할 우리 후손들에게 기회주의자들이 득세하여 겪어야만 했던 우리의 불행한 역사를 고스란히 물려 줄 수는 없다.

우리가 결코 바라는 바는 아니지만 만일 조두남의 친일행위가 만천하에 밝혀진다면 그것은 기념관이 존재해야할 원인자체가 무효화되기 때문에 기념관은 즉각 폐쇄되어야 마땅하다.

이제 우리는 마산시와 마산시의회가 설사 조두남의 친일행적이 명명백백하게 밝혀진다 해도 그것을 문제 삼지 않고 기념관을 개관하겠다는 의도가 명백하게 확인된 이상, 우리는 매우 유감스러운 일이지만 불가피하게 개관을 강력히 반대하지 않을 수 없게 되었다.

이 일로 기념관의 주인공이 남긴 예술적 업적까지 폄하되고, 그 유족과 제자들을 욕되게 하며, 그의 음악을 좋아했던 모든 시민들에게 충격과 상처를 안겨 주게 된다면 이는 마산시와 시의회의 졸속한 결정에 모든 책임이 있다는 사실을 우리는 분명히 해둔다.

따라서 우리는 조두남기념관과 관련된 마산시와 시의회가 그 동안 행한 온당치 못한 처사를 강력히 규탄하며 조두남기념관 개관을 저지하게 위한 각종 운동을 전개할 것임을 밝힌다.

2003년 5월 26일

열린사회희망연대

공동대표 : 김영만, 백남해, 법광, 육관응

조두남기념관 개관을 강행하려는 마산시와 마산시의회를 규탄을 지지한다

기념한다는 것은 많은 사람들에게 모범을 보인 행적이 있을 때 하는 것이다. 그런데 마산시와 마산시의회에서 개관 하려는 조두남기념관은 열린사회희망연대가 제기한 문제들을 덮어 둔 채 졸속으로 강행 하려고 하고 있다.열린사회희망연대가 제기한 조두남 친일 행적을 낱낱이 조사해야 한다. 그래서 뒤에 발생될 문제에 대해 사전에 예방하는 것이 마산시 행정을 책임진 기관이 해야 할 당연한 의무이다.

열린사회희망연대가 제기한 조두남 친일 행적을 낱낱이 조사해야 한다.

만일 조사해서 친일 행적이 들어나면, 마산이 자랑스럽게 내세우는 삼진의거와 일제에 항거한 죽헌 이교재 선생을 욕되게 하는 일이다.

기념관이 개관이 되면 많은 청소년들이 교육의 장으로 활용되어 질 것이다. 자라나는 청소년들에게 조두남 선생이 남긴 음악에 관련한 업적 못지않게 그 분의 삶의 모습 또한 청소년들의 좋은 본보기가 되어야 한다.

마산시와 마산시의회는 조두남기념관 개관에 앞서, 다양한 시민들의 의견을 들어 개관해야 한다.

2003년 5월 26일 열린사회희망연대가 낸 '조두남기념관 개관을 강행하는 마산시와 마산시의회 규탄'을 지지하며, 개관을 저지하기 위한 운동에 함께 할 것이다.

2003년 5월 28일

참교육을위한 전국학부모회 마창진지회

조두남기념관 반대와 연행자 석방을 요구한다

중국 연변의 동포 연구자인 류연산씨에 의해 친일행적이 제기된 작곡가 조두남의 기념관 건립을 주장하려는 마산시와 그의 친일행적 여부를 중국 현지를 방문해서 먼저 조사하고 그 결과에 따라 기념관 건립 여부를 결정하자던 '열린사회희망연대'측의 의견 대립이 어느 정도 합의점이 도출되는 듯 했으나, 5월 29일 마산시(시장 황철곤)측의 일방적인 기념관 개관 강행으로 결국 김주열 열사와 3·15 민주의거의 성지 마산시가 전국적인 웃음거리로 전락하고 말았다.

마산은 민주주의뿐만 아니라 마산시 삼진지방(진동·진북·진전)에서 일어났던 삼진독립의거, 마산공립중학교(현, 마산고등학교) 출신 학생들의 비밀결사 항일운동 등 역사 속에서 조국과 시대의 아픔을 늘 함께 한 고장이기도 하다.

그런데, [先 친일행위조사, 後 개관여부 결정]이라는 너무도 상식적이고 합리적인 시민단체의 제안을 무시한 마산시는 개관 당일 이에 항의하는 시민단체 회원들을 업무방해 혐의로 고소하였다고 하니 적반하장도 유분수요 10억 원이 넘는 국민의 소중한 혈세를 이렇듯 무분별하게 사용한 마산시장과 당국자들이 오히려 직무유기의 책임을 져야 할 것이다.

개관 기념식에 참석한 마산예총 회장은 "(친일의혹은) 아직 밝혀지지 않은 사안으로 나무만 보고 숲 전체를 보지 못해서는 안 된다"고 했다. 그렇다. 아직 밝혀지지 않았으니 공동으로 조두남의 친일행적 여부를 조사하자는 것이다. 그리고 친일행위가 밝혀진다 하더라도 그것은 '숲'이 아닌 '나무'라는 말을 하고 있는 듯한데, 친일행위가 별 것 아니라는 그의 주장은 진정 마산예총의 공식 견해인지 묻지 않을 수 없다.

프랑스의 유명한 피아니스트 '콜로'는 나치 독일에 협력한 행위 때문에 전쟁 후 오랫동안 공개연주를 금지 당한 사례를 굳이 들지 않더라도 범부(凡夫)도 아닌 소위 영원을 노래하는 예술가의 신념을 져버린 행위를 두고 그의 무엇을 기념하자는 것인가.

시점을 넓혀 본다면 이번 사태는 그동안 역사적 평가는 뒤로하고 우선 유명한 인사들을 '기념사업'이라는 이름으로 무분별하게 진행되고 있는 '문화 상품 만들기'가 빚은 저급한 전시 행정의 사례로 추가될 것이다. 이러한 행위는 필연적으로 영웅 만들기로 이어지며 그것은 결국 역사적 사실의 은폐와 기억의 조작을 수반한다는 점에서 심각한 역사왜곡이 아닐 수 없다.

마산시장은 고인이 된 조두남과 유족의 명예를 위해서도 두고두고 친일 의혹을 상기시킬 조두남기념관 운영은 중단해야 하고, 경찰은 마산시의 명예를 지키기 위해 반대운동에 나서다 부당하게 연행된 시민단체 회원들은 즉각 석방해야 한다.

2003년 5월 30일

민족문제연구소

조두남기념관
개관 사태 성명서

황철곤 마산시장은 친일행각이 제기된 작곡가 조두남씨의 기념관을 억지로 개관하다가 결국 일을 저지르고 말았다. 그 자신과 배종갑 마산시의회 의장은 식장에서 밀가루를 뒤집어 써야 했고, 조두남기념관 개관을 저지하기 위해 행동한 희망연대 김영만 회장 외 2명이 구속되는 사태를 만들었다.

기념하고자 하는 사람에 대한 중대한 하자(친일 민족 반역 행위)가 여러 경로를 통해 제기 되었으면 이 하자 부분을 조사한 후에 기념을 하든, 개관을 하는 것이 일의 앞뒤 순서가 아닌가?

시민들의 많은 반대가 있음에도 참석 시민 100여 명에, 경찰 병력 300여 명을 동원하여 반대하는 시민들을 막고서도 조두남기념관 개관을 강행했어야 하는가?

3·15로 기념사업을 하는데 반대하는 마산 시민을 보았는가? 마산시 예산과 많은 정부 예산을 들여 기념사업을 한다면 그만한 까닭과 시민과 국민들의 칭송이 있어야 하지 않겠는가?

시민의 여론을 수렴하여 시정을 견제해야 할 마산시 의회도 반대 여론을 무시하고 마산시장의 역사의식이 부족한 행정에 발맞추었다는 비판을 면치 못할 것이다.

마산예술단체총연합회도 마찬가지이다. 고인이 그 산하 단체 지부장을 역임했다 하더라도 그의 대표작 '선구자'의 내용과 정반대되는 중대한 친일행위가 문제된 이상 예술을 하는 사람의 양심으로 일의 앞뒤 순서를 따져 정치논리에 따르기 쉬운 마산시장과 시의회를 말렸어야 하지 않는가?

마산시와 시의회, 마산예술단체총연합회에 촉구한다.

지금이라도 조두남씨의 친일 의혹을 조사하여 잘못된 점이 있으면 바로 잡자. 친일행각을 기념하는 어리석음을 역사에 남기지 말자.

이런 절차 없이 조두남기념관을 기정사실화 한다면 마산, 경남뿐만 아니라 민족정기를 지키려는 전국의 시민·사회단체와 문화 예술계의 강력하고 끊임없는 저항을 받게 될 것임을 엄중히 경고한다.

세조가 단종을 폐위하고 강등 시켰으나, 민중들은 결코 이에 따르지 않았다. 단종은 200년 후에 결국 단종으로 복위되었다. 이것이 역사다.

잘된 것은 잘됐다 하고 잘못된 것은 잘못 되었다고 하고, 모르는 것은 모른다 하는 것이 진정한 용기이다.

마산시장과 시의회, 마산예술단체총연합회의 사려 깊은 처신을 다시 한 번 권고한다.

끝으로 사회정의와 올바른 역사의 진전을 바라는 경남지역의 많은 시민·사회단체들에게도 이 문제를 바로 잡기 위해 연대해 주실 것은 요청한다.

4336. 5. 31.

열린사회희망연대 (연락처 : 016-560-4354 백남해)

조두남기념관 개관을 강행한 마산시와 시의회를 규탄한다

조두남 친일의혹 규명을 위한 공동성명서

시민단체와의 약속을 무시한 밀어붙이기식 일방적 행정에 대해 마산시는 시민에게 공개사과 하고 구속된 회원을 즉각 석방하라!

마산시가 친일의혹이 제기된 작곡가 조두남씨의 기념관을 경찰까지 동원하며 억지로 개관하다가 결국 일을 저지르고 말았다.

황철곤 마산시장과 배종갑 마산시의회 의장은 개관 기념식장에서 밀가루를 뒤집어써야 했고, 조두남기념관 개관을 저지하기 위해 행동한 열린사회희망연대 김영만 대표, 이성립 운영위원, 이환태 조직국장이 구속되는 사태를 만들었다.

그동안 우리는 조두남씨의 친일, 민족반역 행위가 여러 경로를 통해 제기 되었다는 것을 잘 알고 있다. 그러므로 이를 조사한 후에 기념관 개관 문제를 논의하자는 열린사회희망연대의 주장에 대해 관심 있게 지켜보았다.

그러나 이러한 명백한 이의 제기에도 불구하고 경찰까지 동원하여 반대하는 시민들을 막고서 조두남기념관 개관을 강행하고 말았다.

시민의 여론을 수렴하여 시정을 견제해야 할 마산시 의회도 반대 여론을 무시하고 마산시장의 역사의식이 부족한 행정에 발맞추었다는 비난을 면치 못할 것이다.

기념관은 국민의 세금으로 건립되는 국민들의 소유이다. 그런 만큼 문제제기의 당사자가 소수이든 다수이든 마산시는 충분한 의견수렴을 해야 할 책임이 있는 것이다.

친일에 대한 충분한 검증은 왜곡된 우리 역사를 바로잡고 민족정기를 지키는 일임과 동시에 고인과 유족을 위해서라도 꼭 필요한 과정임을 인식해야 한다.

열린사회희망연대는 그동안 조두남기년관 개관을 명백히 반대해 왔으며, 친일의혹에 대한 명확한 진상조사를 하고자 수차례 마산시에 요구를 하였고 마산시 또한 이를 시행하기로 약속한 바가 있다는 사실도 알고 있다. 그러나 지난 29일 마산시는 기념관 개관을 강행하고 이를 반대하는 열린사회희망연대 대표를 비롯한 회원 7명을 연행, 3명이 구속되는 사태를 야기하고 말았다.

이는 명백하게 그간의 과정과 약속을 어기고 시민을 무시한 일방적인 행정이며 시민에 대한 도전이라고 밖에 볼 수 없다.

이에 우리는 공동의 이름으로 마산시 측에 강력히 요구한다.

하나. 시민과의 약속을 무시한 일방적 밀어붙이기식 행정으로 기념관을 개관한 것에 대해 시민들에게 공개 사과하라.

하나. 조두남의 친일의혹과 관련하여 조속히 공동조사단을 구성하여 의혹을 규명할 것을 요구한다.

하나. 열린사회희망연대 김영만 대표를 비롯한 구속된 회원들의 조속한 석방을 위해서 모든 노력을 할 것을 요구한다.

우리는 위의 요구가 관철될 때까지 투쟁할 것을 천명한다.

2003년 6월 2일

조두남기념관 개관식 사태 대책위원회(가칭)

참가단체(무순) : 전교조경남도지부, 전농경남도연맹, 민주노총경남본부, 마창민주노동자협의회, 민주노동당경남도지부/ 합포/ 창원을/ 진주지구당, 개혁국민정당회원지구당, 전국여성노조마창지부, 경남외국인노동자상담소, 경남고용복지센타, 열린사회희망연대, 창원청년회, 창우회, 통일촌, 용담동우회, 산재추방운동연합, 희망을만드는노동자의집, 범민련부경연합, 양민학살경남도대책위, 경남대동문공동체, 마산창원지구총학생회연합, 마창여성노동자회, 부마항쟁정신계승위, 천주교정의구현사제단, 카톨릭노동상담소, 참여와연대를위한함안시민모임, 경남민언련, 사천민주단체협의회, 참교육을위한전국학부모회경남지부, 푸른내서주민회, 경상대민주동문회, 민주주의민족통일서부경남연합, 양산노동민원상담소

황철곤 마산시장이 검찰에 낸 탄원서

시민단체 회원들의 석방을 바랍니다.

존경하는 최태원 검사님,

이번 조두남기념관 개관에 따른 불미스러운 일로 걱정을 끼쳐 드린 점 송구스럽게 생각합니다.제가 시정을 맡으면서 마산 시민 한 분 한분의 마음과 뜻으로 버텨낸 시간이 벌써 2년입니다. '믿음이 없으면 바로 설 수 없다'는 저의 실천적 삶을 마산 시민들은 눈여겨보아 주셨고, 그 마음에 보답하고자 열과 성을 다해 시정에 매달렸습니다. 시정의 책임자로 있는 동안 그 어느 누구보다 몸과 맘을 다해 시민들 한 분 한 분을 섬기고, 그 뜻을 새겨야 한다는 것이 저의 다짐이자 기본철학입니다.

이런 중에 지난 5월 29일 조두남기념관 개관식 때 당한 불미스러운 사건은 저 개인으로는 제 평생에 남을 치욕이었으며, 시민을 대표하는 대표자의 자리에서 생각하면 시민전체에게 행해진 모욕이었다고 생각합니다. 비록 저 개인적으로 수치스럽고 황망한 일임에는 틀림없으나, 시정의 대표자로서 '시민의 잘잘못 또한 어루만지고 넓게 보듬어야 하는 것이 위정자로서의 바른 모습'이라는 선인들의 가르침을 마음에 깊이 새깁니다.

이번 일이 비록 특정단체(희망연대)의 잘못된 목적수행에서 발생한 일이기는 하지만 그들 또한 제가 사랑하는 마산 시민들입니다. 이번에 구속된 것을 안타깝게 생각하며 시민화합을 위해 석방될 수 있도록 선처바랍니다.

2003년 6월 11일

마산시장 황 철 곤

마산시 행정을 책임지고 있는 황철곤 시장은 시민들의 정당한 정보공개 요청에 즉각 응하라!

민주주의는 상식을 바탕으로 시민의 뜻을 존중하는 제도다.

시민들이 뽑은 선출직 민선시장은 마산시민의 대표자로서, 늘 봉사하는 자세로 마산의 주인인 마산시민들의 뜻을 존중해야 한다. 그런데, 황철곤 마산시장이 지휘 감독해야 할 마산시 공무원은 이러한 민주주의와 주민자치 정신을 정면으로 부정하는 행동을 하면서 말도 안 되는 억지를 부리고 있다.

마산시의 주인은 시민이다. 마산시의 행정이 추구해야 할 궁극적 가치가 시민들의 복지라면, 지역의 언론이 지향해야 할 가치는 시민들에게 올바른 사실을 알려주는 것이다.

언론의 진실 보도를 통해, 시민들은 마산시 행정의 잘잘못을 판단하게 되고, 그러한 판단 위에서 자신들의 권리를 정당한 절차를 통해 요구할 수 있기 때문이다.

그런데, 이러한 상식이 마산시에서는 통하지 않고 있다. 최근 마산에서는 시민단체의 상식적인 주장을 무시하고 친일의혹을 받고 있는 조두남를 기린 조두남기념관 개관식장에서 항의하던 세 명의 시민들이 구속, 수감되는 불행한 사태가 발생하였다.

앞으로 행정수행 과정에서 유사한 사태가 발생하지 않기 위해서라도, 사태의 원인을 알고 싶어 하는 것은 마산 시민으로서 당연한 일이다. 이러한 시민들의 정보욕구를 충족시키기 위해, 지역의 유력일간지인 '경남도민일보'에서 마산시에 조두남기념관과 노산(마산)문학관 관련 자료를 요청한 것도 당연한 일이다.

그럼에도 불구하고, 6월24일 황철곤 마산시장은 '경남도민일보'가 청구한 △조두남기념관 테마공원 설계자문위원 및 전시부문 설계자문위원 명단과 회의록 △조두남기념관 건립촉진모임 건의자 명단 △노산문학관 건립추진 건의자 명단 및 건립추진위원 회의록을 "정보공개법 7조1항 제5호 및 6호에 의거, 의사결정과정인 회의록과 이름 등의 공개에 의하여 특정인을 식별할 수 있는 개인의 정보이기 때문"에 공개할 수 없다고 밝혔다.

그런데, 지난 19일 발령한 총리 훈령 '행정정보 공개의 확대를 위한 지침' 제5조 3항은 '주요정책의 추진과정에서 생산되는 연구보고서·회의록 또는 시청각자료 등의 정보'는 청구가 없더라도 공개해야 할 목록으로 명시하고 있다.

또, 1997년 총무처 지시사항인 '정보공개제도 운영요령'을 통해 '심의회 등 위원 명부와 같이 공표를 목적으로 작성 또는 취득한 정보'를 '공개가능한 개인정보'로 규정한 바 있다.

마산시는 또 이번 명단 및 회의록 비공개와 대조적으로 홈페이지를 통해 '지역정보화 촉진실무협의회'와 '여성정책 발전위원회'의 위원 명단을 전화번호까지 공개해놓고 있는 것을 비롯하여 55개 각종 위원회의 위원장 명단을 모두 밝혀놓고 있는데, 이는 앞뒤가 맞지 않은 일이다. 그리고 이미 지역신문지상을 통해 마산문학관을 노산문학관으로 바꾸자고 한 사람들의 명단이 이미 공개된 바도 있다.

지난 2월26일자 경남도민일보 기사는, "가칭 마산문학관의 명칭을 결정하기 위해 지난해 9월 모인 '제1차 문학관 건립추진위원회' 회의에서 참석자들의 만장일치로 '노산문학관'으로 결정된 것으로 드러났다. (2월 26일자 12면 보도) 당시 7명이 참석한 회의에서 김교한(노산시조연구회장)씨가 위원장을 맡았고, 김미윤(마산예총회장)· 김복근(경남시조문학회장)· 김연동(마산문협회장)· 정상철(시의원)· 안병한(마창지역건축사회장)씨가 노산문학관 명칭 결정에 찬성했다"고 보도된 바 있는데, 언론을 통해 이미 공개된 사람들의 명단을 합법적 절차를 통해 요청했는데도 왜 공개하지 못하는가? 이번 조두남기념관 사태를 하나의 불상사가 아니라 역사의 진실을 밝히는 계기로 만들려면, 지금이라도 잘잘못을 분명히 가려서 드러난 문제는 바로바로 고쳐나가야 하지 않겠는가?

친일파 윤해영이 독립투사로 둔갑한 경위를 밝히는 것은 그래서 필요하며, 누가 이러한 역사왜곡에 관여했는지도 알아야만 한다. 이것은 시민의 너무나 정당한 권리이다. 마산시 행정책임자인 황철곤 마산시장은 시민의 정당한 정보공개 요구에 즉각 응해, 시민들의 더 큰 저항을 받는 어리석음을 피하기 바란다.

2003년 06월 25일

열린사회희망연대

조두남기념관 문제에 대한 우리의 입장

지난 5월 29일에 조두남기념관 개관식에서 반대 시위를 한 혐의(집시법 위반 등)로 열린사회 희망연대 김영만 대표 등 세 사람이 구속되었다. 그리고 단순 가담자 4명도 창원지법으로부터 100만원의 벌과금 처분을 받았다. 우리는 이러한 사태의 진전에 대해 심각한 우려를 표시하지 않을 수 없다.

마산과 인연이 깊은 훌륭한 인물을 기리는 기념관을 세우겠다는 취지는 이해가 간다. 훌륭한 인물을 기리고 후손들이 그에게서 배운다는 것은 좋은 일일 것이다. 그러나 외면적으로는 훌륭하고 경력이 화려한 인물이 사실에 있어서는 그렇지 못한 경우가 많이 있었다. 따라서 공공의 이름으로 어떤 인물을 기릴 때에는 정확한 사실 조사가 필요한 것이다.

문제가 되는 조두남기념관의 경우 기념관의 중요한 내용이 국민 가곡으로 불리는 〈선구자〉의 작곡과 관련되는 것인데 그 노래의 작사자인 윤해영이 친일을 한 사실이 밝혀졌으므로 이미 문제가 되고 있다.

〈선구자〉의 국민가곡으로서의 위치가 흔들릴 수밖에 없는 것이다. 그리고 그 위에 조두남씨 본인도 친일을 한 의혹이 있다는 것이다. 그런 의혹이 있다면 이는 확실하게 규명하여야 한다는 것은 당연한 일이다. 그리고 그런 의혹을 규명한 이후 조두남씨가 떳떳하다면 조두남기념관을 세워도 좋을 것이다. 그러나 그 경우에도 가곡 〈선구자〉와 연관된 부분은 조심스럽게 다루어야 할 것이다. 그 곡이 항일의 노래로 작곡되었던 것은 아니기 때문이다.

이 모든 절차가 투명하게 진행되어야 함에도 불구하고 마산시는 졸속으로 처리하였을 뿐만 아니라 조두남기념관에 관련한 행정정보 공개도 거부하였다. 마산시는 기념관 관련 정보자료를 공개하여야 할 것이고 조두남씨의 친일 의혹에 대해서도 투명하게 진상을 밝히는 노력을 하여야 할 것이다.

따라서 이러한 문제들에 대하여 문제 제기를 한 희망연대의 주장은 정당한 것이었다고 할 것이다. 무리한 개관식 강행으로 문제의 소지를 만든 것은 오히려 마산시라고 할 것인데 거기에 반대하여 약간의 시위를 하였다고 구속하고 단순참가자에게도 100만원의 벌과금 처분을 하는 것은 지나치다고 아니할 수 없다. 구속된 김영만 대표 등 세 사람을 즉각 석방하고 단순참가자에 대한 벌과금 처분은 철회 되어야 한다.

2003년 7월 2일

경남대학교 민주화교수협의회 일동

조두남기념관 사건을 바라보며

마산 출신이나 마산과 연관 관계에 있는 인물을 기념하기 위하여 기념관을 짓는 것은 바람직한 일이다. 그러나 그 기념하고자 하는 인물이 어떠한 사람인가에 대하여는 철저한 검증이 필요하다. 특히 시민의 혈세로 짓는 기념관이라면 더욱 철저한 검증을 통하여 시민들이 진정 본받을 만한 인물인지, 후손들에게 부끄러운 인물은 아닌지 검증하여야 할 것이다. 이런 일련의 과정 속에서 시민단체가 주장한 정당한 문제 제기에 대하여 마산시가 "열린사회 희망연대" 김영만 대표 등 세 사람을 구속토록 한 것과 단순 가담자 4명에 대하여 창원지법으로부터 100만원의 벌금 처분을 받도록 한데 대하여 우리는 심각한 우려를 표시한다.

문제가 되는 조두남기념관의 중요한 내용 중 하나인 〈선구자〉의 작사자인 윤해영이 친일을 한 사실이 밝혀졌으며, 언론 보도에 따르면 조두남 본인에 대해서도 친일 의혹이 매우 깊은바 의혹을 확실하게 규명하여야 한다는 것은 당연한 일이다. 따라서 이러한 문제들에 대하여 문제 제기를 한 희망연대의 주장은 정당하며, 무리한 개관식 강행으로 문제를 확대시킨 것은 마산시라 할 것이다. 그런데 시민의 정당한 권리의 주장과 표현 방식이 다소 거칠다 하더라도 인신을 구속하고 단순 가담자들에게 100만원이라는 무거운 벌금에 처하는 것은 지나치다.

이에 우리는 구속된 김영만 대표 등 세 사람을 즉각 석방하고 단순참가자에 대한 벌금은 철회 되어야 함을 요구한다.

2003년 7월 3일

천주교 정의구현 마산교구 사제단

조두남기념관 사태 관련 구속자를 석방하라!

원불교 경남 사회 개벽 교무단은 마산 지역에서 벌어지고 있는 조두남기념관 관련 사태를 접하면서 심각한 우려를 금치 않을 수 없다.

이번 사태는 일제 잔재 청산이라는 본질은 묻혀 지고 밀가루만 부각되는 기이한 현상을 도출했다. 민족정기를 세우기 위해 밀가루를 던진 것이 폭력이라면 지금 우리가 살고 있는 시대와 지역을 다시 한번 생각해 보아야 한다.

그동안 민족정기와 지역사를 바로 세우기 위해 노력한 열린사회 희망연대의 진정한 의미가 왜곡되지 않기를 바란다. 겉만 보고 전체의 의미를 놓치는 우를 범하는 것은 유감스런 일이다.

따라서 법의 집행을 중단하고 구속자를 석방해야 한다.

그리고 작사자 윤해영의 친일은 이미 드러나 있고 가곡 선구자로 널리 알려진 조두남의 친일 의혹이 증폭되고 있는 상황과 맞물려 조두남기념관의 다른 용도 사용을 적극 검토해야 한다.

이런 상황에서 기념관을 그대로 둔다는 것은 너무나 부끄러운 일임이 자명하다.

마산시의 지혜로운 결단을 요구한다.

2003년 7월 4일

원불교경남사회개벽교무단

마산 조두남기념관 개관 관련 입장 및 구속자 석방 촉구 성명서

사단법인 참교육을위한전국학부모회는 마산시가 친일파 가곡 '선구자'를 표절했다는 의혹을 받고 있는 조두남과 사실상 학계에서 친일파로 규정되고 있는 가곡 '선구자'의 작사자 윤해영을 독립투사 처럼 기리는 기념관을 짓는 것을 강력히 반대하며 이를 저지한 희망연대 김영만 대표를 비롯한 3명을 구속하고 단순가담 회원에게도 100만원의 벌금을 약식 명령한 사법부의 조치에 대하여 강력한 항의의 뜻을 표한다.

우리는 역사를 바르게 세우고 우리의 자녀들이 정의롭고 도덕적인 삶을 살아가는 것을 자랑스럽게 생각할 수 있도록 하기 위해서는 우리 현대사 속에서 자신의 영달과 편안함을 위하여 민족을 배신하고 친일을 했던 인사들과 독재에 협력했던 이들의 행위가 제대로 평가되고 이들의 행위가 준엄한 심판을 받는 풍토를 조성하는 것이 무엇보다 필요하다고 판단한다.

그럼에도 불구하고 마산시가 이는 외면한 채 국민의 혈세를 이용하여 친일의혹을 받고 있거나 친일행적이 분명한 인사를 기념하는 기념관을 짓고자 하는 것에 대하며 적극 반대하며 나아가 사실을 제대로 규명하고 올바른 역사를 세우자고 했던 인사들의 인신을 구속하고 처벌하는 사법부의 처사는 있을 수 없다고 믿는다.

'선구자'는 많은 국민들로부터 사랑을 받고 있는 국민적 가곡이다. 그러나 선구자를 사랑하며 애창하는 국민들은 이 가곡의 작곡자와 작사가가 친일인사라는 사실을 제대로 알지 못한 채 이 노래를 부르고 있는 것이 현실이다. 그러나 '선구자'의 작곡자와 작사자가 친일인사라는 사실을 덮어둔 채 국민들이 이 노래를 애창하도록 하는 것은 국민을 기만하는 것이다. 따라서 우리는 우리 아이들이 사실을 알지도 못한 채 아무런 문제의식도 없이 친일인사들이 작사, 작곡한 선구자를 부르게 할 수는 없다. 우리 아이들이 분명한 역사의식을 갖도록 하기 위해서는 선구자의 작곡자 및 작사가와 관련한 진실들을 분명하게 규명하고 제대로 아이들에게 가르쳐 주어야 할 의무가 우리 학부모에게는 있기 때문이다.

사단법인 참교육을위한전국학부모회에서는 선구자가 많은 국민들에 애창된다는 이유만으로 이 곡의 작곡자와 작사자의 부끄러운 과거는 외면한 채 국민의 혈세로 기념관을 짓고자 하는 마산시의 무책임하고 반역사적인 행위는 비판받아 마땅하고 또한 친일인사의 기념관 건립에 반대하는 과정에서 일어난 사소한 행위를 빌미삼아 역사를 바로세우고자 했던 인사들을 처벌하고자 하는 사법부의 행위에 강력한 항의의 뜻을 다시 한번 표명하며 앞으로 우리 회의 16개 지부와 40개 지회 및 교육관련 단체들과 연대를 통하여 선구자 바로알기운동 등 공동대응을 전개할 것임을 천명한다.

아울러 마산시와 사법당국은 조두남기념관 관련 사태의 조속한 해결을 위하여 다음과 같은 조치를 취할 것을 강력히 요구한다.

1. 마산시는 조두남기념관을 즉시 폐관하라.

1. 마산시는 무리하게 개관식을 강행하다 빚어진 사태에 책임지고 사과하라.

1. 사법부는 구속된 세분의 행위를 공정하게 판단하길 바란다.

2003년 7월6일

사단법인참교육을위한전국학부모회

조두남기념관 사태와 관련된 구속자를 석방해야 한다

2002년 11월호 월간〈말〉을 통해 중국 연변의 조선족 작가 류연산씨가 제기한 '조두남의 친일의혹'이 새로운 시각으로 부각되고 있다.

원불교 사회개벽교무단은 마산시의 조두남기념관 건립과 관련, 역사 바로 세우기에 일조한 열린사회 희망연대 구속자 3명에 대한 조속한 석방을 요구한다.

온 국민의 애창곡인 된 선구자의 작사가 윤해영의 친일 행적은 이미 밝혀졌고 조두남의 친일 행적 의혹이 새로운 시각으로 부각되고 있는 시점에서 구속자를 석방하지 않는 조치는 역사의 아이러니라 하지 않을 수 없다.

왜냐하면 선구자의 원곡이 용정의 노래라는 점, 뒷날 개작을 했다는 점은 어느 정도 밝혀졌고 1932년에 '용정의 노래' 가사를 조두남에게 전해준 윤해영은 1941년 만주국의 관변언론인 〈만선일보〉 '신춘문예당선민요' 부문에서 1등을 차지하게 되었다는 사실이다. 그리고 조두남의 표절의혹은 어느 정도 돌파구를 만들어 나갈 것인지 의문스럽다. 연변 음악계 일각에서는 '선구자'는 박태준 작곡의 '님과 함께'의 표절곡이라는 결론을 내리고 있다는 점이다.

이와 관련 , 마산시가 친일 의혹을 규명 한 후 기념관을 개관한 것이 순서임에도 불구하고 무리하게 강행한 것은 잘못된 행위임을 다시 한 번 입증하고 있다. 조두남기념관 사태와 관련, 진실을 밝히고 신중히 대처하는 것이 필요하다. 공공의 이름으로 어떤 인물을 기릴 때에는 정확한 사실 조사가 필요한 것은 당연지사이기 때문이다.

원불교 사회개벽 교무 단은 본 사태에 따른 구속자들의 조속한 석방과 마산시의 지혜로운 조치를 기대한다.

2003. 7. 6

원불교사회개벽교무단

조두남기념관 반대,
연행자의 즉시 석방을 요구한다

김주열 열사와 3·15 민주의거, 삼진 독립의거 등 마산은 민족성지로서 조국의 역사 속에서 늘 명성을 떨쳐 왔다. 하지만 최근의 조두남기념관 사태와 관련된 일련의 일들을 보면 참으로 안타깝기 그지없다.

마산에서 조두남의 친일의혹이 실제로 규명되지 않은 상황에서 조두남기념관이 개관되고, '선구자' 가사의 원작자인 윤해영의 명백한 친일행위가 드러나 있는데도 '선구자'를 기린 노래비가 시민의 세금으로 건립된 공원에 세워져 있다는 것은 민주성지 마산의 수치이자 마산 시민의 수치이다.

일제 잔재를 청산하고 또한 역사를 바로 세우려는 마산시민과 시민단체들의 노력에 마산시장과 마산시의회가 뒤늦게라도 동참하도록 촉구하는 바이다.

한사람의 영웅은 쉽게 만들 수 있지만, 진실 된 역사는 언젠가는 밝혀진다. 먼 훗날 우리의 후손이 이 일을 어떻게 평가할까?

개혁국민정당 경남도위원회는 마산시와 마산시의회에 아래 사항을 강력하게 요구한다.

1. 마산시와 마산시의회는 조두남기념관 사태를 원점에서 다시 시작하라.
1. 마산시와 마산시의회는 관련자가 모두 포함된 "조두남 친일의혹조사 특별위원회"를 구성하여 친일 의혹을 철저히 규명하라
1. 역사를 바로 세우려다 구속된 시민단체 인사를 즉각 석방하라
1. 마산시와 마산시의회는 친일의혹에 휩싸여 있는 조두남을 기념한 조두남기념관 간판을 즉각 철거하라.
1. 마산시와 마산시의회는 조두남기념관 공원에 설치된 선구자 노래비를 즉각 철거하라.

개혁국민정당' 경남도위원회는 작금의 조두남기념관 사태를 역사적 진실이 규명될 때까

지 원점에서 다시 논의할 것을 촉구하며, 추후 적극적으로 대처할 것임을 천명한다.

2003년 7월 O일

개혁국민정당 경상남도위원회

시민위원회 결정을 수용하며

먼저 각계각층의 다양한 의견 속에 그동안 명칭과 활용 방안에 대해 논란을 빚어 온 조두남기념관 및 노비산 공원에 조성중인 문학관과 관련한 문제가 조속히 해결되지 못하고 지연되어 온 점에 대해 시민여러분께 깊이 사과드립니다.

우리시에서는 조두남기념관과 문학관 등 지역 쟁점사항을 해결하기 위해 지난 11월 20일 학계, 문학계, 음악계, 언론계, 도·시의원 , 교육계, 여성계, 사회단체 등 각계각층의 대표로 구성된 시민위원회를 결성 하였으며 시민위원회에서는 역사적 검증과 다각적인 논의를 펼친 끝에 최근 그 명칭과 활용방안에 대해 결정하게 되었습니다.

우리시는 시민정서를 수렴하고 미래지향적인 마산의 전통과 문화를 계승 발전시키기 위해 내린 시민위원회의 이번 결정을 존중하며, 여러 가지 어려운 여건 가운데서도 이번에 많은 시민들이 공감할 수 있는 좋은 결정을 내려주신 시민위원회 위원 여러분 모두의 노고에 깊은 감사의 말씀을 드립니다.

우리시는 시민위원회에서 결정한 바와 같이 앞으로 "마산음악관"과 "마산문학관"을 역사와 문화 예술이 상존하는 열린 공간이자 지역 문화 예술의 정체성을 확립하고 예향 마산의 이미지를 고취하는데 큰 역할을 담당할 수 있는 공간으로 조성해 나갈 것입니다 또한 "마산문학관"을 시민들의 산 교육장이자 마산을 대표하는 문화 예술 공간으로 조속히 조성해 시민들에게 개방될 수 있도록 사업의 추진에 만전을 기해 나갈 것입니다.

시민여러분께서도 시민의 뜻을 한데모아 우리 마산의 발전을 도모하기 위해 내린 시민위원회의 결정을 깊이 헤아려 주시고, 이번 일을 계기로 우리시가 보다 크게 발전해 세계일류도시로 우뚝 설수 있도록 더 큰 힘과 지혜를 모아 주시기 바랍니다.

끝으로 올 한해도 변함없이 우리 시정에 많은 협조와 성원을 보내주신 시민여러분께 감사드리며 다가오는 새해에도 든든한 마산, 새로운 희망이 넘치는 마산을 만들어 가는데 각별한 관심과 애증을 쏟아 주실 것을 당부 드립니다.

2003. 12. 08

마산시장 황철곤

이은상, 조두남기념관 명칭 폐기와 변경을 환영하며

우리는 먼저 이은상, 조두남기념관과 관련하여 최근에 구성된 '마산시 시민위원회'가 두 기념관의 명칭을 폐기, 변경하기로 결정을 내린 것을 환영하며 위원 여러분들의 진지하고 성실한 조사 연구와 심의 등 그간의 노고에 경의를 표한다.

지난 수년 동안 우리 지역 최대의 쟁점 중 하나였을 뿐만 아니라 전국적인 관심사였던 이은상, 조두남기념관과 관련하여 희망연대를 비롯한 많은 시민사회단체와 마산시의 치열하고 지루한 갈등과 대립이 있었음에도 불구하고 역사의 진실과 정의에 따라 상식적이고 합리적인 결정이 날 때까지 지지, 격려하고 지켜봐 주신 마산시민들에게도 감사를 드리며 앞으로 계속적인 관심을 가져 주시기 바란다.

다만, 시민위원회라는 기구의 원천적인 한계를 아쉽게 생각하지만 앞으로 마산시가 근본적인 문제제기에 대해 말끔하게 처리만 한다면, 마산 시민위원회의 이 결정은 해방 이후 지금까지 우리사회에서 제대로 청산하지 못한 친일, 친 독재 문제와 관련하여 하나의 중요한 사례로 남게 될 것이다.

지방자치제가 부활된 이후, 90년대부터 전국 곳곳에서 이와 유사한 일로 시시비비가 끊이지 않아 양심과 역사의식을 가진 많은 이들이 통탄을 금치 못하고 있음을 우리는 알고 있다.

그러나 오늘 마산시민위원회가 참고할만한 사례를 남김으로써 유사한 문제로 심각한 고민을 안고 있는 여타 지방자치단체에 긍정적인 영향을 미칠 것으로 생각한다.

특히, 우리 마산시민들은 이 일을 계기로 그 동안 잃어버린 3·15, 10.18정신을 되찾아 일제와 독재에 항거하다 희생된 영령들 앞에 부끄럽지 않는 시민들로 다시 설 수 있게 되기를 바란다.

이제 마산시와 마산시의회는 "마산시 시민위원회의" 기념관 명의 변경 결정을 겸허하게 받아드려 처음부터 잘못 결정된 기념관 사업을 과감하게 취소, 변경하고 마산시장은 그동안 잘못 진행된 기념사업을 솔직히 인정하고 사과하는 신선한 모습을 시민들에게 보여주기 바란다.

아울러 현, 조두남기념관에 설치된 윤해영의 선구자 비를 즉각 철거함과 동시에 북마산 3·15기념비와 함께 나란히 설치해 놓은 은상이샘의 분리를 미루지 말아야 한다.

우리는 이에 대한 마산시장의 신속하고 명쾌한 공식 발표와 후속조치를 기대한다.

2003년 12월 8일

열린사회희망연대

공동대표 : 김영만, 백남해, 육관응, 법광

황철곤 마산시장의 담화문에 대해

우리는 오늘 황철곤 마산시장이 지난 8일, 이은상, 조두남기념관 명칭 변경을 결정한 시민위원회의 결정을 존중하여 이를 공식적으로 수용하고 그동안 논란을 빚어온 기념관 문제를 "조속히 해결하지 못하고 지연되어 온 점에 대해 시민여러분들께 사과 드립니다"라는 담화문을 발표한 것에 대해 환영의 뜻을 표한다.

또한 며칠 전, 마산시의회 정례회 시정 질문에서 일부 시의원들이 시민위원회의 권한과 결정을 반대하며 문제를 제기하자 "시민사회가 성숙되는 과정에서 역사적 진실이 밝혀지는 것은 불가피하고, 우리는 그 현실에 직면해 있다", "역사적 진실과 도덕성은 모든 가치판단 기준에서 앞선다" 그리고 "이 과정을 통해 역사적 진실은 밝혀질 수밖에 없다는 결론이 제시됐다"며 더 이상의 논란 중단을 호소하며 자신의 소신을 당당히 밝힌 황철곤 시장의 올바른 판단을 높이 평가한다.

다만, 오늘 발표한 담화문 속에 후속 조치에 따른 구체적인 언급이 없는 것이 매우 아쉬운 점이라고 하지 않을 수 없다. 그러나 황철곤 시장의 솔직한 대 시민 사과와 변화된 역사인식으로 볼 때 이제는 더 이상 또 다른 문제의 불씨를 남기지 않을 것으로 믿고 싶다.

우리가 황철곤 마산시장에게 다시 한번 부탁드리고 싶은 것은 그동안 두 기념관에 대한 근본적인 문제제기가 명칭변경 이전에 친일, 친 독재 청산이라는 사실을 기억해 주시기를 바란다.

2003년 12월 11일

열린사회희망연대

공동대표 : 김영만, 백남해, 육관응, 법광

마산시장에게 다시 한번 당부한다.

열린사회 희망연대는 오늘(8일) 오전 창원지법 제3민사부(재판장 조원철 부장판사)는 조두남기념관 기사와 관련하여 마산시장과 시가 경남도민일보사와 편집국·기자 등을 상대로 한 명예훼손 손해배상 청구 소송의 선고공판에서 '이유 없다'며 기각 판결한 것에 대해 당연한 결과로 생각하며 환영하는 바이다.

우리는 황철곤 마산시장이 조두남기념관 문제와 관련하여 그 시작과 과정에서는 상당히 문제가 있었다고 생각하지만 뒤늦게나마 명칭을 변경하는 등 나름대로 노력한 점에 대해서는 인정한다. 그러나 우리는 기념관 명칭 변경을 결정할 당시 이와 연관된 모든 사안도 동시에 흔쾌히 해결되기를 기대했다. 그 중 하나가 바로 도민일보를 상대로 낸 명예훼손 소송이었다.

이 소송은 처음부터 공인으로서의 냉정함이 결여된 무리한 대응이었다. 물론 언론이라고 해서 개인이나 단체의 명예를 함부로 훼손하는 일은 결코 있어서는 안 될 일이지만 이 소송은 마산시장의 언론관에 심각한 문제가 있음을 그대로 들어낸 사건이라 하지 않을 수 없다. 그 결과가 바로 패소로 나타난 것이다.

우리는 이일을 계기로 시정과 관련된 모든 사안에 대해 황철곤 시장은 자신이 공인의 위치에 있다는 사실을 늘 잊지 말기를 바라며 이 소송과 관련하여 사후 처리해야 할 문제에 대해 시장으로서 책임 있는 태도를 취해주기를 당부한다.

2004년 4월 8일

열린사회희망연대

공동대표 : 김영만, 백남해, 육관응, 법광

마산시의회의 '조두남기념관 설치 및 운영조례' 개정안 부결에 대해

어제(4월 23일) 마산시의회가 '조두남기념관 설치 및 운영조례' 개정안 부결한 것은 실로 경악을 금치 못할 일이다.

마산시가 마산음악관으로 변경하기로 결정한 조두남기념관은 그 동안 수많은 논란과 사건, 그리고 진실을 가리고자 하는 조사와 심의 과정을 거치면서 사실상 마산시민들의 찬, 반 의견이 충분히 반영되고 수렴된 결과이다.

마산시의회는 그 과정에서 공식적으로 반대 논리를 제시한 적이 없었을 뿐만 아니라 해당상임위에서 찬성한 안을 본회에서 부결시킨 것에 대해 마산시민들은 놀라움과 분노를 금치 못하고 있다.

마산시의회가 이를 반대할 수 있는 명분은 오직 하나, 조두남과 윤해영의 친일 행위를 뒤집는 결정적인 증거가 있어야 하며 그마저도 검증되고 공인되었을 때나 있을 수 있는 일이다.

그러나 그들이 내세운 명분이 결정과정에서 시의회가 무시되었다는 것이라고 하니 이는 문제의 본질은 물론 마산 시민의 여론을 대변해야 할 자신들의 의무마저 망각한 비이성적이고 감정적인 행위라 하지 않을 수 없다.

이는 과거에 이은상과 조두남기념관 건립에 깊이 개입되었던 몇몇 의원이 그 동안 반대의 명분과 논리를 찾지 못해 숨죽여 있다가 이와 관련된 조례안이 본회에 상정되자 "시의회를 무시했다"는 감정적인 선동을 한 결과가 아닌가 하는 의심을 받을 만한 일이다.

특히 정상철의원의 "시민단체가 떠들어서 결정된 것"라는 발언은 그가 과연 정상적인 사고와 인지능력을 가진 사람인지 의심하지 않을 수 없는 발언이다.

애초 조두남기념관이 문제가 된 것은 조두남과 선구자의 작사자 윤해영의 친일행위 때문이었다.

만일 기념관의 명칭 변경 과정에서 마산시가 시의회를 무시했다면 그건 이 사건과는 별도로 따져야 할 문제이다.

'조두남기념관 설치 및 운영조례 개정안'을 부결시킨 마산시의회는 마산시민의 여론과 결정을 무시한 처사로서 부결에 앞장선 시의원들은 마산시민들의 규탄과 응징을 받을 것이다.

2004년 4월 24일

열린사회희망연대

공동대표 : 김영만, 백남해, 육관응, 법광

'조두남기념관 설치 및 운영조례' 개정안을 부결시키고 친일, 친 독재를 옹호하는 마산시의회를 규탄한다

우리는 지난 23일 마산시의회가 '조두남기념관 설치 및 운영조례' 개정안을 부결한 해괴한 사건에 대해 의혹과 분노를 금치 못한다. 마산시가 조두남기념관을 마산음악관으로 변경하기로 결정하기까지는 지역사회가 엄청난 진통을 겪어야만 했다는 것은 시민 누구라도 다 아는 사실이다.

조두남과 선구자와 관련된 친일의혹이 지역사회에서 장기간 최대의 쟁점이 되어 왔고 그에 따라 수많은 논란과 사건, 그리고 진실을 가리고자 하는 공식적인 조사와 심의 과정을 거치면서 사실상 마산시민들의 찬반의견이 충분히 반영되고 수렴된 결과였다는 것은 아무도 부정할 수 없는 일이다. 마산시의회도 물론 그 과정에서 공식적으로 참여했고, 시의원 개개인의 의사도 적극적으로 개진할 수 있는 기회와 방법은 얼마든지 있었을 뿐만 아니라 해당상임위에서 심의와 토론을 거쳐 합의한 안을 본회에서 부결시킨 것에 대해 마산시민들은 지금 놀라움과 분노를 금치 못하고 있다.

마산시의회 일부 의원들이 말하는 부결의 명분이 집행부인 마산시가 시의회를 무시했다는 것이다. 물론 절차상 그런 문제가 있었다면 시의회로서는 충분히 따지고 대응할 만한 일이라고 생각한다. 그러나 그 문제는 그 문제대로 별개로 다루어야 할 사안이지 이 개정안을 반대해야 할 만큼 충분하고 합당한 이유가 된다고 이해해 줄 시민들은 거의 없을 것이다. 만일 마산시의회의 부결처리가 마산시로 부터 무시당한 것에 대한 반발과 보복행위라면 이번 일로 43만 마산시민들이 17명의 마산시의원들로 부터 무시당한 것은 도대체 어떻게 해야 된단 말인가? 우리는 특히 정상철 시의원의 발언에 대해 주목하지 않을 수 없다.

"시민단체가 떠들어서 결정된 것"이라는 망언은 물론이요, "조두남기념관 명칭과 용도에 대해 시민공청회를 다시 해야 한다" "마산 음악관이나 문학관으로 전망이 없다. 조두남 음악관이나 노산문학관이 되어야 한다"는 발언은 그의 의도가 무엇인지를 스스로 밝히고 있다. 우리는 정상철의원의 입을 통해 마산시의회에서 왜 그런 해괴한 일이 일어난 것인지 아주 쉽게 이해 할 수 있게 되었다. 이번 마산시의회 부결사건은 반대세력들의 치밀하게 준비해온 의회반란이었던 것이다.

그 동안 여론과 명분에 밀린 친일, 친 독재 옹호세력들이 당당하게 반대의사를 밝히지도 못한 채 숨죽이고 있다가 야비하게도 대의민주주의 제도의 맹점을 악용한 것이다. 즉, 선거라는 과정을 통해 시민들로부터 일시적으로 대표권을 부여받은 사람들이 대의기구에서 시민의 여론을 올바르게 대변하지 않고 자신들의 개인적인 생각과 실리를 관철시켜 버린 것이다. 이야말로 시민을 배신하고, 민주를 반역하고, 친일을 옹호하는 행위이기 때문에 시민들의 분노는 날이 갈수록 더욱 고조될 것이다. 우리는 부결에 동참한 모든 의원들이 다 그렇다고 생각하지는 않는다. 그들 중 몇몇이 "시의회를 무시했다"는 언사를 구사하며 감정적으로 의회를 선동하고 자신들의 계략과 음모를 교묘하게 진행시킨 결과인 것이다.

시민들은 몇몇 의원들이 생각하는 것처럼 그렇게 어리석지 않다는 것을 알아야 한다.

만일 마산시의회가 계속해서 개정안에 반대한다면 의회는 심각한 위기를 자초하게 될 것이며 정상철 의원을 비롯한 몇몇 의원들의 이 떳떳하지 못한 행위는 앞으로 시민들의 엄중한 심판을 받게 될 것이다.

2004년 4월 28일

조두남기념관 사태관련 공동대책위원회

참가단체 : 가톨릭노동문제상담소/ 경남대동문공동체/ 경남고용복지센타/ 경남민주언론시민연합/ 경남외국인노동자상담소/ 경상대민주동문회/ 마산창원지구총학생회연합/ 마산YMCA/ 마창민주노동자협의회/ 마창여성노동자회/ 마창진참여자치시민연대/ 마창환경운동연합/ 민주노동당 경남도당/ 합포/ 창원을/ 진주지구당/ 민주노총경남본부/ 민주주의민족통일서부경남연합/ 범민련부경연합/ 부마항쟁정신계승위/ 사천민주단체협의회/ 산재추방운동연합/ 양민학살경남도대책위/ 양산노동민원상담소/ 열린사회희망연대/ 용담동우회/ 전국교직원노동조합경남도지부/ 전국여성노조마창지부/ 전국농민회총연맹경남도연맹/ 참교육을위한전국학부모회마창진지회/ 참여와연대를위한함안시민회모임/ 창우회/ 창원청년회/ 천주교정의구현마산교구사제단/ 푸른내서주민회/ 통일촌/ 희망을만드는노동자의집/ Corea평화연대 (이상 38개 단체)

친일잔재 청산 없는 '마산음악관' 개관을 강력히 반대한다.

마산음악관이 드디어 새로운 모습으로 재, 개관 하게 되었다는 소식은 그 동안 이 음악관과 관련하여 불가피한 관계를 가졌던 한 시민단체로서 반가운 일이 아닐 수 없다.

'조두남기념관' 폐관 이후에도 숱한 우여곡절을 겪고 겨우 2년여 만에 어렵사리 재, 개관을 하게 되었으니 말이다. 그러나 개관을 불과 일주일 앞둔 마산음악관은 우리들의 기대를 한순간에 무너뜨리고 개탄과 분노를 불러일으키게 하는 모양새로 우리 앞에 그 자태를 드러내고 있다.

본래 이 음악관이 문제가 된 것은 '선구자'라는 가곡 하나로부터 시작된 것이다. 만일 선구자라는 노래가 없었다면 처음부터 '조두남기념관'은 생기지도 않았을 것이고, 그에 따른 시비와 논쟁도 없었을 것이다. 이는 음악관 건립을 위해 조성되었던 공원의 조형물들이 모두 선구자의 가사에 나오는 '일송정' 정자와 소나무 그리고 '용두레 우물' 등으로 꾸며져 이 공원을 '선구자 테마공원'으로 부르고 있다는 사실이 이를 입증하고 있다.

이러한 사실은 2년 전, '조두남기념관'을 두고 벌어졌던 여러 사건의 관계자들은 물론이요 시민들도 다 잘 아는 일이라 새삼스럽게 들먹일 필요조차 없을 것이다. 따라서 이런 사연을 조금이라도 안다면 마산음악관으로 새 단장을 하면서 선구자와 관련된 모든 상징물들은 다 치워져야 함이 마땅한 일이다. 그럼에도 불구하고 선구자라는 노래의 가사를 주제로 한 공원을 거의 그대로 둔 채 음악관을 개관한다는 것은 도저히 이해 할 수도, 용납 할 수도 없는 일이다. 선구자의 작사자인 윤해영은 일제 만주국의 유명한 친일시인이라는 것은 이미 학문적으로 공인된 사실이며, 선구자의 본래 가사 역시 독립운동과는 거리가 먼 것이었다는 사실도 이미 밝혀졌다.

그리고 작곡자 조두남이 그의 회고록을 통해 선구자 창작 배경을 거론하면서 작사자 윤해영을 독립운동가로 미화 왜곡하여 감동적인 전설의 인물로 만들고 선구자 노래를 독립운동가로 조작하여 대한민국 국민들을 오랫동안 기만한 사실도 백일하에 드러나고 말았다.

설사 아직도 조두남의 친일작곡 행위를 인정하고 싶지 않는 사람들이 있다 해도 이 부분에 대해서만은 부인 할 수 없을 것이다. 마산음악관 운영의 주무관청인 마산시도 이제는 누구보다도 이 사실을 잘 알고 있다. 그러면서도 몇 차례에 걸쳐 희망연대가 선구자 상징물 철거 후 개관해야 한다는 지적을 했음에도 불구하고 이런 친일 찌꺼기들을 그대로 둔 채 재, 개관을 밀어붙이는 이유는 간단하다. 이는 '조두남기념관'이 '마산음악관'으로 바뀐 것에 대해 불만을 가진 자들의 눈치를 보지 않을 수 없는 현행 지방자치단체의 구조적인 한계와 문제 때문이다.

그 중 가장 큰 걸림돌이 마산시의회였다는 사실은 지난 날 이와 관련된 시비와 논쟁과정에서 숨김없이 드러났음은 물론, 2년 전 조두남기념관 개관을 기념하여 당시 시의원 일동 명의로 심은 '일송' 소나무와 선구자의 가사가 새겨진 기증석을 지금까지 치울 생각도 하지 않고 그대로 두고 있다는 사실이 마산시의회의 본심을 그대로 대변하고 있다.

마산시의회는 지난 2월 일본 시마네현 의회의 '다께시마의 날' 조례제정에 맞서 대마도의 날(3월 18일)조례를 제정하고 그 뒤(4월 6일)마산시는 이를 공포했다. 이로써 마산시의회의 결단은 일본의 잇단 독도 망언과 역사왜곡에 분노한 국민들의 환호와 박수를 받은 바 있다. 그러나 이런 마산시의회가 우리 내부의 친일청산을 외면하고 오히려 옹호한다는 사실은 국민들은 잘 모르고 있다. 만일 우리 국민들과 일본이 친일 진상이 밝혀진 조두남과 선구자(노래)를 끝까지 감싸고 도는 마산시의회의 작태를 알게 된다면 '대마도의 날' 제정이 전혀 앞뒤가 맞지 않는 황당한 이벤트였다는 사실에 고소를 금치 못할 것이다.

마산시의회와 마산시는 우리 국민들과 일본으로부터 "자신들의 내부에 있는 친일청산도 못하는 주제에 무슨 대마도의 날이냐?" 는 비웃음과 모욕을 당하기 전에 지금 당장 '일송'이라며 기념으로 심은 소나무를 다른 곳으로 옮기고, 용두레 우물 등 '선구자(노래)'를 상징하는 친일 찌꺼기들을 즉각 철거하라!

우리는 '마산음악관' 이 시민들의 사랑을 받는 공간이 되기를 바란다. 그러나 이대로 개관을 강행하게 되면 말썽은 끊임없이 이어질 것이며 이로 인한 모든 문제는 시민들을 두 번, 세 번 기만하는 마산시의회와 마산시에 그 책임이 있음을 오늘 분명히 밝혀두고자 한다.

2005년 6월 7일

열린사회 희망연대 공동대표(김영만, 백남해, 육관응, 이암)

친일파 조두남 수록 교재 즉각 수거하고 폐기하라!

조두남은 친일음악가로 한동안 우리지역에서 치열한 논쟁을 일으킨 인물이다. 또한 그의 이름으로 개관했던 음악관이 마산음악관으로 바뀌는 사건이 있었던 것도 겨우 7, 8년 전의 일이다. 현재 그의 이름은 친일인명사전에 올라 있기도 하다.

이런 인물이 우리 아이들이 학교에서 배우는 교재 (초등학교 3학년 사회지역화 교재)에 자랑스러운 인물로 소개되어 있다고 하니 실로 경악을 금할 수 없다.

지금 일본은 독도를 자기들의 영토라는 주장을 교과서에 싣는 일에 혈안이 되어 있다.

일본의 역사왜곡 문제는 비단 독도에 대한 영토주권 침략행위뿐 아니라 일제의 침략행위 자체를 전혀 반성하지 않는다는데 있다.

그런데 우리나라에서는 이렇게 정신을 못 차리는 교육자들이 있다는 사실이 정말 부끄럽고 한탄스러운 일이 아닐 수 없다. 이 교재가 말썽이 되자 마치 단순한 실수 정도로 변명하고, 내년에는 삭제하겠다고 하는데 이건 자신들이 어떤 일을 했는지 그 심각성을 아직 모른다는 이야기이다.

우리는 모든 관계자들에게 강력히 요구한다. 일단 배포된 모든 교재를 즉각 수거하고 폐기하라! 그렇지 않을 경우 우리는 관계되는 모든 기관과 개인의 책임을 끝까지 물을 것이다.

2013년 3월 27일

열린사회희망연대

조두남기념관 관련 유족이 마산시에 제출한 건의서에 대한 논평

조두남 선생 유족이 마산시에 제출한 건의서에 대해 몇 가지 문제점을 지적하고자 한다. 유족이 조두남기념관 철거를 마산시에 요청한 것에 대해서는 우리가 언급할 바가 아니다. 그러나 건의서에서 유족이 자신들에게 불리한 조사단의 결과에 대한 불만의 표시로 조사단의 조사 활동 전반을 왜곡하고 폄하하는 것은 어불성설이다.

조사단은 모두 8명으로 마산시와 희망연대 쌍방이 각각 4명씩 추천하는 인사들로 구성되어 조두남기념관을 두고 입장이 다른 사람들이 동수로 구성된 공동조사단이기 때문이다. 조사단의 조사 일정과 조사 방법 등은 조사단원 8명 전원의 합의에 의한 것이었다. 특히 조사단의 활동은 증언자들의 청취뿐만 아니라 조사를 위한 각종 사전회의와 청취 결과에 대한 토론과 정리 등 각종 회의시간을 빼버리고 조사시간이 5시간뿐이었다는 등의 이야기는 너무나 비상식적이며 악의적인 발언이라 하지 않을 수 없다.

유족들이 고인의 명예회복을 위해 자체적으로 조사활동을 한다는 것에 대해서는 우리가 관여할 이유가 없다. 다만, 찬반 동수로 구성된 공동조사단도 불신, 폄하, 왜곡하는 입장에서 유족 일방이 조사를 하여 그것으로 공식적인 공동조사단의 조사 결과를 부정하겠다고 한다면 그것은 자기모순에 빠지는 일일뿐만 아니라 시민들의 동의를 구하기가 어려운 일이라는 사실을 지적하지 않을 수 없다.

2013년 8월 14일

열린사회희망연대

창원시는 마산음악관의 선구자 관련 설치물과 조두남 형상을 즉각 철거하라!

2003년 5월 26일, 현 마산음악관에서 가진 '조두남기념관' 개관식장에서 시민단체 회원들의 격렬한 개관반대 시위가 일어났다. 이 사건은 예고된 일이었기에 마산시의 요청으로 미리 현장에 출동해 있었던 경찰에 의해 시민단체 회원들이 즉시 강제 연행되었고 이 소식이 각종 언론의 뉴스를 통해 전국에 알려지면서 사회적 이슈로 떠올랐다. 그 때까지만 해도 '선구자'라는 노래는 제 2의 애국가로 불릴 만큼 전 국민의 애창곡이었기에 언론이나 국민들 모두에게 충격적인 사건이 아닐 수가 없었기 때문이다.

이 사건으로 세 사람이 구속되어 실형을 받았고 또 다른 여러 명의 회원들은 불구속 입건되어 벌금형을 받았다. 시민들의 관심이 집중되고 찬반여론이 뜨겁게 달아오르면서 시민단체의 주장에 힘이 실리기 시작했다.

뒤늦게 문제의 심각성을 깨달은 마산시는 친일의혹에 대한 진상을 밝히기 위해 선구자의 탄생지인 중국 연변지역 학자들의 조언과 조두남, 윤해영과 함께 활동했던 김종화(생존자, 당시82세)의 증언 청위 및 조사를 위해 『조두남기념관 관련 공동조사단』을 구성하여 2003년 7월 18일부터 23일까지 6일간 조사를 마치고 2003년 8월 28일 최종결과를 발표했다. 결론부분의 일부 내용은 다음과 같다.

- 조두남은 1944년도 현재 만주 영안에서 친일 시인 윤해영이 작시한 〈아리랑 만주〉, 〈용정의 노래〉(선구자)에 작곡을 하여 신작발표회를 갖는 등 두 사람이 함께 음악활동을 한 것으로 보여 진다. 따라서 조두남이 그의 회고록에서 언급한 1932년도 윤해영을 처음 본 이후 "한 번도 만난 적이 없다"는 말은 사실이 아닌 것으로 사료된다.
- 조두남은 〈용정의 노래〉(선구자)를 1932년도 목단강 어느 여인숙에서 윤해영으로부터 가사를 받아 작곡하였고 그 이후 널리 불려졌다고 하였으나, 〈용정의 노

래〉(선구자)는 1944년 영안에서 가진 조두남의 신작발표회에서 처음으로 연주된 것으로 보여 진다. 따라서 이 또한 사실이 아닌 것으로 사료된다.

- 본 조사단이 현재까지 확인한 자료를 종합하면, 조두남은 1940년대 만주지역에서 친일시인 윤해영과 함께 활동을 하며 그의 친일 시 〈아리랑 만주〉를 비롯하여, 〈용정의노래〉(선구자), 〈목단강〉 등 다수의 노래를 작곡하였다. 아울러 친일 노래 〈징병령의만세〉와 악극〈스파이가 날뛴다〉의 곡을 붙인 혐의도 받고 있다.

따라서 '조두남은 일제하 만주지역에서 친일 음악 활동을 한 혐의가 짙은 음악가'로 사료된다. (이후 2009년 11월 6일 민족문제연구소에서 발행한 친일인명사전에 두 사람 대한 엄밀한 조사와 연구를 거쳐 반민족 친일행위자로 확정되어 등재됨)

이와 같은 조사위원회 결과를 부정할 수 없었던 마산시는 각계인사 16명으로 『시민위원회』를 구성(2003년 11월 20일)하고 유관단체와 유족 그리고 각계원로들의 의견을 청취한 후 '조두남기념관'을 '마산음악관'으로 결정한다고 발표했다. (2003년 12월 09일)

이후 우여곡절 끝에 2004년 7월 16일 마산시의회 본회의에서 '조두남기념관 설치 및 운영조례 개정안'이 통과되어 '조두남기념관'이 지금의 '마산음악관'으로 바뀌었다. 이때 마산시는 음악관 입구의 돌비에 새겨진 선구자의 가사를 지워버렸다.

그리고 15년 후, 지난 5월 마산음악관 내부 리모델링을 하면서 조두남의 대표작이라며 선구자 악보와 가사 등을 당당하게 전시해 놓았다. 그 옆에는 조두남을 소개하며 친일작품 활동을 짤막하게 기록해 두었다. 즉 공과 과를 동시에 전시해 놓았다는 명분을 만들어 놓은 것이다.

그러나 이건 착각 중의 착각이다. 만일 조두남에게 친일행위가 없었다 해도 선구자는 조두남에게 치명적인 과일 뿐이다. 본래 '용정의 노래'였던 제목을 해방이후 귀국하여 '선구자'로 바꾸고 가사 또한 제목에 맞게 고친 뒤 작사자와 창작배경을 조작하여 한 편의 감동적인 소설로 만들어 오랫동안 국민들을 감쪽같이 속인 대국민사기극을 벌여왔기 때문이다.

십 수 년 전만해도 정부나 지자체의 공식행사에서 또는 방송에서 선구자의 노래를 자주들을 수 있었다. 그러나 마산에서 일어난 조두남기념관 사건이후 지금은 어디에서도 이 노래를 들을 수 없다. 선구자의 진실을 아는 사람들이라면 더 이상 그 노래를 부르지도 듣지도 않는 것이 당연 일이 아니겠는가?

'선구자'라는 단어 자체도 문제다. 일제 강점기 우리 민족이 불렀던 수많은 독립군가와 항일노래, 저항시 어디에도 선구자라는 단어는 없다. 그도 그럴 것이 선구자는 독립운동가를 지칭하는 단어가 아니라 일제의 주구가 되어 동족인 독립군을 토벌하는데 앞장선 '간도특설대'나 일제 식민지인 만주를 개척하는데 첨병 역할을 하는 '오족협화회' 회원과 같은 재만 친일 조선인들을 미화한 호칭이었기 때문이다.

잠깐만 긴장을 풀어도 역사는 순식간에 퇴행하고 만다. 특히 친일의 역사가 그렇다.

우리는 마산음악관의 '선구자'의 부활에 통탄과 분노를 금할 수 없으며 창원시와 시의회에 다음과 같이 요구한다.

우리의 요구

1. 마산음악관에 설치되어 있는 '용두레 우물'과 '일송정 기증석'등 선구자 관련 설치물을 모두 철거하라!
2. 조두남 밀랍모형을 철거하고 선구자 악보와 영상음악을 제거하라!
3. 가곡 선구자를 마치 항일노래처럼 설명하는 음악해설(사)을 즉각 중단하라!
4. 조두남을 일방적으로 찬양한 마산음악관 홈페이지 즉각 폐쇄하라!
5. 지난 5월 리모델링을 위해 구성된 전문가위원회 10명의 명단을 즉각 공개하라!

2019년 8월 6일

열린사회희망연대 / 적폐청산과 민주사회건설 경남운동본부

창원시의 조두남, 선구자 기념물 철거 및 마산음악관 운영에 관한 우리의 입장

지난 8월 6일, "마산음악관의 조두남, 선구자 관련 설치물들을 철거하라"고 요구한 시민단체의 기자회견이 있은 다음 날, 창원시의 즉각적인 철거조치에 우리는 쌍수를 들어 환영한다. 상식과 원칙에 입각한 시민들의 목소리를 유례없이 신속하게 수용한 것은 자신들의 과오를 솔직히 인정한 것으로 창원시의 이런 태도는 우리사회가 발전해 나가는데 의미 있는 사례로 남을 것이다.

그러나 지난 5월 마산음악관 리모델링을 통해 사실상 조두남음악관으로 되돌려 버린 어처구니없는 잘 못을 두 번 다시 되풀이 되지 않도록 그 원인을 찾아 반드시 바로잡아야 한다.

사실 이 문제는 15년 전에 말끔하게 정리되었어야 할 문제였다. 그 당시 선구자의 작사자 윤해영과 작곡자 조두남의 친일행위가 만천하에 드러났고 더더욱 그의 대표작인 선구자는 창작에 얽힌 모든 사연을 조작하여 국민들을 오랫동안 속인 대국민 사기극으로 밝혀졌다. 거기에다 표절시비까지 일어났다. 그 결과 '조두남기념관'이 '마산음악관'으로 명칭이 바뀌게 되었고 문패처럼 음악관 입구에 세워진 석비에서 선구자 가사가 지워졌다.

그러나 아쉽게도 시민단체의 강력한 요구에도 불구하고 철거되어야 할 설치물들이 상당부분 그대로 남겨진 상태로 재개관되었다.

당시 마산시의 이런 어정쩡한 해결책은 상식과 원칙보다는 정치적 이해 관계자들과의 적당한 타협과 반칙에 익숙했던 사람들의 사고구조에서 나온 결과물이었다. 언제 터질지 모르는 시한폭탄을 남겨둔 셈이었다.

그리고 15년이 지난 지금, 일본의 아베가 촉발한 경제보복과 적보다 더 무서운 친일세력들의 망동을 보고 우리 속의 친일청산이 얼마나 시급한 일인지 알게 되었고 친일청산운동이야말로 이 나라 국민들의 상식이요 원칙이며 정의요 자주요 독립운동이라는 사실을 새삼 깨닫게 해 주고 있다. 이를 계기로 일상에 매몰되어 잠시 긴장의 끈을 놓아버렸던 마산음악관의 문을 밀고 들어서는 순간 반역의 역사, 친일이 고스란히 되살아난 사실에 경악하지 않을 수 없었다. 2003년 최초 개관 당시보다 더 심각한 상태였기 때문이다.

현재 마산음악관에는 음악전문가들을 중심으로 구성된 10명의 운영위원들이 있다. 우리는 그들이 이번 사태에 막중한 책임이 있다는 판단 아래 정보공개 요청을 통한 명단을 보고 분노를 금할 수 없었다. 운영위원으로 매우 부적절한 인사들이 포함되어 있기 때문이다.

이에 우리는 창원시에 아래와 같이 강력하게 요구한다.

1. 창원시는 이번 마산음악관 사태의 책임을 물어 운영위원 전원을 즉각 해촉하라

1 창원시는 조두남을 일방적으로 찬양한 마산음악관 홈페이지를 즉각 폐쇄하라

1. 창원시는 음악관에 선정된 음악인 전원을 재심사하고 그 기준과 원칙을 공개하라

1. 창원시는 마산음악관이 정상적인 기능을 할 수 있을 때까지 당분간 폐관하라

2019년 8월 12일

열린사회희망연대 / 적폐청산과 민주사회건설 경남본부

2장

조두남기념관 관련 공동조사 및 마산음악관 명칭 확정

‘조두남기념관’ 관련 공동조사단 중간보고

1. 연변 현지 조두남 관계 연구학자, 문예계 인사의 증언 청취

조두남을 증언한 김종화의 1차 구술 자료조사를 토대로 하여, 조두남 관계 연구 업적을 발표한 학계, 문예계 인사를 가능한 다수 엄선하여 한자리에 모아 사실 확인과 청취 조사하였음.

2. 조사 과정 보고

1) 현지 조두남 연구자의 증언 청취.

2) 김종화 증언의 사실 확인과 추가 증언 청취. (단, 현지조사 기간 중 언론, 인터넷, 개인의 중간발표는 공동 조사단의 공식적인 내용과 관계없음)

3. 조사 방법과 기준

1) 본 공동조사단은 기존에 발표된 조두남 관련 기사에 대하여 거명된 증언자들의 증언을 현지의 제약적 조건 속에서도 공동 청문회 자리를 마련하여 객관적으로 청취하였고, 그 내용을 충분히 취합하였음.

2) 본 공동 조사단은 연변지역 학자, 문예계 인사로부터 합동 증언한 청취내용과 관

련하여 조사에 응해준 인사들이 일제하 만주 문제 연구에 권위 있는 인사들임을 확인하고 그 선정에 "이의"가 없었으며, 특히 박창욱 교수는 일제하 재만 민족연구에 비중 높은 업적을 남긴 학자이며, 그 외 증언에 참석한 관계자들의 증언의 유의성도 인정하였으며, 이들의 의견을 배제하고서는 향후 역사 구명과 진실조사에 접근하기 곤란할 것으로 사료하였음.

4. 증언내용 확인

1) 〈선구자〉 작사가인 윤해영은 만주제국협화회 회원으로 〈아리랑 만주〉, 〈락토만주〉, 〈척토기〉, 〈오랑캐고개〉등의 친일시를 지었고, 현지 증언자 및 연구자들은 윤해영이 친일행위를 하였다고 증언함.

2) 조두남은 1932년에 윤해영을 만났고, 그 이후에는 만난 적이 없다고 하였으나, 김종화와 그 외 현지 증언자에 의하면 1942년부터 1944년간에 조두남과 윤해영이 동 만주에서 함께 활동하였다고 증언함.

3) 조두남의 친일행적에 대한 증언을 청취한 결과, 김종화는 앞서 본인이 증언한 내용 확인과 함께, 그 외에 〈징병의 노래〉, 〈아리랑 만주〉를 윤해영이 작사하고 조두남이 작곡하였다고 증언함.

5. 향후 조사보고

- 공동조사단의 종합보고는 증언자료 녹취물과 기 발표자료, 관련문헌 연구 자료의 정리와 조사단의 조사내용의 평가가 완료되는 2003년 8월 31일까지 최종 조사결과 보고를 제시하고자 함.

2003. 7. 24

조두남기념관 관련 공동조사단

'조두남기념관'관련 공동조사단(친일의혹) 최종 결과 보고서

2003. 8. 28

단장 : 황일두 (마산시의회 기획보사위원장)

위원 : 강정철 (시민단체), 김봉렬 (경남대 사학과 교수), 김영만 (시민단체), 김영수 (유족), 박한용 (민족문제연구소 연구원), 장기홍 (음악가), 조영건 (경남대 경제학과 교수)

조사의 목적

조두남기념관 건립과 관련하여 기존에 언론 및 저술에서 제기된 음악가 조두남의 친일 의혹 및 선구자 작곡의 경위와 배경 의혹에 대한 연변 현지에서의 증언청취 조사.

조사단 구성과 일정

- 조사단 구성 : 학계 전문가, 시민단체, 유족, 시의회
- 조사단

- 조사단장 : 황일두 (마산시 시의회 기획보사위원장)
- 조사위원 : 강정철(시민단체), 김봉렬(경남대 사학과교수), 김영만(시민단체), 김영수(유족), 박한용(민족문제연구소 연구원), 장기홍 (음악가), 조영건(경남대 경제학과교수)

※ 시 공무원(정성철, 송성안)

• 조사기간 : 2003. 7. 18 ~ 23(6일간)

• 조사일정

- 2003. 7. 18.(금) 09:00 : 마산 출발
- 7. 19.(토) 18:00 : 제1차 조사단 회의 개최
- 7. 20.(일) 09:20 : 제2차 조사단 회의 개최
  10:00 : 연변지역 연구자 증언청취 조사활동
  15:15 : 용정 현지답사 및 조사활동
  19:10 : 제3차 조사단 회의 개최
- 7. 21.(월) 09:30 : 김종화 선생 증언청취 조사활동
  20:00 : 제4차 조사단 회의 개최
- 7. 22.(화) 20:00 : 조사단 분임토론 개최
- 7. 23.(수) 09:00 : 중국 연길 출발
  14:20 : 김해공항 도착, 제5차 조사단 회의 개최

※ 7. 24.(목) 10:00 : 조사단 중간보고 발표

조사의 방법과 기준

• 기존에 발표된 조두남 관련 언론, 저술에 대한 연변 현지에서의 김종화의 증언 청취 (구술사 조사)

• 증언자 김종화와 그의 증언내용에 대한 신뢰성 판단을 위한 연변지역 관계 학자들과의 합동 면담 및 증언 청취

• 증언 조사 시 증언 내용의 가치판단과 관련된 질문 등은 배제

• 객관적인 사실 확인을 위하여 유도성 질문이나 조사원 개인의 의견을 강조하는 발언등은 배제

조사단의 합의 규칙

• 조사단의 조사대상과 방법은 조사원 전원 합의로 결정

• 조사단의 조사기간 중 언론, 인터넷, 개인의 발표는 공동조사단의 공식적인 내용과 관계 없는 것임.

증언자의 이력과 업적

• 김종화 : 나이83세, 연변거주, 기타리스트, 작곡가, 연변사범 학교 음악교원, 연변 음악가, 협회 활동

• 연변지역 조선족 역사·문학 관련 연구자

- 박창욱 : 연변대학 역사학부 교수, 중국 조선족역사학계 원로, 전 연변대학 역사연구소장, 민족연구원 원장, 현재 {20세기 중국조선족역사자료집}(전 40권) 총 고문. 저서 다수
- 권 철 : 연변대학 조선어문학부 교수, 문학평론가, 중국 조선족문학계 원로, 전 연변대학 문학연구소장, 현재 {20세기 중국조선족문학자료집}(전 50권) 총 고문, 저서 다수
- 최삼룡 : 문학평론가, 전 연변사회과학원 문학연구소장, 현재 {20세기 중국조선족문학자 료집}(전50권) 편집위원
- 손춘일 : 연변대학 역사학부 교수, 역사학 박사, 현 연변대학 민족연구원 부원장
- 류연산 : 작가, 연변인민출판사 종합편집부장, 연변작가협회 소설창작위원회 주임, 연변 인대 상무위원회 위원, {20세기 중국조선족문학자료집}, {20세기 중국조선족역사자료집}, 편집위원회 부주임 겸 부 주필, 저서 다수
- 최용린 : 연변대학 조선어문학부 교수
- 박청산 : 역사학자, 연변인민출판사 부 주임, 역사책임
- 박장길 : 시인, 연길시 조선족예술단 창작원, 연변작가협회 이사

조사 과정

• 연변지역 역사학 및 문학 관련 연구자들의 합동 증언 청취

- 참석자 : 조사단 전원 (10명)

※ 기자 2명, 유족 1명 임의동행

• 김종화 증언 청취

- 참석자 : 강정철, 김봉렬, 김영만, 김영수, 황일두, 시 공무원 2명, 류연산 (현지 연구자)
※김종화의 일신상 이유 (건강상태, 장소협소)로 조사단의 합의하에 참석자 수를 제한

주요 조사내용

• 기존 언론 및 저술에 발표된 조두남관련 친일 의혹에 대한 증언과 증언자의 신뢰성 여부

• 조두남이 1932년에 윤해영을 만나 〈용정의 노래〉(선구자)의 가사를 받았고, 그 이후 "윤해영과 만난 적이 없다"는 회고록의 내용에 대한 진위 여부

• 조두남의 만주지역에서의 음악활동

- 친일 의혹 관련 음악활동

- 김종화와의 관계와 음악활동

• 증언 내용

1) 조두남과 윤해영의 관계

• 〈조두남의 회고록〉에서는 1932년에 목단강의 한 여인숙에서 조두남이 윤해영을 처음 만났고, 그후 본 적이 없다고 기록하고 있다.

〈김종화의 증언〉에 의하면

- 윤해영은 만주제국 협화회(日本, 朝鮮, 滿洲, 漢, 蒙古 5族의 협화를 위한 친일단체) 회원으로 친일작품(아리랑 만주, 락토 만주, 척토기, 오랑캐 고개 등)을 작시하였던 인물이다.

- 조두남은 1944년 1월에 만주 영안에서 윤해영 작사 조두남 작곡의 〈아리랑만주〉, 〈용정의 노래〉(선구자) 등의 신작 발표를 하였고, 신작발표회를 마친 후 "윤해영의 집으로 가서 회식을 가졌다"고 한다.

2) 조두남과 김종화의 관계

• 〈김종화의 증언〉에 따르면, "1939년 만주 신안진의 극장에서 손풍금을 연주하는 조두남을 처음으로 보았고, 이후 조두남에게 음악을 배웠으며, 기타 연주자로서 해방 직전까지 조두남과 함께 음악활동을 하였다. 조두남의 회고록에 있는 만주 시절의 제자 2인(김종화, 안향락) 중 한사람이 본인이었다"고 한다.

3) '선구자' 노래에 대한 증언

• 〈조두남의 회고록〉에 의하면 "1932년 목단강의 한 여인숙에서 윤해영으로부터 〈용정의 노래〉를 받아 곡을 붙였고, 해방을 맞아 개사하여 곡명을 '선구자'로 바꾸었다"고 한다.

〈김종화의 증언〉에 따르면,

- 1939년도에 "처남 집 방문을 위해 목단강을 갔을 때도 그 곳은 매우 오지였음으로 조두남이 1932년도에 목단강에서 음악활동을 했다는 사실은 믿기 어렵다"고 한다.
- '선구자'(용정의 노래)는 1944년 1월 만주영안(목단강 인근)의 신작발표회에서 초연되었다 고 한다.

〈박창욱 교수의 증언〉에 의하면,

- 목단강으로 가는 철도는 1935년 7월 1일에 개통되었으며, 그 이전의 목단강은 매우 오지로서 들어가서 생활하기에는 매우 어려운 곳이라고 한다.
- 시기적으로 1932년도는 만주제국 성립 후 동 만주지역에서 항일무장 투쟁이 활발하게 전개되던 때이다. 따라서 '말달리던 선구자'와 같은 회고조의 노래가 이 시기에 나왔다고 언급한 사실은 부적절한 내용이라고 한다.
- 이 시기 연변지역에서의 '선구자'는 '항일 독립투사'를 지칭하는 것이 아니라, 일반적으로 '만주제국 개척자'를 의미하는 용어로 사용되었다고 한다.

4) 조두남의 기타 음악활동

• 〈김종화의 증언〉에 따르면

- 1944년 1월 만주 영안의 신작발표회에서 '윤해영 작사, 조두남 작곡의 〈아리랑 만주〉를 발표 하였다'고 한다. (1942년 1월 7일에 만선일보 신춘문예당선민요) (별첨 참조)
- 일본어 가사로 된 '일본 징병제도를 만세 한 노래'(《징병령만세》 김영삼 작사, 별첨 참조) 를 작곡 하였다고 한다.
- 조두남이 작곡한 악극 〈스파이가 날뛴다〉라는 포스터를 도문 건너편의 함경북도 남양에 서 보았고, 공연을 관람한 후 조두남을 만나 보려 하였으나 오지 않아서 만나지 못했다 고 한다.
- 영안 신작발표회를 마치고 윤해영의 집에 가서 회식을 하며, 윤해영 작사 조두남 작곡의 〈목단강의 노래〉를 다함께 불렀다고 한다.

공동조사단의 종합의견

1) 증언 자료에 대한 의견

- 일반적으로 역사적 인물의 실체적 규명을 위해 사료를 이용할 시 1)당대에 발간된 각종 기록물, 2)당대사건 관련 생존자의 증언, 3)당대 생존자로부터 전해들은 증언, 4)당사자의 회고록, 5)구전, 6)설화와 신화 등의 순서로 사료적 가치를 인정한다.
- 따라서 본 조사단에서는 조두남 친일 의혹과 관련된 당대의 각종 기록물이 현재까지 발굴되지 않은 상태임으로, 조두남과 함께 만주지역에서 음악활동을 한 생존자의 직접적인 증언을 일차적인 자료로 선정하였고, 아울러 만주지역에서의 관련 연구자들의 증언도 자료로 채택하였다.

2) 증언자들의 신뢰성

• 김종화

- 1921년 12월 5일생
- 연변사범학교 음악교원, 연변음악가협회 등 음악 활동
- 조두남으로부터 사사받은 제자로서 현재까지도 조두남의 음악적인 천재성을 높이 평가하고 있을뿐만 아니라, '자신의 민요풍의 작곡 양식이 선생의 영향에서 비롯되었다'고 말할 정도로 조두남을 존경하고 있었다.
- 연변 현지 관련 연구자들의 김종화에 대한 평가에 의하면, 김종화는 음악계와 문화계의 저명한 인사로서 음악사전에도 등재되어 있으며 사회적으로도 신망이 높다고 한다.
- 따라서 본 조사단은 김종화와 그의 증언에 대한 신뢰성을 인정하고, 김종화의 조두남 관련 증언을 자료로서 받아들였다.

• 연변 현지 관련 연구자

- 박창욱은 연변대학 역사학부 교수로 일제하 재만 민족문제연구에 비중 있는 업적을 남긴 학자이며, [조선혁명군과 요령 민중항일자위군의 연합작전], [재만 조선족 민족해 방운동사] [1920- 1930년대 재만 민족주의계열의 반일독립운동] 등의 저술이 있다.
- 권철은 연변대학 조선어문학부 교수로서 {광복 후 중국 조선민족문학연구}, {중국현대문학사} 등 중국 조선족문학연구의 권위자이다.
- 류연산은 연변지역 조선민족문학 작가로서 {서울바람}, {황야에 묻힌 사랑}, {혈연의 강들}(상,하)등의 작품집이 있고, 최근 {만주아리랑}을 발표하였다.
- 그 외 손춘일, 최용린 교수 등 증언에 참석한 인사들도 역사학, 문학 관련 부문에 많은 업적을 남긴 연구자들이다.
- 따라서 본 조사단은 현지 관련 연구자들과의 합동 증언청취내용의 신뢰성을 인정하고 신빙성 있는 자료로서 받아들였다.

3) 종합의견

- 조두남은 1944년도 현재 만주 영안에서 친일 시인 윤해영이 작시한 〈아리랑 만주〉, 〈용정의 노래〉(선구자)에 작곡을 하여 신작발표회를 갖는 등 두 사람이 함께 음악활동을 한 것으로 보여 진다. 따라서 조두남이 그의 회고록에서 언급한 1932년도 윤해영을 처음 본 이후 "한 번도 만난 적이 없다"는 말은 사실이 아닌 것으로 사료된다.
- 조두남은 〈용정의 노래〉(선구자)를 1932년도 목단강 어느 여인숙에서 윤해영으로부터 가사를 받아 작곡하였고 그 이후 널리 불러졌다고 하였으나, 〈용정의 노래〉(선구자)는 1944년 영안에서 가진 조두남의 신작발표회에서 처음으로 연주된 것으로 보여 진다. 따 라서 이 또한 사실이 아닌 것으로 사료된다.
- 〈아리랑만주〉는 만주제국을 낙토로 지칭하고 5족의 협화와 일제 식민지 통치를 찬양한 노래로 윤해영이 작사하고 조두남이 작곡하였다.
- 조두남의 작곡으로 증언된 〈스파이가 날뛴다〉는 간첩이 날뛰니까 경각심을 갖고 주의 하라는 내용의 악극으로, 여기에서의 간첩은 당시 항일 독립군을 뜻하는 것이다.
- 조두남이 작곡한 것으로 증언된 〈징병령만세〉는 일본어 가사로 된 노래로, 일제의 징 병령 제도를 찬양하고 대동아공영권 건설을 위해 황군이 되어 전쟁에 앞장서 나갈 것 을 선동하는 노래이다.
- 본 조사단이 현재까지 확인한 자료를 종합하면, 조두남은 1940년대 만주지역에서 친일 시인 윤해영과 함께 활동을 하며 그의 친일 시 〈아리랑 만주〉를 비롯하여, 〈용정의 노래〉(선구자), 〈목단강〉 등 다수의 노래를 작곡하였다. 아울러 친일 노래 〈징병령의 만세〉와 악극〈스파이가 날뛴다〉의 곡을 붙인 혐의도 받고 있다.

따라서 '조두남은 일제하 만주지역에서 친일 음악 활동을 한 혐의가 짙은 음악가'로 사료된다.

4) 향후 과제

- 본 최종 보고서는 현재까지의 조사활동을 통해서 확보된 자료에 의해 작성된 최선의 조사 의견으로, 향후 역사적 진실에 대한 보다 철저한 규명을 위해서는 지속적인 자료 발굴과 관련 역사학계의 친일 규명작업이 요구된다.

〔기초자료〕

- 〈김종화 증언 녹취록〉
- 〈연변지역 조선족 역사·문학 관련 연구자 증언 녹취록〉
- 〈공동조사단 일정과 회의내용 요약〉
- 〈中國朝鮮族音樂研究會 會員登記表〉(김종화)
- 김종화, 〈회상기 잊혀지지 않는 사람들- 노래《룡정의 노래》의 작사, 작곡자와《고려 악극단》의 옛동지들을 두고〉, 1992. 4(미간행 원고)
- 조두남, 『제2수상집 그리움』, 세광출판사, 1982.

〔관련 자료〕

- 〈徵兵令萬歲〉(金永三 作詞, [滿鮮日報], 1942. 9)
- 〈아리랑 滿洲〉(윤해영, 新春文藝當選民謠, [滿鮮日報], 1942. 1. 7)

- 〈樂土滿洲〉(尹海榮, {半島史話와 樂土滿洲}, 滿鮮學海社, 1943)
- 〈拓土記〉(尹海榮, {半島史話와 樂土滿洲}, 滿鮮學海社, 1942)
- 〈해란강〉, 1937년 5월(尹海榮, {滿洲詩人集}, 1942)
- 〈오랑캐고개〉, 1937년 4월(尹海榮, {滿洲詩人集}, 1942)
- 〈東北人民行進曲〉(尹海榮, [인민신보], 1946)

〔참고자료〕

- 최무삼, [마음의 금선 울린다 - 작곡가 김종화선생을 두고], {연변문예}, 1980, 6기 63면~64면
- 류연산, [〈선구자〉는 없다], {만주 아리랑}, 돌베개, 2003.
- 조두남, [한밤중에 찾아왔던 사람의 부탁], {털어놓고 하는 말} 2, 뿌리깊은 나무, 1980.
- 백민성, {유서깊은 해란강반}, 연변인민출사, 2001.

〔기타〕

- 〈김종화 증언〉 Ⅰ·Ⅱ (녹화자료)
- 〈연변지역 조선족 역사·문학 관련 연구자 증언〉 Ⅰ·Ⅱ (녹화자료)
- 〈김종화 증언〉(녹음자료)
- 〈연변지역 조선족 역사·문학 관련 연구자 증언〉(녹음자료)

‘시민위원회 보도자료’ 발표문 전문

먼저 지역 쟁점사항 해결을 위한 시민위원회에 많은 관심을 가져준 여러분께 모든 위원들을 대신하여 감사를 드립니다.

우리 시민위원회 위원 모두는 지역 내 쟁점사항으로 갈등을 빚어왔던 문화예술 관련 기념관과 문학관에 대한 향후 추진방향을 수립하여 시민들이 공감할 수 있는 합리적인 방안을 도출해내고자 지난달 20일 첫 회의 이후 모두 7차례의 회의 과정을 거쳤습니다. 그 속에는 관련 영상물 시청과 현장답사 및 조사도 포함되어 있었습니다.

그동안의 조사과정을 간단히 되돌아보면,

1. 두 사람의 관련 자료에 대한 기초적인 분석과 검토
2. 자료 검증과정을 통한 방증조사 및 확인 작업
3. 기존에 제출된 자료 외의 정황과 증언청취
4. 조두남 관련 공동조사보고서에 담지 못했던 상황들을 수차례 대담형식으로 확인 청취한 부분도 있었으며, 그 속에는 유족도 포함
5. 자료 검토와 관련사항 청취 이후에 위원들 간의 의견 개진 과정에서 심도 있는 논쟁도 전개됨

6. 특기할 만한 일은 조사과정에서 조두남 유족으로부터 기념관 명칭문제는 시민위원회의 결정을 수용하겠다는 의사를 전달 받았음. 다만, 조두남 선생의 명예에 더 이상의 손상은 가지 않도록 해달라는 간곡한 주문도 있었음.

그 결과, △시민위원회는 갈등을 빚어왔던 그동안의 문화적 욕구를 폭넓게 수용하여 공감대를 형성해야 한다는 시민의 간절한 소망과 시대적 요구를 안고 시민 정서를 마산시민의 자긍심으로 승화 시키면서 △마산 시민의 문화적 향유를 적극적으로 가시화할 뿐만 아니라 △마산의 전통과 문화를 미래 지향적으로 설정하기 위해 다음과 같이 결정키로 했습니다.

- 다 음 -

1. 조두남기념관의 명칭은 『마산음악관』으로 결정한다.

그 활용방안에 대해서는

- 기존 기념관과 연계하여 시민, 학생들의 음악적 창작, 연구 및 음악발표, 연주를 위한 적정한 실내음악관을 조속히 건립한다.
- 아울러 주변의 마산 앞바다 경관과 조화를 이루는 노천(야외)극장을 건립, 조성하여 마산시민의 문화 공간 활용도에 이바지하기로 한다.
- 향후 음악관은 조두남의 음악적 유품은 물론이고 앞으로 마산출신 음악가들의 음악 예술적 업적을 기념하는 전시공간으로 활용한다.

2. 노산문학관의 명칭은 『마산문학관』으로 결정한다.

그 활용방안에 대해서는

- 기존 설계를 일부 변경하여 노산의 문학적 유품은 물론이고 마산 출신 문학인들의 문학 예술적 업적을 기념하는 전시공간으로 활용한다.
- 아울러 문학관 내에 시민 학생들의 문학적 연구, 창작활동을 진작시키는 공간을

최대한 마련하여 문학 강연, 토론회, 발표회 등을 활성화하는 방안을 모색한다.

결정을 내리면서

- 시민위원회의 입장 -

시민위원회는 이번 조사과정에서 아무리 위대한 음악이나 문학이라 하더라도 역사의 망각이나 침묵을 강요할 수 없다는 사실을 인식하기에 이르렀다.

역사의 진실 앞에서는 오히려 겸허하게 머리 숙이는 자세야말로 우리에게 사랑과 감동을 주는 음악과 문학이라는 결론에 도달했다.

그런 점에서 조두남과 노산의 절대가치에만 매달리는 차원을 넘어 두 사람 예술의 보편적 가치가 시민 모두의 공유의 자산이 되도록 해야 한다는 데 의견을 모았다. 그래야만 시민의 사랑 속에 조두남과 노산의 업적이 용해되어 큰 자리를 차지하는 역사가 될 것이라고 믿는다.

만약 조두남과 노산의 예술적 절대가치만 고집하고, 시민사랑이 따라오라고 외친다면 지난날 얼룩졌던 역사의 기록들이 두 사람의 음악성과 문학성까지 훼손시키는 결과가 되지 않을까 우려하면서 이와 같은 결정을 내리게 됐음을 밝히는 바이다.

2003. 12. 09.

부록1.

표절악보 (님과함께)

부록2.

거짓으로 밝혀진 조두남과 윤해영의 상봉 장면

— 조두남 제2 수상집 『그리움』 세광출판사 1982. 6. 15

『조 선생님, 큰일 났어요. 지금 일본인 형사 같은 사람이 찾아와 조 선생님을 기다리고 있어요. 낮에도 왔길래 집에 없다고 하니까 그냥 가더니 다시 와서 조 선생님 방에서 기다리고 있어요.』

당시 일본인 형사를 만난다는 것은 결코 반가운 일이 아니었으나 여인숙 주인의 안타까운 시선을 뒤로 하고 하숙방에 들어섰다.

尹海榮(윤해영)과의 相逢(상봉)

그 시절 만주에서는 낯선 사람의 방문을 받는다는 것은 반갑기 보다는 신경을 곤두세우게 된다. 만주에서는 이웃사람 끼리 서로 만나서도 서로의 과거를 알려고 들지도 말하려 들지도 않았다.

방에서 기다리는 낯선 객이 일본인 형사 같더라는 말에 적이 두려운 심정으로 그를 만났다. 그 사람은 조그마한 키의 깡마른 체구에 낡은 외투를 걸친 초췌한 차림의 젊은이였다. 그는 귀에 익은 함경도 사투리로 자기는 윤해영이라는 사람으로 이리저리 떠돌아 다니며 장사하는 사람이라고 자신을 소개했다. 그러나 나는 이 사람이 독립운동을 하는 사람임을 직감적으로 느꼈다.

나보다 서너 살 위로 보이는 윤씨의 눈빛은 침착하고 강렬했으며 깊은 신념과 의지가 감겨 있어서 아무리 보아도 장사하는 사람의 눈빛은 아니었다.

『조 선생이 작곡을 하신다는 말씀은 벌써부터 들어 왔습니다만 이곳저곳 떠돌아 다니다 보니 이제야 찾게 되었습니다. 조 선생께 부탁드릴 것은 이곳에 흘러 들어와 살고 있는 우리 동포들이 시원하게 부를 수 있는 노래를 하나 만들어 달라는 것입니다』

연신 손수건으로 입을 틀어막고 기침을 해대는 그는 고생으로 시달린 풍상의 흔적과 병색이 완연했지만 예리하게 번득이는 그의 눈엔 뭔가 새로운 저항과 저력이 있는 듯했다.

……

윤해영은 그가 내민 가사에 곡을 붙여주면 달포쯤 지난 다음에 다시 찾아와 노래를 배워 가겠다는 말만 남긴 채 바람처럼 떠나갔다.

바쁜 걸음으로 떠나가는 그를 바라보면서 나는 무척이나 약한 듯한 그의 몸이 만주 벌판의 거센 바람을 이겨낼 것 같지 않은 불길한 예감에 사로 잡혔다.

우리 민족이 다 함께 조국의 광복을 기다리며 희망을 잃지 않고 부를 수 있는 노래를 지어 달라며 떠나간 윤해영은 한 달이 지나고 두 달이 지나도 다시 내 앞에 나타나지 않았다.

나는 그 후 해방이 될 때까지도 만주 벌판을 돌아다니며 가는 곳마다 윤해영의 소식을 물었으나 그는 끝내 찾을 길이 없었다.

※ 조두남, 윤해영의 친일에 대한 증언자료

일송정 푸른 솔에 선구자는 없었다. 류언산. 말 통권 197호 (2002. 11)

최상룡 편. 음악가 김종화 2004. 5. 민족출판사(중국) 친일인명사전 편찬위원회.

친일인명사전 1권. 113p ~ 114p (윤해영 편) 3권. 547p ~ 549p (조두남 편)

부록 3.

공소사실

피고인 김영만은 일정한 직업이 없이 마산시 오동동 310의 3에이(A) 2층 소재 열린사회희망연대라는 사회단체의 상임대표로 활동하는 사람이고, 같은 이환태는 일정한 직업이 없이 위 열린사회희망연대의 사무국장으로 활동하는 사람이며, 같은 이성립은 일정한 직업이 없이 위 열린사회희망연대 회원으로 활동하는 사람이고, 같은 고호진은 회사원으로 일하면서 위 열린사회희망연대 회원으로 활동하는 사람이다.

1. 열린사회희망연대는 2002. 8. 13. 10:20경부터 같은 날 10:45경까지 마산시 서성동 소재 3·15의거 탑 앞에서 열린사회희망연대 회원 5명이 참석한 가운데 '미군장갑차 만행 규탄 선전전'이라는 명칭으로 집회를 개최하였고, 피고인 김영만은 위 집회를 주최한 열린사회희망연대의 대표자로서 관할 경찰서인 마산중부경찰서에 집회신고를 하는 등 위 집회를 준비하고 주도하였다.

피고인 김영만은 집회신고 시 위 집회를 기자회견, 시민선전전, 유인물 배부 및 피켓팅의 순서로 진행하겠다고 신고하였음에도 불구하고, 크레인을 이용하여 3·15의거 탑 위로 올라가 소지하고 있던 성조기 1장에 휘발유를 뿌리고 불을 붙여 태우고, 3·15의거 탑 위에서부터 '미군 재판권 이양거부 대한민국은 분노한다' 라는 등의 내용이 적시된 현수막 3개를 3·15의거 탑 각 면에 설치함으로써 신고 된 집회방법과 다르게 집회를 진행하였다.

이로써 피고인 김영만은 집회의 주최자로서, 신고한 집회방법의 범위를 현저히 일탈하는 행위를 하였다.

2. 마산시는 1999경 마산시 개항 100주년 기념사업의 일환으로 마산시를 대표하는 문화 예술인의 하나로 작곡가 조두남을 선정, 동인에 대한 기념관을 건립하기로 계획을 수립하고, 2001. 12. 24.경부터 2002. 12. 28.경까지 마산시 신포동 1가 68의 1 3,550여 평 규모의 대지에 총사업비 11억 7,200만원을 들여 구항근린공원이라는 명칭이 공원을 조성하고, 공원 내에 연면적 63.9평 규모의 조두남기념관 등을 건축하였다.

한편 위 조두남기념관이 건축되고 있던 중인 2002. 11.경 발간된 월간지 '말'지 11월호에, 일제 강점기 기간 중 조두남이 친일활동을 하였다는 내용의 증언이 게재되자, 열린사회희망연대는 2002. 12. 4.경 조두남기념관의 개관 이전에 공동조사단을 구성하여 조두남의 친일의혹을 증언한 사람이 거주하고 있는 중국 연변에 가서 조사를 하고, 그 결과 조두남의 친일의혹이 사실로 밝혀질 경우 기념관의 용도를 변경하여 개관하여야 한다는 내용의 기자 회견을 한 후 마산시에 대하여 공동조사단 구성 및 연변 현지조사 등을 요구하기 시작하였다.

그러던 중 마산시는 2003. 5. 초순경, 같은 달 29. 14:00에 조두남기념관의 개관식을 개최하기로 결정하고 지역 언론을 통하여 이러한 결정사실을 발표하는 한편, 열린사회희망연대의 요구에 대하여는 우선 상당기간 지연된 개관식을 개최한 후 조두남의 친일 행적에 관한 조사를 실시하여 그 자료를 조두남기념관에 그대로 전시하거나, 조두남의 친일 행적 여부가 밝혀질 때까지 실제 개관을 연기하는 등의 방안을 제시하였다.

그러나 열린사회희망연대는 종전의 주장을 반복하면서 마산시의 조두남기념관 개관식 개최 결정을 비난하였고, 열린사회희망연대의 상임대표인 피고인 김영만은 마산시의 조두남기념관 개관식 개최에 반대한다는 의사를 표시할 목적으로 조두남기념관 건물 옆에 천막을 설치, 농성을 하고, 조두남기념관 개관식의 진행을 방해하기로 결정하였다.

이에 따라 피고인 이환태는 2003. 5. 26. 19:00경 마산시 신포동 1 가 68의 1 소재 구항근린공원 내 조두남기념관 건물 옆에 천막 1동을 설치하고, '조두남기념관 개관 강행하는 마산시, 마산시의회를 규탄한다.'라는 내용의 현수막을 게시한 후 열린사회희망연대 회원들에게 휴대폰 문자메시지, 열린사회희망연대 홈페이지(www.hopenews.or.kr) 중 공지사항란 게시 등을 통하여 농성사실을 알리고 개관식 개최 저지를 위하여 모이도록 홍보하였으며, 피고인 김영만, 같은 이환태, 같은 고호진 및 성명불상의 열린사회희망연대 회원들은 그 때부터 같은 달 29. 14:00경 개관식이 개최될 때까지 3명에서 5명 정도가 번갈아가면 설치된 천막 내에서 농성을 하였다.

또한, 피고인 이환태는 2003. 5. 29. 10:30경부터 같은 날 13:45경까지 위 조두남기념관 부근 도로에 방송시설이 갖추어진 차량을 주차하여 놓고 소위 민중가요를 틀어놓고, 피고인 고호진은 같은 날 14:00경 조두남 개관식이 시작되자, 위 조두남기념관 건물 옥상에서 밀가루를 뿌리고 밀가루가 담긴 비닐봉지를 던진 다음 '시민 약속 무시하는 마산시장 물러가라'는 등의 구호를 3~4회 외치고, 피고인 김영만, 같은 이성립은 위 조두남기념관 건물 앞에 마련된 개관식장 내에서 마산시장 등에게 밀가루를 뿌리고, 피고인 이환태, 공소의 송순호, 김의곤, 김지란, 임경란 및 성명불상의 열린사회희망연대 회원 수 명은 위 김영만, 이성립이 체포되자 위 조두남기념관 개관식장 안팎에서 욕설을 하고 고함을 지르는 등으로 소란을 피웠다.

이로써, 피고인들은 공소외 송순호, 김의곤, 김지란, 임경란(같은 날 각 구약식) 및 성명불상의 열린사회희망연대 회원 수명과 공모하여, 관할경찰서장인 마산중부경찰서장에게 신고하지 아니하고 시위를 개최하였다.

3. 피고인 김영만은 2003. 5. 29. 오전 시간불상 위 조두남기념관 건물 앞에 마산시 명의의 조두남기념관 개관식 및 기념음악회의 개최를 알리는 현수막이 게시된 것을 보고, 개관식 개최에 반대한다는 의사를 표시하려는 목적으로 피고인 이환태에게 현수막에 검은색 페인트 스프레이를 뿌리라고 지시하였고, 피고인 이환태는 이에 따라 농성천막 내에 있던 검은색 페인트 스프레이를 가지고 가 위 현수막 중 '개관식'이라는 글자가

있는 부분에 페인트를 뿌려 위 현수막을 사용할 수 없도록 훼손하였다.

이로써 피고인 김영만, 같은 이환태는 공모하여, 마산시 소유의 현수막시가 55,000원 상당을 손괴하였다.

4. 피고인 김영만은 위 조두남기념관 개관식의 진행을 방해하고, 개관식 개최에 반대한다는 의사를 표시하는 방법으로 개관식에 참석한 마산시장 황철곤(49세)에게 밀가루를 뿌리기로 마음먹고, 미리 준비한 밀가루를 종이3장에 계란 크기 정도로 나누어 사바지주머니에 넣은 다음 위 조두남기념관 개관식장에 참석자들을 위하여 마련된 의자 중 위 황철곤 뒤편에 앉았고, 피고인 이성립이 다가오자 종이에 싼 밀가루 3봉지 중 1봉지를 주면서 "내가 밀가루를 뿌리면 같이 뿌려라"라고 지시하였다.

피고인 김영만은 2003. 5. 29. 14:00경 위 조두남기념관 개관식장 내에서 위 황철곤이 연설을 하기 위하여 일어나려는 순간 욕설과 함께 "행사를 그만 두어라"라는 취지로 고함을 지르면서 위 황철곤 뒤편에서 종이에 싼 밀가루 2봉지를 던져 위 황철곤, 마산시의회 의장 배종갑(53세) 등을 맞추었고, 피고인 이성립은 뒤따라 종이에 싼 밀가루 1봉지를 위 황철곤 등을 향하여 던져 위 황철곤, 배종갑 등을 폭행하였다.

이로써 피고인 김영만, 같은 이성립은 공모 공동하여, 마산시장 황철곤, 마산시의회 회장 배종갑의 각 마산시 주최 행사 참석 및 진행에 관한 정당한 직무집행을 방해하였다.

5. 위 제4항과 같은 행위로 인하여 위 김영만, 이성립은 현장에 있던 마산중부경찰서 소속 경찰관들에게 체포되었다.

피고인 이환태는 2003. 5. 29. 14:00경 위 조두남기념관 개관식장 부근에서 경찰관들에 의하여 위 김영만이 체포되어 가는 것을 보고 이를 막기 위하여 욕설과 함께 고함을 지르면서 뛰어가 성명불상의 마산중부경찰서 소속 경찰관들을 몸으로 밀치는 등 폭행하고, 공소의 송순호, 김의곤, 김지란, 임경란은 위 김영만, 이성립을 체포하여 가는 성명 불상의 마산중부경찰서 소속 경찰관들의 팔과 혁대를 잡아끄는 등 폭행하였다.

이로써 피고인 이환태는 공소 외 송순호, 김의곤, 김지란, 임경란과 공동하여 성명불상의 마산중부경찰서 경찰관들의 현행범 체포에 관한 정당한 직무집행을 방해하였다.

2003년 8월 13일

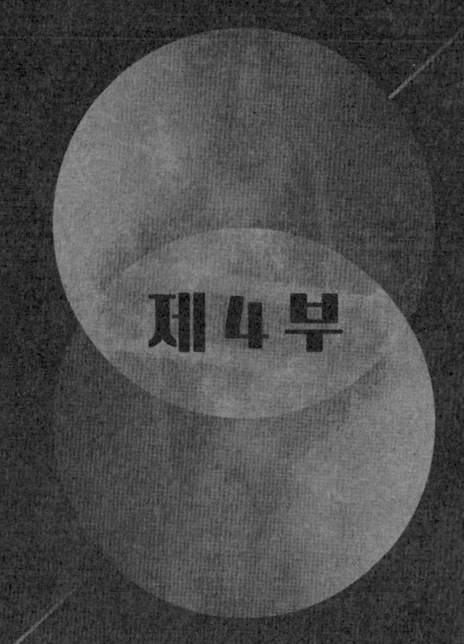

제4부

친일이 죄가 되지 않는 '이원수 문학관'

1장

/

이원수 관련
성명서, 기자회견문, 논평

친일작가 이원수 기념사업에 시민 혈세를 지원하는 창원시장은 각성하라!

'지원병 형님들이 떠나는 날은 / 거리마다 국기가 펄럭거리고 / 소리높이 군가가 울렸습니다. // ……'반-자이' 소리는 하늘에 찼네 / 나라를 위하야 목숨 내놓고 / 전장으로 가시려는 형님들이여 / 부디부디 큰 공을 세워주시오 // 우리도 자라서 어서 자라서 / 소원의 군인이 되겠습니다. / 굳센 일본 병정이 되겠습니다.'

위 동시는 이원수가 1942년 8월, 조선금융조합연합기관지인 〈반도의 빛〉에 발표한 '지원병을 보내며' 라는 친일 작품이다. 당시 이원수는 함안 금융조합에서 근무했고, 금융조합은 우리나라 농민을 수탈하기 위한 대표적인 일제의 고리대부 기관이었다.

결국 이원수의 일제강점기 생활 그 자체가 친일이었던 것이다. 그리고 그는 위의 동시 외 '낙하산' '보리밭에서-젊은 농부의 노래' 등의 친일 작품을 통해 자신의 동족인 식민지 조선의 청년들을 일제의 침략전쟁에 총알받이로 내모는 일에 열중했다.

이원수는 이런 자신의 친일 행적을 죽을 때까지 숨겼다. 그리고 그의 친일 작품은 사후 20년이나 지나서야 세상에 알려졌다.

그렇다고 해서 우리가 이원수에게 도덕군자의 잣대를 들이댈 생각은 추호도 없다. 그의 모든 작품과 문학적 업적을 무시하고 싶은 생각도 없고 '고향의 봄' 노래를 금지곡으로 하자는 이야기도 아니다. 또한 그를 존경하는 후학들의 생각에 시비를 걸 의도도 전혀 없다. 다만 진실을 거부하거나 축소 왜곡하며 그를 기리는 일에 자신들의 돈이 아니라 국민(시민)의 세금으로 거창하고 영구적인 기념사업을 하겠다는 그 몰염치에 우리는 분노하는 것이다.

이원수 기념사업회 측의 이런 행위는 결국 산사람들의 도를 넘는 욕심이 고인을 두 번 죽이는 꼴이 되고 있다.

'대한민국은 3·1운동으로 건립된 대한민국임시정부의 법통과 불의에 항거한

4·19민주이념을 계승하고 ……' 이 문장은 대한민국헌법 전문의 일부이다.

오늘의 대한민국은 일제 강점기 조국광복을 위해 피 흘리며 싸운 애국선열들과 민주주의를 위해 독재정권에 맞서 목숨 걸고 싸운 분들의 희생 위에 나라가 건국되고 발전해온 국가이기에 그 법통과 정신을 계승하고 온전히 지켜야만 우리와 우리 자손들이 안전과 자유와 행복을 누리고 살 것이라는 내용이다.

그러기에 적어도 대한민국에서 친일인사와 친 독재 인사들을 기리고 기념하는 따위의 일들은 대한민국의 법통을 부정하고 정체성을 짓밟는 일이다.

친일은 나라와 민족을 배신한 중대범죄다.

그런데 창원시가 왜 이러는가? 이원수는 친일작가라는 사실이 명백히 밝혀진 인물로 그의 이름은 친일 인명사전도 올라있다. 그럼에도 창원시는 2억이나 되는 시민의 혈세를 낭비하며 기념사업에 열을 올리는 것에 대해 우리는 이해할 수도 용납할 수도 없다. 이원수가 안락한 생활을 하면서 일제를 찬양하는 글을 쓸 때, 동시대를 살았던 우리의 선조들 중에는 조국의 광복을 위해 굶주린 배를 움켜쥐고 풍찬노숙을 하며 일제의 총칼 앞에 맞서다 이름도 남기지 못하고 순국한 많은 독립투사들이 있었다.

그런데 친일을 하고도 글 짓고 노래 짓는 재주 하나로 기념관도 만들고 흉상도 세워준다면 이는 너무나 잘못된 세상이다. 자라나는 아이들이 이를 보고 도대체 무엇을 배울 것이라고 생각하는지 기념사업회 모든 관계자들에게 묻고 싶다.

더욱 기막힌 일은 박완수 시장이 24일 이원수 탄생 100주년 기념사업 선포식에서 "이원수 선생을 통합창원시의 브랜드로서, 창원의 가치를 부여 할 수 있을 것"이라고 했다는 발언이다. 이 말이 정말이라면 우리는 박완수 시장의 국가관, 민족관, 가치관을 의심하지 않을 수 없다.

분명히 말하건대 박시장이 친일문학가 이원수를 통합창원시의 브랜드로 삼는 순간 온 세상의 웃음거리가 될 것이다.

마산시와 진해시의 시명까지 없애며 기세 좋게 흡수통합한 창원시가 겨우 친일문인 한사람을 끌어 들여 시의 가치를 보태야 할 정도로 초라하고 구차한 도시였단 말인가?

박완수 시장은 이원수 기념사업에 시민의 혈세를 낭비하지 말고 모든 지원을 중단하라. 그리고 이원수를 통합창원시 도시 브랜드 운운한 발언을 즉각 철회할 것을 강력히 촉구한다.

2011년 1월 26일

열린사회희망연대 / 위안부할머니와함께하는창원시민모임

박완수 시장은 친일작가 이원수 기념사업 지원을 즉각 중단하라!

'지원병 형님들 떠나는 날은 / 거리마다 국기가 펄럭거리고 / 소리 높이 군가가 울렸습니다 / '반-자이' 소리는 하늘에 찼네 / 나라를 위하여 목숨 내놓고 / 전장으로 가시려는 형님들이여 / 부디부디 큰 공을 세워주시오 / 우리도 자라서, 어서 자라서 / 소원의 군인이 되겠습니다 / 굳센 일본 병정이 되겠습니다'

위의 동시는 이원수가 1942년 8월, 조선금융조합연합기관지인 〈반도의 빛〉에 발표한 '지원병을 보내며' 라는 친일 작품이다.

지난 1월 26일, 시민단체에서 박완수 창원시장에게 친일작가 이원수 기념사업에 대한 창원시의 재정지원 즉각 중단과 도시브랜드 사업 계획 철회를 촉구하는 기자회견을 가진 바 있다. 그러나 박 시장은 지금까지 꿀 먹은 벙어리 마냥 묵묵부답이다. 박시장의 이런 태도는 이원수 기념사업에 대한 과감한 지원과 담대한 사업 계획을 발표하던 당당한 모습을 생각하면 참으로 이해하기 힘든 일이다.

우리가 박완수 시장의 대답을 꼭 들어야 하는 이유는 이 기념사업에 시민의 혈세가 들어가는 사업이라는 것은 새삼 말할 필요조차 없고, 시민들의 상식적이 가치관에 반하는 이원수를 기념하는 여러 사업을 일상 속에서 지속적으로 보고 들어야 하는 데서 오는 시민들의 정신적 피해가 엄청 클 수밖에 없는 일이기 때문이다.

이원수의 친일 논란은 10여 년 전 이미 한차례 있었고, 지난해에 발행된 친일인명사전에 그의 이름이 올라있다. 물론 우리도 친일인명사전에 이름이 오른 것만으로 모든 것을 단순하게 흑백으로 가를 생각은 없다. 그러나 이런 인물들에 대해 국가나 지방자치단체가 나서서 기념사업을 하게 되면 말썽이 생기는 것은 불을 보듯 뻔한 일이 아닌가.

우리는 창원시가 이 일을 결정하고 집행하면서 과연 기본적인 조사, 연구, 검토 과정을 거치기나 했는지 무척 궁금하다.

그리고 또 하나는 시장이 개인적으로 이원수의 친일문제를 알고 있었는지 아니면 전혀 몰랐는지에 대한 대답을 듣고 싶다.

만일 박시장이 이원수의 친일문제를 잘 알면서도 이런 일을 했다면 박시장의 역사관, 국가관, 가치관에 심각한 문제가 있는 것이고 혹시라도 잘 모르고 했다면 시정 책임자로서 무지함과 기초적 확인조차 하지 않은 업무 태만과 예산낭비 등으로 지탄을 받아 마땅한 일이다.

더 더욱 이원수를 창원시의 대표브랜드로 삼겠다는 것은 자유, 정의, 인권, 평화와 같은 인류 보편적인 가치관을 가진 전 세계인들의 비웃음을 살 일이며 나아가 박완수 시장뿐만 아니라 죄 없는 창원시민 모두를 망신시키는 일이다.

지금 이원수 기념사업을 추진하는 측에서는 박완수 시장의 든든한 지지와 지원을 믿고 이미 자신들의 계획대로 일을 추진하고 있다. 동시에 시민들의 가치관과 판단력을 흐리게 하는 이원수의 홍보에 전력을 쏟고 있다.

이런 과정에서 반민족 친일 행위는 별것 아닌 일로 치부하며 이원수의 삶과 작품은 미화되고 과장되고 있다.

따라서 우리는 이에 대응하여 시민들에게 올바른 판단을 할 수 있도록 이원수의 친일작품을 시민들에게 제대로 알려 그가 당시 조선의 어린이들에게 어떤 죄를 저질렀는지를 널리 알려 나갈 것이다.

지금도 가치관이 제대로 형성되지 않은 미성년자에게 저지른 범죄는 더 큰 벌을 받는다는 사실은 누구라도 잘 알고 있을 것이다.

우리고장 출신인 아동문학가 이원수를 두고 우리 역시 이런 일은 정말 하고 싶지 않았다. 그러나 더 이상은 두고 볼 수 없는 일이 되어 버렸다. 박완수 시장은 이원수 기념사업에 대한 재정 지원을 즉각 중단하고 기념공원과 도시브랜드라는 황당한 발언과 계획을 바로 철회하기 바란다.

이에 대한 빠른 조치를 취하지 않을 경우 일어날 모든 불상사는 전적으로 박완수 시장이 책임을 져야 할 것이다.

2011년 2월 28일

친일작가 이원수기념사업 저지 창원시민대책위원회

(6·15공동선언실천창원시지부, 경남고용복지센터, 경남민주언론시민연합, 경남여성장애인연대, 경남한살림, 마산진보연합, 마창진환경연합, 민생민주창원회의, 민주노동당창원시위원회 민주노총마산연락사무소, 열린사회희망연대, 위안부할머니와함께하는창원시민모임, 전국여성노조경남지부, 진해여성회, 참교육학부모회경남지부, 창원대학생회, 창원민예총, 창원여성회, 창원청년회. 통일마중청년모임, 통일촌, 희망진해사람들, - 22개 단체 가나다순)

이원수 탄생 100주년 기념사업회 입장에 대한 반박

며칠 전, 이원수 탄생100주년 기념사업회와 (사)고향의봄기념사업회 (이하:기념사업회)에서 '이원수 탄생 100주년 기념사업 논란에 대한 기념사업회의 입장'이라는 언론 보도 자료를 냈다. 우리는 기념사업회 측에서 내놓은 장문의 문건을 보고 다시 한 번 큰 실망을 금할 수 없었다. 그들이 논란이라고 표현하는 것으로 보아 이원수 기념사업에 반대하는 여론이 날로 높아가고 있음은 인지하고 있는 것은 분명하다. 그러나 "도대체 왜 이원수의 친일문제가 새삼스럽게 불거져 나오는지"에 대한 불만이 많은 걸로 보아 그 원인과 책임이 바로 자신들에게 있다는 사실을 전혀 깨닫지 못하고 있거나, 아니면 알면서도 논쟁의 초점을 다른 곳으로 돌리기 위해 억지를 부리는 것이 아닌가 하는 의심이 든다. 아무튼 기념사업회의 이런 태도는 고인이 된 이원수 선생과 그 가족들에게는 참으로 불행일이 아닐 수 없다. 이는 우리도 전혀 바라지 않는 바이다.

문제의 발단은 지난 1월 24일 '이원수 탄생 100주년 기념사업 선포식'을 통해 기념사업회가 그동안 나름대로 심혈을 기우려 준비해온 각종 기념사업을 대대적으로 홍보하면서 시작된 것이다. 그날 행사 이벤트로 선보인 이원수의 흉상을 비롯한 각종 기념사업이 전적으로 시민들의 혈세인 창원시의 예산으로 지원받아 이루어진다는 것이 밝혀졌기 때문이다. 이렇게 기념사업회에서 아동문학가 이원수를 문학 영역에서 공공의 영역에다 세운 것이다. 즉, 문학 영역이라면 우리가 각 개인의 취향과 개성, 관심사에 따라 호, 불호, 등을 선택할 수 있다. 그러나 우리가 낸 세금으로 누구를 기념한다는 것은 국가나 사회구성원 모두에게 관계되는 공공의 영역으로 선택의 여지가 없이 강제되는 것이다.

다시 말해 '고향의 봄'이라는 노래를 좋아했든, 이원수의 아동문학에 매료되었든 그와 그의 아동문학을 좋아하는 애호가들이나 문학인들 그리고 문인단체 등에서 그를 기념하고 존경하며 기리는 것에 대해 우리가 신경을 곤두세우며 관심을 가진 바도 없고 그럴 생각도 없다. 그러나 국가나 지방자치단체가 나서서 국민의 세금으로 누구를 기념한다는 것은 대단히 신중하게 따져 보아야 할 것이 많아진다. 더 더욱 기념관, 문학상, 흉상이나 동상, 문학상 제정, 도시브랜드와 같은 항구적인 기념사업을 할 때는 누구라도 그의 공적이나 업적뿐만 아니라 다른 흠결이 없는지를 꼼꼼히 따지고 살펴보는 것은 너무나 당연한 일이다. 이원수의 흠결은 일제 강점기에 친일작품을 썼다는 것이다. 그것도 스스로의 판단 능력이 없는 당시 식민지 조선의 어린이들을 일제의 병정이 되는 것을 자랑스럽게 생각하도록 한 내용이다. 일본 병정이 된다는 것은 일제 침략전쟁의 총알받이가 되라는 것이다. 지금도 어린이를 대상으로 한 범죄는 더 엄중한 처벌을 받는다.

대한민국의 근현대사에서 36년 동안 일제의 식민지배로 온갖 수모와 고통을 겪은 우리민족에게 친일보다 더 큰 흠결이 어디 있단 말인가? 그러함에도 기념사업회에서는 해방 이후 이원수의 여러 작품을 내세우며 마치 친일행적에 대한 치열한 반성이라도 한 것처럼 그리고 그런 작품이 친일을 덮고도 남는 것처럼 호도하고 있다. 분명한 사실은 그는 단 한 번도 반성을 한 일이 없다는 것이다. 다만 일제 말기 그의 생활이 고달프고 힘들었다는 것을 여러 번 강조했다. 마치 사후에라도 친일작품이 발견되었을 때를 대비해 가족의 생계 때문에 어쩔 수 없이 친일을 하게 되었다는 변명을 할 수 있게 말이다.

그래서 인지 지금 기념사업회 측에서 이원수의 친일작품 활동을 '생계형 친일'이라고 강변하고 있지만 그 말이 참으로 구차하게 들리는 이유는 동시대를 산 많은 문인들 중에는 일제에 저항하거나 절필을 해버린 문인들이 많았다. 그리고 이원수가 친일작품을 쓰고 있을 그 시간에 가족의 생계를 돌볼 겨를도 없이 굶주린 배를 움켜쥐고 풍찬노숙을 하며 일제에 저항한 숱한 독립운동가들이 있었다는 걸 우리는 알고 있기 때문이다. 기념사업회 측은 한발 더 나아가 해방이후 이원수를 마치 반독재 투사처럼 말하고 있다. 아마 이원수가 독재에 대한 저항감은 가지고 있었을지도 모른다.

그렇다면 그런 의식이 아동문학에 반영되는 것은 자연스러운 일이다. 그러나 그로 인해 그가 독재로부터 탄압을 받은 일도, 불이익을 받은 일이 없다. 기념사업회가 이원수의 친일을 상쇄시킬 명분을 찾다보니 자신들도 모르게 과장하고 미화하는 측면이 많아지는 것이다. 참으로 안쓰럽게 느껴진다. 차라리 그냥 "그래도 이원수의 아동문학은 참 훌륭하다"라고 만 말한다면 우리는 그 말에 굳이 이의를 제기할 생각은 없다.

또 하나, 기념사업회가 그동안 크게 잘못하고 있는 것이 하나 있다. 현재 이원수의 문학관에 이원수의 친일 시 '지원병을 보내며'라는 동시를 전시하고 있다. 문제는 바로 그 옆에 이오덕 선생이 이원수의 친일을 변호하는 글을 붙여놓은 것이다. 이오덕 선생의 글은 마치 법정에서 변호사가 범죄를 저지른 피고인을 변호하는 말과 흡사해 실소를 자아내게 한다. 이원수와 이오덕 선생 두 사람은 각별히 절친한 사이였다는 것을 감안 할 때 이오덕 선생의 심정을 이해 못할 것은 없다. 그러나 본래 기념관에 친일작품도 동시에 전시하자고 주장하는 사람들의 취지는 과오도 솔직히 인정하고 그에 따른 비판도 반성하는 의미로서 겸허히 받아들이며, 그리고 후대들에게 나와 같은 실수를 저지르지 말라는 교훈으로 남기고자 해서이다. 그런데 이건 아니다.

기념사업회는 이오덕 선생의 말씀을 빌려 이원수의 친일에 대한 과오를 면죄 받고자 하는 의도가 뚜렷이 엿보인다. 그동안 기념사업회는 이런 식으로 문학관을 방문하는 시민들과 어린 학생들에게 이원수의 친일은 충분히 이해되고 용서 받을 수 있는 것으로 강변하고 있었음은 물론 결국은 친일이 별것 아니라는 생각을 심어준 것이다. 그래서 기념사업회의 한 인사가 공식석상에서 "이원수의 친일은 도도히 흐르는 대하에 한 방울의 물에 지니지 않는다"는 말을 당당하게 하게 된 것이다.

이는 평생을 올곧게 사시면서 문인으로서 교육자로서 덕망과 명망을 쌓아온 이오덕 선생마저 욕보이는 짓이다. 우리는 기념사업회의 각성을 촉구한다. 지금 이렇게 기념사업을 반대하는 여론이 비등하고 있는 현실 속에서 "사회적 합의" 운운하고 있는 걸 보면 이원수의 친일보다 기념사업회의 문제가 더 심각하다는 생각이 든다. 친일보다 더 큰 문제는 친일을 반성하지 않고 교묘히 은폐하는 일이며, 그보다 더 무서운 것은 친일이 뭐가 그리 큰 죄냐고 강변하는 자들이다. 훗날 이원수의 친일보다 기념사업회의 지금 행태가 더 많은 비판을 받을 수 있다는 사실을 경고해 둔다.

2011년 3월 7일

친일작가이원수기념사업저지창원시민대책위원회

창원시는 친일작가 이원수기념 사업에 시민의 혈세지원을 즉각 중단하라!

최근 아동문학가 '이원수 탄생100주년 기념사업'에 대한 창원시의 지원과 박완수 시장의 '이원수를 도시브랜드화' 한다는 발언으로 우리지역에서 큰 논란을 빚고 있다.

우리는 이 사태의 진행에 대해 예의 주시하고 있었다. 그리고 당연히 창원시에서 지원 중단과 아울러 도시브랜드 계획을 당연히 철회할 것이라 기대했다.

그동안 시민단체들의 반대운동으로 이원수의 일제부역 사실이 만천하에 알려졌고 창원시 역시 이원수의 친일사실을 알게 된 이상 지원을 할 수 없을 것이라 생각했기 때문이다.

그런데 예상 외로 박완수 시장이 여론수렴을 하겠다고 나서는 모습을 보고 그 저의가 심히 의심스러울 뿐만 아니라 일제 부역자에게 시민의 세금을 지원해도 좋은 지 아닌지를 여론을 들어 결정하겠다는 그 자체가 어불성설이다.

일제강점기 친일분자들이 저지른 행위는 대한민국이 존속하는 한 절대로 용서받지 못할 민족범죄이다. 이원수 역시 일제의 식민정책인 '내선일체(內鮮一體)'와 '황국신민화(皇國臣民化)'에 글로써 철저히 부역을 했고 일제침략전쟁에 조선인들을 총알받이로 내모는데 혼신을 다 바친 자이다.

특히 이원수는 그 대상이 어린이였다는 사실은 더욱 엄중하게 심판받아야 할 일이다.

오늘 우리 대한민국이 독립국가로 온 세계 나라들과 어깨를 나란히 하여 살 수 있는 것도, 자유 민주국가에서 모든 국민들이 열심히 일해서 기꺼이 세금을 낼 수 있는 것도 조국해방을 위해 자신의 목숨을 바친 순국열사들이 있었기 때문이다.

이렇게 조국과 민족을 위해 모든 것을 다 바친 독립운동가들이 풍찬노숙을 하며 일제와 싸우고 있는 동안 일제의 민족말살 정책에 동조하고 부역한 자를 높이 기리기 위해 우리가 낸 세금을 쓴다는 사실을 애국선열들이 아신다면 땅속에서도 통곡할 일이다.

우리는 박완수 시장이 미처 이원수가 친일작가이며 그 행위가 결코 가벼운 것이 아니라는 사실을 모르는 상태에서 결정한 일이라 믿고 싶다.

지금이라도 당장 기념사업에 대한 지원을 중단하고 도시브랜드 운운한 발언을 취소할 것을 강력히 촉구한다.

만에 하나 이대로 밀어붙인다면 전국적 차원에서 반대운동이 일어날 수도 있다는 것을 엄중하게 경고해 둔다.

2011년 3월 31일

광복회울산광역시, 경상남도연합지부

친일부역자 혈세지원,
여론수렴이 웬 말이냐!

최근 박완수 시장은 '이원수 탄생100주년 기념사업'에 대한 창원시의 지원과 '도시브랜드' 발언으로 크게 말썽을 빚게 되자 여론수렴을 통해 결정하겠다는 의사를 밝힌바 있다. 그러나 박완수 시장의 이 발언은 매우 심각한 문제를 안고 있다. 친일작가를 도시브랜드로 삼고, 기념사업에 시민의 혈세를 지원해도 되는지 아닌지를 여론 수렴을 통해 결정하겠다는 이 말은 친일부역자를 시민들의 표상으로 삼을 것인지 말 것인지를 여론조사 하겠다는 말이다. 참 어처구니없는 일이다. 대한민국은 3·1운동으로 건립된 대한민국 임시정부의 법통을 계승한 나라이다. 지금 박완수 시장은 자신이 국가 정통성과 정체성에 정면으로 도전하고 있다는 사실을 잘 모르고 있는 것 같다.

불과 60년 전 까지만 해도 우리의 선대들은 일제에 국토를 강탈당하고 온갖 고통과 수모, 수탈과 착취를 당했다. 이처럼 극악한 일제통치 36년의 상처는 60년이 지난 지금도 우리사회 곳곳에 남아 많은 이들을 힘겹게 하고 있다. 따라서 일제에 협력한 인사들에게 국가나 지방자치단체의 지원은 언제나 격렬한 저항에 부딪치는 것은 너무나 당연한 일이며 이런 사례는 수년 내 우리지역에서도 여러 차례 있었다. 박완수 시장도 이런 사실을 모르지 않을 것이다.

최근 이원수기념 사업 지원에 대한 반대의 목소리는 날로 높아가고 있다. 이것이 여론이다. 박 시장이 무엇을 더 듣고, 무엇을 더 참고해야 하는지 우리는 이해할 수 없다.

그동안 기념사업회 측의 일방적인 여론만 수렴하여 이원수 기념사업을 지원한 박 시장이 지금 당장 해야 할 일은 하나 뿐이다. 자신의 신중하지 못한 결정에 대해 시민들에게 사과하고 이원수 기념사업에 대한 지원을 즉각 중단, 폐기하는 일이다. 더 이상 여론수렴 운운하는 것은 자신의 실책을 합리화시키기 위한 기만술책이라는 의심만 살 뿐이다. 우리는 박완수 시장이 쓸데없는 화를 자초하지 않기를 바란다.

이원수기념사업회 측에도 한마디 하지 않을 수 않을 수 없다.

이원수 탄생100주년 기념행사 중 학술토론회라는 프로그램은 자신들이 오래전부터 준비해 온 행사이다. 창원시가 시민의 혈세로 지원한 이 행사는 반대 여론이 나오기 전에 이미 포스터 등 각종 유인물을 통해 널리 광고해온 것이다. 반대여론은 바로 이런 기념사업을 언론을 통해 선전 홍보함으로서 형성되었고 기념사업을 반대하는 사람들은 이원수 기념사업과 사업회 자체를 인정하지 않는 것이 그 출발점이다.

그런데 느닷없이 이 자리에 반대 측 인사들을 토론자로 초청하겠다는 통보를 해 왔다.

참으로 무례하고 몰염치한 요구다. 우리는 아동문학 운운하는 사람들이 마치 권모술수에 능란한 정치인들을 닮은 이런 행위에 실망감을 금할 수 없다.

기념사업회가 아직도 깨닫지 못하는 문제의 핵심은 이원수가 아니라 이원수를 등에 업은 산사람들의 욕심이라는 사실이다. 진정 이원수를 존경하고 그의 아동문학을 사랑하는 사람들이라면 창원시의 지원이라는 끈을 놓아야 한다. '솔로몬의 재판' 이야기에서 지혜를 얻기 바란다.

그렇지 않으면 이원수기념사업회가 이원수 선생을 두 번 세 번 죽이는 꼴이 된다.

우리는 기념사업회가 하루 빨리 순수성을 회복하고 밝은 얼굴, 맑은 마음으로 어린이들 앞에 떳떳하게 설수 있기를 간절히 바란다.

2011년 04월 01일

친일작가이원수기념사업저지창원시민대책위원회

박완수 시장님!
이런 정신으로 독도를 지킬 수 있나요?

지난 1월, 창원시가 이원수기념사업에 거액의 시민혈세를 지원한다는 사실과 박완수 시장의 '도시브랜드화' 발언에 대한 언론 보도가 나온 이후 이를 두고 지금까지 상당히 많은 논란이 일어났다. 이에 난처해진 창원시 당국은 최근 여론수렴을 한다고 법석을 떨더니 이제는 아예 여론조사를 하겠다고 한다. 이제는 이원수가 친일작가라는 것을 그 누구도 부정할 수 없는 사실로 확인이 되었는데 도대체 무엇을 여론조사 하겠다는 것인지 그저 기가 막힐 뿐이다. 그동안 우리가 수차례 지적했지만 친일은 대한민국의 정통성과 정체성에 관련된 일이다.

행여 여론조사 결과를 핑계로 친일행위자나 그의 작품에 대해 시민의 혈세를 지원하게 된다면 이는 국가의 정통성과 민족의 정체성을 짓밟는 일이다. 그러지 않아도 지금 독도문제로 일본이 우리의 심기를 잔뜩 불편하게 하고 있다. 일본 정부가 최근 독도 영유권을 주장한 교과서 검증을 통과시킨데 이어 2011년 외교청서(외교백서)에 다시 독도 영유권을 주장하고 나섰기 때문이다. 특히 마쓰모토 다케아키 외무상이 "독도에 대한 공격은 일본에 대한 공격"이라는 견해를 밝혀 한반도는 지금 분노의 열기가 고조되고 있다. 이 시점에서 박 시장이 친일문제를 두고 여론조사를 하겠다는 것은 실로 어이없는 짓이다. 애초에 이런 일이 없었어야 했다. 지금이라도 박완수 시장이 "나는 이원수의 친일 사실을 인지하지 못한 상태에서 지원을 결정했다"고 한다면 차라리 이해라도 받을 수 있는 일이다. 그리고 이원수 기념사업에 대한 모든 지원을 중단하고 철회하면 그만이다. 만일 그렇게 되면 아동문학가 이원수에게 굳이 친일을 들먹이는 사람도 없을 것이다.

그러나 지금쯤은 이원수의 친일행위에 대한 이야기를 들을 만큼 듣고, 알 만큼 알았을 박 시장이 무슨 속셈으로 그러는지는 모르겠지만 이제는 본격적으로 여론조사를 해서 이원수 기념사업 지원 여부를 결정하겠다는 기자회견까지 하고 나섰다. 결국 애초부터 박 시장에게는 친일은 아무런 문제도 되지 않았다는 이야기이다. 바로 이처럼 친일을 마치 어린아이들이 장난치다 실수한 정도로 생각하는 사회지도층 인물들과 식자들이 이 나라에 수두룩한데 어찌 일본만을 탓하고 꾸짖겠는가? 일본에 대해 분개할 것도 없다. 검증을 통과한 교과서에 위안부라는 용어가 삭제되고, 이토 히로부미를 안중근이 사살한 것 때문에 한일병합이 되었다고 해서 펄쩍 뛸 일도 아니다.

일본의 눈에 우리의 이런 모습이 얼마나 우습고 만만하게 보였는지 부터 반성해야 할 일이다. 우리는 박 시장이 아까운 시민들의 혈세를 써가며 이따위 여론 조사를 한다는데 대해 분노한다. 도대체 친일을 지원하기 위해 얼마나 더 많은 시민의 혈세를 쓸 생각이며, 얼마나 더 많은 시간을 끌면서 시민들을 이렇게 분열시킬 작정인가.

다시 한 번 분명히 말하지만 우리는 박완수 시장이 그제(4월 4일) 창원시 문화체육국 정기방 국장의 입을 통해 밝힌 여론조사 자체를 인정하지 않는다. 기념사업회 역시 더 이상 이 일을 밀고 나간다면 이는 이원수를 위하는 일이 아니라 이원수를 이용하여 자신의 명예나 명분 또는 사리를 탐하는 일일 뿐이다. 이는 이원수의 친일 보다 더 지탄 받을 일이다. 창원시장은 각성하고 이원수 기념사업 지원과 도시브랜드 등의 사업계획을 즉각 철회 할 것을 강력히 촉구한다.

2011년 4월 6일

친일작가이원수기념사업저지창원시민대책위원회

이원수 기념사업을 찬성하는 경남아동문학가협회의 입장을 듣고

오늘 경남아동문학협회에서 이원수 기념사업을 지지하는 입장을 밝힌데 대해 우리는 실망을 금치 못한다. 이는 아동을 대상으로 글을 쓰는 문인들답지 않는 행동이기 때문이다.

적어도 아동문학을 하는 사람들이라면 그 어떤 분야의 작가들보다 영혼이 맑고 깨끗해야 한다고 생각한다. 따라서 진정한 아동 문학가들이라면 오히려 지금과 같은 기념사업을 반대 하고 나서야 한다.

이원수는 살아 생전에 자신의 친일행위를 감추고, 단 한 번도 반성하지 않았던 사람이다. 보통 어른들은 아이들이 잘못을 저질렀을 때, "잘못을 솔직히 인정하고 진심으로 반성한다면 용서받을 수 있다"고 가르친다. 그런데 아동 문학가들은 이원수의 이 부분을 아이들에게 어떻게 설명하고 설득시킬지 참으로 궁금하다.

지난 1월부터 지금까지 많은 시민단체들과 광복회 등에서 숱한 반대가 쏟아졌다. 아동문학가 협회에서는 그것을 "단순한 흑백논리"로 "발목 잡는 일"로 매도하고 있다. 결국 어떤 경우라도 시민의 혈세인 시 재정 지원은 받아 내고야 말겠다는 소리다.

애초에 반대 여론이 나오게 된 것이 바로 이 지원금 때문이었다. 그렇지 않았다면 이원수의 친일은 거론되지 않았을 것이다.

때문에 아동문학가협회가 말하듯이 자신들이 진정 이원수를 아동문학의 선배로서 존경하고 삶의 본보기로 삼는다는 그 말이 진정이라면 지금당장 지원금을 스스로 거부해야 한다.

차라리 그렇게 하는 것이 이원수를 친일 논쟁에서 해방시킬 수 있고, 그들이 그렇게 애타하는 이원수의 아동문학을 제대로 평가 받을 기회를 얻을 수 있을 것이다.

그러나 아동 문학가들조차 끝내 시 지원금에 목을 매단다면 우리 아이들에게 큰 불행이 아닐 수 없다.

오늘 이런 일들은 다 기록으로 남을 것이다. 훗날 지금의 아이들이 어른이 되어 스스로의 판단력을 가지게 될 때, 이원수의 친일도 문제지만 아동 문학가들의 지금 언행에 더 큰 혐오감을 가지지 않을까 염려스럽다.

'고향의 봄 축제' 또한 그렇다. 지난 10년이고 20년이고 계속해 왔기 때문에 계속하는 것은 아무 문제없다고 하는 것은 정말 문제가 많은 생각이다. 만일 그런 논리라면 며칠 전 독립유공자 19명의 서훈이 취소된 것은 잘못된 일이 된다. 왜냐면 그들 역시 지금까지 수십 년 동안 독립유공자로 인정되어 그에 합당한 국가적 예우를 받아왔기 때문이다.

그러나 뒤늦게라도 친일행적이 밝혀졌기 때문에 서훈이 취소되었고 그것은 너무나 당연한 일이기에 국가가 결정한 일이다.

오늘 경남아동문학가협회 회원들이 영원히 씻을 수 없는 오점을 역사에 남기게 된 것을 우리 매우 안타깝게 생각한다.

2011년 4월 7일

친일작가이원수기념사업저지창원시민대책위원회

(6·15공동선언실천창원시지부, 경남고용복지센터, 경남민주언론시민연합, 경남여성장애인연대, 경남한살림, 마산진보연합, 마창진환경연합, 민생민주창원회의, 민주노동당창원시위원회, 민주노총마산연락사무소, 열린사회희망연대, 위안부할머니와함께하는창원시민모임, 전국여성노조경남지부, 진해여성회, 통일마중청년모임, 참교육학부모회경남지부, 창원대학생회, 창원민예총, 창원여성회, 창원청년회, 희망진해사람들, 통일촌, - 22개 단체 가나다순)

아동문학가 이원수의 딸 이정옥씨의 사죄 발언에 대해

친일행적(작품)으로 논란을 빚은 아동문학가 이원수의 딸 이정옥씨가 지난 22일 이원수 탄생 100주년 기념행사장에서 아버지의 친일행위에 대해 용서를 빌었다는 언론보도를 보고 우리민족이 겪은 수난의 역사가 이런 아픔으로 이어진다는 사실에 우리 또한 안타깝고 슬픈 일로 느껴진다.

부친의 이름이 친일인명 사전에 올랐다는 것만으로도 자식 된 입장에서 그 심정이 참담하기 이를 데 없었을 텐데, 탄생 100주년을 기념하여 진행되고 있었던 몇 가지 기념사업이 시민들의 반발로 논쟁이 벌어지면서 가족들의 마음에 큰 상처를 입게 될 것이라는 정도는 충분히 짐작하고도 남는 일이었다.

그래서 우리는 기념사업 논쟁으로 그의 가족들이 받아야 하는 아픔과 상처를 생각하며 기념사업회 측에서 시민의 세금으로 진행되는 모든 기념사업을 하루라도 빨리 중단하고 철회할 것을 강력히 요구했었다. 그것이 진정 이원수를 위하고 그의 작품을 사랑하는 일이라고 권고했고 우리가 이원수의 모든 작품을 폄훼하거나 왜곡, 부정할 생각은 추호도 없다는 사실도 분명히 했었다.

이원수의 친일 논쟁의 발단은 그의 이름이 친일인명사전에 올라서가 아니었다.

친일행위가 명백한 그의 기념사업들이 시민들이 낸 세금으로 거창하게 진행되고 있었기 때문이다.

따라서 이정옥씨의 소망처럼 부친이 남긴 아름다고 훌륭한 작품을 지키기 위해서는 무엇보다 이원수기념사업회 측에서 지자체로부터 지원을 받는 모든 기념사업을 중단하는 것이 최선의 방법이다.

일제강점기 이원수와 동시대를 살았던 많은 사람들 중에 나라와 민족을 위해 가족도 돌보지 못하고 풍찬노숙과 굶주림 속에서 기꺼이 자신의 한 몸을 던졌지만 이름조차 남기지 못한 독립운동가들이 많았기에 우리는 친일행위자들에게 우리가 낸 세금으로 그들을 기리고 기념할 수 없다는 것을 다시 한 번 분명히 밝히는 바이다.

2011년 11월 25일

친일작가이원수기념사업저지창원시민대책위원회

창원시는 이원수 기념사업 지원을 전면 중단하고 시의회는 친일인사 지원 금지 조례를 제정하라!

최근 아동문학가 이원수와 그의 문학을 기리는 관련단체에서 창원시에 2012년도 사업에 대한 지원을 요청한 금액이 1억4천만 원 가까이 된다고 한다. 내년도 사업 예산을 신청한 관련단체와 창원시 그리고 예산을 심의하는 시의회에서 조차 불과 몇 달 전의 이원수 친일논란을 까맣게 잊은 것이 아닌지 걱정이 된다. 아니면 이원수 문학관 등 관련 예산지원은 지난 수년 동안 별 말썽 없이 계속된 사업이라 당연한 것으로 생각하는 것이 아닌지 의심스럽다.

올 상반기 이원수의 친일작품이 우리지역에서 뜨거운 논쟁거리가 된 것은 이원수 탄생100주년 기념사업이 빌미가 되기는 했지만 논쟁의 핵심은 친일행위가 명백한 친일작가에게 시민의 혈세로 그를 기념하고 기릴 수는 없다는 것이었다. 그런 일은 국가의 정체성에도, 국민의 정서에도 도저히 용납할 수 없는 일이었기 때문이다.

그래서 '이원수 탄생 100주년 기념사업회' 측에서도 지원 금액 일부를 시에 반납하는 것으로 이원수 친일논쟁은 일단 수면 아래로 가라앉기는 했지만 절대 사라진 것은 아니다. 아니 지자체의 지원이 계속되는 한 절대로 끝날 일이 아니다. 그래서 우리는 앞으로 이원수 관련 모든 사업에 지자체의 지원은 전면 중단되어야 한다고 생각한다.

우리는 지난 100주년 기념사업 논쟁을 거치면서 문제의 핵심이 '고향의 봄 기념사업회'가 시로부터 위탁받아 운영하는 '이원수문학관'에 있다는 사실을 알게 되었다. 친일작가의 이름을 붙여 놓은 문학관은 그 자체로서 친일작가를 기념하는 사업이 됨으로 문학관의 운영내용을 떠나 이원수문학관의 명칭은 근본적으로 용인될 수 없는 일이다.

또한 문학관에서는 이원수의 친일작품도 동시에 전시한다는 것을 명분삼아 친일 시 한 편을 게시해 놓고 바로 그 옆에 많은 이들로부터 존경받는 교육자이자 아동문학가인 이오덕 선생의 글을 함께 붙여 놓음으로서 심각한 문제를 야기한다는 지적이 지금도 끊이지 않고 있다. 이오덕 선생의 글을 언뜻 보면 이원수의 친일을 짐짓 나무라는 듯 하지만 결론은 그를 옹호함으로써 사실상 이원수의 친일에 대한 면죄부를 부여하고 있기 때문이다.

이원수의 친일문제와 기념문제는 역사적, 민족적 관점에서 판단 할일이지 이원수와 이오덕 이라는 두 사람의 사적인 관점에서 판단할 일이 아님에도 그것이 마치 국민들로부터 공인된 판단인양 전시하고 오도하고 있었던 것이다.

이원수문학관의 명칭을 비롯해 이런 사고구조와 운영방식은 어린 학생들과 시민들에게 친일에 대한 의식을 무감각하게 만드는 것이다. 뿐만 아니라 그때는 친일도 어쩔 수 없었다는 상황논리로 왜곡된 문학관, 역사관, 민족관을 확대, 재생산하는 역할을 함으로써 우리사회가 원칙과 반칙, 상식과 비상식, 정의와 불의에 대한 개념에 혼란을 부추기는데 일조를 하고 있는 셈이다.

'고향의 봄 기념사업'도 마찬가지다. 이원수라는 이름을 빼기는 했지만 과연 고향의 봄을 기념하면서 이원수를 어떻게 분리 할 수 있는지, 그것이 가능한 일인지 우리는 아직도 이해할 수 없다. 설령 '고향의 봄'에 대한 문학적 평가를 높게 친다고 하더라도 친일작가의 작품을 시민의 세금을 들여 대대적으로 기념하고 브랜드화 하는 사업은 시민적 공감대와 사회적 합의를 이끌어낼 수 없을 뿐 아니라 민족적 정체성을 훼손하는 것으로 결단코 용인될 수 없는 일이다.

따라서 이제는 창원시가 이원수문학관의 위탁운영을 철회하고 문학관을 폐쇄해야 마땅할 것이며 고향의 봄 기념사업 등 이원수와 관련한 모든 사업에 대한 시의 예산 지원을 전면 중단할 것을 강력히 촉구한다.

우리에게 지난 10년 동안 아무 말 없다가 왜 뒤늦게 문제제기를 하느냐는 반론에 대해 우리는 보다 일찍 이원수의 친일행위를 깊이 있게 고찰하지 못하고 그 심각성을 인지하지 못한 것을 겸허히 인정하며 그로 인해 친일작가에 대한 기념사업이 지금까지 확산되어 온 것에 대해 부끄럽게 생각한다.

그렇다고 해서 창원시의 친일작가에 대한 지원이 정당해지는 것은 아니다. 이는 마치 병이 나고서야 뒤늦게 건강의 심각성을 인지했다고 병을 그냥 두자고 할 수 없는 이치와 같다.

우리는 이참에 시의회에서 시의 재정으로 친일인사들을 지원하는 것을 금지하는 조례를 제정할 것을 강력히 권고 한다.

2012년 12월 2일

친일작가이원수기념사업저지창원시민대책위원회

창원시는 친일작가 이원수
문학탐방로 계획을 즉각 취소하라!

최근 창원시가 고운 최치원 선생 등 창원을 연고로 한 문인의 발자취를 찾아 가는 문학탐방 코스 개발계획을 발표했다. 시가 현재 계획 중인 코스는 통합창원시 이전의 마산, 창원, 진해시 각 지역별로 한 곳씩 3가지 코스로 스토리텔링을 가미해 문학관광코스로 특화할 계획이라고 한다.

이 계획이 발표 되자마자 반대의 목소리가 곳곳에서 터져 나오고 있다. 통합 전 옛 창원시 일원에 조성될 2코스가 바로 친일작가인 이원수와 그의 작품을 주제로 한 탐방로이기 때문이다.

그동안 창원시는 이원수 문제를 들고 나올 때마다 격렬한 반대에 부딪쳐 여러 차례 곤욕을 치른 바 있다.

지난 2011년, '이원수 탄생 100주년 기념사업'이 크게 말썽을 빚자 기념사업회측에서 창원시로 부터 지원받은 예산 일부를 시에 반납하는 사태까지 일어났으며 당시 박완수 창원시장은 "이원수를 도시 브랜드로 만들겠다"고 발표했다가 호된 비판을 받고 슬그머니 철회했었다.

그런데 이번에 발표한 창원시의 문학탐방로 계획은 바로 4년 전 박완수 시장이 공언했던 '이원수 도시브랜드'의 구체적인 실행 계획이라는 사실에 우리는 놀라움과 분노를 금할 수 없다

일이 이렇게 벌어지다 보니 우리도 이원수의 친일을 새삼스럽게 들먹일 수밖에 없다.

'……우리도 자라서 어서 자라서 굳센 일본병정 되겠습니다' 라며 식민지 조선의 어린이들이 천황을 위해 기꺼이 목숨 바치는 황국신민으로 자라도록 세뇌시키는「지원병을 보내며」「낙하산」등의 동요는 그 대상이 어린이들이기에 민족반역의 죄질이 더 나쁘다 할 것이다. 그리고 그는 해방이후 단 한 번도 친일을 반성한 일이 없었고, 생전에 자신의 친일작품을 끝까지 숨기기까지 했다.

이 정도는 창원시 관계자들도 잘 알고 있을 것이다. 그래서 이번엔 '이원수 도시브랜드 사업'이라는 용어를 쓰지 않고 관광이니 문학탐방이니 하면서 시민들의 시선과 관심을 여러 곳으로 분산시키려고 열심히 포장을 했지만 오히려 이게 더 큰 화근을 만들고 있다.

진해 탐방로인 3코스에는 주기철 목사 기념관이 있다. 진해 웅천 출신인 주기철 목사는 일찍부터 항일의식이 투철했던 분으로 1937년 일경의 예비검속과 1938년 일제가 강요한 신사참배를 거부하여 여러 차례 옥고를 치르며 온갖 고초를 겪으면서도 끝내 일제와 타협을 거부하다 1944년 평양 형무소에서 순교했다.

꼭 같은 시기 이원수는 주기철 목사와는 극단적으로 대비되는 친일의 길을 걷고 있었다. 1937년부터 일제에 협력하기 시작하여 여러 편의 친일작품을 썼고, 1943년 일제가 백제의 고도 부여에 조성하고 있던 신궁(일본 황실과 관련된 신사)공사에 근로봉사를 다녀와서 발표한 「고도(古都) 감회- 부여신궁어조영(扶餘神宮御造營) 봉사 작업에 다녀와서」라는 글을 보면 왜인들이 읽어도 혀를 내두를 정도로 이원수는 이미 자발적이고 신념에 찬 황국신민이 되어 있었다.

창원시가 이런 반민족 친일문인을 항일로 끝내 순교의 길을 택한 주기철목사와 나란히 우리고장의 자랑스러운 인물로 내세운 것에 분노하지 않을 사람이 누가 있겠는가?

우리나라 헌법전문은 '유구한 역사와 전통에 빛나는 우리 대한민국은 3·1운동으로 건립된 대한민국 임시정부의 법통과 불의에 항거한 4·19민주이념을 계승하고……' 이렇게 시작된다.

적어도 정부나 지방자치단체를 비롯한 공공기관에서는 친일인사와 친독재 인물들을 기리고 지원하는 따위의 일을 해서는 안 된다. 이건 헌법정신을 위배하는 짓이며 국가의 정통성을 부정하는 일이기 때문이다.

그리고 친일작가를 위해 어떤 형태로든 국민혈세를 지원한다는 것은 국민정서가 용납하기 어려운 일이다.

올해 들어 일본군위안부 할머니가 벌써 두 분이나 돌아가셨다. 이제 겨우 53분이 남아있을 뿐인데 일본은 사죄는커녕 오히려 사실 왜곡이라며 항변하고 있다.

이런 일을 두고 우리가 일본의 뻔뻔하고 후안무치한 행위에 분노하면서 한편으로는 바로 지금 이 시간에도 친일작가를 우리 도시의 자랑스러운 인물로 부각시켜 자신들의 이해를 관철시키려는 이원수 문학 관계자들과 기념사업회 인사들이 있고 이에 동조하고 협력하는 공무원들이 있다는 사실에 부끄러움을 느끼지 않을 수 없다.

창원시는 더 이상 대한민국의 법통과 헌법정신을 짓밟는 짓을 해서는 안 된다.

친일작가 이원수 탐방로 계획을 즉각 취소하라!

2015년 2월 9일

친일작가이원수기념사업저지창원시민대책위원회

2장

/

이원수의
친일 작품들

보리밭에서-젊은 농부의 노래

바람이 분다.
옷 속엘 들어도 보드랍기만 한,
이른봄 3월에 남풍이 불어온다.
눈얼음 속에 숨었던 보리싹이
우쭐우쭐 자라겠구나
(4행 생략)

아아 원통해 가슴치던 흉작의 지난해여
나라에 바칠 그나마의 정성도
가뭄속에 헛되이 말라지고
주림의 괴롬만 맛보게 된 원수의 해,
그러나 이도 하늘이 주신 시련 이라면
한해극복의 이 정성도 커다란 힘이려니

성전의 내 나라에 목숨 비록 못 바쳤어도
우리 힘 나라를 배불리 못할거냐,
모든 노력 온갖 궁리로
올1년 이 땅에 풍년을 이뤄놓고
지난해의 그 한을 풀고야 말리라
(제4연 생략)

모두 나와 밭골을 매고 또 매자
올해야말로 결전의 해!
승리를 위해 피 흘리는 일선의 장병을 생각하며

생산의 전사들, 우리도 이겨내자

올해야말로 풍작과 승리의 즐거운 해 되리라

<출전> 1943년 5월 '반도의빛'(半島の光) 표지 권두시

낙하산-방공비행대회에서(落下傘-防空飛行大會에서)

푸른 하늘 나는 비행기에서
뛰어나와 떨어지는 사람을 보고
'앗차'하고 놀라면 꽃송이처럼
활짝 피어 훨-훨, 하얀 낙하산,
오오, 하늘공중으로 사람이가네
새들아 보아라
해도 보아라
우리나라 용감한 낙하산 병정,
푸른 하늘 날아서 살풋 내리는
낙하산 병정은 용감도 하다,
낙하산 병정은 참말 좋구나

<출전> 1942년 8월 '반도의빛'(半島の光)

「농촌아동과 아동문화」
– 승전(戰勝) 신춘(新春)에 농촌(農村)의 벗에게 부치는 편지

반도의 아동은 "훌륭한 황국신민"이 되기 위해
"강제받지 않고서 일본정신을 가슴에 새"겨야 하며,
이를 위해 "동화, 영화, 연극, 회화, 음악, 무용, 완구"
등과 같은 "건전한 아동독물(兒童讀物)"이 필요하다

<출전> 1943년 1월 '반도의빛'(半島の光)

지원병(志願兵)을 보내며

지원병 형님들이 떠나는 날은
거리마다 국기가 펄럭거리고
소리 높이 군가가 울렸습니다

정거장, 밀리는 사람 틈에서
손 붙여 경례하며 차에 오르는
씩씩한 그 얼굴, 웃는 그 얼굴

움직이는 기차에 기를 흔들어
허리 굽은 할머니도 기를 흔들어

'반-자이' 소리는 하늘에 찼네

나라를 위하야 목숨 내놓고
전장으로 가시려는 형님들이여
부디부디 큰 공을 세워주시오

우리도 자라서, 어서 자라서
소원의 군인이 되겠습니다.
굳센 일본 병정이 되겠습니다.

<출전> 1942년 8월 '반도의빛'(半島の光)

古都感懷(고도감회)

부여신궁어조영(扶餘神宮御造營) 봉사작업에 다녀와서

論山논산에서 車차를 내린 것은 午前오전 열時시 百濟백제의 옛 서울 扶餘부여로 가는 自動車자동차에 몸을 실은 우리 一行일행은 과일나무와 葡萄포도밧치 連연달아 잇는 탐스런 風景풍경에 눈을 팔리며 約약 한 시간 후 지금은 一小邑일소읍이나 어덴지 모르게 아름다운 歷史역사와 聖地성지로서의 빗을 發발하고 잇는 山水明眉산수명미한 부여 ᄯᅡ에 다엇다. 지난 그날의 빗나던 文化문화도 애끗는 滅亡멸망의 悲哀비애도 옛 記錄기록에만 남겨 노코 千餘年천여년 동안을 衰쇠할 ᄯᅢᄭᅡ지 衰쇠해 버린 이ᄯᅡ에 황송하옵게도 應神天皇응신천황, 齊明天皇제명천황, 天智天黃천지천황, 神功皇后신공황후의 네 神신ᄭᅴ서 御鎭座어진좌되옵실 官弊大社관폐대사 扶餘神宮부여신궁이 御造營어조영되는 것은 半島반도의 자랑이요 二千五百萬이천오백만 民衆민중의 기씀인지라 우리도 이 神宮신궁 御造營어조영에 赤誠적성을 다하야 광이를 들고 ᄯᅡᆷ을 흘리며 밤을 새며 차져온 것이다.

奉仕作業團봉사작업단을 마터 보아주는 半月寮반월료에 들어가니 바루 점심時間시간이여서 우리一行일행은 先着선착 作業團작업단 二百餘名이백여명과 함께 食事식사에 나갓다.
이 半月寮반월료는 奉仕봉사 作業團작업단만 周施주시 處理처리해 주는 것이 아니라 奉仕作業團員봉사작업단의 精神的정신적 錬成所연성소며 內鮮一體내선일체의 實踐실천과 皇民황민으로서의 決意결의를 굿게 해주는 것이다. 그리하야 日本精神일본정신을 心臟심장에 색여 由緖유서 기픈 이 ᄯᅡ, 이 거룩한 神宮신궁 造營工事조영공사에 聖汗성한을 흘리는 隊員대원으로 하여금 內鮮一體내선일체의 한쏜이 되고 先頭者선구자가 되도록 하는 것이 目的목적이라 한다.

우리나라는 神신의 나라니 『아마데라쓰오호미가미』를 밧드러 비롯하야 우리나라를 永久영구히 두호하시는 여러 『가미사미』(神樣)신상로 말미아마 日本일본은 世界세계에 類유업는 永遠영원의 나라요 끗업시 繁榮번영하는 나라인 것을 明確명확히 ᄭᅢ닷게 되는 것이다
一千三百年일천삼백년 前전의, 한 집안가치 아름다웁던 內地내지와 百濟백제 相互상오 文物문물의 交流교류며 百濟백제가 敵國적국의 侵犯침범을 當당햇 ᄯᅢ의, 그 厚후한 援助원조와 기픈 情誼정의의 각가지 ᄭᅩᆺ치 爛漫난만하게 피엿던 이 ᄯᅡ에, 오늘, 皇國臣民황국신민이 된 우리가 그 ᄯᅢ 그 흙을 밟는 마음은 感懷감회가 깁다는 한 마듸로 表표할 수 잇는 것이 아니엿다.

寮生活료생활은 起居기거가 모다 錬成연성이요 교-(行)행다. 嚴格엄격한 規律규율 아레서 神신의 恩惠은혜를 생각하고 神신의 道도를 배우는 것이다.

그러케 하기 爲위하야 여기 들어온 사람은 무엇보담 먼저 왼갓 社會的사회적 地位身分지위신분, 年齡연령, 學曆학력, 職業직업 等등 모든 것을 버서 버리고 敬虔경건한 奉仕者봉사자로 半月寮반월료에서는 食事時間식사시간도 훌융한 鍊成연성의 時間시간이엿다.
寮生요생이 一室일실에 秩序질서 整然정연히 들어선다. 極극히 조심스럽게, 절하고 들어 와서는 차레차례 食卓식탁 압헤 서서 一同일동이 다 들어오기를 기다린다.
食事식사를 하는 이 방은 單純단순한 食堂식당이 아니요. 神신께서 머므르시는 곳이여서 神前신전이요. 天皇陛下천황폐하의 압과 갓흔 곳이여서 이곳은 敬虔경건함이 업슬 수업스며 神신의 恩惠은혜로 해서 내려주신 食事식사인즉
××××××××××××××는 것 갓흔 無禮무례가 잇슬 수 업다.
全員전원 入室입실이 끗나면 正坐정좌, 그리고 神殿신전에 拜禮배례하고 寮長요장이 『하라이』(祓)불를 읽는 동안 무릅 꿇고 머리 숙엿다가 『하라이』가 끗나면 食卓식탁에 向향해 한번 揖읍하고 食前誦식전송을 외인다.
『 たなつものももの木草も 天照らす日の御神の 惠み得てこそ』
(뭇 穀食곡식과 草木초목들은 날빗 밝으신 해의 神신의 두터운 恩惠은혜를 입고야만.)
그리고 一拍手일박수한 後후『いたべだます』(감사히 먹겟습니다)하고 비로소 著저를 든다.
여기서는 그릇을 쌀그락거리는 소리도 겻눈질도 雜談잡담도 업다. 반드시 正坐정좌하야 고요한 가운데서 오직 感謝감사의 念염으로서 食事식사를 맛치면 食卓식탁을 整頓정돈하고 食後誦식후송을 외인다.
『朝夕に もの食ふ每に 豊受の 神の 惠み 忠へ世の人』
(아침과 저녁 食事식사하는 때마다 豊年풍년 주시는 神신의 恩惠은혜 生覺생각하라. 이세상 사람들아)

다음엔 一拍手일박수하고 『御馳走さま』(잘 먹었습니다) 한 후 神殿신전에 揖읍하고 조용히 退場퇴장하는 것이다.
여기서 느끼는 것은 우리들 우리들 家庭가정의 食生活식생활이 얼마나 簡素간소와 嚴肅엄숙과 感謝감사의 精神정신에 貧빈한 것인가를 깨닷게 하는 同時동시, 平素평소 內地내지 食事樣式식사양식에 對대한 一種일종의 부러움을 一層일층 더하게 하는 것이엿다.

××으로 ××× 나가××××× 우리는 宿舍숙사인 白馬寮백마료에서 『 일어』運動운동을 햇다.
이 『도리부네운동』은 라듸오 體操체조 等등에 비길 수 업는 굿센 運動운동이다.
그 嚴엄하고도 烈烈열열한 敢鬪精神감투정신과 腹中복중에서 우러나오는 듯 힘찬 喊聲함성과 肉體육체의 세찬活動활동에 누구나 全身전신에 구슬땀이 솟게 되는 것이다.

- 에잇 - 에잇 -
- 에잇 - 에잇 -
큰 배의 櫓노를 젓는 듯, 두 팔을 下前面하전면으로 냅다 쎗는 動作동작과 함께 이 意氣의기에 찬 고함소리와 사이사이 외이는 愛國歌詞애국가사는 우리들의 마음을 한결 씩씩하게 해주는 것이엇다.
『みにみ吾 生ける しるしあり あめつちの 榮ゆの 時 にあへらく思へげ』
(백성된 이 몸 사는 보람 잇도다. 하눌과 싸이 번영하는 이 세상 맛난 것을 생각하면-)
- 에이 호 -
- 에이 호 -
바다를 직히고 바다에 勇敢용감할 우리는 進取진취의 氣象기상과 올치 못한 무리를 뭇질를 勇猛용맹이 필요하다.
적의 무리가 돈과 物資물자를 밋고 덤빈다. 그러나 이는 다 부질업는 妄動망동일 것이다.
우흐로 天皇천황의 御稜威어능위를 밧잡고 七生報國칠생보국의 赤誠적성에 타는 勇敢無雙용감무상한 우리國民국민에겐 아모 무서울 것이 업는 것이다.
뛰는 波濤파도를 헤치고 太平洋태평양이라도 한숨에 건너가서 못된 무리들을 쳐부수고 참된 世界세계를 建設건설하는 것이 우리들의 使命사명이요 지금 當場당장 이 大東亞戰爭下대동아전쟁하에 우리들의 가야할 길인 것이다.
敵적의 大陸대륙이 멀리 보인다. 자 - 힘셋 저어라. 그리하야 용감히 가서 부듸자 - 고 指揮지휘하는 寮長요장의 말은 眞摯진지한 態度태도로 계속된다.
『今日よりは　かえり見なくて大君の醜のみ楯も 出で立つ吾は』
(이제부터는 뒤 도라보지 안코 이 賤천한 몸도 놉흐신 님의 방패 되여서 나가노라)
다음엔 呼吸호흡도 急급하게
- 에이 사 -
- 에이 사 -

눈 압헤 大洋대양의 저 편 敵적의 뭇이 보인다.
잇는 힘을 다하야 一擧일거에 上陸상륙이다.
에이 사 - 소리는 점점 빨러지고 왼몸에는 흡흡허게 땀이 흐른다.
이러케 하야 한다름에 大洋대양을 건너가는 그 意氣의기와 身體신체를 할쐬 鍛鍊단련하는 이 『도리부네』運動운동을 우리는 끗까지 기쁨과 矜持긍지를 가지고 마치엇다.

비개인 저녁의 한때를 어더 우리는 自由時間자유시간을 散策兼산책겸 白江寮백강료 뒤ㅅ길을 거니러 水北亭수북정이 건너다 뵈는 白馬江백마강싸지 가 보앗다.
江강물은 예나 이제나 다름업시 유유히 흘러내리고, 江강가의 버들들은 저녁바람에 가만가만 입사귀들을 흔들고 잇다.

水北亭수북정 밋으로 釣龍臺조룡대. 그편으로 건너가는 배다리는 째마침 豪雨호우에 어지지고 업서 건너가기를 斷念단념하고 江강가에 머무러 나루ㅅ배에 오르내리는 이 마을 사람들을 바라보며 千數百年前천수백년전 이곳 千十萬長安천십만장안 사람들이 繁雜번잡히 밟엇슬 이 싸에, 지금 이 子孫자손들은 그날의 개와 쏙을 밟으면서 無心무심히 밧흘 갈고 곡식을 심그는 것을 볼 제 傳전하고 십흘 가지가지의 옛일을 저 山산과 이 물이 말업고, 부서진 개와ㅅ조각이 쏘한 말업스니 恨한만흔 옛일을 그 누가 애기해 주랴? 참으로 歲月세월의 흐름이란 기막힌 것이라고 세삼스레 느끼어지는 것이엇다.

저녁해가 西天서천 구름 속에 숨어버리고 黃昏황홀빗치 차슴차슴 지터감에 江강 건너 하늘이 붉고 누른 彩雲체운의 繡수를 노키 始作시작한다.

그 붉은 구름, 누른 구름사이로 새파란 하늘의 그 아름다운 빗갈, 大自然대자연이 꾸며내는 自然美자연미는 사양업시 江강물 속에 흘러내려 水北亭수북정 밋의 어둠과 함끠 宛然완연히 一大畵幅일대화폭 펼처논 듯, 그 壯觀장관은 이 따위 懷古회고의 感懷감회와 함께 어우러저서 一生일생에 이처지지 안는 記憶기억의 時畵시화가 되여 永久영구히 머리속에 남어지리라고 생각되엇다.

翌日익일 扶蘇山부소산 허리 扶餘神宮부여신궁 御造營어조영 工事場공사장에 나갓다. 이제 基礎工事기초공사가 거진 完成완성되여 가는 이 神宮工事신궁공사는 크고 넓은 자리와 그 柱礎주초돌만으로도 能능히 압날의 雄壯웅장하고 莊嚴장엄할 神宮신궁의 모습을 想像상상할 수 이섯다.

이 고마우신 神宮신궁 御造營어조영의 소식을 듣고 二千五百萬이천오백만 民衆민중이 누구나 여기 쌈을 흘려 工事공사에 힘을 슴합해보겟다는 熱誠열성을 안 가질 이 업슬 것이며, 그 마음으로 여기 와서 奉仕作業봉사작업하고 간 이 쏘한 만헛슬 것이다.

우리도 奉仕作業봉사작업에 參加참가할 수 잇섯슴을 感謝감사하는 同時동시 여기 한 덩이 돌이라도 한 부삽의 흙이라도 파고 싸허 올리는 榮光영광을 가슴 깁히 느끼엇다.

作業작업을 마치고 史蹟사적 見學次견학차 扶蘇山부소산 욱어진 숩 사히 서늘한 바람이 항결 돌고 잇는 산길을 거닐며 이 神宮신궁이 完成완성되여 옛날 內鮮交誼내선교의에 가장 고마우신 御軫念어진념이 게옵신 應神天皇外응신천황외 세 분 祭神제신쎼옵서 御鎭座어진좌하시는 날, 이곳의 光輝광휘가 半島江山반도강산 방방곡곡에 쌔칠 것을 맘속에 그려보며 크다란 感激감격을 느씨엇다.

洛花岩낙화암에 서서 여러 길 밑헤 흘으는 白馬江백마강물을 구버보며 百濟백제滅亡멸망의 悲劇비극을 想像상상해본다

三千宮女삼천궁녀의 지는 쏫처럼 썰어저간 이 바위, 아래를 굽어보기조차 눈이 어지러운 이 바위에서 신마저 벗겨젓슬 연약한 발로 황급히 달여오는 宮女궁녀들이, 사

라 敵軍적군을 맛남도바 새끗이 죽기를 願원하고 훨훨 뛰여 싸마득한 저 물로 써러저갓슬 슬픔의 이 바위. 皐蘭寺고란사의 有名유명한 藥水약수로 마른목을 축인 後후에도, 못이즐 바위인 듯 이번엔 배를 타고 물 우에서 洛花岩낙화암을 우러러보며 내리다.

泗沘水사비수 내리는 물에 夕陽석양이 빗길제
버들꼿 날리는 곳에 洛花岩낙화암 예란다
모르는 아이들은 피리만 불건만
洛花岩낙화암 洛花岩낙화암 외 말이 업느냐.....

春園춘원 先生선생의 洛花岩낙화암노래를 가만가만 읇허보면 물결도 업시 흘러내리는 江강물 우에서 『옛날 이 따의 슬픈 恨한도 오늘 이 새로운 歷史역사의 出發출발에서 한 慰安위안을 어더지이다』고 어데다인지도 모르게 그저 빌고 십헛다.

저녁 後후의 白馬寮백마료는 아침에 새로 들어온 女學生部隊여학생부대의 노래로 해서 즐거운 밤이 되엇다.
千里旅路천리여로의 피곤도 이즌듯 百名백명 가싸운 女學生여학생들은 引率先生인솔선생과 함쐬 모여 노래로 이 古都고도의 한곳에다 아름다운 音響음향의 꼿을 피여 놋는다.
그 노래는 敬虔경건하고 勇敢용감한 意志의지에 불타는 神武天皇신무천황의 御歌어가엿다. 즉 나제 우리들이 『도리부네運動운동』때 가치 부른 노래이다.
「みつなつし 久米の子等が 粟生たは がみら一本
そ根がもさ そ根芽 つなざて 繫ちてし止 まむ」
(씩씩한 『구메』사람 조밧 가운데 한 포기 부추 뿌리 그 뿌리 차저 모조리 파버리듯 擊滅격멸코야 말리라)

神武天皇신무천황쎄옵서 御東征時어동정시, 敵적으로 하야 御兄君어형군 五瀨命오뢰명쎄서 戰傷死전상사하심을 슬퍼하시며 陳中진중에서 불으신 이 軍歌군가는 지금 神國신국의 處女처녀들이 모여 端正단정히 쑤러안저 神武天皇신무천황쎄옵서 ×敵적의 ××에 자실 것과 가치 米英擊滅미영격멸의 熱意적의에 타는 가슴으로 노래 부르고 잇는 것이다.
「みつみつし 久米の子等が垣下に植えし はぢかみ 口ひづく
我は 忘れず 繫ちてし 止まむ」
(씩씩한 『구메』사람 울타리 밋헤 심어논 새양 맛은 맵기도 하다.
그와 가치 잇지 안코 擊滅격멸코 말리라)
비록 銃총을 메고 戰場전장에 나가지 안는 女子여자일지라도 나라를 직히고 敵적을 물리치려는 마음엔 사나히와 다름이 업스리라. 가슴들을 한꼿 부풀리고 힘차게 부르는 『らちてし止まむ』의 노래는 日本女性일본여성의 勇敢용감과 强강한 意志의지

를 表표하는 것처럼 힘 잇게 寮內요내에 울리고, 또 이 扶餘부여의 밤하늘에 울려 퍼니는 것이엇다.
우리는 황홀한 가운데 벙어리처럼 안자서 주린 듯 그 노래소리를 두 귀를 기우려 듯고 이섯다.

時間시간이 되여 노래소리는 씃치고 寮內요내는 물을 씨여언진듯 조용해젓다.
열어논 窓창박게서 풀버레소리가 無數무수한 실가닥처럼 우리들의 방으로 쏘다저 들녀왓다.
點呼점호도 씃치고 자리에 누엇스나 아까 그 노래 소리는 맛친지 오래건만 아직도 그 노래의 意志의지가 살아서 白江寮백강료를 싸고 돌아 메로듸의 비를 뿌려 주는 듯, 잠드는 우리들로 하여곰 神國신국의 福복된 百姓백성이요, 神國신국의 압날을 짐어질 아들과 쌀임을 꿈속에서까지 몸으로 切實절실히 느씨게 하는 것이엇다

— 『半島の光』11월호, 조선금융조합연합회, 1943,14~16쪽

경남·부산 지역문학연구 I (청동거울 출판, 박태일 지음)에서 발췌

제5부

'수'의 비적은 흉악범인가, 독립군인가? 유치환은 누구를 꾸짖었나

1장

유치환 관련
성명서, 기자회견문, 논평

통영 중앙우체국을 청마우체국으로 개명하는 것을 반대한다

지난 5월 8일, 5월 15일자 주간 한산신문의 기사에 따르면 통영문인협회가 통영예총과 그 산하지부와 결속하여 '현재 사용 중인 통영 중앙동 우체국을 청마우체국으로 개명하고, 건물 3층을 청마 문화공간으로 활용하겠다'는 내용이 발표되었다.

이에 우리는 이 사업을 발의, 추진하고 있는 통영 문협과 통영예총 그리고 이 현안에 시민 합의만 도출되면 정보통신부를 설득하여 우체국 개명 문제를 적극지원 협조하겠다는 통영우체국장과 통영시장에게 다음과 같이 문제를 제기하고자 한다.

예나 지금이나 한 국가나 사회가 어떤 인물에 대한 기념사업이나 관련 구조물을 추진, 설립하고 시행할 때는 역사, 교육, 문화적 토대를 바탕으로 불변의 기준이 있어 왔다. 이는 시대를 초월하여 누대를 두고 그 인물이 나라와 사회의 사표가 될 때만이 가능한 것이다.

이에 우리는 현재 청마 유치환이 친일문학과 친일행적 의혹을 받고 있으며 역사적으로나 문학적으로 볼 때 그 인물이 정확한 평가가 끝나지 않은 상황에서 굳이 시민의 혈세로 청마문학관이 운영되고 청마 문학상이 수여 되어야 하는지 묻는 것과 동시에 국민의 자산인 우체국 건물이 청마의 이름으로 개명, 설립되는 것을 확고하게 반대하는 입장을 밝히게 되었다.

더욱이 통영은 이 충무공의 얼과 혼이 면면히 살아 숨 쉬고 일제의 침략에 온 몸으로 항거한 3·1독립만세 운동의 진원지이자 순국선열의 나라사랑, 민족 사랑의 숨소리가 끊이지 않는 고장이 아닌가?

최근 전북에서는 미당 시문화제가 친일작가라는 이유로 취소되고 채만식 문학행사는 논란 중에 있으며 충남에서는 유관순 열사의 초상화를 친일화가가 그렸다는 이유로 연일 논쟁이 일고 있다.

또한 민주화의 성지 마산시에서는 조두남기념관과 노산문학관이 그들의 행적이 친일과 군사독재 협력에 관련되었다는 역사적 사실로 인하여 민의의 심판을 받기도 했다.

우리는 이와 같은 일연의 사례들을 다함께 반면교사로 삼아야만 할 것이다.

그 뿐 아니라 지난 3월 2일에는 여태까지 뒤틀리고 왜곡되었던 역사를 바로세우고 민족정기를 새롭게 드높이기 위해 친일 진상규명 특별법이 제정되었다.

더하여 5월 15일에는 친일 반민족 행위 진상규명 시민연대가 출범했으며 친일인명사전 제작 발간을 앞두고 그 발간 비용이 친일청산을 갈망하는 수많은 국민들의 열화와 같은 성원으로 목표액보다 초과 달성하여 모금되는 범국민적 의지를 우리 모두가 지켜보았다.

이에 우리 모두는 청마 유치환의 친일문학과 친일행적이 한 점 의혹 없이 말끔히 규명되지 않은 상태에서는 청마에 관한 그 어떠한 기념사업이나 구조물도 추진 설립되어서는 아니 된다는 것을 다시 한 번 천명하는 바이다.

2004. 6. 15.

3·1동지회통영시지회, 민족문제연구소통영모임, 일본군위안부할머니와함께하는통영거제시민모임, 전국교직원노동조합통영지회, 통영역사교사모임, 민족문학경남작가회의, 열린사회희망연대

청마 유치환 법정 공방

통영 문예단체·유족 기자회견에 대해

통영지역 문화예술단체와 유족들이 청마 유치환은 반일 인사라고 주장, 친일 의혹을 제기한 시민단체를 고소할 것이라고 밝혀 법정 공방으로 비화될 조짐이다. 통영문인협회와 한국예총 통영지부 등 16개 문화예술단체 대표와 유 선생의 딸 인전(75), 자연(72)씨 등 유족들은 23일 통영 프레스센터에서 기자회견을 갖고 "청마는 1919년 3월 1일 통영 장터에서 친구들과 함께 만세 시위를 벌였고 창씨개명을 하지 않았던 독립과 반일 인사였다"며 "며칠 전 친일 의혹을 제기한 민족문제연구소 통영모임 등 시민단체를 명예훼손 혐의로 고소하겠다"고 밝혔다.

청마의 딸 인전씨는 "아버지는 일제치하에서 게다(일본 신발)를 신지 않았고 우리들에게 일본말도 쓰지 못하도록 한 엄격한 교육자였다"고 강조했다.

이들은 일부 시민단체가 친일의혹을 제기하는 청마의 시 '수'에 나오는 '비적'은 항일독립군이 아닌 떼를 지어 다니며 살인과 약탈을 일삼았던 도둑이라고 주장했다.

류태수 통영예총 지부장은 "'수'에서 비적의 반쯤 뜬 눈이 삭북(朔北)의 산하를 바라보고 있다고 표현했는데 삭북은 북쪽 땅 만주벌판에 해당하며 만약 비적이 독립군이라면 남쪽을 바라보고 있어야 한다"며 청마의 친일행적을 일축했다.

이들은 친일작품으로 지목되는 시 '북두성'도 친일 내용을 찾아 볼 수 없는데다 청마가 한때 몸담았던 길림(吉林)성 자유이주 집단도 친일단체가 아닌 한국 농민들의 자치적인 친목모임으로 여겨진다고 덧붙였다.

김순철 통영문협 사무국장은 "4월 26일자 부산일보의 '밀물 썰물'난의 '도산 안창호 우체국'이라는 제하의 기사에서 통영우체국을 청마우체국으로 개명하면 좋겠다는 발상을 했다"면서 "청마 선생은 친일 의혹이 없는 만큼 청마 우체국 개명 작업을 지속적으로 추진할 계획"이라고 말했다.

한편 3·1동지회 통영시지회와 민족문제연구소 통영모임 등 7개 시민단체는 지난

15일 "청마가 지난 42년과 44년에 쓴 시 '수'와 '북두성'이 친일 색채가 짙은 잡지 〈국민문학〉과 〈조광〉에 실렸다"고 주장, 친일 의혹을 제기한 바 있다.

2004년 06월 24일 목요일

열린사회희망연대

유치환 친일의혹 진상규명 공동조사단을 구성하자!

우리는 통영 문협, 통영 예총이 추진해온 통영중앙 우체국의 '청마 우체국' 개명 반대와 통영시가 운영하고 있는 청마문학관과 청마문학상 시상에 대해 적어도 청마유치환의 친일 의혹을 명명백백하게 규명하고 그 결과에 따라 위의 사업들을 진행하라는 우리의 입장을 밝힌 바 있다.

이로 인해 이를 제기한 단체나 개인은 추진 측으로부터 엄청난 인격적 모독과 비난, 비방에 시달린 것 또한 사실이다.

그러나 역사는 끝내 진실의 편에 선다는 대의와 확신 속에서 소모적 대응을 자제하여 왔으나 지난 2004년 7월 3일 청마 유족의 명의로 3·1동지회 통영지회 허만기 회장과 민족문제연구소 통영모임 최정규 대표, 경남 민족 작가회의 회원인 이응인 시인에 대하여 명예훼손 혐으로 창원지방검찰청 통영지청에 고발장이 접수되었다.

우리의 문제제기는 청마 개인에 대한 비방과 음해를 목적으로 하지 않았으며, 유가족의 마음에 상처를 주고자 함은 아니었으나, 법정고발에 이르게 된 현실에 대해 매우 유감스럽게 생가하며 다음과 같이 우리의 입장을 밝힌다.

- 우리는 '청마 유치환' 개인에 대해 비방하거나 음해하여 명예를 훼손할 의도는 추호도 없으며 그럴 이유도 없다. 다만 청마의 문학과 행적이 그동안 전문가들의 저서나 논문에 의하여 친일 의혹이 제기되어 왔고, 이충무공의 호국정신과 3·1 독립운동의 얼이 살아 숨 쉬는 통영의 역사적 정체성을 감안하여 공공적 입장에서 충분한 연구와 검증에 따라 청마유치환의 기념사업들이 추진되어야 함을 제시 했을 뿐이다.
- 우리는 청마유치환의 친일문학 의혹과 친일행적 의혹에 대하여 학문적, 문학적 검증과 역사적 평가를 수행할 수 있는 객관적 공식기구인 「청마유치환 친일의혹 진

상규명 공동조사단」을 구성할 것을 통영문인협회, 통영예총, 그리고 통영시에 각각 제의하며 이 공동 조사단의 결과가 나올 때가지 청마 우체국 개명 사업 추진과 청마 관련 각종 기념사업을 즉각 중단할 것을 요구한다.

- 우리는 청산되지 않은 역사가 후세까지 반복되지 않기를 간절히 희망하며, '청마 우체국' 개명과 관련한 모든 법정문제에 사심 없이 당당하게 대응해 나갈 것이다.

2004년 7월 21일

청마유치환 친일의혹 진상규명 대책위원회

(3⊠1동지회통영시지회, 민족문제연구소통영모임, 일본군위안부할머니와함께하는통영거제시민모임, 전국교직원노동조합통영지회, 통영역사교사모임, 경남민족문학작가회의, 열린사회희망연대)

항일독립선열들을 기리고 천일청산을 위한 3보1배를 시작하며

오늘 우리는 마산 3·15의거 기념탑에서 시작해 8의사 창의 탑(마산 진동), 죽헌 이교재 선생 묘소(마산 진전), 그리고 3·1독립만세 순국8의사 묘역(마산 진전)참배에 이어 통영의 허장완 열사 묘소까지 30Km가 넘는 길을 6박7일 동안 3보1배를 시작하고자 한다.

이는 조국의 독립과 민족해방을 위해 일제와 싸우다 순국하신 애국선열들에게 해방된지 60년이 다 되도록 일제청산을 하지 못한 못난 후대들로서 엎드려 용서를 빌며 이제라도 선열들의 뜻을 이어 우리 손으로 반드시 친일 청산을 하고 말겠다는 의지를 밝히는 행사이다.

일제에 항거한 수많은 순국선열들은 오직 나라를 되찾고자 하는 일념으로 하나뿐인 목숨마저 바쳐가며 삼천리 방방곡곡에서, 혹은 거칠고 낯선 외국 땅에서 혹독한 일제의 총칼에 쓰러져 갔다.

우리민족은 불과 반세기 전에 36년 동안이나 일제에 강점당한 치욕의 역사를 가지고 있고, 해방 또한 우리 손으로 이루지 못했지만, 그래도 세계를 향해 당당한 민족적 자부심을 가지고 살 수 있는 것은 이처럼 수많은 항일애국지사들의 흘린 피가 있었기 때문이다.

그러나 어쩌다 우리나라는 민족반역이 죄가 되지 않는 나라가 되고 말았다.

아니, 민족반역자들이 존경받고 기념되는 것이 아무런 문제가 되지 않을 뿐만 아니라 오히려 그런 일에 이의를 제기하는 것이 문제가 되는 이상한 나라에 우리가 살고 있는 것이다.

어디 그뿐인가, 친일매국 행위로 일왕과 총독부로부터 은사와 특혜로 받은 매국노의 땅을 그 후손들이 대한민국의 법을 통해 당당하게 찾아가고 있다. 이건 법도 아니요, 순리도 아니요, 상식도 아니다.

우리 국민들은 너나없이 자신이 살고 있는 이 나라를 "상식과 원칙이 통하지 않는 나라"라고 공공연히 말해 왔다. 우리는 이제 그 원인이 바로 친일청산을 하지 못했기 때문이라는 것을 똑똑히 인식하고 친일청산을 이 시대를 살아가는 우리에게 주어진 최고, 최대의 역사적 사명으로 삼을 것이다.

우리는 해방 60주년을 앞둔 지금, 너무나 뒤늦은 일이기는 하지만 '친일 반민족행위 진상규명' 개정 법률이 국회에서 조속하게 통과되기를 기원한다.

그리고 정치권의 일부에서 이 법의 개정을 정략적으로 몰고 가면서 친일청산의 발목을 잡는 자들이야 말로 바로 이 시대의 친일 반민족행위 자임을 만천하에 공포하고 규탄할 것이다.

오늘 우리가 시작하는 3보 1배는 1회로 끝나는 행사가 아니라 전국으로 확대해 나갈 것이며 오늘부터 제2의 독립운동을 한다는 비장한 마음으로 친일 청산을 위한 여러 가지 운동을 동시에 펼쳐나갈 것이다.

2004. 9. 13.

친일청산시민행동연대 준비위원회

고유문

3보1배 마산 행사를 마치면서

단기 4337년 갑신 팔월초닷새 친일청산 시민 행동연대 준비위원회 회원 모두는 이 뜻 깊은 팔의사의 묘역에 모여 항일 독립선열들 앞에 정성을 모아 삼가 고개 숙여 아룁니다.

우리는 지난 9월 13일 민주와 자유 항쟁의 상징인 마산 3·15의거 기념탑 앞에서 일제에 항거한 독립운동 선열들을 기리며 친일 청산을 위한 3보1배를 시작으로 장장 5박 6일 동안 26㎞의 긴 역사적 현장의 길을 찾는 동안 항일독립 선열님들의 숭고한 애국애족의 정신을 되새기고 일제로부터 오직 하나 뿐인 목숨까지 바치며 찾아준 나라의 민족을 해방된 지 60년이 다 되었건만 한 번도 제대로 된 친일청산도 해보지 못한 채 후손들로 살아온 지난 날들을 뼈 속 깊이 반성하며 이번에는 기필코 친일청산을 달성하여 조국과 민족의 미래를 열어 나가야 하겠다는 각오아래 발 떼고 엎드려 절 할 때마다 이 시대에 가장 우선 되어야 할 친일청산을 다짐했습니다.

독립 운동을 하면 3대가 망하고, 친일을 하면 3대가 흥한다는 이 기막히고도 울분을 자아내는 이 말이 지구상에 우리나라 말고 또 어느 나라에 있겠습니까?

청산하지 못한 역사는 되풀이 된다고 했으며 이를 이미 경험하고 있는 우리들로서는 지금이 친일청산의 마지막 기회라고 생각하며 친일청산에 앞장서서 왜곡되고 유린된 우리의 올바른 역사를 되찾아 민족정기를 확립하고 정의가 넘쳐나는 세상으로 바꾸어 놓는데 최선을 다 하겠습니다.

왜 하필이면 지금 와서 친일문제를 제기하느냐? 왜 경제도 어려운데 과거사냐?

국론을 분열시키는 행위라고 억지 강변을 일삼는 반민족 친일 대물림 자들의 저 뻔뻔함을 더 이상 두고 볼 수 없습니다.

친일청산을 미루며 마냥 덮어 놓고서 어찌 우리나라의 밝고 희망찬 미래를 기대 할 수 있겠습니까? 그것은 나무에서 물고기가 열리기를 바라는 것과 다름이 없습니다.

세상에 일신의 영달과 안일을 앞세워 제 나라 제 민족을 배반한 친일 군상들의 죄만큼 더 큰 죄악이 어디에 있겠습니까?

이로 인한 우리나라의 사회적 병폐와 악의 원천이 친일청산을 이루지 못한 데에 그 원인이 있음을 더 잘 알고 있는 사실입니다.

이에 민족 반역자 친일군상들이 역사적 심판을 받아야 하는 것은 당연한 결과지만 이 시점에서 친일청산을 외면하는 것 또한 역사적 심판을 벗어 날수 없으리라 믿습니다.

온 국민들이 나서서 친일청산을 강력히 요구하여 마련된 친일 반민족 행위 진상규명 개정 법률이 하루빨리 통과 되도록 우리 모두 힘을 모아 추진해 나가겠습니다.

존경하는 항일독립운동 선열이시여!

이 친일 청산의 역사적 성업을 전국적으로 확대하고 연대하여 시대적 사명을 완수해 나갈 것을 다시 한 번 이 자리에서 엄숙히 약속 합니다.

2004. 9. 18.

친일청산시민행동연대 (준)

항일 독립선열들을 기리며 친일청산을 위한 3보1배 통영행사를 시작하며

오늘 우리는 이충무공의 얼이 살아 숨 쉬는 호국의 성지요, 3·1독립운동 등 일제의 압제에 끊임없이 항거하며 조국의 독립을 위해 피 흘린 수많은 애국선열들의 정기가 서린 역사의 고장, 통영에서 이미 만천하에 친일행위가 드러난 청마 유치환의 이름을 붙인 우체국 개명 사업과 청마추념 편지쓰기대회 등의 기념사업을 추진하고 있는 관계자들의 황당하고 뻔뻔스러운 작태에 대해 분노와 탄식을 금 할 수 없다.

이는 우리 민족의 정체성을 부정하고, 대한민국 국민인 우리 자신을 스스로 모독하는 일이며, 조국의 독립과 민족의 해방을 위해 하나뿐인 목숨까지 바친 순국선열들에게 죄를 짓는 일로서 정신이 제대로 된 국민들이라면 그냥 보고 있을 수 없는 일이기 때문이다.

따라서 우리는 수년 전부터 개관되고 제정되어 운영되고 있는 청마문학관과 청마문학상은 물론이요 통영시를 비롯한 몇몇 기관과 단체들(정보통신부, 문화관광부, 통영예총, 통영문협)의 각종 기념사업과 모든 행사, 계획을 즉각 철회하고 중단해 줄 것을 전 민족의 이름으로 강력히 요구한다.

내년이면 일제로부터 해방된 지 60년이 되는 해이다.

이 세상 어느 나라의 역사에서도 자기 일신의 영달과 안일을 앞세워 제 민족을 반역한 죄는 결코 용서 받지 못했다.

그러나 해방 후 지금까지 단 한 번도 이 땅에서는 친일청산을 하지 못했다.

지금 우리사회가 앓고 있는 각종 사회적 병리 현상들과 모순은 바로 친일청산을 하지 못한 것에 대한 대가를 톡톡히 치르고 있는 것이다.

친일문화예술인들이 이를 이용하는 자들의 손에 의해 상품이 되어 각종 기념사업의 주인공이 되고 있는 기막힌 현실 또한 민족 반역이 죄가 되지 않는 나라이기에 가능한 일이다 청산하지 못한 역사는 반드시 되풀이 된다고 했다.

이제 더 이상 친일청산을 미룬다면 우리 민족의 미래에 희망을 찾을 수 없다.

이제라도 우리는 애국선열들의 숭고한 뜻을 이어 친일 청산에 총력을 기우려 나갈 것이다.

이에 우리는 지난 13일부터 마산에서 시작한 3보1배를 오늘은 통영의 청마문학관에서 3·1독립운동으로 순국하신 허장완 열사의 묘소까지 진행하고자 한다.

이는 못난 후손들이 항일독립선열들에게 아직도 친일청산을 못한 것에 대한 사죄를 빌며 반드시 우리 손으로 친일 청산의 역사적 성업을 이루고 말겠다는 약속과 의지를 밝히고자 함이다.

2004년 9월 20일

친일청산시민행동연대 준비위원회

진의장 통영시장님께,
"청마 유치환 친일진상규명 토론회" 개최를 공개 요청하며

최근 통영시에서 중요한 기념사업 중의 하나로 추진하고 있는 청마 유치환기념사업이 사업의 주인공인 당사자의 친일시비로 말썽을 빚고 있다는 것은 이제 관심 있는 국민은 다 아는 사실입니다.

유치환 시인의 친일시비의 발단은 애초에 통영시가 그에 대한 각종 기념사업을 추진함으로 해서 발생한 것으로 그 원인 제공과 책임이 바로 통영시에 있습니다. 만일 통영시가 이를 일찍 깨달았다면 이에 따른 책임감을 느끼고 유치환의 친일 진상규명 작업에 벌써부터 발 벗고 나서야 했습니다.

우리 단체는 이와 관련하여 통영시 측에 진지한 논의와 건의를 하기 위해 지난 9월 20일(시청접수 21일로 확인)정식 공문을 보내 진의장 통영시장과의 면담을 요청 했음에도 불구하고 민원 접수에 대한 규정기일을 넘기는 등의 무성의한 통영시의 태도에 우리는 유감을 표하지 않을 수 없습니다. 지금 현재 유치환의 친일논쟁은 심각한 수준에 다다랐습니다.

며칠 전 어느 한편에서 주최한 청마추념사업 강연회에 어린 학생들까지 동원해 놓고 그 앞에서 자신들과 다른 생각을 가진 사람들을 "소영웅주의자" "정신병자"로 몰아붙이며 인신공격까지 하는 비이성적이며, 비논리적, 비교육적인 발언까지 거침없이 쏟아냈습니다. 물론 진의장 통영시장도 바로 그 자리에 있었고, 축사라는 형식을 빌려 유치환을 일방적으로 옹호하는 발언을 한 것은 유치환의 친일 논쟁이 심각한 이 시점에서 전체 통영시민을 대표하는 시장으로서의 역할과 공인으로서의 처신과 언행에 심각한 문제가 있음을 지적하지 않을 수 없습니다.

분명히 말하건대 우리는 지금 계속해서 밝혀지고 있는 유치환의 친일행적과 친일시를 확인하면서 그가 반민족 친일시인이라는 사실을 확신하며 기념사업의 중단을 촉구합니다. 그러나 우리와는 달리 유치환을 지고지선의 시인이요 위대한 인물로 추앙하며 친일사실을 강력히 반박하고 각종 기념사업을 계속 추진해 나가는 사람들도 있습니다. 이런 우려할만한 상황에 대해 통영시는 더 이상 수수방관만 해서는 안 됩니다. 만일 지금처럼 끝임 없이 친일논란이 있음에도 불구하고 통영시가 계속 이를 무시하면서 직, 간접적인 방식으로 기념사업을 계속 유지, 추진해 나간다면 언젠가는 큰 화를 불러들일 수도 있습니다. 이는 아주 비슷한 경험을 한 다른 시의 여러 사례에서 얼마든지 교훈을 얻을 수 있을 것으로 생각됩니다. 그리고 통영시의회 또한 이 문제에 대해 보다 책임 있는 태도를 취해야 합니다. 청마 기념사업과 관련한 모든 기획과 예산을 승인한 곳이 바로 시의회이기 때문입니다.

그러나 우리는 우리와 생각이 다른 사람들과 불필요하고 소모적인 감정 대립을 해가면서 이 문제를 풀고 싶지 않습니다. 따라서 오늘 우리는 통영시장에게 "청마 유치환 친일 진상규명 토론회"를 개최 할 것을 공개 요청합니다. 우리는 지금 이 시점에서 이것이 통영시장의 역할이요 의무이며 책임이라고 생각합니다.

물론 이의 진상규명에는 지연과 학연 등 각종 이해관계를 떠나 엄중한 객관적 사실과 자료를 토대로 한 연구와 검토를 통해야 할 것이며 한 시인의 친일문제는 문학평론의 문제가 아니라 민족사적인 문제이라는 것을 염두에 두어야 함은 당연한 일입니다. 단, 토론회 장소는 통영시가 아니라 서울에서 해줄 것을 덧붙여 제안합니다. 그 이유는 두가지 입니다.

하나는 청마문학관을 비롯한 지난 5년 동안의 기념사업에 상당액의 국비를 받아 기념사업을 추진했고 국비는 국민의 세금이며 따라서 국민들에게 알권리를 주어야 합니다. 또 다른 한 가지는 그동안 통영시와 관련단체가 청마문학기념관 등 각종 기념사업을 추진한 이유는 청마가 단순히 이 고장출신이라는 의미를 넘어 국민적 시인인 청마가 통영의 자랑스러운 인물이라는 것을 전국에 알리는 행사였다는 사실을 부인하지는 못할 것입니다. 그렇다면 대한민국 국민 모두에게 판단해야할 기회도 주어야 합니다. 우리가 우리의 불편을 감수하고라도 굳이 토론의 장소를 서울로 지정하는 이유는 바로 이와 같은 이유에서 유치환의 친일 진상규명 토론은 지역적 한계를 벗어나야 할 문제이기 때문입니다.

진의장 시장님!

시장님은 우리의 이 합리적인 제안을 당연히 받아드릴 것이리라 믿어 의심치 않습니다. 우리는 이 성명을 통해 유치환 시인에 대해 아무런 사적인 이해와 유감을 가진바 없음을 분명히 밝히며 다만, 역사의 진실을 밝히고 민족정기를 바로 세우는 일을 하고자 하는 단체의 모임일 따름이라는 것을 알려드립니다.

진의장 시장님께 우리의 제안을 받아들여 주실 것을 다시 한 번 강력하게 요청 드리며 만일 우리의 요청을 무시하거나 지연시킴으로 해서 진의장 시장님이 청마기념사업의 핵심단체인 통영문인협회 회원이기 때문이라는 오해를 받는 일이 없으시기를 간절히 바랍니다.

2004년 10월 7일

친일청산시민행동연대 준비위원회

참가지역 및 단체

- 통영 (3·1동지회통영지부, 민족문제연구소통영시민모임, 일본군위안부와함께하는통영거제시민모임, 통영역사교사모임, 전교조통영지회, 경남민족작가회의)
- 거제 (거제경실련, 참교육학부모회거제지회, 거제환경연합, 거제YMCA,)
- 함안 (참여와연대를위한함안시민모임)
- 밀양 (밀양참여시민연대, 전교조밀양지회, 참교육학부모회밀양지회, 전국사회보험노조밀양 지부, 밀양대민주동문회)
- 진주 (민주노동당진주시당, 민주노총진주지역협의회, 진주시농민회, 진주여성농민회, 경상대학교총학생회, 진주산업대6.15실천단(준), 전국노점상진주지역연합회, 전국공무원노조진 주시지부, 전교조진주지회, 진주노동자문화운동연합새노리, 살아있는민중의소리맥박, 진주 가톨릭노동상담소, 열린사회진주시민연대, 경상대학교민주화교수협의회, 참교육학부모회 진주지회)
- 마산 (열린사회희망연대, 천주정의구현마산교구사제단, 푸른내서주민회)
- 창원 (경남민주언론운동시민연합, 참교육전국학부모회마창진지회)
- 경남단위 단체 (전국교직원노동조합경남지부, 참교육전국학부모회경남지부, 민간인학살문제해결을위한경남지역모임, 경남근현대사연구회)

문화관광부 장관은 민원 공문서 분실에 대한 진상을 규명하고, 즉각적인 후속조치를 취하라!

지난 10월 14일, '친일청산 시민행동연대'에서는 수신자를 정동채 문화관광부장관(참조: 예술진흥과)으로 지정한 한통의 공문서를 문광부로 보냈다.

제목은 "10월 2일, 통영시 문인협회가 주최한 〈청마 추념편지쓰기대회〉에 대한 국고지원금 사용여부 확인 요청의 건"이었다.

내용을 간략하게 정리하면 "친일혐의로 논란을 빚고 있는 유치환의 추념행사에 문광부가 국민의 세금인 국고를 지원한 것에 대해 국고를 환수하라"는 우리 단체의 요청(9월 20일)에 대해 문광부는 "청마추념기념대회는 당초의 계획과는 다르니 특정인을 추념하는 행사에 국고지원금을 사용하지 말라는 시정조치를 했다"는 회신(9월 24일)을 보내온 바 있었다.

그러나 지난 10월 2일, 이 행사의 주최 단체인 (사)한국문인협회 통영지부에서는 후원을 문화관광부와 통영시 등으로 하여 '청마추념 편지쓰기 대회'를 거침없이 강행했다.

이에 우리는 문광부가 사후 관리의 책임이 있다고 판단하고 제목과 같은 공문서를 작성하여 문광부 장관 앞으로 보낸 것이다.

문제의 공문서는 지난 10월 14일 빠른 등기 우편으로 보냈고, 다음 날인 15일 오전 10시12분, 문광부의 하00가 접수받은 것으로 우리는 확인했다.

그리고 11월 2일, 무려 18일이 지나도록 회신이 없어 예술진흥과에 유선통신으로 확인을 해 보니 민00이라는 직원이 전화를 받아 문제의 공문서가 예술진흥과에는 18일에 접수된 기록이 남아 있다고 했다.

본래 민원공문에 대한 처리 규정은 일요일을 뺀 7일 안에 하도록 되어 있다고 한다.

담당자와 과장 등 처리 내용을 알만한 직원들이 모두가 교육을 가고 연락이 안 된다고 하기에 더 이상의 사유를 알 수가 없었다.

그 다음 날(11월 3일) 오전, 자신이 담당직원인 유○○라고 하면서 자신은 공문서를 한 번도 본 일도 없다며 그 공문을 다시 팩스로 보내 줄 것을 전화로 요청했다.

그러나 우리는 이 사건을 직원의 실수로 인한 단순한 분실로 볼 수가 없다.

분명히 담당과의 공문서 접수장에 기록은 되어 있는데 담당자는 구경도 못했다면 도대체 그 공문서가 발이 달려 혼자서 어디로 갔단 말인가?

만일 문제의 공문서가 그 이전에 분실 되었다고 한다면 혹시 이동 과정에서 그럴 수 있을지는 몰라도 이미 제자리에 정확하게 도착한 문서를 분실했다고 말하는 그 자체가 엄청난 모순이 아닐 수 없다.

우리는 이 사건이 문광부 내의 누군가가 고의적으로 공문서를 폐기했거나 감추었을 가능성이 높은 것으로 본다.

그 이유는 국고지원금 사용 용도와 관련하여 앞으로 큰 말썽이 일어날 것이 뻔한 사안이다 보니 문광부가 서로가 입장이 난처하게 된 국고지원금을 요청한 기관과 유용한 단체에서 합법적으로 국고금을 처리할 시간을 벌어주기 위한 어떤 계략이 숨어있는 것이 아닌가 하는 의혹을 가지지 않을 수 없기 때문이다.

따라서 우리는 정동채 문화관광부장관에게 우리 단체가 보낸 공문서의 분실 사건에 대한 진상을 규명하고, 공식적인 사과와 함께 그에 따른 즉각적인 후속조치를 취해 줄 것을 엄중히 요청한다.

만일 우리의 요구 빠른 시일 안에 받아들여지지 않을 경우 우리는 보다 강력한 대책을 강구할 것이다.

2004년 11월 5일

친일청산시민행동연대 준비위원회

참가지역 및 단체

- 경남단위 (전국교직원노동조합경남지부, 참교육전국학부모회경남지부, 민간인학살문제해결을위한경남지역모임, 경남근현대사연구회, 민주노총경남지부)
- 통영 (3·1동지회통영지부, 민족문제연구소통영시민모임, 일본군위안부와함께하는통영거제 시민모임,

통영역사교사모임, 전교조통영지회, 경남민족작가회의)

- 거제 (거제YMCA, 거제환경연합, 거제경실련, 참교육학부모회거제지회)
- 함안 (참여와연대를위한함안시민모임)
- 밀양 (밀양참여시민연대, 전교조밀양지회, 참교육학부모회밀양지회, 전국사회보험노조밀양지부, 밀양대 민주동문회)
- 진주 (민주노동당진주시당, 민주노총진주지역협의회, 진주시농민회, 진주여성농민회, 경상대학교총학생회, 진주산업대6.15실천단(준), 전국노점상진주지역연합회, 전국공무원노조진 주시지부, 전교조진주지회, 진주노동자문화운동연합새노리, 살아있는민중의소리맥박, 진주 가톨릭노동상담소, 열린사회진주시민연대, 경상대학교민주화교수협의회, 참교육학부모회 진주지회)
- 마산 (열린사회희망연대, 천주정의구현마산교구사제단, 내서주민회)
- 창원 (경남민주언론운동시민연합, 참교육전국학부모회마창진지회)
- 민족문제연구소전북지부

친일작가 유치환의 기념사업을 즉각 철회하라!

치욕의 일제치하에서 해방 된지 60년 만에 그토록 열망해왔던 친일 반민족행위 진상규명법이 국민적 공감대를 바탕으로 제정되어 역사 바로 세우기와 민족정기를 드높이기 위한 여러 일들이 착실하게 추진되고 있는 가운데 우리나라에서는 친일 연구 분야에 있어 가장 독보적이고 공신력 있는 민족문제연구소가 지난 2004년 8월에 친일반민족행위 진상규명시민연대 발간물을 통해 청마 유치환이 친일 문학인임을 만천하에 이미 밝혀 놓았다.

뿐만 아니라 국가기관인 문화관광부에서도 같은 해 우리 측에 보낸 공문을 통해 친일행적의 논란이 있는 대상에 대해서는 사업비 지원 보류 방침을 명확하게 제시해 놓고 있다. 또한 이보다 앞선 1997년에는 통영시민의 대표 기구인 통영시의회 회의석상에서 청마 유치환의 친일 문제가 거론되어 기념사업에 대한 문제제기를 누차 했음에도 불구하고 사업에 대한 철저한 검증 없이 청마 유치환의 기념사업을 강행하여 지금까지 논란을 빚게 하고 있는 통영시는 그 책임을 겸허하게 받아드려야 할 것이다.

일본침략주의와 그 시책을 수행하는데 최대의 친일단체였던 〈하얼빈협화회〉에 근무하고 일제의 경제 약탈기구로 불리는 〈연수현가신흥농회〉 총무도 하면서 처형당한 항일독립군을 꾸짖고 학도병 지원을 촉구하며 인류의 평화를 짓밟던 대동아 공영권 수립을 축원하는 시문학 작품을 썼던 청마 유치환의 친일행적과 친일문학을 대한민국 국민이라면 어느 누구도 부정할 수는 없을 것이다.

이런데도 유독 통영시는 거제시와 경쟁이라도 하듯이 이런 사실을 철저하게 숨기고 애써 외면해 오면서 그 흔한 공개적 여론 수렴이나 공청회 한번 없이 오래전부터 친일논란의 중심에 있는 청마 유치환의 기념사업임에도 불구하고 그것도 이미 시내에 두 군데나 세워져 있는 청마시비도 모자라 기존 중앙동 우체국 앞에 세워져 있는 시비가 빤히 보이는 불과 20여 미터 밖에 떨어져 있지 않는 곳에다 같은 사람의 세 번째 시비를 세우는 것은 항일순국선열에 대한 모독이며 배신이요, 호국의 대명사인 통영과 애향시민들을 무시하고 우롱하는 처사라 아닐 수 없다.

통영시의 역사의식의 불감증을 다시 한 번 보여줌과 동시 이런 기념사업을 시행하는 통영시는 시민의 혈세를 낭비하는 대표적 지방자치단체로 기록될 것이며 부끄러운 사례로 남아 영원히 지탄받을 것이다.

우리는 다시 한 번 시민의 혈세로 친일작가를 옹호하며 각종 기념사업을 계속 시행하고 있는 통영문인협회 회원인 진의장 통영시장의 청마문학관 운영과 청마문학상 시상, 청마시비 세움에 대해 즉각 중지, 철회할 것을 강력히 촉구하는 바이며 통영의 미래를 위해서는 친일작가의 기념 사업추진에 앞서서 한산대첩기념관과 통영3·1의거기념관 및 통영문화예술전시관 건립에 먼저 주력하는 것이 옳은 도리고 순서라고 본다.

아울러 통영문협이 추진하고 있는 청마우체국 개명을 비롯한 청마관련 사업도 이 시점에서는 우리 고장의 정체성과 문학적 진실을 위해 백지화 할 것을 준엄하게 당부하는 바이다. 이제 친일청산은 과거사가 아니라 미래를 옳 곧게 열어가는 열쇠다.

한번 밝혀진 진실은 결코 숨기고 묻어지지 않는다. 미래를 약속받을 수 있는 것은 오로지 역사적 진실뿐이다.

2006. 11. 4.

공동주체단체 : 3·1동지회통영지부, 경남민주언론시민연합, 민족문제연구소통영시민모임, 민족문학경남작가회의, 열린사회희망연대, 일본군위안부통영거제시민모임, 전국교직원노동조합 경남지부, 참교육을위한전국학부모회경남지부, 한국민족예술인총연합 경남지회, 전국교직원노동조합통영지회,

학생의 날을 맞이하여 다시 한 번 촉구하는 유치환 기념사업 중단

오늘 우리는 하나 밖에 없는 목숨마저 송두리째 빼앗겨가며 조국광복을 이룩했던 순국선열들의 뼈아픈 호곡소리를 다른 곳도 아닌 호국의 성지 통영 땅에서 들어야 하는 참으로 부끄럽고 어처구니 없는 현실 앞에서 경악을 금치 못하는 바이다.

그것은 인간의 영혼을 지배하며 미래의 이상을 실현해 나가는 길을 제시해주는 문학으로 일제에 의해 처형된 항일군을 꾸짖고 인류의 평화를 짓밟던 대동아 공영권 수립을 축원하며, 침략전쟁의 희생물인 학병 동원을 노래하고 이것도 모자라 일본 제국주의의 주구 노릇을 했던 〈협화회〉에 근무한 「대동아 전쟁과 문필가의 각오」라는 제목으로 일제를 찬양하는 글을 세상에 내 놓은 전형적인 친일 문학가로 확실하게 정황증거가 입증되고 있는 가운데도 통영시와 통영예총, 통영문인협회가 유치환의 기념사업을 강행하고 있기 때문이다.

이는 애국 통영시민을 무시하고 우롱하는 처사며 자라나는 꿈나무들과 미래의 주역인 청소년들에게 두고두고 죄짓는 일이 아닐 수 없다.

특히 오늘은 학생의 날로 일제의 폭압에 분연이 일어나 항거했던 날을 기념하는 뜻 깊은 날로서 애국과 애향정신을 심어주어야 함에도 불구하고 우리의 미래인 청소년들에게 비틀리고 왜곡된 역사와 가치관을 심어주는 그릇된 이 기념사업들을 지원하고 주관하는 통영시와 통영문인협회의 역사관과 교육관을 다시 한 번 의심하지 않을 수 없다.

이에 친일작가 청마 유치환의 문학관 운영, 문학상 주기, 그리고 탄생 100주년 기념사업을 비롯한 우상섬기기는 주저 없이 전면 중단 할 것을 다시 한 번 촉구하는 바이다.

더구나 청마 유치환 추념 편지쓰기사업은 이미 정부의 공식기구인 문화관광부에서도 친일논란이 있는 인물에 대해서는 일체 사업비 지급을 중단하겠다고 밝힌바 있는데도 유독 통영시와 통영문인협회는 이를 외면하고 역행하면서까지 기념사업을 집요하게 강행하고 있는 저의가 무엇인지 통영시민에게 밝혀 주기를 강력하게 요구한다.

친일작가 청마 유치환 바로 보기는 이제 시작에 불과하다.

진실과 정의를 가로막을 수 있는 것은 이 세상에 존재 할 수 없다.

2007년 11월 3일

3·1동지회통영지회, 민족문제연구소통영시민모임, 민족문제연구소경남서부지회(준), 일본군위안부와함께하는통영거제시민모임, 전교조경남지부통영지회, 전교조경남지부, 참교육학부모경남지부, 열린사회희망연대, 천주교정의구현마산교구사제단, 경남작가회의

친일문인 유치환 기념사업에 시민혈세 지원을 즉각 중지하라!

우리사회의 악의 근원중의 하나가 친일청산을 제대로 이행하지 못함으로 해서 그 여파와 악순환이 계속되는 현실 속에서 친일청산을 시대적 사명으로 알고 출범한 친일문인 유치환 기념사업 반대 시민연대는 정의와 상식이 통영사회를 간절하게 원하는 바이다.

1942년 2월6일자 친일신문인 만선일보에 유치환이 발표한 「대동아 전쟁과 문필가의 각오」라는 제목의 글을 통해 [대동아 전쟁이 빠르게 돌아가는 전시에 개인이던 예술가던 국가(?)의 고마움을 다시 한 번 깨닫고 황국신민으로서 성전 승리를 위해 애쓸 것을 거침없이 권고하는 내용]으로서 이글을 통해 유치환 자신이 스스로 친일문인임을 만천하에 알렸고, 그의 친일이 결코 강요가 아니라 자발적이며 내적 논리를 갖고 반복적으로 작품을 쓰게 되었음을 입증했으며, 그 동안의 친일 논란에 종지부를 찍었다.

이로서 시 작품〈수〉가 항일독립군을 꾸짖고 시〈전야〉가 학도병지원을 촉구하는 작품이며 시〈북두성〉이 자유와 평화를 유린한 대동아 공영권 수립을 축원하는 작품이고, 시〈들녘〉까지 친일 시 작품임이 재차 확인되었으며, 이 연장선에서 일본제국주의의 주구 기구인 할얼빈 협화회에 근무하고 가신흥농회 총무까지 지낸 것이 뒷받침됨으로서 그의 친일문학과 친일행적은 더 이상 숨기고 가릴 수 없게 되었다.

이런데도 청마 친일협의 씌우기, 만선일보에 발표했던 글에 대해 조작과 진위 운운, 미당도 기념사업 하는데 등을 내세우며 진실을 왜곡하고 오만과 억지로 미화하는 거짓 풍경 속에서 청마 편지쓰기 행사, 청마 문학상주기, 청마문학관 운영이 계속되고 탄생 100주년 기념사업이 호국의 땅 통영에서 추진되고 있는 바, 이러한 반역사적, 반사회적, 반 교육적 작태를 보며 한 하늘 밑에서 함께 살고 있는 것이 참으로 한탄스럽고 부끄럽기 그지없으며, 후세를 위해 어떠한 댓가를 치루더라도 친일 청산만은 기필코 이루어 내야 함을 다시 한 번 절감 하는 바이다.

이미 국가기관인 문화관광부에서도 친일행적의 논란이 있는 문인을 대상으로 하는 문학관 행사에는 지원보류 방침을 천명한 바 있고, 유치환에 대해 어떠한 형태의 기념대상이 되기에는 적절하지 못하다고 친일문제 전문단체인 민족문제 연구소가 일찍이 밝힌 바 있다.

진실과 양심의 표상이 되어야 할 문인이 나라와 민족을 배신하고 친일행적과 친일작품을 남긴 사람에게 하필이면 시민의 혈세로 기념행사와 기념사업이 진행되고 추진된다면 이는 마땅히 준엄한 심판을 면하지 못할 것이다.

우리는 그 동안 유치환의 기념사업 추진에 대해 통영시, 통영예총, 통영문협에 처음부터 문제 제기를 해 왔고, 기념대상 인물에 대해 문학적으로나 학문적으로 철저한 검증절차와 시민 토론회 및 공청회등 여론 수렴절차를 밟아 줄 것을 요청했으나 지난 수년간 단 한번도 이에 응하지 않고 행사와 사업을 강행해 왔는데 그 의중이 무엇인지 다시 한 번 묻지 않을 수 없다.

친일 문인 유치환 기념사업을 강행하기 전에 호국의 성지 통영의 정체성에 맞게 한산대첩 기념관을 먼저 세우고, 통영독립운동기념관과 항일독립운동가를 기리는 기념사업을 먼저 찾아서 하고, 통영문학관을 만들어 흠 없는 문인들의 기념사업을 펼쳐나가는 것이 통영시와 통영시 의회가 우선적으로 앞장서서 추진해 나가야 할 당연한 직무라고 본다.

우리는 통영시와 시민의 대표기구인 통영시 의회가 진실과 사회정의가 살아 있고 옳고 그름의 잣대를 분명하게 세워 주기를 바라며, 친일문인 유치환의 기념사업에 시민의 혈세가 단 한 푼이라도 지원되는 일이 없기를 거듭 촉구하는 바이다.

2007. 11. 22.

친일문인 유치환 기념사업 반대 시민연대

2장

유치환의
친일 작품들

대동아전쟁과 문필가의 각오

만선일보 1942년 2월 6일 게재

“오늘 대동아전(大東亞戰)의 의의와 제국(帝國)의 지위는 일측 역사의 어느 시대나 어느 나라의 그것보다 비류(比類, 서로 견주어 비교할 만한 것)없이 위대한 것일 겝니다.

이러한 의미로운 오늘 황국신민(皇國臣民)된 우리는 조고마한 개인적 생활의 불편가튼 것은 수(數)에 모들 수 업는 만큼 여간 커다란 보람이 안입니다. 시국(時局)에 편승하여서도 안 될 것이고 시대(時代)에 이탈하여서도 안 될 것이고 어데까지 던지 진실한 인간 생활의 탐구를 국가의 의지(意志)함에 부(副)하야 전개시켜 가지 안으면 안 될 것입니다.

나라가 잇서야 산하도 예술도 잇는 것을 매거(枚擧, 하나하나 들어서 말함)할 수 업시 목격하고 잇지 안습니까. 오늘 혁혁(赫赫)한 일본의 지도적(指導的) 지반(地盤) 우에다 바비론 이상의 현란한 문화를 건설하여야 할 것은 오로지 예술가에게 지어진 커다란 사명이 아닐 수 업습니다”

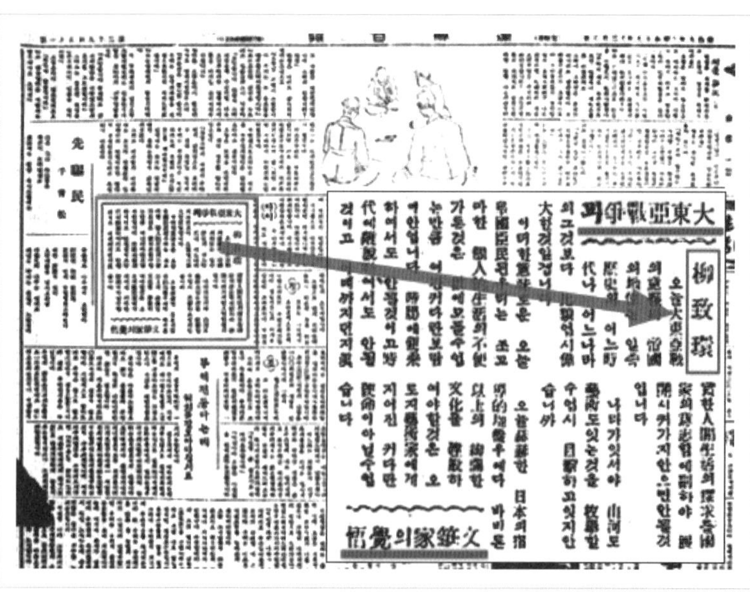

수(首)

1942년 3월 국민문학에 발표

십이월(十二月)의 북만(北海) 눈도 안오고
오직 만물(萬物)이 가각(苛刻)하는 흑룡강(黑龍江) 말라빠진 바람에 헐벗은
이 적은 가성(街城) 네거리에
비적(匪賊)의 머리 두 개 내결려 있나니
그 검푸른 얼굴은 말라 소녀(少年)같이 적고
반쯤 뜬 눈은
먼 한천(寒天)의 모호(模糊)히 저물은 삭북(朔北)의 산하(山河)를 바라보고 있도다
너희 죽어 율(律)의 처단(處斷)의 어떠함을 알았느뇨
이는 사악(四惡)이 아니라
질서(秩序)를 보전(保全)하려면 인명(人命)도 계구(鷄狗)와 같을 수 있도다
혹은 너희 삶은 즉시
나의 죽음의 위협을 의미(意味)함이었으리니
힘으로서 힘을 제(除)함은 또한
먼 원시(原始)에서 이어온 피의 법도(法度)로다
내 이 각박한 거리를 가며
다시금 생명(生命)의 험렬(險烈)함과 그 결의(決意)를 깨닫노니
끝내 다스릴수 없는 무뢰(無賴)한 넋이여 명목(瞑目)하라!
아아 이 불모(不毛)한 사변(思辨)의 풍경(風景)위에
하늘이여 은혜(恩惠)하여 눈이라도 함빡내리고지고

북두성(北斗星)

1944년 조광 3월호

백웅(白熊)이 우는
북방(北方) 하늘에
경경(耿耿)한 일곱 별이
슬픈 계절(季節)
이 거리 저 광야(曠野)에
불멸의 빛을 드리우다
어둠의 홍수(洪水)가 구비치는
우주(宇宙)의 한복판에
홀로 선 나도
한낱의 푸른 별이어니
보아 천년(千年)
생각해 만년(萬年)
천만년(千萬年) 흐른 꿈이
내 맘에 장미(薔薇)처럼 고이 피다
구름을 밟고
기러기 나간 뒤
은하(銀河)를 지고
달도 기우러
밤은
얼음같이 차고
상아(象牙)같이 고요한데
우러러 두병(斗柄)을 재촉해

아세아(亞細亞)의 산맥(山脈) 넘에서

동방(東方)의 새벽을 이르키다

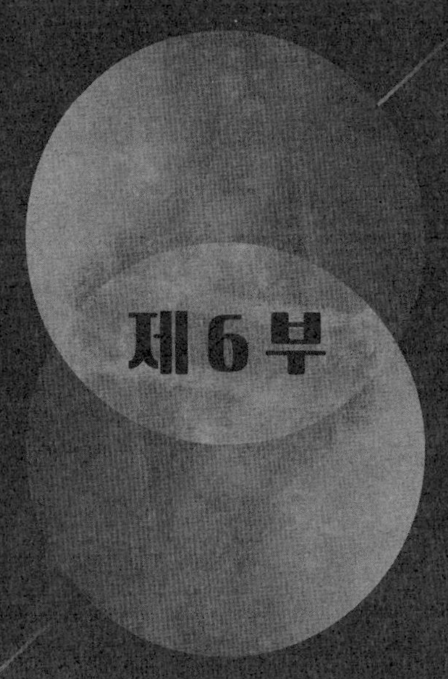

제 6 부

박정희 장지연 남인수 반야월과 친일기념사업

1장

/

친일기념사업 관련 성명서, 기자회견문, 논평

박정희를 찬양하는 기념관 건립은 즉각 중단되어야 한다

현 정부는 박정희 기념관 건립에 국민의 혈세로 조성된 국비를 100억 원이나 지원하기로 확정했다.

박정희는 어떤 사람인가? 일제 때 천황을 위해 한 목숨 바치겠다고 만주군관학교와 일본육사를 거쳐, 만주지역에서 독립군과 총부리를 맞대었던 사람이 아니었던가!

해방 이후, 정세가 좌익에게 유리하게 돌아가자 군부 내 남로당 비밀조직원으로 활동하다 좌익의 기세가 꺾이자 동지를 배반하고 구차한 목숨을 구한 뒤 권력을 쥘 기회만 노리다 4월 혁명으로 적법하게 탄생된 제2공화국을 군사쿠데타로 무너뜨려 민주주의를 유린하였다.

그리고 급기야 1972년 10월 통일을 대비한다는 거창한 명분을 내세워, 봉건왕조보다 더한 유신파시즘 강권통치를 일삼다 부산마산의 민주항쟁이 계기가 되어 최측근에 의해 살해된 사람이 아니었던가!

이제 새로운 천년을 몇 달 앞둔 지금, 과거의 잘못된 유산을 드러내어 새로운 시대에는 이것을 해결할 수 있도록 힘을 모아야 할 지금, 현 정부는 박정희씨와 같은 반민족적, 반민주적, 기회주의적 인물을 찬양하는 기념관건립에 국민의 세금인 국비 지원하는 작태를 즉각 중지하여야 한다.

우리 국민들은 박정희 찬양기념관 건립에 동의해 준 적이 없다.

국가지원 박정희 기념관은 건립은 당장 철회되어야 한다. 박정희를 못 잊어하는 일부 추종자들이 스스로 돈을 모아 박정희 찬양 기념관을 건립하는 것까지 막을 수는 없다. 정치적 계산에 의해 대구-경북지역 민심을 끌기 위한 수단이라면 이것은 시대착오적 발상이다. 더불어 독립기념관에 일본인들의 고문광경을 납 인형으로 만들어두고 있듯이, 박정희 정권에 의해 고문당하는 사람들의 모습과 박정희가 최후를 맞았던 궁정동 만찬장면도 재현해 역사의 교훈으로 남겨두어야 한다.

최근 현 김대중 대통령은 장면정권을 민주주의 정권이라고 평가하고, 5·16을 민주주의 정권을 무너뜨린 군사쿠데타로 규정했다. 그렇다면 박정희 대통령이 존경받는 대통령이 되도록 기념관 건립을 지원하겠다던 발언은 또 무엇인가?

김대중 대통령은 자신의 역사인식의 실체를 떳떳이 밝혀라!

1999. 9. 14.

열린사회희망연대

친일 문제는 결코 과거사가 아니다

친일은 지금도 계속되고 있는 현재 진행형의 사건이며 역사이다.

일제로부터 해방된 이후, 지금 우리가 살고 있는 이 땅에서는 단 한 번도 친일반민족 행위자들을 제대로 처단하고 치욕의 식민지 역사를 청산하지 못했다.

이승만에 의해 반민특위가 강제로 해체된 통한의 역사 속에서 친일반민족 행위자들은 반공, 친미주의자로 둔갑하고, 친 독재 세력으로 화려하게 변신하면서 우리사회의 정치, 경제, 군사, 문화, 교육, 법조계 등 사회 전 부분에서 의기양양하고 기세등등하게 행세해 왔다.

바로 이들이 지금까지 우리의 역사와 사회제도를 왜곡하면서 국가와 각종 사회조직을 운영하고 통치해온 결과, 지금 우리사회가 앓고 있는 수많은 모순과 문제를 낳고 있는 것이다. 그리고 그 고통과 후유증은 이 시대를 살아가는 우리 민중들이 고스란히 안고 살아가고 있다.

특히 지금 현재 각 지방자치단체나 혹은 법인이나 운영위원회 등의 이름을 가진 민간 기구에서 친일반민족 활동경력을 가진 인사들과 친일 문화예술인들을 기념하고 미화하는 각종사업이 경쟁적으로 벌어지고 있다는 사실은 바로 지금 이 시점에도 그들의 후예들에 의해 친일반민족 행위가 거리낌 없이 진행되고 있다는 사실을 분명하게 증명하는 사례의 일부이다.

그 동안 독립애국지사들을 기리고 기념하는 사업보다는 오히려 친일반민족 행위자들의 기념사업이 질적, 양적인 면에서 압도적일 뿐만 아니라, 학교교육과 일상생활 속에서 그들의 친일행위는 감추어지고 미화, 과장된 업적이나 문화예술 작품을 찬양하는 정보를 훨씬 더 많이 접하다보니 국민들의 의식 속에는 "일제시대 친일을 하지 않은 사람이 어디 있었느냐" "그래도 과보다는 공이 많다" "작품은 작품으로 보아야 한다"는 생각이 자리 잡을 수밖에 없는 것은 너무나 당연한 일이기도 하다.

그러나 최소한 친일행위자로 거론되는 인물이 기념사업의 주인공이 되는 경우에는 어떤 논리도 정당화 될 수 없다.

이처럼 친일 반민족행위자들의 각종 기념사업은 진실을 감추고 역사를 왜곡하는 차원을 넘어 국민들의 역사관과 가치관에 심한 혼란을 일으키고 친일에 대한 불감증을 계속 조장해 나간다는 것은 민족의 미래에 어두운 그림자를 드리우는 심각한 일이 아닐 수 없다.

더욱이 최근 여야정치권에서 벌어지고 있는 '과거사 청산 법'과 관련한 논쟁과정에서 한나라당과 일부언론에서 '정치적 음모론'과 '색깔론'을 들먹거리면서 친일청산이라는 국민의 여망과 민족적 과제를 폄하하고 훼손하고 있다.

이들이 이런 저질 논쟁을 되풀이하면서 노리는 것은 국민들에게 친일청산 논쟁에 대한 지겨움과 혐오감을 심어주려는 부도덕하고 반역사적인 대국민 기만 심리작전을 획책하는 것이다.

우리는 한나라당이 다수였던 지난 16대 국회에서 제정된 누더기보다 못한 '친일 진상규명 법'을 이번 국회에서 개정하자는 데 반대하며 자꾸만 딴지를 거는 자들의 이 비열한 음모가 바로 악질적인 친일반민족행위 그 자체라는 사실에 우리는 분노하지 않을 수 없다.

어느 시대, 어떤 경우일지라도 반민족행위자들은 민족과 조국을 배신하고 자신의 입신만을 도모하는 기회주의자들로서 정의보다는 불의를, 진실보다는 거짓의 편이 되어 강자에 빌붙어 약자들의 피눈물을 짜내는 인류 공동의 적이며 역사발전의 암적 존재들이다.

따라서 우리는 정치인들에게 경고한다.

만일 이번 국회에서 다루어야 할 친일 진상규명 법 개정 과정에서 정치적 타협으로 예외와 성역을 두게 된다면 이는 반민족, 반 역사에 더하여 반인권, 반인류적 행위를 저지른 자들로 영원히 기록될 것이다.

'친일청산 시민행동연대 준비 위원회'는 우리 후대에까지 청산되지 못한 부끄럽고 불행한 역사를 물려주지 않겠다는 비장한 각오로 지금 진행되고 있는 친일반민족 행위자들의 각종 기념사업을 끝까지 반대하고 철폐시켜 나갈 것이다.

이를 위해 우리는 지금 전국 곳곳에서 이와 같은 반대투쟁을 결연하게 전개하고 있는 모든 시민사회단체들과 뜻을 같이하는 시민들에게 이 자리를 빌려 함께 힘을 모아 주실 것을 제안 드리고자 한다.

2004년 9월 2일

친일청산 시민행동연대 준비위원회

참가지역 및 단체

- 통영 (3·1동지회통영지부, 민족문제연구소통영시민모임, 일본군위안부와함께하는통영거제 시민모임, 통영역사교사모임, 전교조통영지회, 경남민족작가회의)
- 거제 (거제YMCA, 거제환경연합, 거제경실련, 참교육학부모회거제지회)
- 함안 (참여와연대를위한함안시민모임)
- 밀양 (밀양참여시민연대, 전교조밀양지회, 참교육학부모회밀양지회, 전국사회보험노조밀양 지부, 밀양대 민주동문회)
- 진주 (민주노동당진주시당, 민주노총진주지역협의회, 진주시농민회, 진주여성농민회, 경상 대학교 총학생회, 진주산업대 6.15실천단(준), 전국노점상진주지역연합회, 전국공무원노조 진주시지부, 전교조진주지회, 진주노동자문화운동연합새노리, 살아있는민중의소리맥박, 진 주가톨릭노동상담소, 열린사회진주시민연대, 경상대학교민주화교수협의회, 참교육학부모 회진주지회)
- 마산 (열린사회희망연대, 천주정의구현마산교구사제단, 내서주민회)
- 창원 (경남민주언론운동시민연합, 참교육전국학부모회마창진 지회)
- 경남단위 (전국교직원노동조합경남지부, 참교육전국학부모회경남지부, 민간인학살문제해결을위한경남지역모임, 경남근현대사연구회, 민주노총경남지부)

마산시의회의 '대마도의 날'
조례 제정에 대한 우리의 입장

어제 전국 최초로 마산시의회에서 '대마도의 날 조례'안을 긴급 상정해 처리했다. 일본 시네마현의 '다께시마의 날' 조례 제정으로 폭발된 우리 국민들의 분노를 반영하고 일본에 대한 적절한 응징으로 통쾌한 결단이며 이를 환영한다.

그러나 한 가지 명심해야 할 것은 일본의 군국주의 부활음모는 국가적 차원에서 오래 전부터 치밀하게 준비해온 계산된 책략이라는 것을 간파해야 한다는 점이다. 그렇기 때문에 감정적이고 즉흥적인 대응만으로는 자칫 일본의 술수에 말려들어 갈 수 있음을 경계해야 할 것이다. 자칫 감정이 앞선 행동으로 예상치 못한 자기모순에 빠져 난처한 상황을 맞이할 수도 있기 때문이다. 그리고 시민들의 의견을 수렴하는 절차가 생략된 것도 나중에 문제가 될 수도 있다.

특히, 그동안 마산시의회가 마산음악관과 마산문학관 문제에서 보인 몰역사적인 행태를 생각하면 더욱 그러한 우려가 앞서지 않을 수 없다. 선구자의 작곡자인 조두남과 작사자인 윤해영의 친일행위로 발단이 된 기념관 반대 운동으로 지금은 그 명칭이 마산음악관으로 바뀌기는 했지만 이 과정에서 가장 큰 걸림돌은 다름 아닌 마산시의회였다는 사실은 마산시민들이 다 잘 알고 있다.

그리고 아직도 문제의 기념관이 말끔하게 정리되지 못하고 상황이다.

무엇보다 일제의 괴뢰국인 만주에서 친일시인으로 이름을 날렸던 윤해영의 선구자 가사를 테마로 꾸며진 일송정과, 소나무, 용두레 우물은 아직도 철거를 하지 않은 채이고 그 때문에 아직도 개관은 엄두도 내지 못하고 있는 실정이다.

지금도 마산음악관에 가면 마산시의회 의원 일동의 이름으로 심어 놓은 소나무가 그대로 온전히 서있다. 이는 친일작사, 작곡자들이 만든 선구자 노래를 상징하는 대표적인 상징물이다. 마산시의회는 '대마도의 날' 조례 제정과 함께 친일작사, 작곡자의 흔적을 말끔히 지우는 일에 나서야 한다.

마산문학관 또한 마찬가지이다. 이은상의 친일의혹과 함께 친 독재 부역행위는 그 증거자료와 함께 낱낱이 밝혀져 있다. 그럼에도 불구하고 지금 마산시의회에서는 이은상 문학관을 고집하며 지난 2월 마산음악관 조례개정안을 부결시켰다. 이처럼 바로 우리 내부에 있는 친일에 대한 단호한 입장과 청산 없이 '대마도의 날'을 제정한 것에 대해 일본 극우파들의 비웃음과 군국주의 부활의 정당성에 빌미만 제공하는 것이 아닌지 우려되는 바 없지 않다.

진정한 애국과 극일은 과거사 청산으로부터 시작해야 한다는 사실을 우리는 마산시의회에 충심으로 전하고자 한다.

2005년 3월 19일

열린사회희망연대

공동대표 : 김영만, 백남해, 육관응, 법광

친일인명사전
수록 예정자 발표를 환영하며

광복 60년이 지난 오늘에서야 일제의 앞잡이로 반민족 행위를 한 친일분자들의 명단이 선정 발표된 것은 너무 늦은 일이지만 그 만큼 감격스럽고 다행스러운 일이라 하지 않을 수 없다.

친일인명사전 명단에 포함된 인사들 대부분은 이미 그들의 친일행적이 세인들의 입에 회자된 인물들이지만 친일인명사전에 이름이 올라 역사적, 사회적으로 친일행위가 공인이 된다는 점에서 그 의미가 엄청 달라지는 것은 당연한 일이다.

따라서 친일인명사전에 오르느냐 아니냐에 따라 명암과 희비가 엇갈릴 수밖에 없다.

명단에 오른 일부 인사들의 후손들과 관련기관(언론, 학교, 종교단체, 각종 기념사업회 등)에서의 반발이 만만치 않을 것이다. 이는 명단 발표 이전에 관련자들로부터 숱한 방해공작들이 있었었던 것으로 충분히 짐작할 수 있다. 그러나 그런 반발은 해당 인물들의 반민족 행위를 국민들의 머릿속에 더욱 깊이 각인시키는 어리석은 행위일 따름이다.

한편으로는 끊임없이 친일행위가 거론된 자들 중에서 이번 명단에서 여러 가지 이유로 다음명단이 발표 때까지 유보된 자들도 있다. 만일 이번 명단에 포함되지 않은 것을 마치 면죄부나 받은 것처럼 생각한다면 또 다른 화근을 불러 올 것이다.

특히 경남 통영에서 시장과 문협지회가 앞장서서 지역 시민사회단체들을 부추겨 시인 유치환이 친일 인명사전에 들어가는 것을 막아내려고 온갖 수단과 방법을 동원, 인명사전 편찬위원들을 압박한 사실은 매우 부당한 행위로 국민들의 지탄을 받아야 할 일이다.

또한 진주 출신의 대중가수 남인수는 그의 친일음악 활동이 이미 잘 알려져 있었음에도 불구하고 최근 문화재청에서 그의 생가를 문화재로 선정하여 생가를 복원 한다는 발표까지 있었다.

문화재청의 이해 할 수 없는 문화재등록 기준 역시 국민들의 질책을 받을 일이다.

그리고 현재 우리지역에서 장지연, 박시춘 등 몇몇 친일 인사들과 관련하여 진행되고 있거나 이미 진행된 각종 기념사업은 일체 중단, 철회할 것을 지방자치단체와 관련기관에 강력하게 촉구한다.

우리는 친일인명사전편찬위원회 관계자들의 노고에 치하를 드리면서 1차 명단에서 빠진 친일분자들의 자료가 더 확보되어 반드시 친일 인명사전에 그 이름이 올라 역사의 심판을 받기를 바란다.

2005년 8월 29일

열린사회희망연대

대한민국은 기회주의자들의 천국일 수 없다
친일인사들의 각종 기념사업을 즉각 중단, 폐지하라!

현재 우리나라에는 유명 인사들을 기리는 각종 기념사업이 헤아릴 수 없이 많다. 그 중 이번에 친일인명사전편찬위원회와 민족문제연구소에서 발표한 명단에 오른 인물들이 다수 포함되어 있어 우리는 비애와 분노를 느끼지 않을 수 없다. 앞으로도 이들에 대한 기념사업이 계속된다면 국민들의 국가관, 민족관, 역사관 등 모든 가치관에 엄청난 혼란을 불러 올 일이기 때문이다.

일제 강점기 반민족 행위로써 친일인명사전에 이름까지 오른 자들임에도 불구하고 한편에서는 그 인물과 업적을 기리는 각종 기념사업을 진행한다는 것은 민족의 정체성을 뿌리째 흔드는 일이다. 언제라도 나라와 민족이 어려움에 처할 때, 자신의 무사안일과 입신양명을 위해 민족을 배신한다 해도 문화예술에 뛰어난 재주와 유명작품 몇을 남겼다는 이유 하나만으로 온 국민들로부터 찬사와 추앙을 받을 수 있는 나라가 대한민국이라면 이 나라는 오로지 기회주의자들의 천국일 뿐이다.

물론 해방이후 우리사회의 요소요소에서 기득권자가 된 친일파들 중 나름대로 자신의 영역에서 일정한 업적을 남긴 사람들이 많은 것은 사실이며 그들의 업적마저 부정할 필요는 없다. 그러나 그 공이 아무리 크다 해도 민족반역이라는 용서받지 못할 죄를 저지른 자들을 정부나, 지자체 차원에서 국민들의 세금으로 기념사업을 주최 또는 지원한다는 것은 그야말로 국가적 정신분열 증세라고 하지 않을 수 없다. 정신이 제대로 박힌 국민들이라면 이를 그냥 두고 볼 수 없는 일이다.

따라서 우리는 우리가 살고 있는 경남에서부터 현재 진행 중인 친일인사들의 각종 기념사업에 대해 반대운동을 펼쳐 나갈 것이다.

먼저 지금까지 '시일야방성대곡(是日也放聲大哭)'이라는 황성신문의 논설로 온 국민의 존경을 받아 온 장지연을 거론하게 된 것에 대해 우리의 심정은 참담하기 이를 데 없다. 그러나 그 누구도 민족반역은 용서받을 수 없고, 어떤 형태로든 자신의 행위에 대해 역사적인 책임을 져야 한다.

지금 마산시 현동에 있는 장지연의 묘소는 마산시가 경남도에 품신하여 경남도문화재 94호로 지정되어 있고, 그 인근 도로가 장지연로(路)로 지정되어 있다.

마산시와 경남도는 이를 즉각 취소하고 정부는 서훈을 치탈해야 한다.

진주 출신 남인수는 많은 국민애창곡을 남긴 대중가수로서 대중들의 사랑을 받고 있는 것이 사실이다. 그러나 그의 친일행위가 뚜렷해진 이상 그를 기리는 각종 사업은 우리 국민들을 극단적인 모순과 혼동으로 몰아넣는 일이다.

따라서 해마다 개천예술제 기간에 열리는 남인수가요제는 당장 폐지하고 문화재청이 그의 생가를 문화재로 지정한 것과 진주시청의 생가복원계획은 즉각 취소, 중단되어야 한다.

밀양 출신 작곡가 박시춘 역시 같은 이유에서 이미 복원된 생가에 대한 지자체의 지원과 관리를 중단하고 폐쇄해야 한다. 또한 친일화가 김은호의 작품인 아랑각의 아랑영정을 반드시 폐출해야 한다.

그러나 이번 명단에 포함되지는 않았지만 계속해서 친일혐의로 사회적으로 문제된 인물 유치환, 이원수도 이에 해당된다.

이들이 이번에 빠진 것은 그들의 친일행위가 없어서가 아니라 2003년에 이미 선정되었던 문인들의 명단만 발표했기 때문이라는 사실을 유념해야 한다.

그럼에도 불구하고 1차 명단에서 빠진 이들의 기념사업을 주관, 주최하는 단체에서 마치 면죄부나 받은 것처럼 착각한다면 반드시 낭패를 당하고 말 것이다. 특히 유치환은 통영시장과 문협지부가 앞장서서 유치환의 친일 혐의를 전면부정 하며 친일인명사전편찬위원회와 민족문제연구소에 공문과 항의서, 메일 등을 보내 관계자들을 압박하는 부당한 행위를 저질렀고, 심지어는 항의서 발신 단체 중 일부단체는 동의도 받지 않고 명의를 도용하는 파렴치한 짓을 자행했다. 이는 전 국민들의 지탄을 받아 마땅한 일로서 통영시장과 관련단체는 즉각 사과할 것을 강력히 촉구한다.

앞으로 친일인사들의 각종 기념사업을 반대하는 구체적인 운동은 해당 지역별로 강력하게 전개해 나갈 것이다.

2005년 9월 1일

친일청산시민행동연대(준)

참가단체

- 경남단위 단체 (전국교직원노동조합경남지부, 참교육전국학부모회경남지부, 민주노총경남본부, 경남민족작가회의)
- 통영 (3·1동지회통영지부, 민족문제연구소통영시민모임, 일본군위안부와함께하는통영거제시민모임)
- 거제 (거제YMCA, 거제환경연합, 거제경실련, 참교육학부모회거제지회)
- 함안 (참여와연대를위한함안시민모임)
- 밀양 (밀양참여시민연대, 전교조밀양지회, 참교육학부모회밀양지회, 전국사회보험노조밀양지부, 밀양대학교민주동문회)
- 진주 (가톨릭노동상담소, 경남지체장애인협회진주지부, 경상대학교민주화교수협의회, 경상대학교민주동문회, 경상대학교총학생회, 기독교윤리실천진주지부, 노동자문화운동연합새노리, 살아있는민중의소리맥박, 민주노동당진주시위원회, 민주노총진주지역협의회, 진주민중연대, 참여와통일로가는진주연대, 전교조진주지회, 전국노점상진주지역연합회, 진주YMCA, 진주시농민회, 전국공무원노동조합진주지부, 진주여성농민회, 진주여성민우회, 진주여성회, 진주오광대보존회, 진주청년불교단체연합회, 진주환경운동연합, 한누리, 진주자활후견기관, 큰들문화예술센터, 진주참여연대, 참교육학부모회진주지회, 615남북공동선언실현을위한진주시민운동본부615본부)
- 마산, 창원 (경남민주언론운동시민연합, 참교육학부모회마창진지회, 열린사회희망연대, 김주열열사추모사업회, 천주교정의구현마산교구사제단, 푸른내서주민회, Corea평화연대)

우리는 더 이상 장지연을 독립운동가로 대접할 수 없다!

1905년 을사늑약의 부당함과 일본의 흉계를 통박한 황성신문의 사설 '시일야방성대곡(是日也放聲大哭)'으로 유명한 구한말의 언론인 장지연은 지금까지 대표적인 항일독립운동가로 국민들의 머릿속에 깊이 새겨져온 인물이다.

그러나 최근 몇 년 사이에 그동안 알려지지 않았던 장지연의 친일행적이 속속 밝혀져 그를 민족의 사표로 추앙해온 많은 이들의 심정을 참담하게 만들었다.

그는 조선총독부 기관지인 '매일신보'에 많은 친일 시와 논설 등을 쓴 것으로 밝혀졌다. 특히 1916년 12월 10일자 2면에 신임 총독으로 부임하는 "하세가와를 환영한다"는 '환영 하세가와(長谷川) 총독'이라는 제목의 친일 시는 가히 충격적이다.

하세가와는 1905년 이등방문과 함께 고종을 협박하여 을사늑약을 체결한 주역으로 통감부의 임시통감을 지낸 인물이며 이후 2대 조선총독으로 부임한 뒤 공포정치와 무단통치를 통해 3·1운동을 잔혹하게 탄압한 인물이다.

그의 반민족 행위는 이미 밝혀진 것만으로도 친일인명 사전에 기록되고도 남을 일이지만 최근 장지연의 또 다른 친일행적이 논란이 되고 있다.

일제 강점기 그가 주필로 재직(1909~1913년)한 경남일보사는 안중근 의사에게 처단된 이토 히로부미를 추모하는 시를 싣기도 했고, 일왕 메이지의 생일을 축하하는 한시를 게재하고 일장기를 싣는 등 일제를 찬양하는 기사로 친일에 앞장선 언론이었다고 한다. 장지연의 이런 행보는 을사늑약에 목 놓아 통곡한 사설로 2천만 동포의 심금을 울리고 일제의 간담을 서늘하게 한지 불과 4, 5년 뒤의 일로서 그의 놀라운 변절의 모습에서 현기증과 비애를 느낄 정도이다.

친일 문제만 나오면 으레 '생계론'과 '공과론'을 들고 나오는 친일 옹호론자들이 있다. 언뜻 들으면 매우 그럴듯하지만 이는 궤변일 따름이다.

생계를 위해 어쩔 수 없이 친일을 했을 것이라는 친일 옹호론을 우리가 절대로 용납

할 수 없는 이유는 이른바 생계형 친일 인사들이 자신의 안위와 입신영달 만을 도모하던 바로 그 순간, 생계는커녕 항일투쟁에 하나뿐인 자신의 목숨마저 기꺼이 받친 숱한 독립 열사들이 있었기 때문이다.

그리고 "비록 변절한 친일 인사라 해도 공과 과는 반드시 구분해야 한다"는 주장은 그 자체가 불순하고 불가한 일이다. 변절은 아무나 하는 것이 아니라 상대에게 일정한 가치가 있는 자들만 가능한 일이다.

다시 말해 변절은 자신의 공과 명성을 적에게 팔아 그 대가를 받는 행위이기에 변절자를 평가해 줄 공이란 있을 수가 없다.

일제에 빼앗긴 나라를 되찾기 위해 머나먼 이국땅에서 풍찬노숙을 하며 독립운동하다 일제의 총칼과 굶주림, 병마에 쓰러져간 독립운동가들 중 묘지는 물론 이름조차 남기지 못한 순국선열들이 헤아릴 수도 없이 많다.

그럼에도 불구하고 민족을 배신한 변절자의 묘가 버젓이 도문화재로 지정되어 지금까지 숱한 사람들의 참배를 받아왔고 무려 3km에 이르는 인근 도로가 변절자의 이름으로 지정되어 있으니 이 어찌 통탄할 일이 아닌가?

이제 친일인명 사전의 수록 예정자가 된 것을 계기로 장지연의 친일행위가 온 천하에 알려진 이상 시민들이 변절자의 도로를 지나다닐 때마다 혼란과 불쾌감, 울분 등의 스트레스를 받을 수밖에 없고 이에 따른 정신적 피해는 전적으로 해당 지자체가 책임을 져야할 일이다.

따라서 우리는 경남도와 마산시에 장지연 묘소의 문화재 지정과 도로명을 즉각 폐지할 것을 강력하게 촉구한다.

또한 우리는 지난 1962년 정부가 장지연에게 추서한 건국훈장 국민장을 치탈 할 것을 정식으로 요청할 것이다. 아울러 현 중·고교 교과서에 항일 언론인, 우국지사로 묘사된 장지연에 대해 재평가하여 수정, 보완하거나 삭제할 것을 교육당국에 건의할 예정이다. 만일 정부와 관련 지자체가 이와 같은 우리의 요구에 상응하는 조치를 취하지 않는다면 다양한 범시민 운동을 전개해 나갈 것임을 이 자리에서 분명히 밝혀 둔다.

2005년 9월 12일

친일청산시민행동연대(준)

참가단체

- 경남단위 (전국교직원노동조합경남지부, 참교육전국학부모회경남지부, 민주노총경남본부, 경남민족작가회의)
- 통영 (3·1동지회통영지부, 민족문제연구소통영시민모임, 일본군위안부와함께하는통영거제 시민모임)
- 거제 (거제YMCA, 거제환경연합, 거제경실련, 참교육학부모회거제지회)
- 함안 (참여와연대를위한함안시민모임)
- 밀양 (밀양참여시민연대, 전교조밀양지회, 참교육학부모회밀양지회, 전국사회보험노조밀양 지부, 밀양대학교민주동문회)
- 진주 (가톨릭노동상담소, 경남지체장애인협회진주지부, 경상대학교민주화교수협의회, 경상 대학교민주동문회, 경상대학교총학생회, 기독교윤리실천진주지부, 노동자문화운동연합 새 노리, 살아있는민중의소리 맥박, 민주노동당진주시위원회, 민주노총진주지역협의회, 진주 민중연대, 참여와통일로가는진주연대, 전교조진주지회, 전국노점상진주지역연합회, 진주 YMCA, 진주시농민회, 전국공무원노동조합진주지부, 진주여성농민회, 진주여성민우회, 진 주여성회, 진주오광대보존회, 진주청년불교단체연합회, 진주환경운동연합, 한누리, 진주자 활후견기관, 큰들문화예술센터, 진주참여연대, 참교육학부모회진주지회, 615남북공동선언 실현을위한진주시민운동본부615본부)
- 마산,창원 (경남민주언론운동시민연합, 참교육학부모회마창진지회, 경남여성장애인연대, 열린사회희망연대, 김주열열사추모사업회, 천주교정의구현마산교구사제단, 푸른내서주민 회, 용담동우회, Corea평화연대)

경상남도는 장지연묘소 문화재 지정을 즉각 철회하라!

우리는 장지연을 비롯한 독립유공자 19명의 서훈이 취소된 것은 너무나 당연한 결정으로 환영한다. 특히 1905년 일본의 강압으로 을사조약이 체결되자 황성신문에 '시일야방성대곡(是日也放聲大哭, 오늘 목 놓아 통곡한다)'이라는 사설을 써서 일본의 흉계를 통박하고 고초를 당한 사실로 널리 알려진 장지연은 창원시와는 많은 인연을 가진 사람이다. 그의 묘소가 노년에 생을 보냈던 옛 마산에 있기 때문이다. 그러나 수년전, 뒤늦게 그가 친일언론인으로 변절한 사실이 밝혀져 우리는 장지연 묘소의 도문화재자료 지정을 철회해 줄 것을 경남도에 요구한바 있었지만 지금까지 합당한 조치를 취하지 못하고 미적거리고 있었다. 그러나 이제 정부에서 그의 서훈을 치탈한 이상 하루라도 더 머뭇거릴 이유가 없다. 즉각 문화재 지정을 철회해야 한다.

혹자는 장지연과 같이 한때나마 일제에 강력히 저항한 애국애족 인사들에 대해 일말의 인간적인 연민을 느낄 수도 있다. 심지어 공과 과를 서로 상쇄시키고자 하는 이들도 있다. 그러나 일제 강점기에 민족에게 희망과 용기를 준 독립투사가 친일로 변절한 행위를 도저히 용서할 수 없는 이유는 변절자들은 어떤 친일분자들 보다 더 효과적으로 민족의 독립의지를 약화시킬 수 있는 힘을 발휘했기 때문이다. 이렇게 변절은 실로 엄중한 민족범죄 행위이다. 따라서 평생을 독립운동에 몸 바쳐 오다 마지막 한번 변절했다면 그는 독립운동가가 아니고 명백히 민족을 배신한 친일분자일 따름이다. 우리는 이들의 서훈 취소가 지금 이 시대에도 오로지 자신의 이익과 권력만을 좇아 신의도 신념도 순식간에 바꾸는 기회주의자들에게 울리는 경종이 되길 바란다.

다시 한 번 우리는 장지연 묘소의 문화재 지정을 즉각적으로 철회해 줄 것을 강력하게 촉구한다.

2010년 12월 13일

열린사회희망연대

장지연 등의 서훈 취소 결정에 대한 우리의 입장

어제(5일) 국무총리가 주재하는 국무회의에서 장지연을 비롯한 19명의 독립유공자에 대한 서훈 취소 결정을 환영한다.

이는 너무나 당연한 일이며 이일을 계기로 지금도 국민들로부터 위임받은 권력을 불의 부당하게 휘두르며 역사를 두려워 할 줄 모르는 자들에게 역사의 심판이 얼마나 냉엄한지를 깨닫고 교훈으로 삼기 바란다.

특히, 최근 우리지역에서 친일작가들을 시민들의 사표로 내세우며 친일을 두둔, 옹호, 지원하는 사람들이 각성해 주기를 권고한다.

2011년 4월 6일

열린사회희망연대

'남인수가요제' 명칭 즉각 폐지하라!

지난 24일 '남인수가요제 관련 심의위원회'는 '남인수 가요제' 명칭을 그대로 사용하기로 결정했다. 이 날의 결정으로 개천예술제 기간인 오는 10월 9일 또 다시 친일파 남인수를 기리는 가요제가 또 다시 열리게 된다.

지난 8월 18일 반민특위 해산 이후 57년 만에 친일파 재산을 되찾기 위한 범정부 기구인 친일반민족행위자 재산조사위원회가 출범했다. 이는 '친일청산을 더는 미룰 수 없다'는 국민적 여망의 발현이다. 남인수가요제 명칭 유지 결정은 이러한 시대의 요구에도 역행하는 소아병적인 발상이다.

"친일파로 확실히 판명되면 가요제를 폐지하는 등 논의를 진행하겠다"는 심의위의 결정은 참으로 '어처구니가 없다' 할 밖에 달리 할 말이 없다.

남인수는 내선일체 영화 주제가 '그대와 나', 식민지 젊은이들을 군국주의 전쟁터로 내몬 '혈서지원' 같은 노래를 부른 친일의 선봉대였다. 이같이 명백한 친일의 증거를 두고서 친일인명사전이 발간되는 날까지라도 그 명칭을 유지하겠다는 것은 그들 스스로 진주시와 시민을 욕되게 하는 일이다.

이런 친일인사에 대한 기념사업을 국민의 혈세로 주최 또는 지원한다는 것은 우선 항일순국열사들에 대한 모욕이다. 아울러 국민의 가치관에 혼돈을 줄뿐만 아니라 반성 없는 친일파와 그의 후손들에게 또 다른 면죄부를 주는 셈이다.

진주시가 진정 지역을 자랑스러운 고장으로 만들고 싶다면 지금이라도 남인수가요제 명칭을 즉각 폐지하고 이번 심의위의 결정에 대해 시민들에게 사과해야 한다.

2006년 9월 1일

친일청산시민행동연대(준)

참가단체

- 경남단위 (전국교직원노동조합경남지부, 참교육전국학부모회경남지부, 민주노총경남본부, 경남민족작가회의)
- 통영 (3·1동지회통영지부, 민족문제연구소통영시민모임, 일본군위안부와함께하는통영거제 시민모임)
- 거제 (거제YMCA, 거제환경연합, 거제경실련, 참교육학부모회거제지회)
- 함안 (참여와연대를위한함안시민모임)
- 밀양 (밀양참여시민연대, 전교조밀양지회, 참교육학부모회밀양지회, 전국사회보험노조밀양 지부, 밀양대학교민주동문회)
- 진주 (가톨릭노동상담소, 경남지체장애인협회진주지부, 경상대학교민주화교수협의회, 경상 대학교민주동문회, 경상대학교총학생회, 기독교윤리실천진주지부, 노동자문화운동연합 새 노리, 살아있는민중의소리 맥박, 민주노동당진주시위원회, 민주노총진주지역협의회, 진주 민중연대, 참여와통일로가는진주연대, 전교조진주지회, 전국노점상진주지역연합회, 진주 YMCA, 진주YWCA, 진주시농민회, 전국공무원노동조합진주지부, 진주여성농민회, 진주여 성민우회, 진주여성회, 진주오광대보존회, 진주청년불교단체연합회, 진주환경운동연합, 한 누리, 진주자활후견기관, 큰들문화예술센터, 진주참여연대, 참교육학부모회진주지회, 615 남북공동선언실현을위한진주시민운동본부615본부)
- 마산, 창원 (경남민주언론운동시민연합, 참교육학부모회 마창진지회, 열린사회희망연대, 김주열열사추모사업회, 천주교정의구현마산교구사제단, 푸른내서주민회, Corea평화연대)

민족문제연구소
친일인사 명단발표를 환영한다

오늘 민족문제 연구소에서 발표한 친일인사 명단을 보면서 진실과 역사정의를 위해 정말 다행한 일이라 생각하지 않을 수 없다.

특히 기념관과 관련하여 희망연대가 강력히 반대해온 조두남과 윤해영이 포함된 것은 뒤늦은 일이기는 하지만 당연한 결정이기에 이를 환영한다.

다만 만선일보에 일제를 찬양한 글이 나온 확실한 물증이 있음에도 불구하고 유치환이 이번 명단에 들어가지 않은 것이 아쉽기는 하지만 앞으로 조사연구가 더 보완되어 결정 될 것이라는 것을 우리는 믿어 의심치 않는다.

그 동안 우리는 친일 친 독재 청산 없이는 무엇이 옳고 그른지 알 수 없는 어지러운 세상을 바로잡아 상식이 통하는 사회를 만들어야 한다는 생각으로 지역의 친일, 친 독재 잔재를 청산하기 위해 온몸으로 싸워왔다.

민족문제 연구소의 노력은 단순한 민족주의적 입장이 아니라 진실, 정의와 양심과 같은 인류보편적인 가치를 지키고자 하는 노력이라는 점에서 희망연대는 다시 한 번 민족문제연구소의 용기와 노고를 치하하며 감사드린다.

2008년 4월 29일

열린사회희망연대

공동대표 : 이암, 김종연, 박철, 이동근, 이성립, 조광호

경상남도 관광 진흥 마스트플랜의 명인선정은 문화관광 자원이 아니라 도민갈등 자원이다

우리는 며칠 전 경상남도가 경남발전연구원에 용역을 맡겨 경남의 관광 진흥을 위한 마스트플랜을 수립했다는 사실을 뒤늦게 알게 되었다. 진보신당의 여영국 도의원이 문제를 제기하고 나섰기 때문이다.

친일과 친 독재로 많은 말썽을 빚어온 남인수, 유치환, 이은상 같은 인물과 이병철, 조홍제와 같은 재벌그룹 창업주들이 경남 관광자원 10대 명품콘텐츠 중 '명인club'에 들어간 것을 보고 사회적 비판을 받고 있는 인물들과 시민사회의 합의가 이루어지지 않은 인물들이 명인에 등재되었다는 이유였다. 우리 역시 여영국 의원과 같은 생각이다.

그러지 않아도 최근 도시재생 사업이니 도시브랜드니 하면서 지자체의 공무원들과 용역을 맡은 연구원들이 번번이 이런 인물들을 마치 보물이라도 찾은 듯이 거명하고 나오는 걸 보면서 그들의 몰지각한 역사의식과 비상식적인 발상에 놀라지 않을 수 없었다. 그런데 또 다시 비슷한 경우를 보게 되니 심히 유감스럽지 않을 수 없다. 연구용역비 1억 원도 적지 않은 금액이며 이는 모두 도민의 세금이다. 이 아까운 돈으로 이왕이면 좀 더 진지한 조사, 연구를 했더라면 누구에게나 자랑스러운 경남의 명인들을 발굴할 수도 있었을 텐데 하는 아쉬움과 안타까움도 크다.

또 하나 이해하기 어려운 것은 말썽이 일어나자 용역을 수행한 관계자들이 재빠르게 해명하고 나선 말이다. "기존에 관광마케팅 자원으로 활용 되어온 인물을 재정리한 것이며 생가복원을 한다든지, 기념사업을 펼치겠다는 계획이 없다" "시군자료를 취합한 것 이상의 의미는 없다"고 했다고 한다.

이런 해명은 얼핏 들어도 '스스로 깊이 있는 연구와 고민이 없었다'는 고백으로 들려 입이 씁쓸해진다.

어쨌든 용역기관에서 나온 관광 진흥 마스트플랜은 향후 5년간의 경남관광 정책을 추진하는 실무지침서가 될 수밖에 없을 것이다.

따라서 이번에 문제가 된 인물들의 생가복원이나, 기념사업을 펼치겠다는 구체적인 계획까지는 없다고 하는 변명은 하나마나한 소리일 뿐이다.

이미 경남도의 관광 진흥 마스트플랜에 그들을 이름이 명인으로 버젓이 올라있는 것 만으로도 관련 시, 군 지자체에서는 도가 지정한 문화 관광 자원이라며 예산을 확보할 명분과 의회와 주민들을 설득할 자료를 충분히 만들어 주었기 때문이다. 또한 경남도는 앞으로 이와 관련해서 관련 시, 군이 도비지원을 요청해 올 때 거부하기 어렵게 될 것이다.

앞서 제기된 명인문제는 이미 용역기관 연구원들의 손을 떠난 지 오래되었기에 그들이 대답하고 책임질 성격이 아니다. 이 연구용역 결과물을 앞으로 활용하고 추진, 집행할 주체는 경상남도이다. 그러기에 말썽이 된 명인문제를 어떻게 처리할 것인지에 대해 경상남도가 직접 나서서 대답해야 한다.

우리는 지역민들의 지탄과 갈등을 불러일으킬 소지가 많은 명인(?)들이 절대로 훌륭한 문화관광 자원이 될 수 없을 뿐만 아니라 오히려 도민들의 갈등을 부추기는 도민갈등 자원이 될 뿐이라고 단언한다.

이에 대해 우리는 경남 도정 책임자로부터 답을 듣고 싶다.

2011년 2월 25일

열린사회희망연대

박완수 시장은 친일음악가 반야월을 기념하는 '노래비 공원조성사업'을 즉각 철회하라!

창원시는 친일음악가 반야월을 기념하기 위해 '산장의 여인 노래비 건립 및 공원조성사업' 을 수립하고, 2013년 말까지 완공을 목표로 올해 9억 원의 예산은 이미 편성되었으며 앞으로 해마다 추가 예산이 편성될 것으로 예상되고 있다. 이를 위해 박완수 시장은 지난 9월 4일 보건복지부 관할인 국립마산병원과 양해각서(MOU)를 체결하고 이 사실을 언론에 알려 홍보했다.

그런데 갑자기 이 모든 계획을 내년으로 미루고, 시민들과의 간담회조차 무기 연기한다고 한다. 이는 친일 문제에 반발하는 시민들의 반대에 부딪혔기 때문이다. 하지만 이 사업은 미루어야할 일이 아니라 완전히 취소되고 편성된 예산은 다시 환수되어야 마땅하다. 그동안 우리지역에서 친일인사의 기념사업과 관련된 문제는 끊임없는 말썽을 만들어 왔다. 그러나 매번 시민의 혈세로 지원한 친일인사 기념사업은 시민들에 의해 저지당해 왔다. 특히 박완수 시장은 지난해 이원수 문제로 곤욕을 치른바 있다. 그럼에도 불구하고 또 다시 친일행위자를 기념하는 사업에 스스로 앞장선다는 것은 도저히 이해할 수 없는 일이며 지탄받아 마땅한 일이다.

일본을 보라! 일본의 보수 우익들은 일제강점기 우리민족에게 자행한 만행에 대한 반성은커녕 지금도 우리의 역사와 주권에 대한 왜곡과 침탈야욕을 멈추지 않고 있다. 지금 일본은 우리의 독도를 '영유권 분쟁 지역화' 하기 위해 "국제사법재판소(ICJ)에 공동제소하자"는 뻔뻔스러운 제안까지 하고 있다. 이처럼 일본이 지금도 일제 침략근성을 버리지 못하고 있기에 중국을 비롯한 아시아 국가들도 일본에 대한 경계와 긴장의 끈을 놓지 않고 있다. 게다가 일본의 보수우익들과 정치인들은 위안부문제를 두고 '증거가 없다'는 억지 주장으로 위안부 할머니들을 두 번 죽이고 있다. 그들의 치 떨리는 작태를 보면서도 도대체 대한민국의 보수 세력들은 일제에 동조, 협력한 반민족 친일 행위자들에게 어째서 이렇게 관대한가?

반야월은 일제강점기 일제 침략전쟁을 찬양하며, 조선의 젊은이들을 일제의 침략전쟁에 총알받이로 내모는데 힘을 보태는 반민족행위를 했던 자이다. 그런데 그를 기념하기 위해, 그가 쓴 곡으로 노래비를 세우고, 그의 흉상을 만들고, 매년 정기적으로 '반야월 가요제'를 주최하겠다는 의도가 명백한 공원을 조성한다는 것은 용납 할 수 없는 일이다. 반야월은 몇 년 전, 그의 기념사업을 염두에 둔 주변 사람들의 간곡한 권유에 의해 '어쩔 수 없었다'며 몇 마디 사과를 한바 있다. 하지만 그것으로 그의 친일행위가 모두 면죄 될 수는 없다. 진정한 반성과 참회는 "민족을 배신했던 나를 기리는 어떤 일도 하지 말라"라고 하는 것이 옳은 일이기 때문이다. 지금 일본의 보수우익들은 대한민국의 수도 서울 한 복판까지 들어와 '말뚝테러'를 자행 하고 있다. 이는 대한민국의 일부 보수 세력들이 이런 친일 행위자들에게 너무나 관대하고 심지어 호의적이기까지 한 태도가 그들을 고무시키는데 한 몫을 하고 있기 때문이다.

따라서 우리는 창원시와 창원시의회에 다음과 같이 강력히 촉구한다.

1. 박완수 시장은 이 사업을 즉각 철회하고 예산을 환수하라!

1. 창원시의회는 연말 결산 추경 시 이 사업의 예산을 전액 삭감하라!

1. 창원시와 의회는 친일인사 기념사업 지원을 금지하는 조례를 제정하라!

우리는 위의 요구가 관철되고, 친일 유명 인사들을 앞세운 기념사업으로 자신들의 이득을 취하려는 몰염치한 세력들이 이 땅에서 한줌 남김없이 뿌리 뽑힐 때까지 시민들과 함께 모든 방법을 동원해 끝까지 싸워나갈 것이다.

2012년 10월 15일

친일음악가 반야월기념사업 반대를 위한 창원시민대책위

2장

친일청산 관련 자료

친일청산 시민행동연대 준비위원회 단체목적 및 계획

2004. 9. 2

【 단체의 목적 】

1. 친일반민족행위가 명백한 인물을 정부와 지방자치단체 또는 법인이나 운영위원회 등의 명의로 된 민간 기구에서 기념사업을 하고 있거나 계획 중인 모든 친일인사들의 기념사업 중단 및 폐지와 각종 기념물의 철거를 강력히 촉구하고 이와 관련한 범국민적 친일 청산운동을 전개한다.
2. 친일혐의가 계속 거론되고 있는 인물임에도 불구하고 철저한 조사, 연구, 검증 없이 정부와 지방자차단체 또는 법인이나 운영위원회 등의 명의로 된 민간 기구에서 기념사업을 하고 있거나 계획 중인 경우도 위와 같은 친일 청산운동에 포함한다.
3. 폐지되거나 철거되는 각종 유무형의 유물과 자료는 '친일청산 박물관' (예 : 독립기념관 내 특별 전시실 마련)을 만들어 한곳에 전시하여 역사교육의 장으로 활용하도록 한다.
4. 일제에 항거하여 민족해방과 조국독립에 헌신하여 민족의 사표가 될 만한 인물들을 찾아 재조명하고 그 분들을 기리는 사업이 전혀 없거나 불충분할 경우 정부와

지방자치 단체 또는 민간단체와 시민들과 함께 역사 발굴 사업과 기념사업을 적극적으로 추진한다.

5. 각종 친일 연구단체와 학자, 향토사 연구자들, 지역 역사교사모임, 교육 관련단체 등과 협력하여 친일 진상 규명을 통해 진실을 밝히고 민족정기와 역사, 그리고 국민들의 가치관을 바로세우는 일에 앞장선다.
6. 위와 같은 사업의 실질적인 성과를 거두기 위해 그 동안 전국의 각 해당지역에서 개별적으로 이루어진 친일기념사업 반대운동에 앞장서온 시민단체들의 경험과 사례를 서로 공유하고 전국 차원의 공동연구, 공동대응으로 효과적이고 위력적인 친일 청산운동을 위해 전국 규모의 시민행동기구를 구성하고자 한다.

【 사업계획 】

▶ 단기사업

1. 현재 각 지역 (현재 경남에서만 7개 지역)에서 현안으로 쟁점이 되고 있는 친일인물의 기념사업에 대한 토론회, 강연회, 전시회 등을 정기적으로 개최한다.
   ① 9월 2일 청마관련 초청 강연
   ② 9월 중순 이원수 관련
2. 각 지역 출신의 독립 애국지사들을 기리고 시민들에게 널리 알리기 위한 각종사업을 전개한다.
   ① 친일청산 3보 1배
   ㉠ 마산 3·15탑 → 진전 8의사 창의탑 → 죽헌 이교재 선생 묘소 → 진북 3·1독립만세 순국 8의사묘역까지 총 26Km, 예정일 : 9월 9일 ~ 9월 13일까지 (4박 5일)
   ㉡ 통영 청마 유치환 문학관 → 허장완 열사 묘소 참배 약 4Km
   예정일 : 9월 15일(1일)

3. '친일음악의 진상 전' 전시회 (진주, 밀양)
4. 경남의 차원을 넘어 전국적 규모의 '친일청산 시민행동연대'의 정식 출범은 10월 1일로 예정하고 오늘 부터 전국 각 시민단체에 제안서를 보낸다.
5. 기타 - 친일청산 염원 돌탑 쌓기, 독립애국지사에 대한 일제 미 청산 사죄 진혼굿 등.

▶ 장기사업

1. 경남지역을 비롯한 전국의 친일파 조사 DB
2. 전국 각지에서 진행 중인 친일 기념사업과 전국 곳곳에 산재한 각종 우무형의 기념물 DB
3. 전국의 친일인사 기념사업 반대운동의 사례와 현황을 자료화
4. '사이버 친일 기념관'을 만들어 현재 기념되고 있는 친일 인사들의 친일행위와 각종 자료를 전시한다.
5. 잃어버린 애국지사 묘소 찾기 운동 (거제 주종찬 선생 등)
6. 잊혀진 독립투사 찾기 (밀양 의열단 김원봉 단장, 거제 윤택근 선생 등)
7. 학생들이 배우는 교과서와 각종 교재에 실린 친일인사들의 문화 예술 작품은 그의 친일 행위가 반드시 반영되어 수정, 보완, 삭제 등 적절한 조치가 취해지도록 한다.
8. 기타 친일진상 규명을 위한 사업

경남 친일인사들의 각종 기념사업 현황

경남에서 문제가 되고 있는 친일인사들의 각종 기념사업 현황

지역	친일논란 인사	기념사업 추진현황
통영	유치환 (시인)	2000년 통영시에서 청마문학관 건립과 청마문학상 제정. 2004년에는 통영 중앙우체국을 유치환의 호를 딴 청마우체국으로 변경하기 위한 사업을 추진 중 이에 반대 성명서를 낸 시민단체 대표 3명을 청마 유족이 통영문인협회를 대리인으로 내세워 명예훼손으로 고발.
거제	유치환 (시인)	거제시 둔덕면에 유치환 생가 복원, 흉상과 시비제작, 인근의 역사유적지인 패왕성과 함께 청마로 제정 등, 대대적인 관광 테마공원 조성계획
밀양	박시춘 (작곡가)	'애수의 소야곡' '이별의 부산정거장' 등 숱한 대중가요를 작곡한 박시춘은 일제시대 이른바 '대동아 공영권 전쟁'에 조선인들을 징용 등 전시체제에 동원하기 위해 '혈서지원' '진두의 남편' '결사대의 아내' 등 많은 군국주의 찬양 곡을 작곡했다. 2002년 밀양시에서 박시춘의 생가복원, 노래비 (애수의 소야곡), "박시춘 가요제"를 2회 실시했으나 지역시민단체의 반발로 올해(2006년)부터 '밀양아리랑 가요제'로 명칭이 변경되었음. 그러나 지역 시민단체는 박시춘 생가 및 노래비 철거운동을 계획하고 있음.
진주	남인수 (가수) 김은호 (화가)	• 가수 남인수는 진주 출신으로 30년대 중반부터 ~ 60년대 초까지 우리나라 최고의 인기가수였고 많은 노래를 남겼다. 그러나 일제시대 '혈서지원'등 일본군국주의를 찬양하는 노래를 불렀다. 몇 년 전 남인수가요제가 개최되어 2회 실시, 올해(2006년)는 친일 말썽으로 중단, 그러나 가요제 추진세력들과 반대 시민단체들 사이에 긴장은 계속됨. • 진주성의 논개 영정이 대표적인 친일화가인 김은호의 작품으로 진주의 시민단체들이 현재의 영정을 철거하고 새 영정으로 바꾸어야 한다는 운동이 오래전부터 있었으나 전혀 반영이 안 되는 상태로 계속 문제가 되고 있음.
함안	조연현 (문학평론가)	함안 출신인 문학평론가 조연현은 2년 전(2004년) 함안군에서 '조연현 문학관' 건립추진 시도가 있었으나 시민단체의 저지 운동으로 중단된 상태임. 그러나 조연현의 제자들과 문인협회에서 함안군에 기념사업을 계속적으로 요구하고 있는 상태임.
창원	이원수 (아동문학가)	창원의 이원수 문학관은 이원수의 친일작품(낙하산, 지원병을 보내며 등)이 이미 밝혀져 말썽이 예상됨에도 불구하고 창원시에서 본래 계획했던 서상동의 서상도서관의 명칭을 굳이 이원수의 대표작인 '고향의 봄' 도서관으로 바꾸어 가면서 1층에 이원수 문학관을 존치했음.
마산	조두남 (음악가) 이은상 (시조, 시인)	조두남기념관과 노산문학관은 시민단체의 반대로 그 이름과 용도가 변경되어 마산음악관과 마산문학관으로 바꾸어 마산 출신의 음악가와 문인들의 종합적인 기념관으로 건립하기로 함. 그러나 아직 규모는 작지만 조두남, 이은상의 노래비, 시비, 기타 기념물이 잔존해 있는 상태이며 시민단체에서 철거운동을 벌이고 있는 중임. • 조두남기념관 소요 예산 약 12억원 (국비-5,700 도비- 1,300 시비-4,700) • 이은상기념관 소요 예산 약 50억원 (국비-6억 도비-16억 시비-42억중 공사비는 건축8억 몇 천, 전시물-3억 이상으로 대략 12억 정도 나머지는 토지매입비)
기타지역		현재 관련 협의에 대해 연구, 조사, 검토 중이며 해당 지역 시민단체와 협의 중

| 발문 |

백서 발간 뒷이야기

열린사회희망연대 백서 발간은 나에게 오랫동안 무거운 짐이었다.

벌써 3년 전에 운영위로부터 백서편찬위원장이라는 막중한 책임을 부여받고 자료수집 등 기초 작업을 시작했으나, 우리와 반대방향으로만 진행되던 창원시장 안상수의 문화정책, 경남지사 홍준표의 무상급식 중단, 그리고 박근혜 퇴진 촛불집회로 이어진 일련의 정치적 상황 속에서 백서 발간은 엄두를 내지 못했다.

그러다 올해 들어와 어떠한 일이 있어도 반드시 20주년 백서를 발간해야 한다는 다짐을 스스로에게 하고서도 선뜻 일이 손에 잡히지 않았다.

그렇게 우물쭈물하던 중 생각지도 못한 일이 터졌다.

지난 8월 초, 타지에 나가 일을 보고 있는데 잘 아는 한 언론사 기자로부터 전화가 왔다. 대뜸 설명도 없이 "지금 빨리 마산음악관으로 가보이소"라고 했다. 뭔가 심각한 일이 생겼구나 하는 예감이 들었지만 더 이상 묻지 않고 "알았다"며 짧게 대답하고 전화를 끊었다. 이틀 뒤, 수년 동안 가본 일이 없는 마산음악관으로 달려갔다. 음악관 내부가 많이 바뀌어 있었다. 15년 전에 쫓겨나간 조두남의 흉상이 돌아와 방문객을 맞이했고, 흔적도 없이 지워졌던 선구자 악보와 가사도 버젓이 걸려있을 뿐만 아니라 음악관 명칭 변경 반대에 앞장섰던 조두남의 수제자 김봉천이 조두남, 이일래, 이인수 선생과 어깨를 나란히 하여 음악관에 한자리를 차지하고 있었다.

친일에 점령당한 음악관 내부를 둘러보면서 항일세력이 친일세력에게 역청산당한 불의의 역사를 떠 올리며 몸서리를 쳤다. 그리고 정신이 번쩍 들면서 희망연대 백서 발간사업을 서둘러야 하겠다는 생각이 들었다.

2012년 12월 20일, 대통령 당선이 확정된 박근혜의 첫 일정은 국립현충원 참배였다. 그녀는 많은 수행원과 함께 박정희의 묘 앞에서 한동안 가만히 서서 한곳을 응시하고 있었다. 그건 묘비명이었다. 그 묘비명을 쓴 사람이 바로 이은상이다.

박근혜의 당선에 고무된 이추문(이은상을 추앙하는 문인들)들은 지난 2005년 마산시의회에서 14대 13으로 이은상(노산)문학관이 마산문학관으로 바뀌어 버린 그날의 패배와 치욕을 반드시 되갚고 문학관의 이름을 되찾으리라는 각오를 다지기라도 한 듯 그들의 움직임은 재빠르고 과감했다.

박근혜가 미처 취임식(2013년 2월 25일)도 하기 전인 2월 5일, 마산역 광장에 엄청난 규모의 가고파 석비가 우뚝 세워졌다.

공공의 장소인 마산역 광장의 가고파 시비로 치열한 논쟁이 진행되던 2013년 4월 27일 경남시조시인협회가 주최한 '노산 이은상 시조선집 가고파 출판기념회'는 또 다른 말썽을 일으켰다.

이날 초청 강연자로 나온 윤재근(한양대 명예교수)이 "가고파는 마산시민에게 1년에 몇백만 원씩을 갖다 줄 수 있는 상품"이라며 이런 엄청난 상품을 가지고 있으면서 활용하지 못하는 것에 대해 마산 시민 정신이 '우둔하다'고 말했다.

지역에서 그의 발언이 큰 문제가 되어 결국 시민들로부터 마산시민 명예훼손으로 고소당했으나, 이추문들은 수십 명의 연명으로 그런 발언을 한 적이 없다는 탄원서를 보내 무혐의 처리했다.

은상이샘을 조작한 시인들이 또 거짓 증언을 했다. 거짓말도 집단으로 하면 양심의 가책도 못 느끼는 모양이다.

2013년 6월 4일, 마산시민 7명이 검찰에 고소장을 제출하는 날 윤재근 교수는 오마이뉴스 윤성효 기자와의 전화 인터뷰에서 "강연 때 우둔하다는 말을 한 것은 맞다" "나쁜 의미가 아니었는데 예민하게 받아들이는 것 같다"고 말했다. (2013. 6. 4. 오마이뉴스)

윤재근 교수는 자신의 발언을 명백하게 인정했다.

2013년 7월 9일 '노산 가고파 시비 보존 및 마산 사랑 범시민 결의대회'가 열린 9일 저녁 마산역에는 300여 명의 시민이 모였다.

'노산 가고파 시비 보존회'가 주최하고 50여 개 단체가 참여한 이날 행사를 보도한 경남도민일보의 기사 제목은 이랬다 「'빨갱이 타령'으로 얼룩진 이은상 시비 보전 집회」

이날 연사로 나온 사람들은 김복근(노산시조연구회 회장), 조용식(경남상인연합회 회장), 홍판출(전 노산동주민자치위원장), 김봉호(남마산 로타리클럽 회장), 전석환(대한민국 건국회 수석부대표, 황해도본부장)이었다.

특히 이날 후원단체라는 명분으로 서울에서 내려온 전석환은 "내 고향은 이북이다. 빨갱이 새××은 동네 존경받는 분들의 비를 부수고 다니는 게 일이었다. 김대중 노무현 정부 동안 빨갱이 새××이 우리 주변에서 기고만장했다. 잘나가는 사람들을 몽땅 없애라는 지령을 받은 놈들이다"라고 말했다.

대한민국 건국회는 도대체 어떤 단체이며 어떤 인연으로 마산에 와서 빨갱이 소리를 연발했을까? 대한민국 건국회의 전신은 청우회이다. 우익청년 단체로 1962년 12월 청우회(靑友會)로 발족하여 1972년 박정희의 시월유신 지지성명을 발표할 때 청우회 회장이 바로 이은상이었다.

이날 병원에 입원해 있었던 나는 상당한 시간이 지나고 나서 이 소식을 알게 되었다. 우리는 몇 달 뒤, 가고파 석비 옆에 '민주성지 수호비'를 세워 그들에게 대답했다.

2014년은 6.4지방선거가 있었고 창원시장에 새누리당의 안상수 후보가 출마하여 당선되었다. 선거기간 중 이은상문학관을 추진하는 문인들이 안상수 후보 선거캠프에 결합해 있다는 소문이 나돌았다.

2015년 새해가 시작되자마자 창원시가 도시재생사업의 일환으로 이은상 작품을 주제로 한 골목길 테마조성사업이 착수 단계에 들어갈 것이라는 짤막한 기사가 났다. 우리는 즉각 그 사업을 중단할 것을 촉구하는 기자회견을 했다.

그러나 시에서 돌아온 대답은 계획은 있었지만 아직 구체적인 실행 단계가 아니라는 것이었다. 나중에 안 일이지만 전년도에 국비를 신청하여 이미 확보한 상태였다.

2016년 들어와 지난해 초 우리가 반대 기자회견까지 했던 노산동 가고파 테마 골목이 마치 비밀 프로젝트인양 소리 소문 없이 조용히 완성됐다. 기자들도 미처 모르고 있었다.

국비와 시비 11억 5000만 원을 들인 '가고파 테마 골목'은 북마산 3·15의거비 눈앞에서 시작해 마산문학관 입구까지 좁은 골목을 넓게 확장하고 곳곳에 기념물을 설치해 "이 동네 주인은 이은상이다"는 영역표시를 확실하게 해두었다. 지금은 그 골목이 완전히 주민들의 주차장으로 변했다.

이에 우리는 북마산 3·15의거 현장부터 먼저 챙기라며 '은상이샘' 철거 운동을 맹렬히 벌여나갔다.

담당부서인 관광문화국(국장 허종길) 국장을 비롯해 과장, 계장과 말단 직원들까지 치밀한 준비를 하고 있었던 듯 우리의 주장을 반박하는 기자회견까지 하고 나섰다. 예사롭지 않은 반응이었다. 우리 역시 쉽게 물러서지 않자 이례적으로 안상수 시장이 직접 '은상이샘' 현장에 나와 기자들을 불러 놓고 철거불가를 선언했다.

이어서 7월 1일, 안상수 시장은 이은상의 가고파, 조두남의 선구자, 이원수의 고향의 봄을 우리 지역의 자랑스러운 문화자산임을 천명하고 '문화예술특별시 선포식'을 대규모로 거행했다. 모든 언론이 크게 띄워줬다.

이로써 마산문학관을 이은상(노산)문학관으로 다시 바꿀 수 있는 행정적 근거를 마련해 놓은 셈이다.

그러나 2016년 10월 29일 박근혜 퇴진을 외치는 첫 촛불집회가 광화문에서 열렸고 2017년 3월 10일 박근혜가 탄핵되면서 지난 4년 동안 거침없이 진행된 이은상문학관 프로젝트는 성공을 바로 눈앞에 두고 다시 원점으로 돌아가게 되었다.

최근 어느 지인이 직접 보고 들은 이야기를 나한테 해주었다. 마산문학관을 이은상문학관으로 복원해야 한다며 대여섯 명의 시인들이 뭉쳐 다니며 맹렬하게 여론몰이를 하고 다니더라는 것이다.

세상이 바뀌었는데도 그들이 이은상문학관을 포기하지 않는 것은 지방권력에 기생하여 기득권을 누렸던 자들과 토호세력들이 아직도 건재하기 때문이다.

긴장의 끈을 놓을 수 없는 이유다. 그러나 긴 호흡이 필요하다. 백서부터 내고 보자고 스스로 마음을 다잡았다.

백서 작업이 거의 마무리되어 갈 무렵 한숨을 돌리느라 찻잔을 들고 탁자 위에 펼쳐진 신문을 건성으로 훑어보다 기사 속에 나오는 이름 하나가 눈에 확 들어왔다. 이 기사를 보기 바로 직전 그가 최근 어느 토크 콘서트에서 창원의 여성독립운동가 김조이, 김명시 이야기를 했다는 말을 들었기에 기사내용을 찬찬이 읽어 보니 '3·1독립운동 100주년 기념 학술심포지엄'에서 일제강점기 창원지역 출신 여성 독립운동가들에 대한 발제를 했다는 내용이었다.

그는 친일작가의 문학관에 시민의 혈세를 지원해서는 안 된다는 우리와는 반대 입장으로 TV토론(2011년, KBS)에 나와 이원수를 철저히 비호했다. 그는 지금도 이원수 문학이 그의 삶 자체인 인물이기에 이 기사가 나를 몹시 혼란스럽게 했다.

도대체 이 상황은 뭐지? 이원수의 친일은 문학관에 곱게 모셔두고 밖에 나와서는 독립운동 이야기라니…. 문득 해방 후 비슷한 사례들이 떠올라 그의 행동이 이해가 될 것 같기도 했다.

해방이 되자 친일여류작가 모윤숙, 노천명 등은 재빠르게 여성 독립운동가들을 찾아다니며 인터뷰한 항일투쟁 이야기를 신문 특집기사로 앞다투어 실었다.

얼마 후 또다시 다른 길을 선택한 모윤숙, 노천명의 기회주의적 행동과 지금 그의 행보가 어쩐지 닮아 보여 쓴웃음을 지었다.

2011년은 아동문학가 이원수 탄생 100주년이 되는 해로서 시의 예산으로 친일작가의 대규모 기념사업을 하는 데 대해 시민들의 반대여론이 비등했다.

지역 언론들의 관심이 높아 연일 보도를 하고 있는데 이상하게 마산MBC에서는 관련 보도를 하지 않아 MBC의 무관심한 태도를 의아하게 생각하고 있던 중 MBC 토론 프로그램 〈대찬토크 말씀〉에 출연해 달라는 요청이 들어왔다.

그날 토론에서 기억에 남은 것은 다른 방송국과 달리 특이하게도 사회자가 두 사람이었다. 한 사람은 낯익은 아나운서였고 시사평론가로 소개된 또 한 사회자는 개성 있는 복장에 몸이 약간 비대했고 토론자들에게 말씀을 붙이느라 이런저런 질문을 던지며 토론 분위기를 재치 있게 이끌어 나갔다.

그리고 9개월 뒤, 팟캐스트 〈나는 꼼수다〉가 국민 사이에서 선풍적인 인기를 끌고 있을 때 전국투어 공연 중인 나꼼수를 진주 경남문화예술회관에서 보게 되었다. 김어준, 정봉주, 주진우, 김용민 모두 실물을 보기는 처음이었다. 시작부터 재치 있는 그들의 입담에 폭소를 터트리던 중 김용민이 인사말을 하면서 "저는 몇 달 전에 바로 옆 동네 마산MBC에서 일하다가 고향의 봄 이원수 선생 때문에 쫓겨 난 사람입니다"라는 말을 듣고 깜짝 놀랐다. 어쩐지 낯익은 얼굴이라고 생각하고 있었는데 몇 달 전 〈대찬토크 말씀〉에서 공동사회자 중 한 사람, 그가 나꼼수의 김용민이었다니…. 맘속으로 "잘 했어, 잘 됐지 뭐!" 소리치며 박수를 쳤다. 마산MBC에서 쫓겨 난 것은 그에게 행운이었고 우리에게도 행운이었다.

지금 이원수문학관 관장 겸 (사)고향의봄기념사업회 회장을 맡고 있는 김일태 관장은 당시 마산MBC에서 고위직 간부로 재직하고 있었다.

백서 작업에만 집중하기로 맘먹고 먼저 몇 년 전에 중단했던 백서 자료를 다시 꺼내 분류하고 정리하기 시작했다. 그런데 그동안 발표했던 성명서를 모아 놓고 보니 양이나 내용 모두 놀랄 정도로 허술했다. 띄엄띄엄 발표된 성명서만으로는 그 치열하고 긴박했던 친일, 친독재 청산운동이 거짓말처럼 게으르고 느긋해 보인다.

곰곰이 생각해보니 이유가 있었다. 성명서 한 장 읽고 기자회견 한번 하고 나면 그것으로 끝나는 것이 아니라 그 다음부터는 신문, 인터넷, 라디오방송, TV가 일제히 보도를 하고 이어서 인터뷰, 토론회, 신문 기고, 1인 시위 등 다양한 퍼포먼스가 이어졌다. 이렇게 논쟁이 확대되고 재생산되는 과정을 통해 시민들의 관심이 집중되고 여론이 비등해지면서 지역의 이슈로 떠오르는 사건이 된 것이다. 3명이 구속되고 7명이 벌금형을 받은 밀가루 사건이 일어난 그 날도 성명서 한 장만 보면 그런 일이 일어나리라고 짐작하기 어렵다.

사실 우리지역에서 지난 20년 동안 일어났던 역사청산운동의 기록을 제대로 남겨놓으려면 성명서 중심의 백서뿐만 아니라 신문 지면에서 벌어진 논쟁이나 TV영상자료도 다 챙겨 놓아야 하는데 우리에게는 그럴 여력이 없다.

여러 가지 아쉬움은 일단 뒤로 미루고 우선 백서의 핵심인 성명서 그 자체만 해도 지금 보니 참 민망스러운 부분이 많다. 이렇게 서툰 문장으로 어떻게 이 큰일을 했을까 하는 생각이 들어서다. 굳이 변명하자면 사안의 성격상 성명서 대부분은 긴급히 발표해야 하는 글이기에 꼼꼼히 다듬을 시간이 없었다. 심한 경우 성명서를 급히 수정해 놓고 수정하지 않는 성명서를 뽑아 들고 나가 발표한 일도 있었다. 그러나 성명서가 아무리 허술해도 이 또한 친일, 친독재 청산역사의 한 부분이기에 손대지 않고 그대로 실었다. 다만 오타만 수정했음을 밝혀둔다.

또 하나 아쉬운 점은 여러 가지 이유로 성명서 일부를 유실하여 결국 기록으로 남기지 못하게 되었다. 이를 찾느라 많은 시간도 허비했다.

사진자료는 우리 자체 자료가 부족해 경남도민일보와 오마이뉴스로부터 많은 도움을 받았다. 끝으로 20년을 한결같이 함께 해주신 회원 여러분들과 어려운 일을 도맡아 주신 임경란 대표와 백남해 신부님께 감사드린다.

2019년 11월 어느 날 김영만